중독의 이해와 상담실제 **2판**

| 박상규 · 강성군 · 김교헌 · 서경현 · 신성만 · 이형초 · 전영민 공저 |

THEORIES AND PRACTICES OF ADDICTION COUNSELING

학지사

2판 머리말

중독은 자기의 마음을 분리 주시하지 못하는 것으로, 자기조절에 장애가 있는 것을 말한다. 중독이 일어나는 원인은 생물·심리·사회·영적 문제가 통합된 것이기 때문에 중독으로부터의 회복이나 예방을 위한 개입 또한 통합된 방식으로 진행되어야 한다. 중독으로부터의 회복은 단주나 단약, 단도박에 그치는 것이 아니며 삶의 태도를 바꾸는 전인적인 접근이 있어야 하고 여러 전문가와 가족, 학교, 사회가 힘을 합해야 되는 일이다.

이 책은 2009년에 저자들이 집필한 『중독의 이해와 상담실제』를 현대 우리 사회의 실정과 DSM-5의 규준을 참고하여 개정한 것이다. 현대 우리 사회에서는 알코올이나 마약류와 같은 물질중독뿐만 아니라 도박이나 스마트폰 중독 등 다양한 행동중독이 늘어나고 있으며 중독에 빠지는 연령이 점차 낮아지고 있다. 스마트폰이나 인터넷을 사용한 도박중독, 성중독도 증가되는 추세다. 최근 DSM-5에서도 행동중독의 하나인 도박중독을 별개의 중독으로 다루고 있다.

이 책에서는 다양한 물질중독과 행동중독을 잘 이해하고 상담할 수 있는 방법을 설명하고 있다. '중독을 어떻게 바라볼 것인가'로부터 시작하여, '알코올중독 상담' '마약류 중독 상담' '니코틴중독과 금연 상담' '인터넷 사용 장애 상담' '도박중독의 이해 및 치유' '성중독과 쇼핑중독' 등 각 분야의 전문지식을 배울 수 있다.

『중독의 이해와 상담실제』가 현대 우리 사회의 중독을 올바로 이해하고 중독자를 상담하는 데 주요한 교재로서 잘 활용될 수 있기를 저자를 대표하여 바라는 바다.

2017년 1월
저자 대표 박상규

1판 머리말

현대인은 누구나 중독의 경향이 있다. 쾌감과 즐거움을 반복하여 경험하게 되면 그 대상에 집착하게 되고 시간이 흐르다 보면 그 대상을 중심으로 삶이 이루어지는 것이 중독의 특성이다. 대부분의 사람들은 술을 마시거나 도박을 하고 인터넷을 사용하더라도 어느 정도에서 조절이 가능하므로 가족과 자신에게 끼치는 피해가 크지 않다. 그러나 중독자는 자기 힘으로 스스로의 행동을 조절할 수 없게 됨으로써 자신이 중독되었다는 사실을 부인하거나 다른 사람의 탓으로 돌리기도 하면서 점점 만성화되어 간다.

모든 중독은 자기조절이 안 된다는 것과 자기 자신에게 정직하지 않다는 것이 공통점이지만, 어떤 중독이냐에 따라 원인과 특성이 다르며 상담 개입법도 달라진다. 뿐만 아니라 같은 알코올 중독자라도 사람에 따라 특성이 다르면 개입법 또한 달라진다. 중독자가 회복될수록 점차 자기에게 정직해지고 중독 문제를 자기의 잘못으로 인정할 수 있게 되며 타인에게 관대해진다.

중독은 도파민과 같은 신경전달물질의 이상, 중독대상에서 얻는 쾌감 등의 보상경험, 외로움과 우울 같은 심리적 문제, 친구나 또래의 영향, 실직, 사회적 분위기, 영적 타락 등의 원인으로 설명할 수도 있으나 이 모든 것을 통합한 생물·심리·사회·영적 문제로 이해하는 것이 연구자와 실무 전문가의 공통적인 견해다. 따라서 상담과 재활에서도 이러한 통합모델로 접근하는 것이 효과적이다.

중독자 상담에서는 중독 문제만을 다루기보다는 한 인간 삶 전체에 대한 접근이 필요하며 그들이 자기 자신을 올바로 이해함으로써 좀 더 행복한 삶을 살아갈 수 있도록 도움을 주어야 한다.

중독자를 상담하려는 상담자는 각 중독마다 가지고 있는 특성뿐만 아니라 개개인의 환경과 성격 등을 잘 이해하고 있어야 한다.

중독을 물질중독과 행동중독으로 나눌 수 있다. 알코올, 마약류, 니코틴, 카페인 등은 물질중독이고, 인터넷, 도박, 섹스, 쇼핑, 성형, 운동, 종교 등은 행동중독이다. 이 책은 물질중독으로 대표되는 알코올이나 마약류, 니코틴 중독과 행동중독으로 대표되는 인터넷, 도박, 성 및 쇼핑 중독 등을 다루면서 원인과 특성 상담방법 등을 설명하였다.

　이 책은 3부 7장으로 구성되어 있다. 1장은 김교헌, 2장은 전영민, 3장은 박상규, 4장은 서경현, 5장은 이형초, 6장은 강성군, 7장은 신성만 선생이 각각 집필하였다. 저자들은 오랜 기간 해당 분야의 중독자를 상담하고 연구한 경험을 바탕으로 이 책을 저술하였다. 이 책의 특성은 물질중독과 행동중독을 폭넓게 다루고 각 분야 전문가들이 중독의 원인과 특성 상담의 실제를 구체적으로 다루었다는 데 있다.

　저자들은 2003년부터 학부대학생과 대학원생을 대상으로 중독과목을 개설하여 강의해 왔으나 다양한 중독 내용을 한 권에 모두 담은 교과서가 없어 계속 아쉬움이 남았다. 그러다가 2005년도에 서울대학교 김계현 교수님이 상담학 총서의 하나로서 중독상담 집필을 필자에게 의뢰하였다. 필자를 비롯하여 몇몇의 저자가 뜻을 함께해 이 책의 저술에 참여하기로 하였다. 2006년도에 삼육대학교의 서경현 선생이 BK작업의 일환으로 『중독의 이해와 상담실제』 발간을 요청하여 삼육대학교 출판부에서 먼저 이 책을 출판하게 되었다. 그 후 삼육대학교에서 출판한 내용을 일부 수정 및 보완하고, 여기에 신성만 선생의 합류로 성중독과 쇼핑중독이 추가되면서 마침내 중독에 관한 포괄적인 저서가 완성되었다. 이 책이 다양한 중독 분야에 종사하는 전문가들과 이 분야를 배우려는 학생들에게 도움이 되었으면 한다.

　끝으로 상담학 총서의 하나로서 이 책을 저술하도록 격려해 주신 서울대학교의 김계현 교수님과 이 책의 출판에 지원을 아끼지 않으신 김진환 사장님, 출간과정에서 힘써 주신 최임배 편집장님, 편집과 교정에서 수고해 주신 김경민 선생님 등에게 깊은 감사를 드린다.

2009년 2월 노고산 아래서
대표 저자 박상규

차례

제1부 중독이란

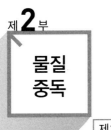

제**2**부

물질
중독

제**3**부

행동
중독

제**1**부

중독이란

제1장 중독을 어떻게 바라보고 이해할 것인가

제1장

중독을 어떻게 바라보고 이해할 것인가

김교헌(충남대학교 심리학과 교수)

1. 중독이란 무엇인가

‘어디 혹은 무엇에 중독되었다.’ 혹은 ‘무엇이 중독적이다.’라는 표현이 일상에서 자주 쓰이고 있다. 컴퓨터 게임이나 채팅 혹은 TV에 중독되고, 커피 · 녹차 · 담배 · 술에 중독되고, 도박이나 쇼핑, 나아가 운동이나 사랑 혹은 일에 중독되었다는 표현도 사용한다. 복잡한 거리를 운전하거나 걸어 다니며 스마트폰을 사용하고 있는 사람은 스마트폰 사용에 중독된 듯 보이기도 한다. 이럴 때 쓰이는 중독이라는 말에는 ‘자주 반복한다.’거나 ‘조절하기 어렵다.’거나 ‘생활의 균형을 깨뜨릴 정도로 과도하게 빠져 있다.’는 등의 의미가 내포되어 있다.

한편, ‘연탄가스에 중독되어 의식이 없다.’거나 ‘마약에 중독되어 환각 상태에서 난폭하게 폭력을 휘둘렀다.’는 표현의 맥락에서는 중독이 ‘물질이 중추신경계에 영향을 미쳐 부적응적 기능이나 결과를 초래한다.’는 의미로 사용되고 있다. 『국어대사전』에서도 ‘중독(中毒)’을 “생체가 약물 · 독물 · 독소의 독성에 치여서 기능장애를 일으키는 일”로 정의하고 있다(이희승, 1988). 중독 관련 용어들이 서로 다르게 사용되거나 혼용되는 문제를 막기 위해 이 책에서 사용하는 의미를 다음과 같이 잠정적으로 정리해서 정의한다.

- 사용(use): 물질이나 행동을 특정한 목적을 위해서 쓰거나 활용한다.
- 오용(misuse): 물질이나 행동을 규정된 목적을 위해서 사용하나, 정해진 규정(혹은 처방)을 따르지 않고 자의적으로 사용하거나 지시대로 사용하지 않는다.
- 남용(abuse): 물질이나 행동을 규정된 목적을 위해 사용하지 않고 다른 목적으로 사용해서 개인의 신체 · 심리 · 사회 · 직업적 역할 기능에 심각한 손상을 초래한다.
- 의존(dependence): 물질이나 행동을 과도하게 사용해서 남용의 부작용과 함께 내성과 금단 증상으로 표현되는 의존성을 발달시킨 상태를 뜻한다. 의존은 신체적 의존과 심리적 의존으로 나눌 수 있다.
- 내성(tolerance): 물질이나 행동을 반복적으로 사용해서 일어나는 결과로, 동일한

효과를 얻기 위해서 종전에 사용하던 물질이나 행동 수준보다 더 많은 양이나 시간을 사용해야 하는 현상을 의미한다.

- 금단 증상(withdrawal symptoms): 물질이나 행동의 사용을 갑자기 중단하는 경우에 유발되는 불유쾌한 신체 · 심리적 증상들을 의미한다.
- 생리적/물질적 혹은 단기 중독(intoxication): 물질을 과다하게 사용하여 그 독성이 중추신경계에 영향을 미쳐 가역적이고 일시적인 부적응적 인지 · 행동적 결과를 초래하는 것을 뜻한다.
- 중독(addiction): 앞의 여러 개념들을 포함하는 보다 일반적 용어로, '특정한 대상 물질이나 행동을 장기간에 걸쳐 과도하게 사용하여 자신이나 주위에 폐해를 초래하고 이를 조절하려 하지만 통제력을 상실하고 반복하는 자기조절 실패 증후군'을 의미한다. 생리적/물질적 혹은 단기 중독이 일시적으로 진행되고 신속하게 회복되는 특성을 보이는 데 반해, 만성적으로 진행되는 보다 복잡한 특성을 보인다는 점에서 구분된다. 이 '장'에서 사용하는 중독의 개념에 해당한다.

'addiction'이라는 영어 단어는 '~에 사로잡히다' 혹은 '~의 노예가 되다'라는 뜻을 지닌 라틴어 'addicere'에서 유래했다. '중독'이라는 용어는 초기에는 개인이나 사회적으로 부적절하고 파괴적인 결과를 초래하는 만성적이고 조절 불가능한 성이나 도박 행동과 관련되어 사용되었다. 산업혁명이 일어나고 도시화가 급격하게 진행되면서 시민들이 장시간의 단조로운 노동이나 대인관계 또는 사회로부터의 소외의 고통을 손쉽게 잊기 위한 약물로 아편이나 알코올을 널리 사용하게 되었고 그 부작용이 심각해졌다. 그래서 시민들의 약물 사용 문제가 사회의 핵심 도전거리로 등장하면서 '물질중독'이 한동안 중독의 전면을 차지하게 되었다. 그러나 근래에는 다시 도박, 인터넷, 성, 구매, 섭식 등의 행동과 관련된 '행동중독' 개념이 중요하게 다시 등장하고 있다.

현재 중독이라는 단어는 이해관계나 관점에 따라 정의가 상당히 달라지는 혼란스러운 전문적 · 정치적 · 대중적 용어로 사용되고 있다. 중독 문제를 효율적으로 공부하고 연구하고 관리하기 위해서는, 이 개념을 균형 잡히고 관련 이해관계 집단들이 상생적으로 소통할 수 있는 용어로 만드는 작업이 우선되어야 한다. 이를 위해 먼저 중독과 관련해서 현재 통용되고 있는 잘못된 상식이나 신화를 바로잡을 필요가 있다.

첫 번째 신화는 '중독성이 강한 대상에 노출되면 모든 사람이 중독된다.'라는 주장이다. 이는 실제와 다르다. 미국 국립과학원 의학연구소에 따르면, 중독성이 강한 대상에 노출되더라도 마리화나 9%, 알코올 15%, 헤로인 23%, 니코틴 32% 정도의 인구만이 중독된다. 대상에 노출되는 더 많은 사람들은 중독되지 않는다. 두 번째 신화는 '일단 중독되면, 이를 스스로의 힘으로 회복할 수 없으며 전문적인 도움을 통해서만 치료된다.'라는 것이다. 니코틴 중독의 자발적인 회복율이 높은 현상이나 베트남 전쟁 참전 후 마약에 중독된 군인들의 자발적 회복이 예외적 현상이 아니라 일반적임을 통해 이런 믿음이 맞지 않음을 확인했다. 대부분의 사람들은 환경과 사회적 분위기가 달라지면 자발적으로 중독에서 벗어난다. 세 번째 신화는 '중독은 뇌 질환이다.'라는 주장이다. 이 주장에는 일부의 진실이 포함되어 있다. 중독의 발달에는 뇌 구조와 기능에서의 변화가 초래되고 이를 변화시키는 약물이 치료에 도움을 준다. 그러나 이는 중독 현상에만 국한된 것이 아니다. 인간의 일반적인 학습과 변화에도 뇌 구조와 기능의 변화가 언제나 함께한다. 아울러 중독 현상을 뇌 구조와 기능의 생리적 변화만으로 이해하거나 치료하려는 시도는 비효율적이고 만족스럽지 못하다. 중독과 관련되는 많은 현상은 심리적 수준에서 잘 설명되고 심리적 수준의 설명은 생물의학이나 사회문화 수준의 설명과 쉽게 통합될 수 있다.

Griffith(2005)는 인터넷 사용을 비롯한 행동 중독의 공통되는 준거로 다음의 여섯 가지를 제안한다. ① 대상 활동이 개인의 생각과 행동의 대부분을 지배하는 현저성(sailence), ② 활동이 기분을 바꾸거나 개선하는 기분 변화(mood modification), ③ 종전의 효과를 내기 위해서는 활동의 양을 증가시켜야 하는 내성(tolerance), ④ 활동이 중단되거나 갑작스럽게 감소했을 때 불유쾌한 감정이 경험되는 금단(withdrawal), ⑤ 관계나 일 교육 등 일상의 중요한 활동과 충돌을 유발하는 갈등(conflict), ⑥ 그 활동을 중단하거나 통제력을 갖게 된 다음에도 다시 종전의 활동 양상으로 되돌아가게 되는 재발(relapse)이 포함된다. 필자는 이런 준거가 물질중독에도 잘 적용될 수 있는 것으로, 중독의 일반적 증상으로 간주해도 무방하다고 본다.

필자는 중독의 핵심 속성이 '자기조절의 실패'라고 주장한다(김교헌, 2006a, b). 특정한 물질이나 행동을 소비하는 데서 부작용이 발생하고, 이를 자신이나 주위에서 조절하려 하지만 지속적으로 실패하는 현상이 중독의 핵심이라고 보는 것이다. '3C'라는 영문 이니셜로 대표되는 중독의 핵심 증상인 '강박적 집착(Compulsion, Craving)' '조절의 실패(loss of Control)' '부작용에도 불구하고 계속하기(Continuation)'는 각각 자기조절 실패의 원인과 현상 및 지속을 기술하는 것으로 해석할 수 있다. 질병 개념으로 중독을 보는 입장에서 강조하는 신체적 의존성과 신경적응은 만성적으로 자기조절의 실패를 조장하는 중요한 원인 중 하나로 볼 수 있다. 그러나 자기조절의 실패는 신체적 의존성에 의해서만 전적으로 결정되는 것은 아니다.

그런데 다양한 중독 관련 활동들을 '중독'이라는 공통 개념으로 묶어서 접근하는 것이 논리적이거나 실용적일까? 아니면 서로 분리된 독립적 문제로 접근하는 것이 더 유용하고, '중독'이라는 공통 현상은 겉으로 드러난 유사성에 불과할까? 중독 대상을 분류한다면 어떤 기준으로 어떻게 나눌까? 또 중독을 당사자의 자유 의지나 결정과는 관련 없는 '질병'으로 보는 것이 타당할까, 아니면 충동 조절이나 사회적 규범과의 관계가 중요한 '도덕 행동'의 문제로 보는 것이 타당할까? 중독 현상들에 공통점이 있다면 중독의 발달과 변화를 유용하게 설명하는 심리적 모형이나 접근을 어디서 찾을 수 있으며, 각 모형이나 접근들은 중독 현상의 어떤 측면을 설명하는 데 장점이 있으며, 그것들 사이의 상호 보완적 사용은 어떻게 가능할까? 중독 문제는 어떻게 대처해야 할까? 이러한 의문에 대한 답을 이 장에서 구해 보고자 한다. 이 글에서는 중독을 개인 수준의 한두 가지 병리적 측면에만 초점을 맞추어 접근하고 있는 기존의 관점에서 벗어나, 중독의 생물·심리·사회적 측면을 함께 아우르는 전체적이고 포괄적인 관점에서 조망하려 한다.

2. 다양한 중독 현상에 걸쳐 공통점이 있는가

Orford(2001)는 인간에게 일상적으로 즐거움과 만족을 가져다주기도 하지만 과도해졌을 때 삶의 질을 손상시키는 다양한 종류의 활동이 있다고 가정한다. 이런 활동에는 지금까지 전문가들의 주의를 받아 왔던 약물(혹은 물질)의 사용뿐만 아니라 섭식, 운동, 성, 도박, 쇼핑, 인터넷 사용 등도 포함된다. Orford는 종전의 연구나 이론들이 중독 문제에서 중추신경계에 영향을 미치는 소수 약물(예: 헤로인, 코카인, 알코올, 니코틴 등) 의 효과에 대해서만 배타적으로 관심을 쏟은 결과로 여러 중독 현상에 걸쳐 나타나는 공통점을 간과하고 근시안적 관점의 불충분한 이론에 머물러 있다고 비판한다. 즉, 당 장 눈앞에 크게 나타나는 한두 종류 나무의 세부 특징에 매달려 숲의 전체적 양상을 보 지 못하고 있다는 것이다. 그는 『과도한 탐닉(excessive appetites)』(2001)에서 이런 자 신의 주장을 자세하게 소개하고 있다. Orford는 중독 영역의 전체 숲을 좀 더 균형 있 게 만들기 위해서 다양한 행동이 포함된 [그림 1-1]과 같은 예를 든다. 여기서 '과도한 탐닉(excessive appetites)'이라는 용어는 중독(addiction)이라는 용어가 주로 약물 문제 에만 배타적으로 사용되고 있어서 잘못된 고정관념을 줄 수 있기 때문에 일부러 사용 했다고 한다.

[그림 1-1]에는 술, 담배, 마약 등의 물질뿐만 아니라 도박, 성 등의 물질이 관련되 지 않는 순수 행동들이 중심 위치를 차지하고 있다. Orford는 그림의 중심부에 위치한 중독 문제들에 대한 선행 연구와 중독에 대한 사회적 대응의 역사적 변천들을 개관하 면서 다음과 같은 결론을 내리고 있다(Orford, 2001; 28쪽의 Orford의 SBCM 모형과 [그림 1-2] 참조).

		알코올		
마리화나 암페타민	도박		섭식	운동
벤조디아제핀	마약		성	성적 공격
바비튜레이트		담배		
엑스터시 솔벤트	카페인 아나볼릭 스테로이드			좀도둑질

그림 1-1 과도한 탐닉: 영역의 재구성(Orford, 2001, p. 3)

- 과도해지면 사람들의 삶의 질을 떨어뜨리고 자신과 가족뿐만 아니라 사회에도 많은 비용을 지불하게 하는 다양한 범위의 쉽게 탐닉할 만한 맛있는 활동 혹은 '보상적인 활동(appetitive activities)'이 있다. 이런 문제들은 '중독' '의존' '질병'이라는 이름하에 상호부조(mutual-help; 자조집단 도우미, 예: AA, GA)나 전문가 치료(expert-treatment, 예: 의사, 심리학자) 체계의 서비스를 받는다.

- '맛있는 활동'에 관여하는 정도를 결정하는 데 영향을 미치는 다수의 상호작용 요인이 있다. 여기에는 개인의 체질이나 성격이 포함되겠지만, 더 강력한 것들로 그 활동을 위한 기회의 가용성(availability)이나 친구 또는 동료의 규범적 영향을 포함하는 사회경제적 혹은 문화적 영향이 있다. 이런 요인들은 그 활동을 조장하는 역할뿐만 아니라 억제하는 역할도 할 수 있다. 아울러 맛있는 활동은 사람에 따라 혹은 한 개인에게서도 시기나 맥락에 따라 여러 가지 다양한 기능을 할 수 있다. 즉, 동일한 활동이 '기분 전환'이나 다양한 '자기 표현의 수단' 혹은 '자기 정체화의 수단'으로 사용될 수 있다. 비교 문화적이고 역사적인 관점에서 바라보면 동일한 탐닉 활동이 각기 다른 의미를 지니고 있음을 알 수 있다. 아울러 역사나 문화에 따라 맛있는 활동에 탐닉하게 되는 경로도 달라진다. 중독 관련 선행 이론들은 대부분 다양한 결정 요인들을 포괄적으로 고려하지 못하고 있고 문화적이거나 역사적인 관점을 제대로 감안하지 못하고 있다.

- 맛있는 활동과 그에 대한 탐닉의 이해를 위해서는 종단적 관점이 필수적이다. 행동은 고정된 것이 아니라 변화하는 것이 규칙이며, 태도, 경험, 가치 및 활동의 큰 덩어리가 시간과 경험의 축을 따라 변천해 가는 것이 발달적으로 정상에 해당한다. 상대적으로 유인가가 크고 억제력은 적은 상황에서는 맛있는 활동에 대한 애착이 증가할 것이며, 그 반대 상황에서는 애착이 감소할 것이다.

- 학습이론은 탐닉의 발달을 설명하는 기제가 될 수 있다. 활동에서 얻는 보상과 기분 변화에 기초한 정적 유인가와 조작적 조건화에 더해서, 부정적 기분의 주의분산이나 탐닉 활동을 통해 다른 스트레스에 대처하는 기능 등이 활동에 대한 애착을 발달시킬 수 있다. 더불어 반복되는 활동 경험을 통해 탐닉 활동과 여러 내외 단서들이 연합을 형성하거나 기대를 발달시키는 것, 행동에 대한 귀인, 심상 및

환상 등이 맛있는 활동에 대한 강력한 애착의 발달에 좋은 자양분이 되어 준다.

• 활동에 대한 애착의 발달과정은 그 활동의 일반화가 증가하고 종전에는 정상적으로 활동을 조절하던 변별 기능이 쇠퇴하는 형태로 나타난다. 그래서 이제 그 활동은 광범위한 단서들로부터 시발되고, 다양한 개인적 기능을 하게 되며, 점차 내적이며 사적이고 비사회적인 기능을 하게 되고, 자동적이 되고 활동 자체가 기능적인 자율성을 갖게 된다. 활동의 현저성(顯著性)이 증가하고 그 활동에 몰두해 있는 상황에서는 그 활동에 대한 기억과 주의 도식이 더 쉽게 활성화될 것이다. 특정 활동에 대한 강한 애착의 발달은 잃은 돈의 만회나 신경적응(neuroadaptation)의 예에서와 같이 2차적 추동을 감소시키기 위해 다시 그 활동을 해야 하는 대상 활동에 대한 부가적인 동기를 초래하게 된다.

• 대상 활동에 대한 강한 애착은 자신이나 타인에게 신체적 · 사회적으로 높은 비용을 발생시킨다. 그러나 이때의 비용은 개인적 · 사회적으로 상대적인 성질을 지니고 있다. 대상 활동에 탐닉함으로써 발생하는 비용은 연령, 성, 가치관, 사회적 역할 및 상황 등에 따라 달라진다. 즉, 과도함이나 탐닉은 절대적 기준으로 정해지는 것이 아니라 개인적 및 사회적으로 규정되는 것이다. 따라서 '중독'이라고 이름을 붙이려면 탐닉 활동에 대한 비판이나 반작용이 전제되어야 한다. 탐닉 활동의 모든 수준에서 양가감정이 특징이다. 활동에 대한 애착이 발달하고 동시에 비용이 발생하기 시작하면 동기의 갈등이 현저해질 수밖에 없다. 이런 갈등의 결과들이 중독의 핵심 성분이다. 탈도덕화(脫道德化, demoralization), 열악한 정보처리, 강박적 행동, 사회적 역할과 집단의 변화 등과 같은 3차적 과정들이 중독을 증폭시킨다.

• 전문적 치료의 도움 없이도 탐닉 활동을 중단하는 예가 흔하다는 분명한 증거들이 있다. 또 다양한 탐닉 활동에서의 치료나 변화 시도 뒤에 곧바로 원상태로 돌아가는 재발이 매우 높음이 공통적으로 관찰된다. 광범위한 치료 논리나 절차가 있지만, 그것은 그 효과가 유사하고 단기적으로는 아주 미약한 효과를 보이며 공통되는 변화과정에 따라 작동하는 듯하다.

• 탐닉 활동의 포기는 그 활동에 대한 강한 애착을 발달시킴으로써 파생된 비용의

축적에서 오는 자연스러운 갈등의 결과로 조망할 수 있다. 여기서 두 단계를 고려할 수 있다. 첫 번째 단계는 변화하겠다는 결심이나 결정이라는 인지적 성분에 해당한다. 두 번째 단계는 행위나 행동을 실행에 옮기는 동기 성분과 관련된다. 탐닉활동의 포기과정은 전문적 도움을 받는 경우나 전문적 도움 없이 행하는 변화 시도 모두에 걸쳐 선행 연구나 이론들에서는 무시되어 온 '사회 및 영적ㆍ도덕적 과정들'에 근간을 두고 있다. 탐닉에 대한 다른 사람들의 염려나 관심과 같은 사회적 반응은 탐닉 활동의 중단과정에 중요한 영향을 미친다.

Orford(2001) 외에도, Shaffer 등(2004)과 Shaffer(2012)의 많은 연구자들이 다양한 중독 현상의 공통점에 주목하고 있다. Shaffer, LaPlanter, LaBrie, Kidman, Donato 및 Stanton(2004)은 다양한 중독 현상들을 하나의 증후군으로 설명하려는 '중독증후군모형'을 제안했다. '증후군(syndrome)'은 배후에 기저하고 있는 비정상적 조건과 관련된 다양한 '증상(symptom)'이나 '증세(sign)'들의 '군집'을 뜻한다. 증후군의 표현에서 군집의 전체 증상들이 반드시 함께 나타날 필요는 없으며, 출현하는 증상들은 발달시기에 따라 특징적인 차이를 보이는 기저조건과 관련되어 다양한 양상을 보인다. HIV 감염과 후천성 면역결핍이라는 기저조건에 의해 발생하는 다양한 감염 증상들을 각기 다른 개별 장애로 구분해서 접근했던 초기 AIDS 개념의 역사와 유사하게, Shaffer 등(2004)과 Shaffer(2012)는 중독의 경우도 현재의 연구자나 치료자들이 개별 중독 현상들 사이에 걸쳐 공통되게 작용하는 기저조건을 잘 모르거나 무시하고 그 대상에 따라 각기 다른 실체로 구분해서 별개로 다루고 있을 가능성이 높다고 본다.

중독은 신체적 의존성의 발달과 같은 물질적 준거에 의해서 정의되는 것이 아니라 특정한 행동이 특정한 사회문화적 맥락 속에서 부적응적인 결과를 초래할 때 발생한다. 중독의 핵심은 부적응적인 결과를 초래하는 행동에 대한 통제력의 만성적 상실이다. 물론, 이런 행동 통제력의 상실에는 내성이나 금단 증상 혹은 심리적 도피 등의 증상으로 대표되는 신체적 혹은 심리적 의존성의 발달이 부분적인 역할을 할 수 있다. 중독은 음주나 흡연행동, 마약흡입행동, 그리고 섭식, 일, 도박, 운동, 성 혹은 구매 행동 등이 부적응적인 결과를 초래해서 이를 조절하려 함에도 불구하고 계속적으로 실패하고 반복하게 되는 경우를 일컫는다. 이런 입장에 바탕을 두고, 이하의 논의에서는 주로 중독증후군의 관점에서 원인과 치료법 등을 소개하려 한다.

3. 현재 전문가들은 중독을 어떻게 분류하고 진단하는가

앞서 기술했듯이, '중독'은 논란이 매우 많은 용어나 개념이다. 전문가들 사이에도 무엇을 중독이라 할지, 전문적 공식 용어로 사용할 수 있는지 등의 쟁점과 관련해서 합의를 잘 하지 못하고 있다. 정신장애의 분류와 진단체계로 세계적으로 널리 활용되는 DSM-5(APA, 2013)에서는, '물질-관련 및 중독성 장애(Substance-Related and Addictive Disorders)'라는 명칭을 사용하고 있다. 여기에는 술, 담배, 마약과 같은 물질 사용과 도박과 같은 행동에 과도하게 몰두해서 생기는 다양한 부적응적 증상과 행동 조절의 실패가 포함되어 있다. 필자는 DSM-5의 정의와 분류체계를 그대로 사용하지 않고 일상에서 보다 흔하게 사용하는 중독의 의미와 가까운 방식으로 중독을 정의하고, 나름대로의 분류방식을 사용하려 한다. 이렇게 하는 이유는 필자의 중독에 대한 관점이 미국정신의학회의 그것과 다소 다르지만 필자의 관점을 사용하더라도 DSM-5의 분류체계와 큰 마찰 없이 중독 현상을 조망하고 소통할 수 있기 때문이다.

DSM-5의 '물질-관련 및 중독성 장애' 범주에는 크게 '물질 관련 장애(Substance-Related Disorders)'와 '비물질 관련 장애(Non-Substance-Related Disorders)'로 나누어진다. 물질 관련 장애는 다시 '물질 사용 장애(Substance-Use Disorders)'와 '물질 유도성 장애(Substance-Induced Disorders)'로 구분된다. 물질 사용 장애는 특정한 물질을 과도하게 사용함으로 인해서 개인적 고통과 사회적 부적응이 초래되는 경우에 해당하고, 물질 유도성 장애는 특정 물질을 섭취하거나 끊었을 때 나타나는 상대적으로 단기적인 부적응적 심리 및 신체적 상태에 해당한다. 물질 유도성 장애는 다시 특정 물질의 과다한 사용으로 인한 '물질 중독(Substance Intoxication)'과 물질 복용의 중단으로 인한 '물질 금단(Substance Withdrawal)' 그리고 물질 남용으로 인해 중추신경장애를 보이는 '물질/약물 유도성 정신장애(Substance/Medication-Induced Mental Disorders)'로 구분된다.

물질 관련 장애는 대상이 되는 표적 물질이 무엇이냐에 따라 열 가지 유목으로 구분된다. 알코올, 타바코(담배), 카페인, 카나비스(대마), 환각제, 흡입제, 아편류, 진정제나 수면제 또는 항불안제, 흥분제(각성제), 기타 물질이 그 유목이며, 각 물질별로 독립적인 구체적 진단이 가능하다. 비물질 관련 장애로는 '도박 장애(Gambling Disorders)'가 있는데, 도박 장애는 물질 관련 장애와 여러 면에서 공통점이 있기 때문에 물질 관련 장애와 같은 범주로 분류되었다〔실은 DSM-5의 개정작업을 맡았던 이 분야 태스크포스 팀의 이 범주에 대한 처음 제안 명칭은 '중독 장애'였었다〕. DSM-5 체계에서는 아직 '중독

표 1-1 알코올 사용 장애의 DSM-5 진단기준

임상적으로 심각한 기능 손상이나 고통을 유발하는 알코올 사용의 부적응적 패턴이 다음 중 2개 이상의 방식으로 지난 12개월 이내에 나타난다.

1. 예상했던 것보다 더 많은 양의 알코올을 마시거나 더 오랜 기간 동안 마신다.
2. 알코올 사용을 줄이거나 조절하려는 노력을 지속적으로 기울이지만 실패한 경험이 여러 번 있다.
3. 알코올을 획득하고, 사용하고, 그 효과로부터 회복하는 데 많은 시간을 허비한다.
4. 알코올을 마시고 싶은 갈망이나 강렬한 욕구를 느낀다.
5. 반복적인 알코올 사용으로 인해 직장, 학교, 가정에서의 주된 역할 의무를 제대로 수행하지 못한다.
6. 알코올의 효과에 의해서 초래되거나 악화된 사회적·대인관계적 문제가 반복됨에도 불구하고 계속해서 알코올을 사용한다.
7. 알코올 사용으로 인해서 중요한 사회적·직업적 활동이나 여가 활동이 포기되거나 감소된다.
8. 신체적 위험이 존재하는 상황에서도 반복적으로 알코올을 사용한다.
9. 알코올에 의해 초래되거나 악화될 수 있는 지속적인 신체적 또는 심리적 문제가 있음에도 불구하고 알코올 사용을 계속한다.
10. 내성이 다음 중 하나 이상의 방식으로 나타난다.
    a. 단기 중독(intoxication)이 되거나 원하는 효과를 얻기 위해서 현저하게 증가된 양의 알코올이 필요하다.
    b. 동일한 양의 알코올을 지속적으로 사용함에도 현저하게 감소된 효과가 나타난다.
11. 금단이 다음 중 하나 이상의 방식으로 나타난다.
    a. 알코올의 특징적인 금단 증후군이 나타난다.
    b. 금단 증상을 감소시키거나 피하기 위해 알코올(또는 관련된 물질)을 마신다.

(addiction)'이라는 독립된 실체를 지칭하는 명사적 용법으로 사용하지 않고 '중독성 (addictive)'이라는 형용사적 용법으로 사용하고 있다.

그렇다면, DSM-5에서는 특정한 중독 문제를 어떻게 진단하는가? 이를 알코올 중독을 예로 들어 살펴보자. 알코올 사용 장애는 '과다한 알코올 사용(heavy alcohol use over time)'으로 인해 발생하는 부적응적인 문제를 말하며, '알코올리즘' 혹은 '알코올 중독'이라는 용어와도 혼용되어 사용되고 있다. 알코올 사용 장애에 대한 DSM-5의 진단기준은 〈표 1-1〉과 같다.

DSM-5에서는 〈표 1-1〉에 기술된 11개의 진단 증상 중 2개 이상의 증상이 나타나면 알코올 사용 장애로 진단한다. DSM-5에서는 종전(예: DSM-IV)에 구분했었던 물질 '의존(dependence)'과 '남용(abuse)' 사이의 질적 구분을 없애고, 양적인 하위 유형 분류 방식을 채택했다. 2~3개의 진단기준에 해당하면 '경도(mild)', 4~5개에 해당하면 '중등도(moderate)', 6개 이상의 기준에 해당하면 '중증도(severe)'로 심각한 정도(양적인 차원)로 구분한다.

'남용'과 '의존'이라는 범주로 질적인 분류를 하던 종전 DSM-IV-TR(2010) 체계를 양적 차원의 분류로 변화시킨 것에 더해, 필자는 중독 문제를 물질중독과 행동중독으로 나누는 것도 별 의미가 없다고 주장한다. 물질중독이나 행동중독은 모두 궁극적으로는 특정 행위로 초래되는 욕구 충족의 효과를 소비하는 양상이라고 생각할 수 있다. 마약이나 알코올 혹은 니코틴의 사용을 통해 얻는 욕구의 충족과 인터넷 게임이나 소비 혹은 성 행위를 통해 얻는 욕구의 충족은 유사한 심리적 구조를 지닌다. 현재 우리는 욕구 충족 과정에서 겉으로 드러나는 현저한 대상을 중심으로 편의적으로 물질중독과 행동중독으로 나누는 것이다.

인터넷 게임을 통해서 스릴을 맛보고 소외감을 떨쳐 버리려는 시도는 음주를 통해서 일상의 지루함과 고독감을 떨쳐 보려는 시도와 유사하다. 술을 매번 바가지나 사발로 먹고 문제를 일으킨다고 해서 이를 '바가지중독'이나 '사발중독'이라고 부르는 것은 우습다. 현재의 분류체계에서는 이를 알코올 의존이나 남용이라고 개념화한다. 그런데 음주가 자신의 억눌린 권력욕구를 충족시키기 위한 일시적 방편이라면 이를 권력욕구 장애로 개념화하는 것이 더 타당하지 않을까? 가부장적인 가장이 억눌린 권력욕구를 충족하는 한 방편으로 가족에게 폭력을 휘두른다면, 이 역시 권력욕구 장애로 보는 것이 가정폭력으로 명명하는 것보다 더 유용하지 않을까?

어떤 대상에 대해서도 그러하듯이, 분류체계는 절대기준이 아니라 분류하려는 목적에 얼마나 잘 기여하느냐에 따라 평가되어야 한다. 문제의 예방과 치료 및 재활을 목적으로 하는 장애 분류의 경우 현상 기술적인 분류보다는 원인론적인 분류가 더 유용할 것이며, 구체적 대상 하나하나에만 적용되기보다는 여러 대상에 걸쳐 일반화할 수 있는 추상성 수준이 높은 분류가 더 경제적일 것이다. 필자는 현재 중독 문제와 관련해서 원인론적이고 추상성 수준을 좀 더 높인 분류가 필요하고 그것이 어느 정도 가능한 단계에 와 있다고 판단한다.

물질중독과 행동중독은 유사한 점이 많다. 물질중독과 행동중독은 공통된 뇌 회로가 관여하며, 유사한 일련의 단계(해당 행위를 하기 전에 신체적 및 정서적 각성이 유발되는 시기가 있고, 행위 중에는 쾌락이나 안심을 느끼며, 행위 후에는 각성이 급격하게 감소하고 후회와 죄책감이 뒤따르는 일련의 과정)를 거친다. 그리고 내성과 금단 증상이 발달할 수 있으며, 충동성(impulsivity)이 발달의 초기 단계에 중요하게 작용하고 강박성(compulsivity)이 행동의 유지에 핵심적으로 관여하는 점 등에서 유사하다는 지적이다 (김교헌, 2015; Hollander & Allen, 2006).

아울러 현재 물질 관련 장애의 공식 명칭에 사용되고 있는 '의존'이라는 용어가 모호하다고 지적받고 있다(Potenza, 2006). 예를 들어, 고혈압 치료를 위해 베타블로커(beta-blocker)를 사용하면 신체적 의존성이 발달한다. 그러나 이로 인한 부정적인 결과는 미미하다. 물질중독 치료를 위한 약물인 메타돈(methadone)의 경우도 유사하다. 즉, 의존이 반드시 부정적인 결과를 초래하지는 않는다. 따라서 물질 관련 장애의 핵심기준은 물질의 만성적인 사용에 따르는 의존성의 발달에서 물질의 사용에 따르는 자신이나 가족, 친구 혹은 사회의 피해로 바뀌어야 한다.

다양한 대상과 활동에 대한 탐닉 혹은 중독 현상에 공통점이 있고 이를 설명하는 데 생물학적 장애나 질병의 관점을 넘어선 심리사회적 혹은 도덕적 · 영적 관점의 기여가 분명하다면, 이런 관점들을 잘 반영하고 중독 현상을 설명하는 데 유용한 심리적 설명모형에는 어떤 것들이 있고 그 모형들의 장단점은 무엇일까?

4. 중독의 발달과 유지 및 변화를 설명하는 모형과 접근

중독은 흔히 처음에는 쾌락을 주거나 고통을 완화해 주는 긍정적 보상 경험에서 시작한다. 고된 업무를 마친 뒤에 마시는 한잔의 술은 일의 스트레스와 고통을 씻어 내려 주는 청량제가 되고, 적지 않은 사람들의 하루와 함께 시작되는 커피나 담배는 몸과 마음의 상태를 좀 더 산뜻하게 만들어 준다. 단타성 주식매매나 복권 혹은 경마나 카지노에서 대박을 터뜨리는 경험은 더욱 강렬한 쾌감을 선사한다. 지루한 학교 공부 뒤에 펼치는 박진감 넘치는 온라인 게임이나 오랜 절식 뒤에 맛보는 달콤한 스낵은 우리의 쾌감을 자극한다.

자신에게 만족스러운 결과를 초래하는 행동을 더 자주 행하고 오랜 시간이 지난 뒤에도 기억하여 활용할 수 있다는 사실은 유기체의 적응에 결정적으로 중요하다. 진화적 입장에서 개체의 생존이나 종의 번식 및 이를 뒷받침하는 사회적 지위의 확보를 시사하는 단서들은 생래적으로 쾌락적이며, 이의 상실을 시사하는 단서들은 본원적으로 고통을 초래한다고 볼 수 있다(Johnston, 2003). 자신에게 큰 만족을 주었던 행동은 반복되고 강한 애착을 발달시킨다.

행동이 반복됨에 따라 처음과는 다른 결과가 초래되기 시작한다. 신체가 내성을 발달시켜 종전과 같은 만족을 경험하려면 더 강한 강도나 지속기간의 자극을 요구하고 그로 인한 피해가 발생한다. 자극이 중단되었을 때 불쾌한 상태나 고통이 초래되는 금단 현상이 나타나기도 하며, 이 단계에서는 금단 현상에 따른 고통을 해소하기 위해 반응적 행동을 되풀이하게 된다. 특정 행동에 과도하게 탐닉함에 따라 시간이나 경제적인 균형이 깨어지고 그로 인한 역기능이 초래된다. 대부분의 행동은 그 결과에 따라 장기적으로 적응적인 조절이 이루어지지만, 그렇지 못한 경우도 있고 이때 만성적인 중독이 발달한다.

대부분의 사람들에게는 즐거움을 주고 적당하게 조절되지만 일부 사람들이나 특정 시점에서는 조절이 어려워지고 상당한 비용을 지불하게 만드는 대상이나 활동에 대한 탐닉이 중독의 핵심이라고 한다면, 이제 중독은 어떻게 발생하고 그 성질은 어떠하며 사람들은 중독에서 어떻게 벗어나게 되는가와 같은 의문에 대한 답이 필요하다.

필자는 이 절에서 중독 행동의 발달과 유지 및 변화에 의미 있는 관련성이 있다고 판단되는 세 가지 모형과 두 가지 접근법에 대해 소개하려 한다. '모형(model)'이 특정한 대상 행동에 대해 좀 더 구체적인 설명과 예측을 하려는 비교적 범위가 좁고 동질적인 시도라면, '접근(approach)'은 전반적인 철학이나 방법에서의 유사성을 유지하는 정도의 여러 모형의 느슨한 집합이라고 볼 수 있다.

Orford(2001)는 중독을 맛있는 대상이나 활동에 대한 강력한 애착의 발달과 그에 대한 사회적 반응의 결과로 개념화하고, 중독의 발달과 유지 및 변화 과정을 종합적으로 설명하는 '사회-행동-인지-도덕 모형(social-behavioral-cognitive-moral model: SBCM Model)'을 제안한다.

1) Orford의 SBCM 모형

Orford(2001)는 SBCM 모형의 요점을 [그림 1-2]와 같이 나타내고 있다. 모형의 중심부에는 심리적(인지적, 정서적 및 행동적) 측면들이 위치해 있고, 사회적 및 도덕적 측면은 맥락으로 좌우에 배치되어 있다. 이 모형은 사회적 및 도덕적 측면 영향을 중요하게 다루고 있지만, 최종적으로 이들 영향이 심리적 수준에서 어떻게 나타나는가에 초점을 맞추고 있다는 점에서 심리적 수준의 모형이라 할 수 있다. Orford(2001)는 개인적 영향 요인으로 유전적·생물학적 소질을 고려하고 있지만, 모형이 질병이나 생물학적인 설명이 아님을 분명히 한다. 특정한 조건 아래에서는 탐닉이 아주 강력해서 신체적 질병과 유사해 보이는 특수한 경우도 있고 또 생물학적 요소들이 여러 국면—예를 들면, 약물의 심리약학적(psychopharmacological) 효과나 뇌의 보상을 기초하고 있는 체계 혹은 이차적으로 발생하는 신경적응 과정 등—에서 영향을 끼치고 있지만, SBCM 모형에서 기술하고 있는 심리적 과정만으로 통제력과 자발성이 상실되고 변화하려는 결심이 반복해서 좌절당할 만큼의 강력한 애착이 어떻게 발달하는가를 충분히 설명할 수 있다고 주장한다(p. 344).

Orford는 심리적 모형을 주장하면서도 중독의 실체를 인정한다는 점에서는 질병 모형과 의견을 같이한다. 즉, 중독 현상은 존재하며 단순히 일탈 행동에 대한 반응만으로는 충분히 설명되지 않는다는 것이다. '중독'이라는 용어는 탐닉의 결과로 많은 비용이 초래되는데도 행동에 대한 통제력이 완전히 상실되고 치료 없이는 행동을 그만두기 어려운 과도한 탐닉 행동에 적용할 수 있다. 그러나 과도한 탐닉 행동이 전적으로 자유

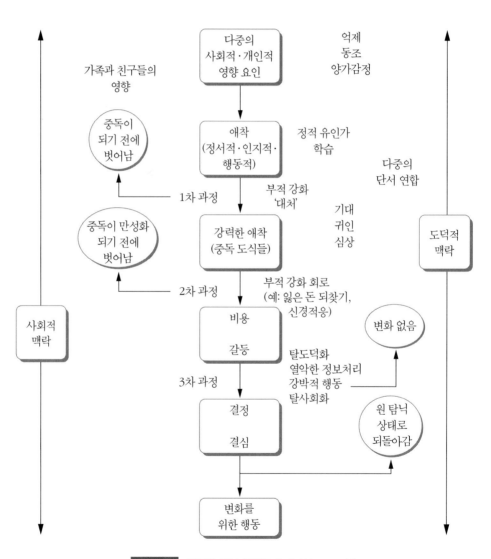

그림 1-2   과도한 탐닉 모형(Orford, 2001, p. 345)

의지 밖의 영역이라거나 혹은 온전히 자유의지로 결정된다고 주장하는 것은 과도한 일반화다. 일단 한잔이라도 술을 시작하면 멈출 수 없는 경우 또는 계속된 흡연으로 신체가 일정 수준의 니코틴을 요구하는 경우에도 전문적 도움을 받거나 술 마시고 흡연할 기회에 노출되지 않으려는 행동을 선택할 수 있다. Orford는 심한 중독의 경우에도 양가감정, 갈등 및 비일관성 등이 여전히 존재한다고 보고 있으며, 그런 것들이 바로 중독의 핵심 성분이라고 주장한다.

Herrnstein과 Prelec(1992)의 중독에 대한 네 가지 해석안이 중독과 자유의지의 관계를 분명히 하는 데 도움이 된다(Orford, 2001에서 재인용). 그들이 언급하는 중독의 첫 번째 해석방식은 중독을 질병으로 보는 관점이다. 즉, 생리적 의존성이 발달하면 인간은 허수아비처럼 생리적 욕구에 매이게 되어 자유의지가 관여할 틈이 없다는 것이다. 두 번째 해석은 중독을 일종의 자기 투약(self-medication)으로 보거나 합리적 소비자로서 중독 행동을 선택한다고 보는 입장이다. 이런 입장에서는 중독 역시 합리적인 자유의사에 따른 행동으로 간주된다. 세 번째 해석은 중독을 '유혹이나 타락의 길(primrose path)'로 보는 것이다. 사람들은 자신들이 함정에 걸려들고 있다고 인식하지 못하면서 점차적으로 중독 대상에 빠져들게 된다. 네 번째 해석은 중독을 여러 가지의 '분열된 자기(divided self)'로 보는 것이다. 개인에게는 동시적 또는 연속적 단계로 중독에 빠진 자기와 이를 싫어하고 벗어나고자 하는 자기가 공존한다. 중독에 대한 세 번째와 네 번째 해석에서는 중독이 자유의지가 전혀 작동하지 않거나 혹은 자유의지로만 결정되는 것이 아니라 시점이나 상황에 따라 각기 다른 정도의 자유의지가 영향을 미칠 수 있다고 본다. 이런 면에서 Orford의 모형은 중독에 대한 세 번째와 네 번째 해석의 입장에 해당한다.

Orford(2001)의 SBCM 모형은 과도한 탐닉의 발달과 변화를 3단계로 나누어 설명하고 있으며, 각 단계에서 중요하게 작용하는 사회학습 및 인지 행동적 성분들에 대해 명세화하고 있다. 모든 단계에서 사회적 맥락과 도덕적 맥락이 중요하게 작용하는데, 그는 중독을 역사, 문화, 사회적 지위 혹은 도덕적 가치관과 무관하게 정의할 수 있는 절대적인 기준은 없다고 주장한다. 그래서 Orford는 '과도한 탐닉'이라거나 '강력한 애착'과 같이 상황에 따라 상대적으로 달라지거나 모호할 수 있는 용어를 의도적으로 사용한다.

　중독 행동의 계속이나 중단에 개인의 태도와 의지 혹은 사회적 규범이 상당한 영향을 미친다고 가정할 수 있다면, 태도와 행동 및 행동 변화에 관한 사회심리학과 건강심리학의 일반 이론을 중독 행동의 설명에도 의미 있게 적용할 수 있을 것이다. 행동과 행동 변화를 설명하는 일반 이론 중에서 Ajzen(1985, 1991)의 '계획된 행동 모형'과 이에 대한 김교헌의 대안 모형, Schwarzer(2000)의 'HAPA(health action process approach) 모형', Prochaska, DiClemente 및 Norcross의 '초이론 모형(transtheoretical model)' 등을 소개하기로 한다.

2) Ajzen의 계획된 행동 모형과 김교헌의 대안 모형

　Ajzen(1985, 1991)의 계획된 행동(planned behavior) 모형을 도식화하면 [그림 1-3] 과 같다.

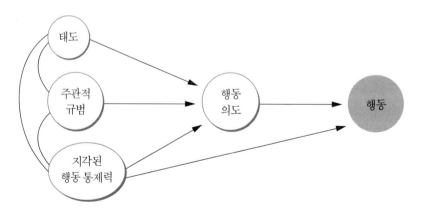

그림 1-3　계획된 행동 모형(Ajzen, 1991, p. 182)

　이 모형에서는 ① 행동에 대한 그 사람의 태도, ② 주관적으로 지각하는 규범, ③ 지각된 행동 통제력에 대한 지식으로부터 행동이 예측될 수 있음을 보여 준다. 세 가지 성분들이 모두 상호작용해서 행동하려는 의도를 형성한다. 부가적으로 지각된 행동 통제력은 행동에 직접적인 영향을 미친다(Ajzen, 1991, 2002). 모형에 나타나 있듯이, 행동의 더욱 직접적인 결정 요인은 행위를 하거나 하지 않으려는 의도다. 의도는 다시 두 가지 요인에 의해 결정되는데, 첫째는 특정 행동에 대한 개인적 평가에 해당하는 행동에 대한 태도다. 둘째는 그 행동을 수행하거나 수행하지 말라는 사회적 압력에 대한 개인의 지각으로서 개인의 주관적 규범이라 부른다. 특정 행동에 대한 개인의 태도는 그 행동이 긍정적이거나 부정적인 결과를 초래할 것이라는 개인의 신념에 달려 있다. 주관적 규범은 주위의 특정 개인(혹은 개인들의 집단)이 그 행동에 부여하는 평가에 대한 지각과 그 개인(혹은 개인들의 집단)의 기대나 규범을 따르려는 동기에 의해 결정된다.

지각된 행동 통제력은 그 사람이 바라는 행동적 결과를 달성하기가 얼마나 쉬운가 혹은 어려운가에 대한 신념으로, 과거의 행동 경험과 장애물들을 극복할 수 있는 자기 능력에 대한 지각을 반영한다. 지각된 행동 통제력은 행동에 직 · 간접적으로 영향을 미친다. 직접 경로는 그 사람이 행동을 수행하는 데 대한 통제력이다. 이런 경로는 사람들이 거의 자동적으로 행하는 행동을 수행할 때 발생한다. 간접 경로는 사람들의 행동하려는 의도에 영향을 미침으로써 간접적으로 행동을 조성할 때 발생한다. 이 이론은 사람들이 어떤 행동을 쉽게 수행할 수 있다고 믿을 때가 그렇지 못할 때에 비해 그 행동을 수행하려는 의도가 높아진다고 가정한다. 지각된 행동 통제력은 '계획된 행동 모형'의 전신이라 할 수 있는 '합리적 행위 이론(theory of reasoned action)'(Fishbein & Ajzen, 1975)이 개인의 의지를 넘어서는 타율성이나 불확실성이 행동에 미치는 영향을 감안하지 못한다는 비판을 개선하기 위해 추가된 개념이다. 지각된 행동 통제력을 추가했을 때 행동 설명력이 의미 있게 증가한다는 증거들은 국내외 선행 연구에서 여러 차례 확인되었다(이민규, 한덕웅, 2001; 한덕웅, 1997; 한덕웅, 이민규, 2001; 한덕웅, 한인순, 2001).

필자는 계획된 행동 모형을 중독 행동의 설명에 적용할 때 두 가지 추가해야 할 요인이 있다고 본다. 첫 번째 추가 요인은 '습관'이다. 습관은 과거에 그 행동을 반복적으로 여러 차례 수행하여 자동적이고 의례적이 된 행동을 일컫는다. Triandis(1977)도 태도와 행동의 관계에서 중요하게 고려해야 할 요인으로 습관을 지적하고 있다. Bentler와 Speckart(1979)도 합리적 행위 이론에 대한 수정 모형에서 '과거 행동'을 추가하고 있는데, 과거 행동은 습관과 개념적으로 매우 유사하다고 할 수 있다. 한덕웅과 한인순 (2001)이 과속 운전을 대상으로 행한 국내 연구에서도 습관은 과속 행동 의도와 과속 행동을 유의미하게 예측하고 있어서 연구자들의 수정 모형에 포함되기도 했다. 어떤 행동이 여러 차례의 반복을 통해 습관화된 것은 Orford 모형의 강한 애착의 발달과 유사하다고 볼 수 있을 것이다. 습관은 또 생리적 의존성의 발달로 인해서 반복되는 행동 변량을 심리적 변인으로 대체하여 설명할 수 있는 한 방법이 될 수 있다.

두 번째로 추가하려는 요인은 '기회'다. 기회는 특정한 행동을 수행하는 데 필수적으로 요구되는 물리적 공간과 시간 및 행동 대상—많은 경우에 대상을 얻기 위해서는 경제적 자원이 중요할 것이다—이 존재함을 의미한다. 이 요인은 특정 대상 행동이 일어나기 위해서는 반드시 있어야 할 너무나 자명한 성분이어서 지금까지 무시되어 왔을 가능성이 있다. 흡연·음주, 과식(또는 폭식), 성행동, 도박 등에서 그 행동을 할 수 있는 시간과 공간 및 그 대상이 없다면 행동은 원초적으로 불가능하다. 그러나 Orford의 모형에서도 지적하고 우리가 일상에서 쉽게 관찰할 수 있듯이, 시대와 상황 혹은 하위 문화에 따라 특정 행동을 할 수 있는 기회는 매우 달라진다. 예를 들면, 최근 금연운동의 확산으로 흡연할 수 있는 기회가 급속하게 줄어들고 있다. 또 담배나 술 구입을 청소년에게도 손쉽게 허용하는 경우와 법적으로 엄격하게 금지하는 경우에 따라 흡연이나 음주 기회는 매우 달라지며, 이 경우 기회가 행동 의도와 행동에 미치는 영향은 지대할 것이다. '지각된 행동 통제력'이나 '주관적으로 지각하는 규범' 요인에 기회 성분이 영향을 미칠 수 있겠지만, 개인의 주관적인 지각과 객관적 상황 여건으로서의 기회는 독립적으로 다루는 것이 필요하다.

종전의 계획된 행동 모형에 비해 김교헌의 대안 모형에는 '습관'과 '기회' 요인이 추가되어 있다. 종전 모형에 포함되어 있던 '태도'와 '규범' 및 '행동 통제력' 성분들이 모두 개인의 주관적 지각을 강조하는 것인 데 반해, 습관과 기회는 상대적으로 객관적 특성이 강하다. 습관이 비록 개인에게 속하는 성분이기는 하지만, 과거에 이미 발생한 행동으로 현재의 개인과는 독립적으로 존재할 수 있고 또 그것을 객관적으로 측정할 수 있다는 점에서 객관적 성분으로 볼 수 있다. 대안 모형은 특정 대상 행동에 대한 개인의 주관적 지각의 측면과 아울러 환경과 과거 행동의 객관적 측면을 함께 고려해서 행동을 예측하려는 특성을 지닌다고 할 수 있다. '습관'과 '기회'는 '행동 의도'와 '행동' 모두에 정적 방향의 영향을 미친다고 가정한다. 김교헌의 대안 모형을 도식화하면 [그림 1-4]와 같다.

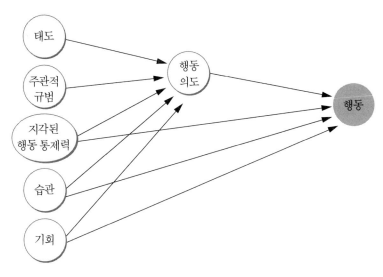

그림 1-4   중독 행동을 설명하려는 김교헌의 대안 모형

3) Schwarzer의 HAPA 모형과 Prochaska 등의 초이론 단계 모형

Schwarzer(2000)는 건강 행동의 변화를 설명하기 위해 '건강 행동 과정 접근(health action process approach: HAPA)' 모형을 제안했다. 사람들은 문제성 음주와 도박, 약물 남용, 흡연, 부주의한 운전, 과식 등의 위험 행동 때문에 건강을 해친다. 한편으로 사람들은 그런 위험 행동을 자기조절하고 예방할 수 있는 통제력을 지니고 있기도 하다. 이런 건강 위험 행동이나 건강 조장 행동을 다른 관점에서 보면 위험 행동에 대한 중독과 절제로 개념화할 수 있다. Schwarzer(2000)는 건강 위험 행동을 변화시켜 가는 과정을 세부적으로 설명하기 위해 종전의 '건강신념 모형(health belief model)' (Becker, 1979; Becker & Rosenstock, 1984; Rosenstock, 1990; Strecher, Champion, &

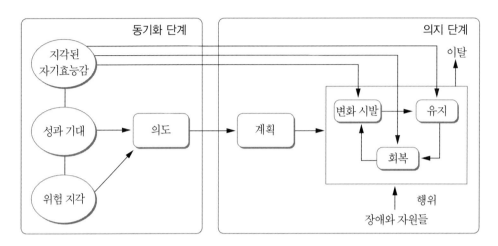

그림 1-5   건강 행동 과정 접근 모형(Schwarzer, 2000, p. 45)

Rosenstock, 1997)과 '계획된 행동 모형' 등을 수정해서 단계적이고 과정 중심적인 HAPA 모형을 제안하고 있다([그림 1-5] 참조).

HAPA 모형에서는 행동 의도를 갖기까지의 '동기화 단계(motivation phase)'와 의도를 가진 후의 '의지 단계(volition phase)'의 구분을 중요시하며, 두 단계에서 중요하게 작용하는 요인이 각기 다르다고 보고 있다.

동기화 단계에서는 기존의 건강 위험 행동을 변화시키려 하는 동기 형성과정을 다룬다. '다음 주 초부터 금연을 하겠다.'거나 '새해부터 도박을 끊겠다.'는 등의 명시적인 의도를 형성하는 것이 이 단계의 끝이다. 이 모형에서는 이런 의도를 형성하는 요소로 ① 위험 지각(risk perception), ② 성과 기대(outcome expectancies), ③ 지각된 자기효능감(perceived self-efficacy)을 들고 있다.

'위험 지각'은 현재 행동을 변화시키려는 동기를 갖게 만드는 가장 분명한 선행 요인이다. 현재 행동(혹은 습관적 행동)의 위험성을 전혀 깨닫지 못하고 있다면 변화의 동기는 생기지 않는다. 일반적으로 행동 변화를 위한 초기 과정에서 기존 행동의 위험성을 지각하는 것은 변화의 동기를 높이지만, 지나친 위협은 심리적 반발을 초래하여 동기화를 시키지 못하는 경우도 있다.

'성과 기대'는 어떤 결과가 초래되리라는 믿음을 의미한다. 사람들은 어떤 행동이 위험하다는 것을 깨닫는 것뿐만 아니라 어떻게 다르게 행동하면 어떤 결과가 나타날 것이라는 데 대해서도 기대를 발달시키고 있다. 어떤 흡연자가 '내가 금연한다면 매달 얼마만큼의 돈을 저축할 수 있다.'고 기대한다면 금연할 동기가 더 많이 생기게 될 것이다. 대부분의 행동은 그로 인한 결과에 긍정적인 기대와 부정적인 기대가 공존할 것이다. 좋은 면과 나쁜 면에 대한 비교분석 결과, 긍정적인 면이 우세할수록 그 행동에 대한 동기는 높아질 것이다. 또 성과 기대는 방법 혹은 수단−목적(means-end) 관계에 대한 이해로 볼 수도 있다. 즉, 사람들이 바람직한 결과를 얻기 위해 적절한 전략을 알고 있음을 의미하기도 한다.

'지각된 자기효능감'은 도전적인 요구와 자신의 기능에 대해 통제력을 행사할 수 있다는 자기 신념이나 혹은 바라는 결과를 얻는 데 필요한 행동을 성공적으로 조직화하고 실행할 수 있는 능력이 자신에게 있다는 믿음에 해당한다. 이는 성과 기대와는 달리 '수행 기대(performance expectancies)'라고 명명할 수 있다. '금연하면 매달 어느 만큼의 돈을 저축할 수 있다.'는 성과 기대는 '나는 금연하기 위해 필요한 행동을 실천에 옮기고 장애물을 극복할 수 있다고 믿는다.'는 수행 기대나 자기효능감과는 다르다. 자기효능감은 생소하거나 어려운 상황에 접근하거나 끈기 있는 노력을 하는 데 결정적인 역할을 한다고 가정된다. 바람직한 결과를 얻기 위해 필요한 행동을 실천에 옮길 수 있는 능력이 있다고 강하게 믿는 낙관적 신념(높은 자기효능감)은 어떤 목표를 세울 것인가, 그 목표를 달성하기 위해 어떤 경로를 선택할 것인가, 얼마만큼 노력할 것이며, 장애물과 퇴보를 만났을 때 얼마나 오래 인내할 것인가 등을 결정하는 데 의미 있는 영향을 준다(Bandura, 1997). 비록 성과 기대가 높은 경우라 하더라도, 자신이 성공하기 위해 필요한 행동을 실행하는 데 자신감이 없다면 변화의 동기를 갖기는 어려울 것이다.

의지 단계에서는 행동 변화의 의도가 생긴 뒤부터 계획과 행동 준비 단계 및 변화의 유지와 실패 후의 회복 단계 등을 다룬다. 습관적 혹은 중독적 행동을 변화시키는 일은 상당한 어려움을 동반하는 장기간에 걸친 자기조절(self-regulation) 과정이라 할 수 있다. 그것은 행동 변화를 준비하고, 실천에 옮기며, 변화된 행동을 유지하고, 장애물이나 실패에 당면해서 극복해 가는 긴 여정이 될 것이다. 목표를 설정하는 일과 목표를 계속 추구해 가는 일은 서로 구분되는 두 단계로 볼 수 있다. 목표를 추구하는 과정에서는 흔히 더 많은 자기조절적 노력이 요구된다. 우리가 일상에서 경험해 온 수없이 많은 '작심삼일'이 이를 웅변해 준다.

자기조절 과정은 각 단계 사이의 구분이 쉽지는 않지만, '계획' '시작' '유지' '재발(혹은 실패) 관리' 및 '이탈(disengagement)' 단계로 나눌 수 있다. '계획' 단계에서는 상황이나 기회가 자신의 목표 행동과 인지적으로 연결된다. 구체적인 계획을 매개로 하여 목표는 행동과 효과적으로 연계된다. 예를 들어, 금연이나 금주 혹은 단도박과 같은 목표의 추구는 세부 과정에 대한 정신적 시뮬레이션을 통해 더욱 쉽게 이루어진다. 적절한 기회를 '언제' '어디서' '무엇을' '어떻게 한다'는 방식으로 분명하게 정의할 수 있을 때, '뒤로 미루기(procrastination)'의 가능성은 줄어든다. 구체적인 실행 계획이 서면 사람들은 변화를 위한 좋은 기회가 왔을 때 행동을 시도할 것이다. 이때도 행동을 실천할 수 있다는 자신의 능력에 대한 믿음(자기효능감)이 중요한 역할을 할 것이다.

'행동 변화의 유지'는 단순히 강한 의지만으로 달성되기보다는 자기조절 기술이나 전략의 발달을 통해서 이루어진다. 자기조절 기술이나 전략에는 자신의 동기와 행동에 영향을 미치는 다양한 방법이 포함된다. 예를 들면, '달성 가능한 목표를 세우기' '좀 더 근접해 있는 하위 목표를 정하기' '유인가를 도입하기' '사회적 지원을 동원하기' '유혹에 저항하기' '불유쾌한 정서를 조절하기' '주의분산 요인을 줄이고 과제에 집중하기' 등의 기술이나 전략이 그에 속한다. 방해물을 극복하고 처음의 동기를 반복적으로 재충전해야 하는 유지 단계에서도 자기효능감이 긴요하게 요구될 것이다.

장기간의 목표 달성을 위한 노력과 자기조절 과정에서 일시적 실패와 퇴보는 피할 수 없다. 이에 퇴보에서 벗어날 '재발 관리(혹은 회복)' 전략이 필요하다. 어떤 사람들은 신속한 결과를 얻지 못하면 새로운 행동을 빨리 포기한다. 일부 사람들은 고위험 상황에 처하게 될 때(예: 금연자가 다른 사람들이 담배를 피우고 있는 술집에서 술을 마실 때) 자기효능감의 부족으로 흡연의 유혹을 이기지 못한다. '동기를 새롭게 하기' '위험한 상황을 피하기' 혹은 '자기 주장하기' 등이 이를 극복하는 데 유용한 전략이 될 수 있다.

'목표로부터의 이탈'은 자기조절의 실패나 인내심의 부족을 의미할 수 있다. 그러나 반복되는 실패 상황에서는 오히려 적응에 도움이 될 수 있다. 예를 들어, 거의 달성 불가능한 목표에 집착하거나 상황이 종전과 달라져서 목표 달성이 어려운 경우라면 계속적인 노력이 성과를 거두기는 어려울 것이다. 그러나 매우 높은 비용을 지불하고 있는 중독 행동을 중단하려는 목표를 포기하기는 어렵다. 이 경우는 더 세련된 자기조절 기술들을 발달시키고, 특정 내담자의 문제에 특정하게 알맞은 접근을 시도하는 것이 필요하다고 할 수 있을 것이다. 장기적 관점에서 단기적 실패는 자기조절 전략을 더 좋게 개선시킬 수 있는 정보를 주고 동기를 새롭게 할 수 있는 기회를 제공하는 스승의 구실을 할 수 있다.

한편, 건강 행동에서의 변화를 설명하고 예측하려는 다른 단계 모형으로 Prochaska 등(1992)이 개발한 '초이론 모형(transtheoretical model)'이 있다. 이 모형은 사람들이 다섯 단계, 즉 숙고 전(precontemplation), 숙고(contemplation), 준비(preparation), 실행(action) 및 유지(maintenance) 단계를 거치면서 행동 변화를 이루어 간다고 가정한다.

'숙고 전 단계'에서 사람들은 자신의 행동을 변화시키려는 의도가 없고 자신이 문제가 있다고 보는 데 실패한다. '숙고 단계'에서는 문제를 자각하고 차후 특정 기간 이내에 행동을 변화시키려는 의도를 갖는다. '준비 단계'에서는 생각과 행동 모두가 포함되며 변화를 위한 특정한 계획을 세운다. 행동의 수정은 '실행 단계'에서 나오는데, 이때 사람들은 자신들의 행동에서 외적 변화를 가져온다. '유지 단계'에서 사람들은 자신이 이룬 변화를 유지하고 옛 행동으로 돌아가려는 유혹에 저항한다. Prochaska 등(1992)은 사람들이 한 단계에서 다음 단계로 이동해 가는 방식이 선형적이라기보다는 나선형적이라고 주장했다. 즉, 사람들은 자신들의 행동 변화를 완성할 때까지 사전 단계로 되돌아갔다가 다음 단계로 진전하는 등 몇 차례의 재발을 거칠 수도 있다. 그래서 문제의 재발은 현실적으로 있을 것으로 기대되고 일종의 학습 경험으로 작용할 수 있다.

Prochaska 등(1992)은 각 단계의 사람들이 변화를 이루기 위해서는 각기 다른 유형의 조력이 필요하다고 제안했다. 예를 들어, 숙고 전 단계에서 사람들이 변화를 목표로 개입한다면 자신들이 문제가 없다고 생각하기 때문에 성공적이지 못할 것이다. 반면,

준비 단계에 있는 사람들에게는 그들의 행동을 바꾸어야 한다고 확신시켜 줄 필요까지는 없다. 그들에게는 어떻게 변화를 시도할 것인가에 관한 구체적 제안이 필요하다. 또 유지 단계의 사람들에게는 그들의 변화를 어떻게 지속할 것인가에 관한 정보나 도움이 필요하다.

초이론 모형은 상이한 문제 행동들에 동등하게 적용되는가? Prochaska(1994)는 여러 문제 행동에 걸친 모형의 유용성—금연, 체중 조절, 안전한 성행동 실행, 유방조영 검사 등—을 검토했다. 연구 결과로 여러 가지 문제 행동 영역에 걸쳐서 분명한 공통점이 발견되었는데, 사람들은 행동 변화의 장단점을 저울질하면서 숙고 전 단계에서 행동 단계에 이르기까지 진전해 갔다. 다른 연구에서도 이 이론의 가치가 발견됐다. 현재나 과거에 신경성 폭식증으로 진단받은 여성들에 대한 연구(Levy, 1997)에서 치료의 유형에 대한 선호는 그 여성의 변화 단계와 밀접한 상관이 있었다. 이 결과는 치료의 선택이 그 사람의 변화에 대한 준비성과 일치해야 하기 때문에 특히 중요하다. Prochaska 등(1992)의 모형은 Miller와 Rollnick(2002)의 '동기강화 상담(motivational interviewing)'에서 잘 활용되고 있다.

4) 인지신경과학적 접근

최근 중독 현상을 학습과 기억에 관한 인지신경과학적 접근을 통해 설명하려는 연구가 매우 활발하다(이에 대한 자세한 논의는 김교헌, 2006a 참조). 지속되는 행동의 모든 변화에는 그것을 뒷받침하고 있는 신경생리적 변화가 있고, 그 배후에는 유전적 바탕과 학습 및 기억 기제가 작동하고 있다고 볼 수 있다.

White(1996)는 서로 구분되는 세 가지 종류의 학습과 기억 기제가 중독 행동에 관여한다고 주장한다. '조건화된 유인학습(conditioned incentive learning)'은 중립자극이 생래적으로 접근 행동이나 만족스러운 내적 상태를 유발하는 강화물과 시공간적으로 근접해서 제시됨으로써 그 경험 이후에 원래의 강화물 없이도 유사한 반응을 유발하는 경우를 의미한다. 이는 Pavlov의 고전적 조건형성의 예에 해당한다. 과거에 코카인이나 암페타민 등의 약물을 사용했던 특정 장소나 소품 등에 접근하려 하고 그것을 선호하는 현상(조건화된 단서 선호, conditioned cue preference)이 나타나는 것이 대표적인 예인데, 뇌의 편도체(amygdala)가 이 학습에 핵심적으로 관여한다. 조건화된 유인학습은 중독 현상에서 대상과 연관되는 상황적 단서들이 경험을 거듭할수록 점차 확장되는 현상과 지연 단서들에 대해 반응하는 현상을 잘 설명해 준다.

'서술학습(declarative learning)'은 단서들 사이의 관계에 관한 학습이다. 여기서 조건화된 유인학습의 경우처럼 단서들이 특정한 결과를 초래해야 할 필요는 없다. 즉, 유기체에게 만족스럽거나 혐오스러운 결과를 초래하지 않고도 특정한 상황에 출현해 있는 단서들 사이의 관계에 대한 학습이 일어난다고 본다. 이는 Tolman의 '자극-자극(S-S)' 학습의 예에 해당한다. 서술학습에는 해마(hippocampus)가 주로 관여하며, 단지 몇 차례의 경험으로도 신속하게 학습이 일어나는 것으로 알려져 있다. 여기에는 특정한 약물을 획득하던 상황의 외적 단서들 사이의 관계에 관한 지식들이 포함되며, 약물의 사용이나 중단 등에 의해 생기는 내적 감정 상태와 상황적 단서 사이의 관계에 관한 기억도 포함된다. 내적 감정 상태는 특정한 행동 반응을 유발하지는 않지만, 개인들은 그 상황에서 어떤 행동이 자신의 감정 상태를 바람직한 방향으로 바꾸는가를 경험함으로써 특정 약물의 속성과 그것을 어떻게 획득하고 사용하는가를 학습하게 된다. 서술학습은 중독자들이 금단 상태로 인한 고통스러운 내적 상태를 해소하기 위해 약물을 사용하는 것이나 '갈망(craving)' 현상 등을 설명해 준다.

'습관학습(habit learning)'은 특정한 자극에 의해 일련의 행동 반응들의 연쇄가 자동적으로 유발되는 과정에 관여한다. 이는 연합학습의 '자극-반응(S-R)' 학습의 예에 해당한다. 자극과 반응의 연합(자극과 반응의 신경 표상들 사이의 결속력 또는 습관 강도)은 특정 자극이 출현해 있을 때 특정 반응을 한 결과가 보상적일 경우 증가하며, 경험이 증가함에 따라 점증적인 형태로 매우 느리게 증가한다. 습관학습에는 감각운동이나 자극-반응의 연합을 매개하는 뇌의 코데이트-푸터먼 콤플렉스(caudate-putaman complex)가 핵심적으로 관여하는 것으로 보인다. 이러한 습관학습은 중독자들이 스스로 의식하지 못한 채 자동적으로 중독 행동을 반복하는 현상을 설명해 준다.

습관학습과 조건화된 유인학습에 관계되는 기억이 절차 지식에 해당하며 무의식적으로 진행되는 반면, 서술학습은 의식되는 인지적 과정에 의해 매개되며 복잡한 행동과 관련된다. 최근 Everitt와 Robbins(2005)는 고전적 조건화와 도구적 학습과정을 통해 처음에는 즐거움을 위해 자발적으로 약물을 추구하던 행동이 통제력을 잃고 습관적이고 강박적인 행동 양상으로 변화하는 과정이 기초로 하고 있는 뇌의 신경생리적 기반에 대해 서술하고 있다. 그들은 이런 변화에서 전전두엽 피질 수준에서 통제되던 약물 추구 행동이 피개(striatal) 수준의 통제로 바뀌는 것이 핵심이라고 주장한다.

Nestler(2005)는 다양한 성분으로 구성된 남용성 중독물질들이 뇌나 말초 신경계에서 저마다 다른 방식으로 작동하지만 단기적 및 장기적으로 노출되었을 때는 다음과 같은 유사한 공통 효과를 나타낸다고 본다. ① 단기적으로 보상적인 효과를 맛보게 되어 반복 사용하게 되면 취약한 사람들이 약물 사용의 통제력을 상실하는 중독에 이르게 된다. ② 약물 사용을 중단했을 때 부정적인 정서적 증상들을 나타낸다. ③ 약물에 대한 민감화 현상을 나타낸다. ④ 약물과 관련되는 환경적 단서들에 대한 연합학습 현상을 나타낸다. ⑤ 약물 사용을 중단했을 때 약물에 대한 강렬한 갈망을 나타낸다. ⑥ 오랜 중단 뒤에도 빈번하게 재발된다. Nestler는 중독약물들의 단기적인 작용방식이 각기 다르지만 단기적 및 장기적으로 뇌의 도파민과 그 관련 회로에 공통되는 분자 및 세포 수준의 변화를 초래한다고 제안한다. 이런 도파민 관련 회로의 변화는 자연 보상물에 대한 중독의 경우에도 유사하게 적용된다.

모든 남용성 약물과 중독 행동들은 단기적으로 뇌 변연계에 있는 회로에서 공통 효과를 보인다. 그중에서도 중뇌 변연계의 도파민 경로가 가장 주목을 받는데, 중뇌의 복측피개 영역(ventral tegmental area: VTA)에 있는 도파민 뉴런과 이 뉴런들의 목적지가 있는 변연 전뇌(limbic forebrain) 영역의 측핵(nucleus accumbens: NAc)이 그 대상이다. VTA-NAc 경로는 모든 남용 약물이나 중독 행동들의 단기적 보상 효과를 매개하는 것으로 알려져 있다.

만약 약물이나 다른 중독 대상물에 만성적으로 노출된다면 VAT-NAc 및 이와 관련되는 경로에는 어떤 변화가 일어날까? 단기적 효과의 경우와 유사하게 특정 약물에 대한 만성적인 노출은 다양한 약물들에 걸쳐서 공통적인 '신경적응'을 유발한다. 최근 연구들은 VAT-NAc 외에 다른 뇌 영역들이 이런 변화에 관여됨을 보여 주고 있다(Nestler, 2005). 편도체와 해마, 시상하부 및 전두 피질의 몇몇 영역들이 그에 해당한다. 이 영역들은 뇌의 전통적인 정서와 기억 체계에 해당한다. 이는 중독의 핵심적 측면이 강렬한 정서적 기억과 관련됨을 시사한다.

약물에 대한 만성적 노출은 반복되는 약물 활동에 대한 동질정체적(homeostatic) 반응의 일종[예: 내성(tolerance)]으로 볼 수 있는 도파민 체계의 손상을 유발한다. 약물에 대한 만성적인 노출 뒤에는 도파민 기능[기대했던 것과 실제가 다름을 의미하는 보상예측 오류 신호(reward prediction error signal)로서의 기능]의 기저 수준이 저하되어, 자연적인 보상적 자극들이 전형적으로 보여 주던 도파민 전달에서의 효과적인 국면의 증가를 보여 주지 못한다. 이런 변화는 약물의 중단과 사용 시기 사이에 보이는 부정적인 정서적 증상(예: 금단 증상)의 형성에도 기여한다. 한편으로 남용 약물에 대한 만성적 노출은 도파민 체계를 민감화시켜 해당 약물이나 그 약물과 관련되는 단서들에 대해서는 도파민 전달이 더욱 증가한다. 이런 민감화는 약물이 중단된 뒤에도 오랫동안 지속될 수 있으며, 약물에 대한 갈망과 재발의 원인으로 작용한다.

Kalivas와 Volkow(2005)는 약물중독의 일차적 행동병리가 약물에 대한 강렬하고 오랜 기간의 중단 뒤에도 끈질기게 계속되는 '동기적인 힘'과 약물을 얻고자 하는 '욕망을 통제하는 능력의 부족'이라고 주장하면서, 그 기저의 신경생리적 기반에 대해 기술하고 있다. 중뇌 변연계의 도파민 체계는 단기적 보상과 중독의 시작에 중요한 역할을 하지만, 중독의 마지막 단계에서는 세포 수준의 적응이 초래된다. 세포 수준의 그러한 적응은 자연 보상물에 대한 가치평가를 절하해서 약물 추구의 강박적 성질을 조장하고, 인지적 통제를 감소시키며 약물 관련 자극들에 대한 반응 민감성을 조장한다.

중독에 관한 인지신경과학적인 최근의 연구 결과들을 종합해 보면 다음과 같은 몇 가지 수렴되는 시사점을 찾을 수 있다. 먼저 중독 현상이 생존과 번식을 꾀하고 사회적 지위를 확보하려는 유기체의 일반 적응 및 학습 행동과 밀접하게 관련된다는 점이다. 두 번째로 중독에는 보상 기제뿐만 아니라 반보상 기제나 반대과정이 중요하게 관여된다는 점이다. 따라서 도파민을 중심으로 하는 보상 기제뿐만 아니라 CRF(corticotropin releasing factor) 체계를 중심으로 하는 반보상 기제 그리고 보상 기제와 반보상 기제 사이의 상호작용에 함께 관심을 가질 필요가 있다. 세 번째로 중독 대상과의 상호작용 경험이 진행됨에 따라 관련 신경계의 가소성과 고유한 행동 특징들이 변화하는 중독의 구분되는 시간적 진행 단계를 상정하고 있다는 점이다. 각 단계의 구분 기준과 명칭은 아직 통일되지 않았지만, 대체로 '실험적 접촉' '충동적 추구' 및 '강박적 추구'의 3단계로 나눌 수 있다. 네 번째로 구성 성분이나 작용방식이 여러 다양한 약물 사이에 공통되는 신경생리적 과정들이 관여하고 있다는 점이다. 마지막으로 중독 현상을 정상적인 적응이나 조절 과정에서의 이탈로 바라보고 있다는 점이다. 즉, 중독에 대한 신경생리적 수준의 자기조절 모형이라고 부를 만하다. 따라서 기존의 심리적 자기조절 이론들과 함께 소통할 수 있는 공통 용어와 개념이 많고, 기존 자기조절 이론들의 신경생리적 바탕을 명세화해 주는 보완적 성질을 지닌다고 볼 수 있다.

5) 공중보건적 접근

중독의 발달과정에는 개체의 자기조절만 관여되는 것이 아니다. 중독 대상의 특성과 대상의 공급과 소비, 개인과 대상의 상호작용 방식을 규정하는 사회문화적 환경이 중독의 발달에 중요한 영향을 미친다. 중독 현상을 더 큰 맥락에서 포괄적으로 이해하기 위해서는 개인이 처해 있는 생태적 및 사회문화적 환경, 중독 대상과 개인의 특성 및 이들 사이의 상호작용을 전체적 맥락에서 조망할 수 있어야 한다. '공중보건적 (public health) 접근'이 여기에 도움이 될 수 있다(Korn, Gibbins, & Azmier, 2003).

공중보건에서는 문제를 발생시키는 데 일차적 기여를 하는 '병원체(agent)'와 병원체가 작동하는 일차적 환경이 되는 '숙주/사람(host)' 그리고 이 둘을 둘러싸고 있는 '환경(environment)'을 연구와 개입의 중요한 표적으로 삼는다. 병원체는 중독의 경우 중독 대상을 의미하며, 사람은 중독 대상에 노출되는 개인이 된다. 그리고 환경은 좁게는 중독 대상과의 상호작용이 발생하는 일차적 환경을 비롯해서 가족이나 직장 동료나 친구, 넓게는 지역사회나 국가 및 세계의 정치와 경제 및 문화 환경에까지 이른다. 이 연구에서는 개인의 심리적 및 생리적 수준과 이에 직접적인 영향을 미치는 좁은 범위의 환경에 초점을 맞추었지만, 중독 현상에 대한 개인 수준의 이해를 더욱 충실하게 하기 위해서도 전체 맥락의 상호 관련성을 이해할 필요가 있다.

병원체는 중독 대상을 의미한다. 대상 행동이 강력하고 즉각적이며 일관된 보상을 초래할수록 편향되고 강한 애착을 발달시킬 가능성이 높다. 코카인이나 아편 등의 물질 소비, 도박에서의 대박, 자극적인 성적 쾌락 추구 행동 등이 해당된다. 병원체는 상호작용을 하는 개인에게 생리적, 심리적 및 사회적으로 어떤 효과를 초래하느냐에 따라 중독을 유발하는 정도가 달라질 수 있다. 예를 들어, 1등 상금이 적고 결과 발표를 한참 기다려야 하는 복권보다는 상금 액수가 천문학적이고 결과가 즉각적으로 피드백되는 복권의 중독 유발 확률이 더 높다. 환경의 가용성과 접근성 및 수용성 또한 중독 발달에 중요한 영향을 미친다.

숙주/사람은 중독에 빠져드는 개인을 뜻한다. 충동성이 높거나 스트레스가 많거나 일상적인 삶에서 균형 잡힌 보상을 얻기 어려운 사람들이 중독 대상에 취약성을 가질 것이다. 유전적 취약성도 중요하다. 유전의 영향력은 중독 발생과 유지 변량의 50% 정도를 설명하며, 중독의 심각도가 높아질수록 유전에 의한 설명 정도가 높아진다고 보고된다(Potenza, 2016).

환경의 핵심적 속성에는 중독 대상이 일정한 환경 내에 얼마나 많이 있는가를 의미하는 '가용성(availability)', 그 대상에 대해 얼마나 손쉽게 접근할 수 있는가를 의미하는 '접근성(accessability)', 대상을 소비하는 행동을 자신이 속한 사회문화적 환경에서 얼마나 바람직하고 적절하게 수용하는가를 의미하는 '수용성(acceptability)' 등이 포함된다.

중독은 병원체, 숙주/사람 및 환경 중 어느 하나의 영향만으로 발생하지 않는다. 개인들은 중독 대상에 대한 유전적 취약성(예: 병적 도박이나 알코올중독의 취약성과 관련되는 도파민 D2 혹은 D4 유전자의 다면 발현)이나 심리사회적 취약성(예: 충동성과 부모의 감독 부재)에서 서로 다르다. 공중보건적 접근에서는 병원체와 숙주/사람 및 환경 특성을 상호 관련시켜 중독의 발생과 변화를 설명하고 예측하려 한다.

5. 모형이나 접근법의 평가와 절충적 사용

앞에서 Orford의 '사회-행동-인지-도덕(SBCM) 모형'을 비롯해서 Ajzen의 '계획득된 행동 모형', 김교헌의 계획된 행동 모형에 대한 '대안 모형', Schwarzer의 '건강 행동 과정 접근(HAPA) 모형', 그리고 Prochaska 등의 '초이론 단계 모형'에 대해 소개했다. 아울러 특정한 모형이라기보다는 전반적 지향의 유사성에 해당하는 인지신경과학적 접근과 공중보건적 접근에 대해 소개했다. 소개된 모형들은 각기 나름대로의 장단점과 특징을 지니고 있으며 서로 배타적이기보다는 보완적인 성격을 많이 지니고 있다. 이 절에서는 중독 관련 연구나 예방 및 치료적 개입을 하려 할 때 구체적으로 모형들을 어떻게 평가하고 절충적으로 통합해서 사용할 수 있는가와 관련해서 논의하고자 한다.

먼저 Orford의 SBCM 모형이 전적으로 중독 행동의 발달과 변화 과정에 초점을 맞춘 모형인 데 반해, 나머지 모형들은 행동에 대한 일반 이론이거나 건강 행동의 변화를 설명하려는 좀 더 일반적인 성격의 것들이라 할 수 있다. 따라서 다른 모형들에 비해 이 모형은 중독 현상을 설명하는 데 일차적 초점이 맞추어져 있다고 할 수 있다. 김교헌의 대안 모형의 경우도 부분적으로는 이런 특징을 지니고 있는데, 중독 행동에서 특히 큰 영향력을 행사할 것으로 추측되는 습관과 기회 요인을 계획된 행동 모형에 추가했기 때문이다.

두 번째는 검증 가능성과 실증적 지지 증거와 관련된 모형들의 비교다. 먼저 Orford와 Prochaska 등의 모형은 일종의 상위 이론(meta theory)에 가깝다. 물론 모형의 세부적 명제들을 따로 분리해서 실증 연구의 대상으로 삼을 수는 있겠으나, 모형의 전체적 주장을 실증적으로 연구해서 통합된 결론을 내리기에는 부적합하다. 실제로 이 모형들의 핵심 주장 자체는 중독과 행동 변화의 과정별로 각기 다른 성분들이 중요해지고 작동하는 원리가 달라진다는 것이다. 상위 이론은 좀 더 구체적인 대상과 과정에 초점을 맞추는 소이론들을 이끄는 안내 기능에 적합하다. 그에 반해 계획된 행동 이론과 김교헌의 대안 모형은 실증 연구를 통해 주장 명제의 진위를 검증하기가 쉽다. Ajzen의 모형은 중독 행동에 초점을 맞춘 것은 아니나, 흡연이나 음주를 비롯하여 다양한 행동 영역에서 실증적 지지 증거를 확보하고 있다(Hill, Boudreau, Amyot, Dery, & Godin, 1997; Maher & Rickwood, 1997). 이에 반해 김교헌의 대안 모형은 장차 지지 증거를 확보하거나 실증 연구를 통해 재수정되어야 할 과제를 남기고 있다. Schwarzer의 HAPA 모형 역시 검증 가능성이 비교적 높고 실증적 지지 증거도 일부 확보하고 있다(Schwarzer, 1999: Schwarzer & Fuchs, 1995, Schwarzer, 2000에서 재인용). 이 모형이 행동 변화의 전체적 단계들을 세분해서 과정적 접근을 하고 있고 검증 가능성이 높게 진술되고 있음은 모형의 큰 강점에 해당한다.

세 번째 비교는 모형이 구조적 측면 혹은 과정적 측면 중에서 어디에 초점을 맞추고 있느냐는 것이다. Ajzen의 모형과 김교헌의 모형이 구조적 측면에 초점을 두고 있다면, 나머지 모형들은 변화와 과정적 측면에 초점을 맞추고 있다. 따라서 안정된 중독 행동의 측면에 관심이 있는가, 아니면 중독 행동의 변화과정에 관심이 있는가에 따라 어떤 모형을 활용할지를 정해야 한다. 중독의 형성 요인과 예방에 대해 관심이 있다면 구조적 모형을, 이미 형성된 중독을 개선하기 위한 변화에 관심이 있다면 과정 모형을 적용할 수 있을 것이다.

지금까지 논의된 중독 행동을 설명하려는 모형들은 상호 보완적인 성질을 많이 지녔다. Orford의 모형은 중독 행동 전반에 대한 폭넓은 시각과 중독 행동의 발달, 변화 및 포기 과정들을 포괄적으로 기술하고 있어서 사회적 · 도덕적 맥락 속에서의 중독 행동의 발달과 변화라는 큰 숲을 볼 수 있게 해 주는 장점을 지닌다. 특히 중독이 사회적 그리고/혹은 도덕적 반응의 맥락에서 상대적으로 규정될 수 있음을 날카롭게 지적해 준다. Ajzen의 모형이나 김교헌의 대안 모형은 소수의 개념으로 폭넓은 범위의 행동을 설명할 수 있다는 장점이 있다. 중독 행동도 다른 여러 행동의 경우와 마찬가지의 개념이나 방식으로 설명될 수 있다면, 일반 행동이론에서 활용할 수 있는 정보나 기술을 중독 행동에도 그대로 적용할 수 있다. Schwarzer의 모형은 전반적 건강 행동의 변화, 더 특정하게는 중독 행동의 변화를 설명하는 데 쓰임새가 클 것으로 판단된다. 행동 변화의 세부적 과정을 명세화하고 있으면서도 전 과정을 소수의 개념들로 간명하게 설명하고 있다. Prochaska 등의 모형은 변화나 과정에 중점을 두고 있거나 제안하는 변화 과정의 내용 면에서 Schwarzer의 모형과 중복된다고 할 수 있어서 두 모형 중 어느 하나를 선택해서 사용할 수도 있겠다.

모형이나 이론의 핵심 기능은 '복잡한 현상을 조직화해서 간명하고 체계적으로 설명하고' '임상가들이 행동을 정밀하게 예측하거나 변화시킬 수 있게 도와주며' '의미 있는 후속 연구들을 유발하는 것'이라 할 수 있다. 중독 행동을 더 잘 설명하고 예측하고 변화시키기 위해 이 장에서 소개된 모형들에 보완하면 좋을 점을 몇 가지 지적하고 자 한다. 그 하나는 발달적 관점이 제대로 반영되어 있지 못하다는 점이다. Orford의 모형에는 중독 행동 발달과 변화의 종단적 관점이 나타나 있지만 성인이나 청소년을 주 대상으로 하고 있다. 그런데 아동기와 청소년기 그리고 성인기와 노년기의 서로 다 른 심리사회적 특징들이 존재하며, 이런 특징들이 중독 행동의 발달과 변화에 적지 않 은 영향을 미칠 것이다. 아동기의 미성숙이나 노년기의 노화가 중독 행동의 발달이나 변화를 촉진 혹은 저해하거나, 발달 단계별로 중독 행동에 영향을 미치는 중요한 요인 이 달라질 수 있을 것이다.

또 하나의 보완점은 중독 현상의 공통점에만 치중한 나머지 개별 중독 대상이 갖는 세부적 특징을 간과하고 있을 가능성이 높다는 것이다. 예를 들면, 물질중독과 행동중 독 사이에 그리고 흡연과 음주 사이에 공통되는 점이 있겠지만 서로 다른 점도 많다. 이에 특정 중독 행동을 설명하는 이론이나 모형과의 절충적 통합이 필요하다고 본다.

인지신경과학적 접근의 일차적 강점은 생물학적 과정에 바탕을 두고 심리적 과정을 세밀하고 세부적으로 기술하고 설명할 수 있다는 점이다. 심리적 과정은 분자나 세포 수준에서의 변화와 연결되어 설명될 수 있고, 개입 수준도 매우 정밀해질 수 있다. 역 으로 생물학적 미세 과정의 양상들이 갖는 심리적 수준의 의미를 추상할 수 있다. 인지 신경과학적 접근에서 유래하는 정보들은 먼저 논의한 세 가지 심리적 모형들에 대한 신경과학적이고 인지과학적인 자기조절의 바탕을 제공해 줄 수 있다. 최근 유전학이나 행동유전학 및 뇌영상 기술의 발달 등에 힘입어 인간 행동에 관한 인지신경과학적 연 구가 활발한 점을 감안하면, 장차 심리적 모형들이 인지신경과학적 연구 결과와 통합 될 때 얻을 수 있는 이점은 매우 많아 보인다.

공중보건적 접근 역시 문제의 다양한 수준과 측면을 균형 있게 다룰 수 있다는 장점 이 있다. 중독의 발달과 변화 과정에는 개인의 심리적 수준만 관여되는 것이 아니다. 특정한 중독 대상의 특성, 대상의 공급과 소비 및 개인과 대상의 상호작용 방식을 규정 하는 사회문화적 · 정치경제적 환경이 중독의 발달에 중요한 영향을 미칠 것이다. 중독 현상을 더 큰 맥락에서 포괄적으로 이해하기 위해서는 개인이 처해 있는 생태적 · 사회 문화적 · 정치경제적 환경, 중독 대상과 개인의 특성 및 개인과 환경의 상호작용을 전체적 맥락에서 조망할 필요가 있다.

　인지신경과학적 접근을 아래 수준이라 한다면, 심리적 설명 모형들은 중간 수준으로, 그리고 공중보건적 접근은 위 수준으로 보는 일종의 위계적 체계를 생각해 볼 수 있다. 이 세 가지 수준은 생물–심리–사회 수준에 대략적으로 상응한다. 따라서 체계적인 접근을 한다면 앞서 논의한 세 가지 모형과 두 가지 접근을 통합적으로 활용할 수 있을 것이며, 더불어 중독 문제의 복잡성과 맥락성을 제대로 다룰 수 있을 것이다. 중독 심리학은 일차적으로 심리적 수준에서 중독 현상을 설명하려는 접근을 택한다. 그러나 생물적 또는 사회적 수준의 영향, 그리고 이들과 심리적 수준의 상호작용을 제대로 고려하지 못한다면, 심리적 수준의 설명은 보다 미시적 수준에서의 생물적 작용기제나 심리적 과정이 발생하는 사회적 맥락을 무시하는 고립된 섬이 될 것이다.

6. 중독의 예방과 치료

　앞에서 논의되었듯이, 여러 중독 대상에 대한 행동이 공통적인 병리와 변화 과정을 거친다면 중독의 예방이나 치료와 관련해서 새로운 시사점을 적지 않게 발견할 수 있다. 개별 중독 대상에 대한 예방과 치료의 세부적 정보는 이어지는 장들에서 자세히 다룰 것이기 때문에, 이 장에서는 여러 중독 현상에 걸쳐 공통되는 예방과 치료 부분에 초점을 맞추어 논의하기로 한다.

　먼저 여러 물질중독이나 행동중독의 유형에 따라서 각기 다르게 발달시켜 온 기존 치료법들을 상호 교환적으로 사용할 수 있을 것이다. 특정 중독 대상의 치료에만 협소하게 집착하는 현재의 방식은 중독의 높은 재발에 기여할지도 모른다. Shaffer 등(2004)은 행동중독에 행동치료(예: 토큰 경제) 혹은 심리치료(예: 인지행동치료)와 함께 약물치료를 사용할 수도 있고, 약물중독에 약물치료와 함께 행동치료를 혼합해 사용할 수도 있으며, 여러 중독 대상 전반에 걸쳐 적용되는 일반 치료와 특정한 중독 대상에 특수하게 적용되는 개별 치료법을 내담자별 특성에 맞추어 융통성 있게 섞어 사용하는(여기에는 심리교육과 재정자문 및 자조집단에 대한 참여 등도 포함된다.) '다중 양식적

칵테일식 접근법(multimodal cocktail approach)'을 제안한다. 김교헌(2006a), 박상규(2002)는 능동적인 주의조절 훈련인 '마음챙김 명상'이 기존 중독치료 방법들과 잘 결합될 수 있고 의미 있는 상승효과를 낼 수 있다고 제안한다. 물론 개별 중독 대상별 특수성이 존재하고 이를 감안하는 예방 및 치료 접근이 선행되어야 한다. 이어지는 장들에서 개별 중독 대상별 접근에 대해 상세한 소개가 있을 것이다.

중독 문제의 해결에는 사전 예방이 중요하며, 사전에 예방했을 때 비용절감 효과가 크다. 중독의 정도나 자기통제력 상실의 면에서 극단까지 진행되어 있는 대상에 대한 사후약방문격의 개입보다는 예방적 개입이 우월하며, 개인이나 지역사회를 수동적으로 보는 것이 아니라 중독 문제에 대한 개인과 지역사회의 자기조절력을 적극적으로 육성하는 접근이 더 바람직하다. 앞서 언급한 공중보건적 접근이나 건강증진적 접근이 중독 문제의 예방을 위한 유용한 참조틀이 될 것이다.

예를 들어, 청소년 시기는 중독 대상과의 첫 접촉이 이루어지고 중독에 취약한 것으로 알려져 있다(Gupta & Derevensky, 2000). Chamber와 Potenza(2003)는 청소년 시기의 이런 취약성이 충동적 행동을 조절하는 전전두엽 피질과 세로토닌 체계의 성숙이 청년기 초기까지 지연되는 정상적 뇌 발달과정에 기인한다고 주장한다. 그렇다면 청소년을 다양한 중독 대상으로부터 방어할 수 있는 대책이 마련되어야 할 것이다. 이 밖에도 특정한 대상에 대한 중독 발달의 취약성을 조절하는 개인의 유전적, 발달적, 성적, 문화적 및 인구학적 위험 요인과 환경적 위험 요인들이 있다. 이에 그 실상을 체계적으로 밝히고 공적으로 대처할 필요가 있다.

아직 중독이 발달하지 않은 사람들을 대상으로 하는 1차 예방이나 중독의 위험성을 발달시킨 사람들을 대상으로 하는 2차 예방의 경우에는 중독의 원인에 바탕을 둔 개입으로 충분하겠지만, 중독이 발달한 중독자의 경우에는 중독의 원인을 되돌리는 것이 치료의 필요충분조건이 되지 못할 수도 있다. 즉, 중독의 발달과 회복 과정이 동일하지 않을 가능성이 있다. 따라서 중독의 3차 예방이나 치료 및 재활은 1차 및 2차 예방과는 성격을 달리해야 한다.

중독자는 중독 대상에 대해 발달시켜 온 강한 애착과 큰 위험으로 다가오는 현실적 피해 사이에서 양가감정적이 되거나 현실을 부정하게 된다. 오랜 습관에 젖어 있고 전

두엽 집행 기능의 조절력이 저하되며 피개 수준의 충동성이나 강박성에 굴복하는 습관
적이고 자동적인 행동양식이 발달해 있다. 그래서 더 장기적이고 '상위 체계적인 수준
(higher system level)'의 목표를 세우고 그것을 실행해 가기가 어렵다. 따라서 순간적
으로 중독 대상에 몰두하는 행동이 아닌, 좀 더 균형 잡히고 상위 체계적인 수준의 인
생 목표를 지향하려는 동기 유발이 치료의 첫 단계에서 매우 중요한 의미를 지닌다.
Prochaska 등(1992)의 초이론 모형과 Miller와 Rollnick(2002)의 동기면담 기법이 이
를 위한 유용한 참조틀이 될 것이다.

　Shaffer 등(2004)의 주장처럼, 중독의 본격적 치료에는 약물치료와 행동 및 심리 치
료 그리고 12단계 자조집단 프로그램을 비롯한 다양한 수준의 방법들을 조합하는 치
료적 접근이 효과적이라고 알려져 있다. 그런데 앞서 논의한 중독의 원인론은 중독 현
상의 반쪽만을 묘사하는 이야기로서 주로 중독의 발달과정에 초점을 맞춘 이론들이다.
중독의 회복은 이와 다른 원인이나 경로를 밟을 수도 있다. 따라서 더욱 완전한 치료를
위해서는 중독의 회복과정을 명세화해서 설명할 수 있는 이론과 이에 기반을 둔 개입
이 요구된다. Prochaska 등(1992)의 초이론 모형이 여기에 일부 답을 주고 있지만 충
분해 보이지는 않는다.

　Marlatt, Baer, Donovan 및 Kivlahan(1988)은 중독의 발달과 회복 과정을 동시에
다루어, ① 시작(initiation), ② 중독으로의 전환과 유지(transition and maintenance),
③ 변화 시작(initiation of the change), ④ 적극적 변화(active change), ⑤ 성공적 변화
의 유지(maintenance of the successful change) 등 5단계로 나누어 설명하고 있다. 이
내용은 Prochaska 등(1992)의 초이론 모형과 유사하다. 한편, Rothman과 동료 연구
자들(Rothman, 2000; Rothman, Baldwin, & Hertel, 2004)은 '변화 시작' 이후의 단계들
을 세부적으로 명세화한 모형을 제안하고 있다. 그들은 행동 변화가 새로운 습관으로
자리 잡아 의식적인 자기조절 노력이 더 이상 필요하지 않은 단계로 발달하는 과정을
세부적으로 기술하고 있으며, 이런 과정이 재발 방지에 핵심이 된다고 주장한다.

　이 밖에도 Schwarzer(2000)의 'HAPA 모형'이나 Baumeister와 동료 연구자들
(Baumeister, 2002a, 2002b; Baumeister & Heatherton, 1998)의 '자기조절 실패모형(self-
control failure model)', Cameron과 그의 동료들(Cameron, 2003; Cameron & Leventhal,

2003) 및 김교헌(2006b)의 상식에 기반을 둔 자기조절 모형 등이 중독의 치료와 재활 과정을 조망하는 참조틀로 활용될 수 있다고 본다.

'자기 초월'이나 '종교 및 영성' 등이 중독에서 회복하는 과정에서 어떻게 작용할 수 있을지를 연구해 보는 일은 의미 있어 보인다. '유불선'을 비롯한 동양의 전통에서 발견되는 자기조절과 관련되는 사유와 구체적 실천법을 온고지신해서 실천성 있게 되살리는 작업이 한국의 심리학자들에게 의미와 경쟁력을 함께 선사할 것으로 보인다. 중독에서 자유로워지는 적극적인 길은 더욱 장기적이고 전체적인 수준의 조화와 균형을 이루는 삶을 가꾸어 가는 작업이다.

7. 맛과 멋: 탐닉에서 탐미로

다양한 대상이나 활동에 대한 중독 현상에는 상당한 정도의 공통점이 있다고 볼 수 있다. 인간의 생래적인 욕구를 충족시켜 주고 쾌락을 주거나 불유쾌한 고통을 줄이거나 기분을 전환시키고 자신을 표현하는 데 도움을 줄 수 있는 맛있는 물질이나 활동이 있고, 그런 대상이나 활동에 대해 강한 애착을 발달시킬 가능성이 높다. 그러나 단순히 강한 애착을 발달시켜 반복적으로 그 활동을 한다고 해서 모두 중독이라고 할 수는 없다. 하루에 세끼 식사를 하고 매일 밤 잠을 잔다고 해서 밥과 잠에 중독되었다고 하지는 않는다. Orford가 지적하듯이, 중독은 강한 애착을 발달시킨 활동이 개인 또는 사회에 적지 않은 비용을 지불하게 만들고, 비용이 그 활동을 통한 이익을 초과하는데도 중단하거나 조절하지 못하는 경우에만 해당한다.

중독의 핵심은 맛있는 대상이나 활동에 대해 발달시킨 강한 애착과 그에 대한 개인적 부작용이나 사회적 · 도덕적 중단 압력 사이의 갈등이라 할 수 있다. 물론, 특정 대상이나 활동에 대해 강한 애착을 발달시키거나 그 애착이 문제가 있을 때 대처하고 자기조절 해 나가는 과정에서 개인차가 상당 부분 작용하고, 그 과정에 대해 유전적이거나 생물학적인 취약성을 가진 사람도 있을 것이다. 또 어떤 대상이나 활동은 생리적 의존성을 발달시킬 위험성이 더 높을 수도 있다. 그러나 중독 문제를 질병의 문제로만 환원시켜 설명하는 모형은 현상을 충분히 설명해 주지 못한다. 생리적 의존성을 발달시킨 경우에도 개인의 자유의지가 작용할 수 있는 여지는 적지 않고, 또 생리적 의존성의 극복만으로 중독 문제가 충분히 해결되지는 않는다. 그러므로 심리학의 일반 모형인 '생물—심리—사회—도덕(혹은 영)적 수준'을 함께 통합하는 접근방법이 중독 문제의 조망에 절실히 필요하다.

한국에서 중독 문제는 장차 더 확산되고 심각해지리라고 예측된다. 그 일차적 원인은 과학기술(특히 전자·정보통신 기술)이 새로이 창조해 내는 세계와 이를 활용하는 사회적 방식에 있어 보인다. 컴퓨터, 인터넷, 이동통신, 홈쇼핑, 가상 및 증강 현실, 전자기술의 발달은 종전의 인류가 경험해 보지 못한 새로운 세계를 만들어 가고 있다. 지금 대부분의 청소년은 사이버 공간, 컴퓨터 게임, 휴대전화, 영상 산업이 창조해 내는 10여 년 전만 해도 상상하기 어려웠던 새로운 세계에 몰입해 있다. 현대 도시의 삶은 자연 생태계보다 인간이 만든 구조물과 기계들이 중심부를 차지하고 있는 인공적 생태계 속에서 전개된다고 보는 편이 실상에 더 가까울 것이다. 이에 더해 기술 개발의 세계적인 추세는 시장성에 크게 의존해 있다. 전체 사회의 균형이나 통합, 삶의 철학적이고 영적인 의미 등은 최고 판매로 승부를 거는 광포한 시장에서는 뒷전으로 밀리기 십상이다. 게다가 사람들의 삶이 개인화되어 가고 사회적 결속이나 규제는 줄어드는 현대적 변화도 중독 문제를 부추기는 데 한몫을 한다.

시장 중심의 기술 개발은 인간의 감각과 욕망을 최대한 자극하고 즉각적으로 만족시키는 방향으로 상품을 개발하고 전파시킨다. 컴퓨터와 통신망이 만들어 내는 온라인 게임의 세계를 생각해 보라. 요란하고 자극적인 동영상 화상, 결과의 즉각적인 피드백, 안방에 가만히 앉아서 컴퓨터 자판 누르기 하나로 즉각적이고 손쉽게 접속할 수 있는 신속성과 편의성, 인습적인 사회적 규제로부터의 해방, 익명성 보장 등의 모든 것이 강력한 애착을 발달시킬 수 있는 좋은 조건이라 할 수 있다. 컴퓨터나 인터넷 중독, 게임 중독, 전자도박 중독, 인터넷이나 홈쇼핑 등 신용카드를 이용하는 쇼핑 중독 등이 더욱 확산되리라 짐작된다. 즉각적인 편리나 쾌락을 가져다주는 생소한 대상이나 활동의 경우는 그 효과가 조금씩 누적되기에, 장기적으로 많은 비용을 초래할 수 있는 가능성을 깨닫지 못하거나 적절한 개인적 및 사회적 대처방법을 발달시키지 못하는 상태여서 중독의 가능성이 매우 높아진다고 할 수 있다. 새로운 기술이 빚어내는 중독 문제에 대한 연구와 대책이 필요하다.

당장 맛있어 탐닉하고 집착할 가능성이 많은 대상이나 활동들을 어떻게 적절하게 절제하면서 잘 조절할 수 있을까? 이 질문에 대한 손쉽고 간단한 해결안은 없을 것이다. 그러나 해결안의 핵심으로 ① 중독 문제의 위험성에 대한 자각과 인식, ② 충동적이고 자기중심적인 욕구 충족에 대한 자기조절력의 획득, ③ 사회적이고 도덕적(혹은 영적)인 관심의 발달 등 세 가지가 포함되어야 할 것으로 생각된다. '지금 당장 내 입에만 맛있다고 덥석 빠져들지 말고 한 걸음 떨어져 관조하며 다른 사람들과 어울려 조절해 가며 즐기는 멋'이 우리가 이상적으로 그릴 수 있는 목표 상태이지 않을까? 이에 '탐닉(耽溺)에서 탐미(耽美)로'라는 표현을 써 보았다.

중독은 생물적 질병만도, 심리적인 부적응만도, 또 사회적인 병리나 영적인 타락만도 아니다. 이 모두가 함께 포함된 전인적이고 상위 체계적인 자기조절의 이탈이다. 그렇기에 통합적인 관점과 접근이 필요하다. 중독 현상을 자기조절의 실패로 조망하는 심리학적인 접근은 이런 통합적인 접근의 핵심이 될 수 있을 것이다.

요약

최근 다양한 대상에 대한 중독 현상이 크게 증가하고 있으며, 이를 어떻게 대처하는가가 현대인의 중요한 과제가 되었다. 중독은 니코틴, 알코올, 마약 등의 물질뿐만 아니라 도박이나 인터넷 게임, 섭식, 쇼핑, 성 혹은 구매 등의 행동을 대상으로 하여 발달할 수도 있다. 중독의 핵심 요소는 행동을 하기 전의 갈망, 행동에 대한 통제력의 상실, 그리고 부정적인 결과에도 불구하고 행동을 계속하는 것이다. 중독은 '자신과 주위에 폐해를 초래해서 이를 조절하려 하지만 통제력을 잃고 만성적으로 반복하는 행동증후군'으로 정의할 수 있다.

• 술, 담배, 마약, 도박, 섭식, 성, 구매, 운동 등의 다양한 대상에 대한 중독 현상 사이에 공통점이 많아 중독증후군이나 중독이라는 공통 명칭을 사용할 만하다.
• 중독을 전문직업적으로 연구하고 치료하는 심리학자나 정신의학자들은 중독을 미국정신의학회의 DSM-5(2013)에 근거해서 분류한다. DSM-5의 '물질-관련 및 중독 장애' 범주에는 크게 '물질 관련

장애(Substance-Related Disorders)'와 '비물질 관련 장애(Non-Substance-Related Disorders)'로 나누어진다. 물질 관련 장애는 다시 '물질 사용 장애(Substance-Use Disorders)'와 '물질 유도성 장애(Substance-Induced Disorders)'로 구분된다. 물질 사용 장애는 특정한 물질을 과도하게 사용함으로 인해서 개인적 고통과 사회적 부적응이 초래되는 경우에 해당하고, 물질 유도성 장애는 특정 물질을 섭취하거나 끊었을 때 나타나는 상대적으로 단기적인 부적응적 심리 및 신체 상태에 해당한다.

- 중독 현상의 발달과 유지 및 변화를 설명하는 다양한 모형이 존재한다. Orford의 SCBM 모형, Ajzen의 계획된 행동 모형과 김교헌의 대안 모형, Schwartzer의 HAPA 모형, Prochaka의 초이론 단계 모형 등은 심리적 수준에서 중독을 설명하려는 시도인 데 반해, 인지신경과학적 접근은 개인과 중독 대상 및 이를 둘러싸고 있는 사회문화적 환경을 함께 고려하려는 통합적인 시도를 대표한다.
- 중독 현상을 설명하는 다양한 모형이나 접근법은 상호 배타적인 성질을 지녔다기보다는 복잡한 현상의 서로 다른 측면을 설명하는 상호 보완적인 성격이 강하다. 따라서 각 모형과 접근법의 장단점을 고려하여 자신의 사용 목적에 맞게 모형과 접근법을 선택하고 조합할 수 있는 역량을 기르는 일이 중요하다.
- 중독은 치료보다 예방이 들이는 비용에 비해 효과적이다. 중독의 예방과 치료는 중독 현상을 설명하는 모형에 기초해서 다양한 접근이 가능하다. 그러나 대부분의 중독 현상에서 특정한 접근법만이 효과적이기보다는 다양한 접근을 조합하는 다중 양식적 접근의 이점이 지지되고 있다.
- 중독의 핵심은 순간적이고 이기적이며 충동적인 목표와 행동으로 인해서 장기적이고 균형 잡힌 목표와 건강하고 장기적인 자기조절이 손상을 받는 것이다. 다양한 현대의 변화가 이를 부추기는 경향이 있다. 중독 현상을 자기조절의 실패로 조망하는 심리적인 접근이 중독 문제를 설명하고 개선하는 데 핵심이 된다.

참고문헌

김교헌(2002). 심리학적 관점에서 본 중독. 한국심리학회지: 건강, 7(2), 159-179.

김교헌(2006a). 중독과 자기조절: 인지신경과학적 접근. 한국심리학회지: 건강, 11(1), 63-105.

김교헌(2006b). 도박행동의 자기조절 모형: 상식모형의 확장. 한국심리학회지: 건강, 11(2), 243-274.

김교헌(2007). 중독, 그 미궁을 헤쳐 나가기. 한국심리학회지: 건강, 12(4), 677-693.

김교헌(2015). 인터넷 중독 과정과 탈중독 과정. 인터넷 중독 상담과 정책의 쟁점(pp. 3-23). 서울: 시그마프레스.

박상규(2002). 마약류 중독자를 위한 자기사랑하기 프로그램의 개발 및 효과. 한국심리학회지: 임상, 21, 693-705.

이민규, 한덕웅(2001). 섭식억제 행동을 예측하는 모형의 검증: 계획된 행동이론의 수정모형 탐색. 한국심리학회지: 건강, 6(2), 173-190.

이희승(1988). 국어대사전. 서울: 민중서림.

한덕웅(1997). 건강행동을 설명하는 사회인지이론들의 비판적 개관. 한국심리학회지: 건강, 2(1), 21-45.

한덕웅(2001). 한국의 전통의학 사상에서 정서와 질병의 관계를 설명하는 가설들. 한국심리학회지: 건강, 6(1), 1-22.

한덕웅, 이민규(2001). 계획된 행동이론에 의한 음주운전 행동의 설명. 한국심리학회지: 사회 및 성격, 15(2), 141-158.

한덕웅, 한인순(2001). 과속운전 행동에 영향을 미치는 심리적 요인들. 한국심리학회지: 건강, 6(2), 39-62.

Ajzen, I. (1985). From intentions to actions: A theory of planned behavior. In J. Kuhl & J. Beckmann (Eds.), *Action control: From cognition to behavior* (pp. 11-39). New York: Springer-Verlag.

Ajzen, I. (1991). The theory of planned behavior. *Organizational Behavior and Human Decision Processes, 50,* 179-211.

Ajzen, I. (2002). Perceived behavioral control, self-efficacy, locus of control, and the theory of planned behavior. *Journal of Applied Psychology, 32*(4), 665-683.

American Psychiatric Association. (2000). *Diagnostic and Statistical Manual of Mental Disorders (4th ed., Text Revision).* Washington, DC: APA. [강진령 역(2008). 간편 정신장애진단 통계 편람 DSM-IV-TR. 서울: 학지사.]

American Psychiatric Association. (2013). *Diagnostic and statistical manual of mental disorders* (5th ed.). Washington, DC: Author.

Bandura, A. (1997). *Self-efficacy: The exercise of control.* New York: Freeman.

Baumeister, R. F. (2002a). Ego depletion and self-control failure: An energy model of the self's executive function. *Self and Identity, 1,* 129-136.

Baumeister, R. F. (2002b). Yielding to temptation: Self-control failure, impulsive purchasing, and consumer behavior. *Journal of Consumer Research, 28,* 670-676.

Baumeister, R. F., & Heatherton, T. F. (1998). Self-regulation failure: An overview. *Psychological Inquiry, 7,* 1-15.

Becker, M. H. (1979). Understanding patient compliance: The contributions of attitudes and other psychosocial factors. In S. J. Cohen (Ed.), *New directions in patients compliance* (pp. 1-31). Lexington, MA: Lexington Books.

Becker, M. H., & Rosenstock, I. M. (1984). Compliance with medical advice. In A. Steptoe & A. Mathews (Eds.), *Health care and human behavior.* London: Academic Press.

Bentler, P. M., & Speckart, G. (1979). Models of attitude-behavior relations. *Psychological Review, 86,* 452-464.

Cameron, L. D. (2003). Anxiety, cognition, and responses to health threats. In L. D. Carmeron & H. Leventhal (Eds.), *The self-regulation of health and illness behavior* (pp. 157-183). London: Routledge.

Cameron, L. D., & Leventhal, H. (2003). Self-regulation, health, and illness. In L. D. Carmeron & H. Leventhal (Eds.), *The self-regulation of health and illness behavior* (pp. 1-13). London: Routledge.

Chamber, R. A., & Potenza, M. N. (2003). Neurodevelopment, impulsivity and adolescent gambling. *Journal of Gambling Studies, 19*(1), 53-84.

Everitt, B. J., & Robbins, T. W. (2005). Neural systems of reinforcement for drug addiction: From actions to habits to compulsion. *Nature Neuroscience, 8*(11), 1481-1489.

Fishbein, M., & Ajzen, I. (1975). *Belief, attitude, intention, and behavior.* New York: Wiley.

Grant, J. E. (2008). *Impulse control disorders: A clinician's guide to understanding and treating behavioral addictions.* New York: W. W. Norton & Company.

Griffith, M. D. (2005). A component model of addiction within a biopsychosocial frame-work. *Journal of Substance Use, 10,* 191-197.

Gupta, R., & Derevensky, J. L. (2000). Adolescents with gambling problem: From research to treatment. *Journal of Gambling Studies, 16,* 315-342.

Hill, A. J., Boudreau, F., Amyot, E., Dery, D., & Godin, G. (1997). Predicting the stages of smoking acquisition according to the theory of planned behavior. *Journal of Adolescents Health, 21,* 107-115.

Hollander, E., & Allen, A. (2006). Is compulsive buying a real disorder, and is it really compulsive? *American Journal of Psychiatry, 163*(10), 1670-1673.

Johnston, V. S. (2003). The origin and function of pleasure. *Cognition and Emotion, 17*(2), 167-179.

Kalivas, P. W., & Volkow, N. D. (2005). Neural basis of addiction: A pathology of motivation and choice. *American Journal of Psychiatry, 162*(8), 1403-1413.

Korn, D., Gibbins, R., & Azmier, J. (2003). Framing public policy towards a public health paradigm for gambling. *Journal of Gambling Studies, 19*(2), 235-256.

Levy, R. K. (1997). The transtheoretical model of change: An application to bulimia nervosa. *Psychotherapy, 34,* 278-285.

Maddux, J. E., & Desmond, D. P. (2000). Addiction or dependence? *Addiction, 95,* 661-665.

Maher, R. A., & Rickwood, D. (1997). The theory of planned behavior, domain specific self-efficacy and adolescent smoking. *Journal of Child and Adolescent Substance Abuse, 6,* 57-76.

Marlatt, G. A., Baer, J. S., Donovan, D. M., & Kivlahan, D. R. (1988). Addictive behaviors: Etiology and treatment. *Annual Review of Psychology, 39,* 223-252.

Miller, W. R., & Rollnick, S. (2002). *Motivational interviewing: Preparing people for change* (2nd ed.). New York: Guilford Press.

Nestler, E. J. (2005). Is there a common molecular pathway to addiction? *Nature Neuroscience, 8*(11), 1445-1449.

Orford, J. (2001). *Excessive appetites: A psychological view of addictions* (2nd ed.). New York: Wiley & Sons.

Potenza, M. N. (2006). Should addictive disorders include non-substance-related conditions? *Addiction, 101*(Suppl. 1), 142-151.

Potenza, M. N. (2016). Genetic studies of gambling addiction and other behavioral addictions. *Journal of Behavioral Addiction, 5*(Suppl. 1), 2.

Prochaska, J. O. (1994). Strong and Weak principles for progressing from precontemplation to action on the basis of twelve problem behaviors. *Health psychology, 13,* 47-51.

Prochaska, J. O., DiClemente, C. C., & Norcross, J. C. (1992). In search of how people change: Applications to addictive behavior. *American Psychologist, 47,* 1102-1114.

Rosenstock, I. M. (1990). The health belief model: Explaining health behavior through expectancies. In K. Glanz, F. M. Lewis, & B. K. Rimer (Eds.), *Health behavior and health education* (pp. 39-62). San Francisco: Jossey-Bass.

Rothman, A. J. (2000). Toward a theory-based analysis of behavioral maintenance. *Health Psychology, 19,* 64-69.

Rothman, A. J., Baldwin, A. S., & Hertel, A. W. (2004). Self-regulation and behavior change: Disentangling behavioral initiation and behavioral maintenance. In R. F. Baumeister & K. D. Vohs (Eds.), *Handbook of self-regulation: Research, theory, and applications* (pp. 130-148). New York: Guilford.

Schwarzer, R. (2000). The HAPA model of health behavior change. Paper presented at 2000 Asian congress of health psychology: Health psychology and culture (pp. 43-46). Tokyo, Japan, August 28-29.

Shaffer, H. J. (2012). *Addiction syndrome handbook.* Washington, DC: American Psychological Association.

Shaffer, H. J. (1999). Strange bedfellows: A critical view of pathological gambling and addiction. *Addiction, 94,* 1445-1448.

Shaffer, H. J., LaPlanter, D. A., LaBrie, R. A., Kidman, R. C., Donato, A. N., & Stanton, M. V. (2004). Toward a syndrome model of addiction: Multiple expressions, common etiology. *Harvard Review of Psychiatry, 12,* 367-374.

Smith, D. E., & Seymour, R. B. (2004). The nature of addiction. In R. H. Coombs (Ed.), *Handbook of addictive disorders.* New York: John Wiley & Sons, INC.

Strecher, V. J., Champion, V. L., & Rosenstock, I. M. (1997). The health belief model. In D. S. Gochman (Ed.), *Handbook of health behavior research I: Personal and social determinants* (pp. 71-91). New York: Plenum Press.

Triandis, H. C. (1977). *Attitude and attitude change.* New York: Wiley.

White, N. M. (1996). Addictive drugs as reinforcers: Multiple partial actions on memory systems. *Addiction, 91*(7), 921-949.

제2부

물질중독

제2장

알코올중독 상담

전영민(한국도박문제관리센터 치유재활부장)

1. 알코올 문제와 원인

1) 알코올 사용

인류는 썩어 가는 과일이나 발효하는 곡물에서 자연적으로 발생하는 알코올을 수천 년 전에 우연히 발견하였다. 이처럼 우연하게 생성된 알코올을 발견하였지만, 인간은 머지않아 알코올을 생산하는 방법을 학습하였다. 알코올 음료는 거의 모든 문화권에서 일반적인 것이 되었다. 알코올은 일반적으로 술, 약, 축하 수단, 갈등해결 수단, 종교적 목적 등 다양한 용도로 사용되어 왔다.

인간은 누구나 친목회에서나 종교적 목적으로 가끔씩 의식 변화의 필요성을 가지는 것 같다. 알코올은 그러한 목적을 달성할 수 있는 가장 일반적인 수단이다. 그러나 알코올의 부정적 영향도 많은 것으로 나타났다. 따라서 모든 문화들은 적절한 알코올 사용에 관한 규정을 만들었다(전영민, 2006; French, 2000; Heath, 1995).

대부분의 한국인은 최소한 가끔씩은 술을 마신다. 술을 마시는 대부분의 사람들(음주자의 64%; 전영민, 2006)은 신체적·개인적 문제나 사회적 문제가 없이 적절하게 마신다. 전영민(2006)이 기존의 연구조사 결과를 분석한 결과, 조사된 18세 이상의 음주자 중 해롭지 않은 음주를 하는 사람은 77%로 가장 많았고, 알코올 남용과 같이 해로운 음주를 하는 사람은 20%로 그다음이고 의존자는 2%로 가장 낮았다. 다시 말해서, 건강한 음주를 하는 사람이 더 많다는 것이다.

그러나 18~74세까지 성인인구의 알코올 사용 장애 1년 유병률이 4.4%이고 평생 유병률은 13.4%로 나타나(보건복지부, 2011), 알코올 사용에 대한 적극적인 예방과 치료의 필요성이 대두되고 있다. 보건복지부 조사에서 음주율(조사 시점을 기준으로 지난 한 달 동안 1잔 이상 술을 마신 사람의 비율)은 남자 76.4%, 여자 41.1%로 남녀 모두 2001년의 72.8%, 32.1%보다 증가한 것으로 보고되었다(보건복지부, 2006). 전체 음주율은 59.2%로서 1989년 45.8%, 1992년 46.8%, 1995년 36.5%, 1998년 52.1%, 2001년 50.6%로, 2001년 조사에서 다소 떨어진 것을 제외하고는 꾸준하게 증가하고 있는 추세다. 한 차례의 술자리에서 소주 7잔 이상(여자는 5잔 이상)을 마시는 경우가 일주일에 한 번 이상인 고위험 음주 비율은 남자 40.4%, 여자 8.2%였다.

2) 알코올 문제

대부분의 사람들은 문제음주(problem drinking)와 중독(addiction)이 동일하지 않다는 점을 모르고 있다. 알코올을 남용하는 사람들이 반드시 중독자가 되는 것은 아니다. 알코올 문제는 경미한 수준에서 심각한 수준에 이르는 연속적 범위를 보인다. 경미한 수준의 알코올 문제의 예는 습관적으로 금요일 저녁에 만취하고 토요일 아침에 숙취를 경험하는 음주 형태다. 가장 심각한 알코올 문제에는 간질환과 같이 생명을 위협하는 과음의 신체적 결과와 신체적 의존이 포함된다.

알코올 중독자(alcoholic)란 용어는 부정적인 의미가 내포되어 있기 때문에 유용한 명칭은 아니다. 알코올 중독자라고 명명하게 되면 그들은 치료적 도움을 구하려는 용기를 잃게 될 수 있다. 정신과 전문의, 중독상담 전문가 및 연구자들이 신체적으로 의존되어 있는 사람에게 공식적으로 사용하는 용어는 알코올 의존(alcohol dependence)이고, 신체적으로 의존되어 있지는 않지만 개인, 가족, 경제 및 사회 생활에서 문제를 야기할 정도의 음주를 하는 사람에게는 알코올 남용(alcohol abuse)이나 해로운 음주(harmful drinking)란 용어를 사용한다.

중독에 대한 명확한 정의는 없다. 그러나 국제적으로(예: 세계보건기구) 알코올중독 전문가들과 연구자들은 알코올 의존, 남용 및 해로운 사용을 진단하는 데 사용되는 구체적인 기준을 개발하였다. 미국정신의학회의 『정신장애 진단 및 통계 편람(DSM-IV)』(APA, 1994)과 세계보건기구의 『국제질병분류(ICD-10)』(WHO, 1992)에서는 알코올 의존과 알코올 남용이라는 두 가지 진단이 있었는데, 『정신장애 진단 및 통계 편람(DSM-5)』(APA, 2013)에서는 이 두 진단을 알코올 사용 장애로 통합하고 그 심각도를 명시하는 방향으로 변화하였다. 또한 DSM-IV에 있는 법적 문제 기준은 제거되고 갈망 기준이 추가되면서 알코올 사용 장애 진단 역치수준도 두 항목 이상으로 수정되었다.

DSM-5에서 알코올 사용 장애에 대해 다음과 같은 기준을 제시하였다.

임상적으로 현저한 손상이나 고통을 야기시키는 문제성 있는 음주 양상이 지난 1년 동안 다음 항목 중 2개 이상 나타나야 한다.

1. 의도했던 것보다 많은 양이나 시간 동안 음주를 함.
2. 술을 끊거나 조절하려고 하지만 늘 실패함.
3. 술에 대해 생각하거나, 술을 구하거나, 마시거나, 회복하는 데 많은 시간을 보냄.
4. 음주 외에는 어떤 것도 생각하지 못할 만큼 술을 마시고 싶음.
5. 반복적 알코올 사용으로 의무와 책임을 완수하지 못함(예: 반복적 결석이나 결근, 가정과 자녀에 대한 소홀).
6. 음주와 관련된 사회적 문제나 대인관계 문제(예: 음주와 관련된 부부싸움, 폭력)가 발생되거나 악화됨에도 알코올 사용 지속함.
7. 술을 마시기 위해 예전의 중요한 활동들(사회적, 직업적 혹은 여가 활동)을 포기함.
8. 신체적으로 해가 되는 상황임에도 알코올 사용을 반복함.
9. 음주 때문에 이미 신체적 또는 심리적 문제를 갖고 있거나 악화될 가능성이 높다는 사실을 알면서도 알코올 사용을 지속함.
10. 내성 있음. 다음 중 하나로 나타남.
    가. 이전과 같은 효과를 얻기 위해 음주량이 뚜렷하게 증가할 필요가 있음.
    나. 동일한 음주량을 유지할 경우 그 효과가 뚜렷하게 감소함.
11. 금단 증상 있음. 다음 중 하나로 나타남.
    가. 음주의 특징적 금단 증상
    나. 금단 증상을 감소시키거나 회피하기 위해 음주

상기 항목 중 2~3개의 증상이 있으면 알코올 사용 장애의 심각도를 '경도'로 명시하고, 4~5개의 증상이 있으면 '중등도'로 명시하며, 6개 이상이면 '고도'로 명시한다.

갑자기 금주하였을 때 나타나는 내성(예전과 같은 기분을 느끼기 위해 더 많이 마실 필요가 있는 상태)과 금단 증상은 알코올 사용 장애의 특별한 특징이다(APA, 2001). 알코올 사용 장애자는 음주로 인해 부정적인 사회적 및 신체적 폐해를 겪고 있는 중일 때조차

도 통제 불가능하고 강박적인 음주 갈망, 음주 추구 행동 및 음주 행동을 보인다. 과음[1]
하고 정기적으로 음주하는 사람은 알코올 사용 장애자가 된다.

(1) 습관화

음주하는 사람은 특정 조건에서 음주하는 습관을 형성한다. 예를 들어, 음주자들은
스트레스를 해소하려고 음주하는 습관을 형성하거나 친구들을 만났을 때 과음하는 습
관을 형성할 수 있다. 습관화(habituation)는 일종의 심리적 의존으로 신체적 의존과는
다르다. 심리적 의존은 학습되는 것이며 의존에 대한 의학적 기준과는 합치되지 않는
다(Doweiko, 1996; Ogilvie, 2001). 긴장을 풀기 위해 매일 일과 후에 한잔할 필요성을
느끼는 사람은 그러한 음주에 심리적으로 습관화, 즉 의존되어 있는 것이다. 한잔의 음
주에 심리적으로 의존되어 있는 것은 문제가 아니지만 스트레스를 느낄 때마다 음주하
는 습관이 형성된 사람은 문제를 가지고 있는 것이다.

신체적으로 의존되어 있는 사람의 경우 2주 정도만 금주를 하여도 알코올에 대한 신
체적 의존은 사라진다. 그러나 그들은 단서에 의해 촉발되는 습관화 때문에 문제 음주
를 다시 시작하기도 한다. 단서란 음주 행동을 촉발시키는 학습된 심리적 혹은 환경적
사건들이다. 예를 들어, 특정 친구를 만나는 것, 배우자와의 다툼, 불안, 과거의 알코
올 남용에 대한 기억 등이 음주의 단서가 될 수 있다.

중독이란 용어는 이러한 심리적 습관화를 설명하는 데 사용되는 경우가 많다. Ogilvie
(2001, p. 77)는 Peele과 Brodsky의 중독에 대한 정의를 다음과 같이 인용하고 있다.

……습관적 반응이고 만족이나 안전의 원천이다. 그것은 내적 감정과 외적 압력에
대처하는 한 가지 방법이다. ……사람은 인생에서 만족을 느끼지 못하거나, 다른 사람

---

1) 과음(heavy drinking)은 성별이나 체중에 따라 알코올의 효과가 다르기 때문에 쉽게 정의될 수 없다. 일반적
으로 과음은 알코올 관련 문제들의 발생 위험을 촉발시키거나 증가시킬 정도로 마시는 것 혹은 다른 건강 문
제의 관리를 어렵게 만들 정도로 마시는 것이다(전영민, 2006; National Institute on Alcohol Abuse and
Alcoholism, 2005). NIAAA(2005)의 임상가 지침에 따르면 소주를 기준으로 한 병 이상 마시는 것이 과음으로
규정된다.

들과의 친밀감 결여, 자신감이나 강력한 관심의 결여, 희망 상실 등을 느낄 때 중독에
취약해진다.

(2) 폭음

다른 나라에서도 그러하지만 특히 우리나라에서 파괴적 음주 패턴으로 불리는 폭음
(binge drinking)을 이해하는 것은 중요하다. 왜냐하면 음주에 허용적인 우리나라에서
는 폭음이 알코올 남용의 가장 일반적인 형태이기 때문이다. 폭음에 대한 정의는 다양
하다. 2004년 2월 NIAAA(National Institute on Alcoghol Abuse and Alcoholism) 특별
자문위원회에서 권고한 폭음의 정의는 개인의 혈중 알코올 농도(BAC)를 0.08g 수준으
로 상승시키는 음주에 근거를 두고 있다. 이 정의를 남성에게 적용해 보면 약 2시간에
순수 알코올 70g(소주 8잔)을 섭취하는 수준이다(전영민, 2006). 소주 2~3잔을 마시면
음주운전에 걸리는 BAC 0.05g이 되고, 8잔을 마시면 BAC가 0.08~0.1g 이상이 되면
서 의식이 저하되고, 말이 잘 나오지 않고, 보행장애 및 판단장애 등이 나타난다. 따라
서 의도하지 않은 사고나 신체적 손상을 일으킬 위험성이 높은 급성중독(intoxication)
상태가 된다. 결국 소주 8잔(약 1병 이상)은 위험한 음주라는 측면에서 매우 의미 있는
숫자다. 폭음은 급성중독으로 이어지는 특정 과음 에피소드를 지칭한다.

폭음은 신체적 의존을 나타내는 신호가 아니며 대개는 의존으로 발전되지도 않는
다. 그러나 폭음은 가장 심각한 사회적 및 행동적 영향을 지닌다. 폭음은 많은 사람들
이 학습한 습관으로 변화시키기 힘들다. 대개 폭음의 결과는 싸움 및 폭력, 자살, 가족
및 고용, 사고 및 상해, 재산 손실, 법적 문제 등이다. 따라서 많은 국가에서 과음이 급
성중독으로 이어지는 폭음 패턴을 예방하는 데 노력을 집중시키고 있다(WHO, 1999).

3) 원인: 이론과 논쟁

알코올 문제의 원인에 대한 주장은 다양하며 때로는 매우 상반되기도 하다. 가장 크
고 감정적인 논쟁은, 알코올의존은 치료될 수 없고 진행성인 일차 질환이라고 주장하
는 사람들과 알코올의존은 질병이 아닌 상이한 문제들을 지닌 행동장애라고 주장하는

사람들 간에 발생하고 있다.

수많은 이론이 제안되었다. 각 이론은 개개 상황에 대한 나름대로의 설명력을 지니고 있다. 그러나 특정 이론이 모든 상황을 설명하지는 못하는 것으로 밝혀졌다. Khantzian(2001, p. 1)은 중독/의존의 과정과 기간에 대해 다음과 같이 지적하고 있다.

> 어떤 사람들의 경우 중독질환은 악성 질환의 모든 특징을 가지고 있으며 무자비하고 황폐화되는 과정을 밟는다. 다른 사람들의 경우 물질의존은 생활의 스트레스 국면과 증상적으로(symptomatically) 연결되어 있을 뿐이며, 약물이나 알코올에 의지하는 것은 잠깐 동안의 탈선이고 일시적인 것이다. 그리고 또 다른 사람들은 분명하지 않은 이유로 물질 사용을 중단하는 결정을 하기도 한다.

연구자들은 유사한 환경에서도 왜 어떤 사람들은 알코올 남용자와 의존자가 되고 왜 어떤 사람들은 그렇지 않은지에 대해 정확하게 알지 못하고 있다.

인간 행동과 그 이유는 복잡하다. 오늘날의 연구자들과 전문가들은 알코올 남용과 의존이 질병이든 아니든 생물심리사회적 결정인자들에 기초를 두고 있다―개인의 생물학적 요인, 심리적 요인, 인지적 요인(신념, 사고, 학습) 및 환경적(사회적, 문화적, 경제적 등) 요인의 복잡한 상호작용에 의해 결정된다―는 점에 대해서는 동의하고 있다.

(1) 생물학적 이론

유전적 및 기타 생물학적 요인들이 의존의 발달에 관여되어 있음을 나타내 주는 연구 결과가 점점 더 많아지고 있다. 세계보건기구(WHO, 2004)는 중독에 있어서 뇌의 역할에 관한 최근 연구 결과들을 요약하여 발표하였다.

어떤 사람, 특히 가족 중에 의존자가 있는 남성은 알코올 문제로 발전될 어떤 종류의 유전적 소인을 가지고 있다는 증거가 있다. 이 말은 그 사람이 반드시 중독자가 된다는 의미가 아니다. 사실 알코올 문제나 알코올 의존 가족력이 있는 대부분의 사람들은 알코올 문제로 발전되지 않는다. 그러나 그들은 과음을 할 경우 알코올 의존으로 발전될 가능성이 높은 유전적 특징을 가지고 있다. 그렇지만 과학자들은 이러한 유전적 요인들이 특정 사람들에게만 영향을 미치는 이유와 방식에 대해서는 설명하지 못하고 있다.

특정 종류의 뇌 화학물질이 중독 및 기타 강박 행동에 관여된다는 증거가 있다(WHO, 2004). 예를 들어, 도파민 및 세로토닌과 같은 뇌 화학물질(혹은 신경전달물질)은 다양한 방식으로 관여되어 있는 것으로 보인다. 낮은 도파민 수준은 스트레스와 관련되고, 높은 도파민 수준은 쾌감과 관련된다. 알코올은 일시적으로 도파민을 증가시켜서 기분을 좋게 만든다. 그러한 경험을 한 사람은 동일한 기분을 느끼기 위해 다시 알코올을 사용하게 된다. 잦은 과음은 정상적인 뇌 기능 및 뇌 신경전달물질의 흐름을 방해하는 것으로 보인다.

특히 영양 공급이 불충분한 상태에서의 과음은 비타민, 단백질 및 기타 영양소를 처리하는 간장과 췌장의 이상으로 이어진다(National Library of Medicine and National Institute of Health, 2004b). 영양 결핍은 신경전달물질의 불균형 때문에 신체적 문제로 이어져서 우울을 야기할 수 있다. 그 후 우울에 대한 자가 약물치료법으로 음주 행동이 다시 발생된다.

또한 신체가 알코올을 처리하는 방법에 있어서의 개인차를 보여 주는 증거도 있다(Rotgers, Kern, & Hoeltzel, 2002). 예를 들어, 여성은 남성보다 심각한 신체 문제(간 등)를 가지게 될 가능성이 더 높고 또 심각한 신체 문제를 더 빠르게 가지게 되는 것으로 밝혀졌다. 어떤 여성은 알코올을 대사시키는 데 관여하는 효모가 결핍되어 있는 것으로 보인다. 알코올 의존이 된 어떤 사람들은 처음 음주를 시작할 시기부터 음주를 잘 조절하는 경우가 있는데, 그들은 취한 모습을 보이지 않으면서 다른 사람보다 더 많은 술을 마실 수 있다. 아마 그들은 더 많이 마셔야만 취한 기분을 느낄 수 있기 때문에 더 많은 술을 마시게 되는 것 같다.

연구자들은 어떤 종류의 유전적 및 생물학적 개인차가 관여되어 있는지, 그 개인차들이 어떻게 알코올 의존의 발병 위험성을 증가시키는지에 대해 완전하게 밝혀내지 못하고 있다. 알코올 의존을 야기하는 하나의 유전인자가 있다거나 알코올 문제는 유전된다는 주장은 충분한 근거가 없다. 오히려 특정 개인의 경우 다른 환경적 요인들과 결합하여 알코올 의존을 야기하는 다양한 유전인자, 생물학적 특성 및 복잡한 간접적 상호작용이 존재한다는 주장이 더 타당하다. 모든 연구자가 생물학적 요인만으로는 중독을 완전하게 설명하지 못한다는 점을 강조한다. 생물학적 요인은 항상 사회적 · 환경적 요인 및 개인의 심리적 요인과 결합하여 행동을 만들어 낸다.

중독의 기저에 특정한 생물학적 요인이 존재한다는 주장은 중독이 질병이라는 주장과는 다르다.

(2) 질병이론

40년이 넘도록 의학 전문인들이 가지고 있던 가장 강력한 신념 중의 하나는 중독이 죽음으로 이어질 수 있는 1차 질병(어떤 다른 신체적 또는 심리적 문제에 의해 발생되는 것이 아니라 선천적인 신체적 이상으로 발생됨)이고 진행성 질병(점점 더 나빠짐)이며 불치의 신체 질병이라는 것이다. 질병이론에서는 이러한 선천적 질병을 지닌 사람은 자신의 음주 행동을 결코 조절할 수 없다고 말한다. 선천적 질병을 지닌 사람이 처음 음주할 때에 기저에 숨어 있던 그러한 선천적 질병이 활성화되고, 그 후에 그 질병이 그들로 하여금 더 많은 음주를 하게 만들어서 결국 신체적, 정서적 및 영적으로 파괴시킨다는 것이다. 치료될 수는 없지만 음주를 중단한다면 그 질병의 영향은 중단될 수 있다고 본다. 이러한 관점은 세계의 수많은 의사, 대부분의 알코올 기관, 현대의 알코올중독자 모임(Acoholics Anonymous: AA) 및 대부분의 치료센터에서 수용하고 있는 관점이다.

1차 질병으로서의 중독 개념은 주로 술을 좋지 못하게 자주 마시는 사람들은 정말 나쁜 사람이었다는 믿음 때문에 발생되었다. 취한 상태는 일반적으로 도덕적 문제, 죄, 부도덕이나 인격 결함으로 간주되어 왔다. 1800년대 중반까지 또 다른 관점이 발전하기 시작하였다. 이 관점은 알코올을 매우 위험한 물질로 간주하였고, 만성적으로 취해 있는 사람에 대해서는 자신의 음주 행동을 조절할 수 없는 희생자로 간주하였으며, 단주를 유일한 해결책으로 보았다. 이러한 1800년대 관점에서 AA의 전신이 되는 자조집단들이 성장하였다.

AA는 원래 심각한 음주 문제의 원인을 다루지 않았다. AA의 창시자인 Wilson은 알코올중독을 어떤 알려지지 않은 신체적 토대를 지닌 1차적인 영적 질병으로 간주하였다. 그는 알코올리즘(alcoholism)이 전문적으로는 질병이 아닐지라도 "절망이란 의미를 전달할 수 있는 유일한 방법으로서의 질병"(Kurtz, 2002, p. 7)이란 용어를 사용할 필요가 있다고 설명하였다.

현대적인 질병 개념은 1940년대에서 1960년대 사이에 만들어졌다. 가장 자주 사용되는 진행성 질병 개념인 '알코올리즘'에 대한 설명은 1952년 Jellinek이 만든 도표에 포함되어 있다(Delaware Technical and Community College, 2004). Jellinek 자신은 자신이 주장한 질병 개념은 제한된 정보에 근거를 둔 입증되지 않은 이론이기 때문에 조심스럽게 사용되어야 하며 알코올 문제의 극히 한정된 측면만을 다루었다고 주장하였다. 곧바로 그는 자신의 한정된 관점을 확장하여 5개 유형의 문제 음주자를 확인하였는데, 그중 2개 유형만이 그가 주장하는 질병 모델에 부합되었다. 그럼에도 불구하고 이러한 두 유형에 대한 설명이 알코올 문제를 지닌 모든 사람에게 사실인 것처럼 보이게 되었다. 이론과 그 발달에 있어서 이러한 심각한 결함이 있음에도 불구하고, 이 이론은 급속도로 의사, 교육자, 치료 프로그램 및 법원에서 사실로 수용되거나 제시되는 이론이 되어 갔다(Doweiko, 1996; Miller & Willoughby, 1997; Ogilvie, 2001; White, 2000). Jellinek 도표를 조금씩 변화시킨 도표들이 오늘날에도 알코올 문제에 대한 사실적이고 정의적인 설명인 것처럼 소개되고 있다.

질병 모델에 동의하지 않는 사람들이 많고, 질병 개념이 문제 음주자들에게 해로운 영향을 끼쳐 왔다고 주장하는 사람도 많다(이에 대한 광범위한 고찰은 Doweiko, 1996; White, Kurtz, & Acker, 2001 참조). 몇 가지 주요 비판은 다음과 같다.

- 알코올 문제가 1차 질병이라는 과학적 증거는 전혀 없다. 그러나 사람들이 다양한 원인에 의한 다양한 문제를 가지고 있다는 증거는 있다.
- 많은 문제 음주자와 의존 음주자들은 스스로의 힘으로 음주 행동을 중단하거나 조절한다. 이것은 알코올 문제가 선천적이고 조절 불가능하며 진행성 질병이 아님을 나타내 주는 증거다.
- 질병 모델은 음주자에게 조절 결함이 있다는 믿음을 조장하고, 그러한 믿음은 음주자의 행동에 부정적 영향을 미친다.
- 음주 행동은 음주자가 음주를 너무 지나치게 할 때에만 형성되는 문제 행동이다.
- 유전적 증거는 중독과의 직접적이고 필연적인 관련성을 밝혀 주지는 못한다.

- 질병 모델은 음주 행동에 나타나는 변이를 설명하지 못한다.
- 명확한 질병 모델은 없고, 상이하면서 때로는 상충되는 다양한 관점(예: 1차 질병 대 정신장애)만 존재한다.

　　Sobell과 Sobell(1993)은 알코올 사용자들을 종단적으로 추적한 잘 구조화된 수많은 연구 결과들을 고찰하였다. 그 결과, 알코올을 계속 사용할 경우 소수의 사람들(25~30%)만이 점점 더 나빠지는(즉, 진행성) 증상을 경험하는 것으로 나타났다. 그러나 대부분의 사람들은 다양한 심각도의 알코올 문제를 보였다가 회복되었다. 대부분의 경우 과거에 알코올 사용 장애가 있었던 사람이 앞으로도 그럴 것이라는 예측을 장담할 수 없다. 비록 어떤 사례에서는 알코올 사용 장애자들이 생물학적 요소들을 가지고 있는 것처럼 보일지라도, 그것이 질병의 한 종류는 아니며 알코올 문제가 필연적으로 점점 더 나빠지거나 알코올 사용 장애로 진행할 수밖에 없는 것은 아니라는 증거는 명확하다(Korhonen, 2004).

　　이제 일부 전문가들, 교육자들 및 치료 제공자들은 알코올 중독 및 남용이 실제로는 질병이 아니라고 할지라도 질병과 같을 수도 있다고 생각하는 것이 알코올 문제의 해결에 도움이 된다는 관점을 견지하고 있다. 알코올중독이 질병과 같다는 관점을 이용해서 알코올 문제를 지닌 사람들이 응당 치료적 도움을 받을 수 있어야 한다는 점을 사회가 이해하도록 설득하였다. 오늘날 일부 상담자들은 사람들이 자신의 행동과 변화노력을 인식하는 데에도 이러한 관점이 유용할 것이라고 주장한다.

(3) 심리사회적 이론

　　질병 모델을 믿는 사람들을 포함해서 모든 전문가들은 심리적, 사회적 및 환경적 사건들이 문제 음주 패턴의 발달에 있어서 중요한 요소라는 점에 대해 동의한다. 학습은 해로운 음주 행동의 발달에 큰 영향을 미친다. 사람들은 어떻게 술을 마실 것인지, 음주를 통해 무엇을 기대하는지에 대해 학습한다. 적절한 음주에 대한 규칙을 경험한 사람은 그러한 규칙과 의식을 학습한다(비록 사람들이 학습한 것들을 항상 사용하지는 않을지라도). 통제 불가능한 만취 음주 행동을 본 사람들은 그런 방식으로 음주하는 것을 학습하게 된다.

또한 사람들은 음주 결과에 의해서도 영향을 받는다. 인간은 긍정적인 결과를 가져오는 행동을 계속하는 경향이 있다. 즉, 학습이론에 따르면 유기체는 긍정적 보상이 뒤따르는 행동을 반복하는 경향이 있다. 어떤 사람이 소속된 사회집단이 과음을 하고 그 사람도 과음 행동에 대해 친구들로부터 긍정적 피드백을 받는다면, 그 사람은 그러한 음주 패턴을 계속할 가능성이 더 높아진다. 만약 어떤 사람이 음주 행동으로 다른 보상을 받는다면(예: 그 사람이 사회적인 상황에서 덜 불안해지고 더 사교적인 행동을 하게 되는 것), 그 사람은 그러한 보상을 받기 위한 방법으로서 그리고 불편하고 고통스러운 감정(즉, 수치심, 부끄러움, 불안, 우울)에 대처하기 위한 방법으로서 알코올을 사용하는 것을 학습한다. 이러한 긍정적 결과는 숙취나 가족 문제와 같은 부정적인 결과보다 정서적으로 더욱 강력할 것이다.

앞에서 설명했던 것처럼 습관이란 음주 행동에 대한 학습이다. 사람들은 과음 습관의 학습을 포함해서 특정한 상황에서 음주하는 것을 학습한다. 예를 들어, 우리나라에서는 희로애락이 있는 곳에서는 꼭 술을 마시는 것으로 오랜 세월 동안 학습하였다. 게다가 술을 많이 마실수록 기쁜 자에게는 더 축하해 주는 것이고, 슬픈 자에게는 더 애도해 주는 것이라고 학습하였다. 이렇게 오랜 세월 학습된 습관은 변화에 대해 저항적이다.

어떤 사람이 알코올의 특정 효과를 기대한다면 그러한 효과를 실제로도 경험하게 된다. 만취하는 것이 음주의 정상적인 일부분이라고 믿고 기대하는 사람들은 술을 많이 마실 가능성이 높다. 일단 술을 마시면 음주에 대해 조절력이 없다고 믿는 사람은 음주 행동을 조절하지 못하는 경향이 있다. 그리고 알코올은 폭력으로 이어진다고 기대하는 사람은 음주 후 공격적으로 행동하는 경향이 있다.

전술한 것처럼, 문화/사회는 알코올 사용의 효과와 표준량에 대한 태도, 믿음, 기대를 발달시킨다. 사회가 수용할 수 있는 음주 행동과 수용할 수 없는 음주 행동 및 의미 있는 처벌에 대해 더욱 강력하고 명확한 규칙을 적용하기보다는 과음과 만취에 대해 관대하게 다룰 때 알코올 문제는 심각해진다.

하위문화는 주요 사회에 포함된 작은 집단들(예: 10대, 친구집단, 교회 구성원)이다. 하위문화들은 음주 행동에 대해 나름대로의 태도, 규칙 및 기대를 발달시킬 수 있다. 예를 들어, 폭음은 대학생에게는 수용될 수 있고 정상적인 행동으로 간주된다. 그러나 알코올에 대해 엄격한 반대 규정을 가진 종교집단의 사람들은 음주 행동을 전혀 수용하지 않는다.

특정 성격의 소유자와 특정 환경에서 자란 사람들이 알코올 문제를 일으킬 가능성이 더 높을 수 있다. 예를 들어, 다음과 같은 사람들이다.

- 어떤 정신장애(예: 불안, 우울)는 해로운 알코올 사용으로 이어질 가능성이 더 높다.
- 반사회적 성격의 사람들(즉, 공격적이고, 사회규칙을 준수하지 않고, 자신이 할 일에 대해 무책임하고, 다른 사람들과 좋은 관계를 맺지 않는 특성을 지닌 사람)은 알코올을 남용할 가능성이 높다.
- 과음하는 사회적 집단에 소속된 사람들은 알코올 문제로 발전될 가능성이 높다.
- 고립, 폭력 및 학대와 같이 큰 스트레스를 주는 생활사건은 대처방법으로서 알코올 남용을 야기할 가능성이 더 높다.

마지막으로 연구 결과들은 "……물질남용은 사회경제적으로 불우한 사회적 맥락에서 더 자주 발생한다."(Single, 1999, p. 19)라는 점을 보여 주고 있다. 즉, 사람들은 가난하고, 직업이 없고, 교육 수준이 낮고, 가정 상황과 사회환경이 불안정하고, 지지를 받지 못하는 상태에 있을 때 문제 있는 방식으로 음주할 가능성이 높다. 건강에 영향을 미치는 이러한 요인과 알코올 남용 간의 관계성은 복잡하다. 그러나 개인들이 의미 있는 생활을 할 도구를 가지고 있지 않고, 가족과 사회에서 안정감을 느끼지 못하고, 긍정적인 미래에 대한 꿈을 갖지 못할 때 대처 수단으로서 알코올 사용을 학습할 가능성은 있다. 이러한 알코올 오용은 더욱 심한 알코올 사용 장애를 야기할 것이다.

알코올 오용과 알코올 문제는 개인의 심리적 요인, 학습된 사회 패턴, 음주로 인한 보상 및 음주자의 기대 등으로 인해 발생한다. 해롭고 불우한 환경적 조건이나 사회경제적 조건은 알코올 문제를 일으킬 가능성을 증가시킨다.

(4) 생물심리사회적-영적 모델

이 모델은 전술한 모델을 통합한 형태다. 중독에 관한 경쟁적인 모델들 간의 갈등이 밖으로 드러나게 되고 연구를 통해 모델마다의 장단점이 규명됨에 따라, 중독 분야에서는 이러한 다양한 관점을 통합하는 단일의 구성 모델을 찾게 되었다(Wallace, 1990). 이러한 노력으로 개발된 것이 생물심리사회적-영적(biopsychosocial-spiritual) 모델과 공중보건 모델이다. 생물심리사회적-영적 모델은 상호작용하는 영향 요인들의 중요성을 인정함으로써 기존의 전통적인 모델을 하나로 통합하고 있다. 사실 오늘날의 시각은 약물 사용, 암, 당뇨병 혹은 관상동맥질환과 같은 모든 만성질환은 생리심리사회적 및 영적 요소 모두가 포함되는 협력적이고 포괄적인 접근으로 치료하는 것이 최선이라는 것이다(Borysenko & Borysenko, 1995; Williams & Williams, 1994). 중독에 대한 모델들을 모두 반영하는 이 모델에서는 이전의 각 모델에서 문제가 되는 요소와 잘못된 가정들을 제거하고 효과가 입증된 요소와 기법을 그대로 계승하고 있다. 생물심리사회적-영적 모델은 중독 행동의 획득, 유지 및 중단에 있어서 다중 원인이 작용한다고 주장하였다. 이 모델의 옹호자들은 생물심리사회적-영적 모델의 필요성을 지지하는 하나의 논거로 재발과정에서 발생하는 공통 요인을 지적하고 있다(Brownell, Marlatt, Lichtenstein, & Wilson, 1986; Marlatt & Gordon, 1985).

(5) 공중보건 모델

공중보건 모델(Hester & Miller, 2003)은 중독 및 치료 모델 통합의 가능성과 희망을 보여 준다. 공중보건 전문가들은 어느 질병에 대해서나 그 질병을 이해하고 치료하는 데 있어 세 가지 유형의 원인 요인을 고려하는 접근법을 오랫동안 신봉해 왔다. 한 가지 중요한 요인은 병원체(agent)인데, 어떤 질병에서는 이것이 미생물이지만 알코올중독에서의 병원체는 에틸 알코올이다. 병원체 자체는 어떤 파괴적 잠재력을 갖고 있다. 특정 병원체들(예: Hanta 바이러스 설치류—배설물을 통해 감염되어 호흡기 질환으로 나타나며, 일단 감염되면 50% 이상의 치사율을 보인다. 그 어원은 한국의 한탄강에서 유래한 것이다—나 신경가스와 같은 병원체)은 그 병원체에 노출된 대부분 혹은 모든 사람을 사망에 이르게 만든다. 다른 병원체들은 신체 내부에서도 발견될 수 있다. 그러나 그 신체 중에 극히 일부만이 질병에 걸린다. 이러한 사실은 사람(host) 요인—질병에 대한 취약성에 영향을 미치는 개인차—의 중요성을 지적해 주고 있다. 사람 요인이란 사람의 질병 취약성을 증가시키거나 감소시키는 개인적 위험 요인(예: 개인의 대처기술)이라고 볼 수 있다. 중요한 세 번째 요인은 환경(environment)이다. 전염성 질환의 경우 병원체가 새로운 사람들에게 퍼져 나가는 데 있어 매개체 역할을 하는 상수도, 곤충 및 기타 수단에 주목한다. 알코올 문제의 경우는 알코올 사용과 남용을 촉진시키거나 억제시키는 환경 요소를 강조한다.

공중보건 접근법의 특징은 이 세 요소 모두를 고려하고 다루는 것의 중요성을 강조하고 있다는 점이다. 오직 한 요인에만 초점을 맞추는 접근법은 알코올 문제를 근절시키는 능력에서 한계가 있을 것이다. 포괄적인 접근법은 병원체, 사람 및 환경의 중요성을 인정한다. 공중보건 접근법은 알코올이 위험한 약물이며 분별없이 마시거나 적정 수준을 넘어서 마시는 사람을 위험하게 만든다는 점을 인정하고 있다. 또한 이 접근은 알코올 문제에 대한 취약성—유전, 내성, 뇌 민감성, 대사율과 같은 요인들에 의해 매개됨—에 있어 유의미한 개인차가 존재한다는 점을 인식하고 있다. 마지막으로 공중보건 접근법은 알코올 사용률 및 관련 문제들의 발생 빈도를 결정하는 데 있어 알코올 상품의 가용성 및 촉진과 같은 영향 요인에 주목하면서 환경 요인의 중요성을 강조한다.

공중보건 모델은 경쟁적이고 양립 불가능하기까지 하는 관점들을 통합시킬 수 있는 가능성을 제공한다. 이 모델은 각 모델에서 알코올 문제의 발생에 영향을 미치는 것으로 밝혀진 요인들을 받아들여서 복합적이고 상호작용적인 모델로 통합하고 있다. 공중보건 접근을 따르는 개입법들은 당연히 세 가지 유형의 요인—알코올, 사람, 환경—을 모두 다룬다. 이러한 관점은 상담자들의 관심을 정확한 단일 개입법에 대한 탐색 연구에서 광범위한 대안적 전략들을 통합시킨 대규모 전략으로 옮겨 가게 만들었다 (Institute of Medicine, 1990; Moore & Gerstein, 1981).

병인에 관한 모델과 치료 전략은 분명 서로 관련되어 있다. 지금까지 생물심리사회적-영적 모델을 제외한 치료 모델들은 어떤 한 모델이 알코올 문제와 그 원인에 대해 완전하고 정확한 이해를 제공한다고 생각하면서 그 단일 모델에 기초해서 구성되었다.

그렇지만 그러한 치료 접근을 받는 개인과 그들의 알코올 문제는 각양각색이다. 따라서 효과적인 치료를 위해서는 하나가 아닌 다양한 효과적 대안이 필요할 것이다.

2. 치료방법

치료는 알코올 문제에 대한 의학적 관점과 관련되는 단어다. 우리나라에서 이 용어는 대개 병원에서 의사들이 제공하는 도움을 의미하는 것으로 사용된다. 병원은 도움을 제공하는 다양한 방법 중 오직 하나일 뿐이다. 사람들은 알코올 문제를 감소시킬 수 있는 다른 방법이 있다는 것을 모르는 경우가 많다. 알코올 문제를 지닌 사람을 돕기 위한 방법은 많다. 그러나 모든 사람에게 적절하거나 효과적인 한 가지 방법은 없다.

전문가들은 철저한 지역사회 접근법에서는 다양한 프로그램 수준들을 포함하는 연속적 서비스가 필요하다는 점에 대해 동의하고 있다. 1차 서비스에는 알코올 교육 및 통제 정책과 같은 알코올 관련 전략은 물론이고 건강과 관련된 일반적인 서비스(교육, 경제 전략 등)가 포함된다. 알코올 남용이 있지만 아직 심각하지 않을 때에는 2차 서비스가 효과적이다. 2차 서비스에는 알코올 문제가 더 나빠지기 전에 음주자가 변화할 수 있도록 도와주는 조기 단기개입법은 물론이고 선별 및 평가도 포함된다(전영민, 2006, 2007). 3차 서비스는 알코올 사용 장애가 시작되었을 때 치료를 제공한다. 3차 서비스 전략에는 더욱 집중적인 외래상담 프로그램 및 거주치료 프로그램이 포함된다. 치료 목표는 단주, 음주 조절 등이 될 수 있다. 재발 예방 서비스는 회복 중인 사람이 다시 예전의 습관으로 돌아가지 않고 현재의 변화를 유지하거나 혹은 치료를 받고 있는 사람에게 재발에 대한 예방적 훈련을 시킬 때 도움을 준다. 특히 문제의 지속화를 예방하는 3차 서비스와 구분하기 위해 재발 예방 서비스를 4차 서비스로 분류하기도 한다 (p. 100 참조)(National Native Addictions Partnership Foundation Inc. & Thatcher, 2000).

단주는 심각한 알코올 사용 장애자들에게 최선의 목표다. 그러나 알코올 남용 문제(폭음을 포함해서)는 반드시 단주가 필요한 것은 아니며 다양한 다른 방법을 통해서도 성공적으로 변화될 수 있다. 음주감소 전략과 단주 전략 모두를 사용하는 상담 서비스는 단주만을 제공하는 상담 서비스보다 성공률이 더 높다. 그 이유는 내담자가 목표를 선택할 수 있기 때문이었다. 처음에 절주로 시작한 수많은 사람이 결국에는 단주를 결심하였다(Health Canada, 1998; Hester & Miller, 1995; National Native Alcohol and Drug Abuse Program, 1998).

알코올 사용 장애자들은 변화를 준비하기 이전까지는 치료에 대해 매우 저항적이다. 그러나 대부분의 문제 음주자와 알코올 사용 장애자들은 정규 치료를 받지 않아도 특정 시점에서 변화한다. 많은 사람들은 아무런 도움 없이도 심각한 음주 문제를 변화시킨다. 전술한 바와 같이, 중독자보다 문제 음주자가 더 많다. 알코올 사용 장애가 있는 대부분의 사람들은 자신들에게 문제가 있다는 것을 알면서도 치료를 받지 않는다. 그들이 치료를 주저하는 이유는 알코올 중독자라는 진단이 붙는 것을 원하지 않거나 혹은 술을 완전히 끊고 싶지는 않기 때문이다.

알코올 예방 프로그램과 치료 프로그램의 목적은 문제 음주를 예방하고 문제가 발생했을 때 도움을 제공하며 변화를 동기화시키는 것이다. 그렇다면 효과가 입증된 예방 및 치료 프로그램에는 무엇이 있을까?

1) 변화 모델 및 방법

해로운 음주 행동을 변화시키도록 돕는 데 효과적인 것으로 입증된 방법은 많다. 이러한 방법은 지역사회 상담센터나 거주치료 시설에서 유용하게 사용될 수 있다. 몇 가지 방법은 전문적인 슈퍼비전 없이도 사용될 수 있다.

이러한 방법은 병원과 지역사회 어디에서 사용하든 효과적인 것으로 밝혀졌다. 이와 같은 인지행동 전략은 다음과 같은 작업이 포함된다.

- 알코올의 효과와 결과에 관하여 학습한다.
- 자신의 음주 행동과 그 결과를 분석한다.
- 자신의 음주 행동과 촉발 상황을 분석한다.
- 사람이 음주하는 이유(음주 행동과 연합된 정서, 경험 및 환경)에 관하여 학습한다.

- 자존감, 관계, 유능성을 향상시키는 방향으로 이끌어 주는 새로운 문제 해결, 대
  처기술, 대인관계 기술과 사고방식을 학습한다.

내담자들이 평가를 받고 치료 계획을 수립할 때에는 음주하지 않은 상태여야 한다.
내담자가 음주 상태에서는 정확한 정보를 제공할 수 없으며, 평가와 계획 수립에 음주
자의 적극적인 참여가 필요하다.

(1) 단기개입

단기개입이란 알코올 문제로 악화되지 않도록 하기 위한 방법에 관한 기본적인 조
언을 주는 것이다. 예를 들어, 건강상담 제공자들(가정의학 및 내과 전문의, 간호사, 건강
심리사, 임상심리사, 중독상담사 등)은 환자를 처음 면담할 때나 위험한 음주 행동을 감지
했을 때에 단기개입을 통상적으로 사용할 수 있다. 어떤 의사는 모든 환자에게 처음 검
진할 때 항상 습관처럼 이렇게 말한다. "술을 마시는 분이라면 안전한 음주 방법에 관
한 안내 지침이 여기에 있으니 보세요."

단기개입은 모든 환자가 처음 내원하였을 때 표준적인 접근법으로도 사용되지만,
음주 문제의 모든 수준(알코올 남용부터 집중적 상담을 받을 준비가 되지 않은 의존자까지)
에 사용될 수 있다.

단기개입은 문제 음주의 초기 단계에 있는 사람에게 특히 효과적이다. 많은 사람들
은 기본적인 조언을 받는 단 1회기의 상담을 받은 후 긍정적인 변화를 보인다는 연구
결과가 많다(NIAAA, 2000). 알코올 사용 장애자들은 자신의 음주 행동을 완전히 중단
하고 싶지 않을 수도 있지만, 특별한 치료를 받으러 가는 것에 대해서는 동기가 높을
수 있다.

가장 간단한 단기개입 형태는 다음과 같은 비직면적이고 사실적이고 친절한 정보로
구성되어 있다.

- 알코올 효과(예: 이완감과 같은 긍정적 효과는 물론, 간장 및 췌장의 변화와 같은 부정적
  효과)

- 안전한 음주 수준을 유지하는 방법에 관한 실용적 조언
- 내담자가 해야 할 일을 스스로 결정할 수 있음을 인식시켜 주는 것

　단기개입을 제공하는 데에는 비용이 적게 든다. 단기개입은 위험한 음주의 초기 단계에서 사람들이 변화하도록 돕는 예방적 수단으로서 특히 효과적이다. 국제적으로 1차 건강관리 제공자들(보건센터와 1차 병원의 의사와 간호사)과 심리상담사 및 사회복지사들에게 이 방법들을 사용할 것을 권장하고 있다.

　전문가들과 알코올 정책 입안자들은 의사, 간호사, 사회복지사, 상담사, 지역사회 건강관리 제공자들이 이러한 종류의 조언과 도움을 제공할 수 있고 또 응당 제공해야 한다는 점에 대해 동의하고 있다(Babor et al., 2001; Health Canada, 1998; NIAAA, 2000; National Native Alcohol and Drug Abuse Program, 1998). 사람들은 종종 곤경에 빠져서 자신의 음주 행동에 대해 자발적으로 고백하고 도움을 요청하기도 한다. 그들은 알코올 효과, 안전한 음주 수준 그리고 문제를 예방할 수 있는 간단한 방법에 대해 모르고 있을 수도 있다. 건강관리 제공자들은 보건 수준들(예: 1, 2, 3차 의료기관) 중에 어느 곳에서 근무하든 마치 심장질환 및 당뇨병과 같은 신체 질병을 다룰 때처럼 행동 및 생활 방식의 변화를 위한 정보와 권고사항들을 제공할 의무가 있다. 개인들은 필요한 정보를 알기 전까지는 자신의 건강을 결코 조절할 수 없다.

(2) 단기상담

　공존하는 다른 문제(정신질환, 주요한 사회경제적 문제, 개인의 주요한 정서 문제 등)가 거의 없고 경미하거나 중등도의 문제를 지닌 내담자의 경우는 3~4회의 더욱 지시적인 단기상담이 적절할 것이다. 지시적인 단기상담은 기본적으로 내담자가 어느 정도의 변화를 원하는지 결정하고 변화방법에 관한 창의적 의견을 공유하는 과정이다. 상담사는 내담자가 중도에 포기하지 않고 특정 목표를 향해 끝까지 나아갈 수 있도록 도울 필요가 있을 것이다. 이러한 특정 목표에는 주말에만 음주하거나 혹은 친구들과 매일 술집에 가지만 취하도록 마시지는 않는 것과 같은 목표가 포함된다.

　건강관리 제공자는 내담자가 자신의 음주 행동을 면밀히 검토해 보게 하고 문제를

예방하거나 변화시킬 수 있는 다음과 같은 구체적인 방법을 학습하도록 돕는다.

- 현재의 음주 수준, 위험 요소 및 이익을 확인한다.
- 음주 한도를 설정한다(예: 5잔 이상은 마시지 않는다).
- 음주 한도를 지키기 위한 전략을 세운다(예: 잔 수를 헤아리면서 속도를 조절한다).
- 문제에 대처하기 위해 음주 이외의 다른 방법을 생각해 낸다.
- 친구를 잃지 않으면서 음주를 거절할 수 있는 방법을 학습한다.
- 자조 자료를 이용한다.

사람들이 스스로의 힘이나 건강 제공자의 사후 관리를 받으면서 이용할 수 있는 간략한 자조 자료는 많다(예: Alberta Alcohol and Drug Abuse Commission, 2004b; Rotgers, Kern, & Hoeltzel, 2002; Sanchez-Craig, 1995). 알코올 사용 장애자들이 단주라는 최종 목표를 향한 여정에 들어설 수 있도록 하기 위한 첫 단계로서 단기상담을 사용할 수 있다.

(3) 유도 자기변화

유도 자기변화(guided self-change; Sobell & Sobell, 1993)는 개인상담과 집단상담 형태로 제공될 수 있는 구조화된 단기상담 과정이다. 많은 사람들은 동기화된다면, 즉 무엇을 할 것인지에 대해 안내를 받는다면 자신의 문제들을 해결할 수 있으며, 유도 자기변화는 자신의 가정과 지역사회에서 변화해 갈 수 있다는 믿음에 그 근거를 두고 있다. 통상적인 회기 수는 약 4회기이지만, 내담자의 요구 수준에 따라 다소 달라질 수 있다. 그 과정은 융통성이 있으며 내담자와 지역사회의 요구에 맞추어질 수 있다.

유도 자기변화의 목적은 다음과 같은 방법으로 사람들이 자조하도록 돕는 것이다.

- 사람들로 하여금 자신의 음주 패턴을 변화시켜야 할 이유를 확인하도록 촉진시킨다.
- 알코올에 관한 정보 및 다른 선택 대안에 관한 조언을 제공한다.

• 개인의 강점과 자원에 초점을 맞추면서 변화를 성취하고 유지하기 위한 방법을 가르친다.

유도 자기변화 접근법에 대해 내담자에게 반드시 설명해 주어야 한다. 내담자들은 자신들이 치료 계획을 수립하고 실천하는 것에 대한 공동 책임을 져야 한다는 점을 이해할 필요가 있다.

내담자들은 먼저 문제의 수준에 대해 평가받는다. 내담자의 음주 행동에 대해 정확하게 파악하는 것은 중요하다. 여기에는 현재의 음주 패턴뿐만 아니라 과거의 정보도 포함된다. Sobell과 Sobell(1993)은 알코올 의존 척도(Alcohol Dependence Scale: ADS)와 같은 평가 도구를 권한다. 전영민(2006)이 번안한 간편형 알코올 의존 척도(Raistrick, Dunbar, & Davidson, 1983) 역시 임상 현장에서 유용하게 사용할 수 있다. 이 척도들은 내담자의 알코올 의존 수준을 측정한다. '시간추적법(Timeline Followback Method)'(Sobell & Sobell, 1996)도 특정 기간 동안의 일일 음주 패턴에 대해 완전하게 파악하는 데에 사용된다. 다른 도구도 개인의 고위험 상황, 강점, 대처기술 유형 및 자신감을 평가하는 데 사용된다. (상담자는 내담자의 강점, 대처기술 등이 무엇인지에 대해 비판단적일 필요가 있다. 만약 어떤 전략이 한 내담자에게 효과가 있고 그 내담자도 그 전략을 사용하는 것에 편안해한다면 그 전략을 반드시 고려해야 한다. 예를 들어, 모든 사람이 감정에 대해 얘기 나누는 것을 원하지는 않는다. 어떤 사람은 부정적 감정을 숨기고 비밀스럽게 다루는 것을 더 선호한다. 그들이 얘기하고 싶어 하지 않는다면 그렇게 하도록 해 주어야 한다.)

평가 결과에 대해서는 내담자와 정직하고 존중하는 마음으로 논의한다. 그 후 치료 계획을 내담자와 함께 수립하는데, 여기에는 치료 목표, 알코올 교육, 특정 자조 자료 및 모니터링 자료, 과제물 등이 포함된다. 치료 계획은 개인마다 다르며 내담자의 요구 수준에 따라 수립되어야만 한다. 내담자는 상담자와 정기적인 모임을 통해 계획을 어떻게 진행할 것인지, 자신의 음주 행동을 통해 배운 것이 무엇인지, 실천할 필요가 있는 변화는 무엇인지, 긍정적 변화를 지속시킬 방법은 무엇인지 등에 대해 논의할 것이다. 마지막 정규 모임 이후에는 사후 관리와 지지(support)가 제공된다. 내담자들은 적어도 잠시 동안은 자신을 지지해 주는 치료 회기나 지지집단을 원할 수도 있다.

내담자들은 또한 자신의 음주 행동에 대해 확신하지 못하고 양가감정이 있다면 간단한 평가 도구를 사용할 수 있다(Klingemann et al., 2001). 즉, 내담자는 그러한 불확신에 대한 해답을 얻어서 자신들이 변화할 필요가 있는지에 대해 결정할 수 있다.

(4) 폐해감소 모델

폐해감소법은 도움의 본질적 목적이 모든 개인, 가족 및 지역사회 주민에게서 알코올 및 기타 약물의 사용 및 조절과 관련된 건강 문제와 사회적 문제를 감소시키는 것이어야만 한다는 총체론적 관점(holistic view)을 취한다(Canadian Centre on Substance Abuse, 1992, p. 1). 이것은 공중보건 접근법이다. 그 목적은 사람들로 하여금 음주를 중단하게 만드는 것이 아니라, 자신과 타인에게 신체적, 법적, 경제적 혹은 사회적 문제를 일으키지 않으면서 음주하는 방법을 가르치는 것이다. 폐해감소법은 단순히 하나의 전략이 아니다. 이는 개인들로 하여금 자신의 음주 행동이나 음주 욕구를 조절하도록 돕기 위한 다양한 방법을 포함하고 있다.

단주는 폐해감소법에서 필수조건이 아니며 하나의 선택사항으로 제공된다. 알코올이 다양한 방식으로 즐거움을 제공하고, 대부분의 사람들은 술을 완전히 끊고 싶어 하지 않거나 복잡한 감정을 가지고 있는 것이 사실이다. 어떤 사람들은 술을 일시적으로(예: 질병이 있는 동안, 임신 중이거나 약 복용 동안 등) 끊든 영구적으로(심각한 알코올 의존이 된 경우) 끊든, 조금도 술을 마시면 안 된다고 생각하는 것이 사실이다. 그러나 폐해감소 접근법에서는 내담자가 원하지 않는 일에 대해서는 강요해서는 안 되며, 내담자는 자신들이 원하는 일을 선택할 권리를 가지며, 문제의 감소는 전혀 변화하지 않는 것보다 좋다는 점을 믿고 있다. 상담자는 앞으로 무엇을 해야 할지에 대해 내담자에게 권위적으로 지시하는 입장을 취하지 않는다. 대신 상담자는 존중해 주고 협력적인 관계를 형성함으로써 내담자가 문제 해결에 참여하고 조절하고 자신들의 생활에 대해 결정하는 권리를 인정해 준다. 따라서 상담자는 내담자가 성취하고 싶은 변화량(구체적인 음주 감소 수준이나 단주)이 어느 정도인지에 대해 스스로 결정할 수 있도록 돕고, 그러한 목표를 달성하기 위한 창의적 생각과 활동을 제공한다. 내담자의 목표는 변화될 수 있고 계획 역시 변화될 수 있다. 사람들은 자신에게 선택의 권리가 주어지면 결국에는 단주를 선택하는 경향이 있다. 그리고 그러한 사람들은 그 목표에 더욱 전념할 것이기 때문에 성공할 가능성이 더 높아진다. 또한 폐해감소법은 사후 관리에서 음주 촉발 요인과 심리적 습관을 관리하도록 내담자를 도울 때에도 매우 유용하다.

어떤 사람은 폐해감소법에 대해 의문을 제기한다. 그들은 알코올 남용자들이 자신의 음주 행동에 대해 통제할 수 있다는 교육을 받게 되면 그 교육이 오히려 남용자들의 음주 행동을 증가시켜서 결국에는 알코올 의존의 발달로 이어질 것이라고 믿고 있다. 그러나 모든 과학적 증거(Korhonen, 2004)는 그 반대임을 보여 주고 있다. 폐해감소법은 알코올 남용자들로 하여금 아무 문제도 없는 수준이나 적어도 문제가 감소되는 수준까지 자신의 음주 행동을 감소시키도록 돕는 데에 매우 성공적일 수 있다(Canadian Society of Addiction Medicine, 1999; Centre for Addiction and Mental Health, 2000; Health Canada, 1998; NIAAA, 2000; National Native Alcohol and Drug Abuse Program, 1998). 또한 폐해감소법은 알코올 의존자들로 하여금 단주하게끔 돕는 데에서도 유용한 중간 전략이 될 수 있다는 점이 밝혀졌다. 과음 패턴을 변화시키거나 단주를 달성하려고 시도하는 사람들은 종종 성공을 즉각적으로 성취하지 못한다. 변화에는 시간이 걸리고 여러 번의 시도가 필요하다. 폐해감소법은 지역사회, 가족 및 개인의 신체적 및 정신적 폐해를 감소시키면서 동시에 스트레스와 죄책감을 덜 주는 변화방법을 제공한다.

폐해감소법은 변화를 위한 강력한 도구임이 입증되었다. 그러나 이것은 적절하게 실시될 때 효과적이다. 사람들에게 음주를 줄이거나 끊도록 단순히 말해 주는 것만으로는 충분하지 않다. 알코올 오용은 다른 행동과 무관한 독립된 행동이 아니다. 효과적인 폐해감소 상담은 총체론적 과정으로서 사람들로 하여금 자신들의 전체 삶과 알코올의 역할을 검토하게 돕는다. 검토해야 할 영역은 다음과 같다.

- 현재의 음주 수준을 평가하고 위험한 음주의 미래 결과를 평가함
- 변화 준비성을 평가함
- 해로운 음주의 기저 요인을 검토함(예: 음주 단서나 촉발 요인, 자기존중감, 가족 문제, 과거의 외상 등)

- 현재 음주의 이익과 문제점을 분석함
- 목표 설정
- 변화의 긍정적 결과와 부정적 결과에 대해 준비함
- 음주 행동과 음주 욕구를 모니터링하고 관리함
- 문제점들을 다루고, 정서를 다루고, 다른 사람들과 관계를 맺으며, 평화를 찾고, 원하는 것을 얻기 위한 새로운 방법을 학습함

장기간의 외래치료(예: 10~12회기)는 심각한 알코올 문제와 개인적 문제를 지닌 사람들에게 필요할 것이다.

(5) 의학적 모델

일단 알코올 의존이 되면 가장 안전한 일차적 치료 목표는 금주이며, 가장 일반적인 임상적 권고 또한 금주일 것이다. 그럼에도 불구하고 각 환자에게 맞는 개별화된 목표들을 결정하는 것이 최선의 방법이다. 어떤 환자는 금주를 하나의 목표, 특히 첫 번째 목표로 받아들이려고 하지 않을 수도 있다. 만약 알코올 의존 환자가 음주량을 충분히 줄이는 데에 동의한다면 금주가 최상의 결과라는 사실을 마음속에만 기억해 두고, 단주를 설득하지 말고 그 환자들이 스스로 정한 절주 목표에 전념하도록 도와주는 것이 최선의 방법이다.

치료약물 가운데 디설퍼람은 계속 술을 마시고 싶어 하는 환자에게는 처방되어서는 안 된다. 왜냐하면 환자에게 불쾌감을 주는 디설퍼람-알코올 반작용은 어쨌든 술을 마셔야 발생되기 때문이다. 다시 말해서, 디설퍼람은 술을 마시고 싶은 욕구 자체를 감소시키는 데에는 한계점이 있다. 최근 연구(Kranzler et al., 2003)에서 날트렉손은 절주나 금주를 치료 목표로 선택했던 경도와 중등도의 알코올 의존을 보이는 음주자들의 과음 위험을 감소시키는 데에 적당한 효과가 있는 것으로 밝혀졌다. 현재로서는 이러한 목적으로 아캄프로세이트를 사용하는 것에 대해서는 알려진 것이 거의 없다.

어떤 약물을 사용할 것이냐 하는 문제는 임상적 판단과 환자의 선호도에 따라 결정될 것이다. 각 약물은 각기 다른 작용 기제를 통해 작용한다. 어떤 환자는 어떤 약물 유

형에는 잘 반응하지 않지만 다른 약물 유형에는 잘 반응하기도 한다.

- 디설퍼람(disulfiram) 약물처방: 디설퍼람(Antabuse®)은 환자가 술을 마실 때마다 얼굴에 불쾌한 홍조 반작용을 야기한다. 따라서 디설퍼람은 술 마시는 행동에 대해 역유인가(disincentive)를 생성시킴으로써 음주 행동에 대해 외적으로 통제한다. 디설퍼람은 클리닉에서와 같이 혹은 배우자에 의해 이루어지는 것과 같이 감찰(monitor)되는 방식으로 제공될 때 가장 효과적인 것으로 밝혀졌다(Allen & Litten, 1992). 만약 배우자나 다른 가족이 감찰자라면 환자가 그 약물을 복용하고 있어야 한다는 사실을 환자와 감찰자에게 설명하고, 감찰자에게는 단순히 환자를 관찰만 할 것을 요청하라. 만약 환자가 이러한 스케줄에 이틀 이상 따르지 않으면 당신에게 연락해 줄 것을 감찰자에게 요청하라. 어떤 환자가 금주에 대한 동기가 매우 높을 경우 스스로 복용한 디설퍼람에 잘 반응한다.
- 날트렉손(naltrexone) 약물처방: 날트렉손(ReVia®)은 마신 알코올의 보상 효과에 관여하고 있고, 또 확실하게 금주한 후의 알코올에 대한 갈망에 관여하고 있는 아편 수용체를 차단한다. 재발을 감소시키는 데 있어서 날트렉손의 효능성은 여러 연구에서 입증되었다(Bouza, Angeles, Munoz, & Amate, 2004; Srisurapanont & Jarusuraisin, 2005). 치료 반응에 대한 예측 요인이 명확하게 입증되지는 않았지만, 연구 결과들이 시사하는 바에 따르면 알코올 의존 가족력이 있는 환자들은 더 높은 치료적 반응률을 보인다(Monterosso, Flannery, Pettinati et al., 2001). 또한 여러 연구들은 알코올 의존에 대한 인지행동치료와 날트렉손 간의 정적인 상호작용을 입증하였다(Anton & Swift, 2003).
- 아캄프로세이트(acamprosate) 약물처방: 아캄프로세이트(Campral®)는 유럽에서 10년 이상 알코올 의존을 치료하는 데 사용되고 있으며 미국에서는 2004년에 치료약물로 인가를 받았다. 비록 이 약물의 작용방식은 명확하게 확증되지는 않았지만 불면증, 불안, 초조증과 같은 오랜 금주 증상을 감소시킴으로써 금주에 도움을 주는 효과가 있는 것으로 보인다. 몇 주에서 몇 달 동안 금주를 유지하고 있는 의존 음주자들의 비율을 증가시키는 아캄프로세이트의 효능성은 여러 연구에서

입증되었다(Mann, Lehert, & Morgan, 2004). 긍정적인 결과를 보이는 대부분의 연구(Mason & Ownby, 2000)를 검토해 보면, 연구에 참여한 환자들은 이 약을 사용하기 전에 적어도 며칠이나 몇 주 동안 알코올을 전혀 사용하지 않은 것으로 나타났다.

해독은 알코올 금단 증상에 대한 의학적 관리이며 슈퍼비전이다. 알코올에 신체적으로 심한 의존을 보이는 사람들은 금단 증상의 고통을 경험한다. 금단 증상에는 발작, 환각 및 기타 생명 위협적 반응들이 포함된다. 해독은 치료가 아니다. 해독은 심한 의존자들이 치료과정에서 받는 첫 단계다. 일단 금단 증상이 관리되면 필요한 상담과 치료가 시작될 수 있다.

(6) 동기강화 접근법

왜 어떤 사람에게는 기본적인 조언만을 제공하는 한 회기의 상담도 효과적이고, 어떤 사람에게는 집중적 치료도 효과적이지 않는가? 전술한 것처럼, 알코올 오용자나 남용자는 변화에 저항적이다. 오늘날의 연구 증거(Miller & Hester, 1986; Miller & Rollnick, 2002, 신성만 외 역, 2006 참조)에 따르면 변화 준비성은 치료의 성공에서 중요한 요인으로 밝혀졌다. 사람이 문제를 인식하지 못하거나 그 문제에 대해 무언가를 하고 싶은 바람이 없다면 어떤 변화도 불가능하다. 다른 생활 영역에서도 마찬가지이지만, 사람들은 변화할 필요가 있다고 결심했을 때에만 변화가 가능하다.

전문가들은 공감적인 동기강화 상담(motivational interviewing)이 내담자로 하여금 문제 행동의 부정적 결과와 변화 필요성을 깨닫도록 돕는 효과적인 치료 도구라는 점에 동의하고 있다.

수많은 알코올 치료 프로그램 중에서 점차 이용이 많아지고 있는 것이 초이론 단계 모형(Prochaska, Norcross, & DiClemente, 1995)이다. 이 모형은 원래 금연을 돕기 위해 약 20여 년에 걸쳐서 개발된 것이었지만 수많은 다른 종류의 변화에서도 효과적인 도구로 밝혀졌다. 이 접근법은 행동 변화를 알코올 사용 및 알코올 문제에 대한 개인의 생각에 따라 변화되는 과정으로 간주한다. 이 변화과정에서는 모든 변화가 다섯 가지 단계와 재발과정을 밟는다고 주장한다.

- 숙고 전 단계: 지나치고 부적절하게 음주하는 것에 대해 조금 인식하고 걱정하기는 하지만 그것이 문제되는 수준은 아니라고 인식한다. 어떤 음주자는 자신의 음주 패턴이 정상적이라고 인식하고 있다. 또 어떤 음주자는 잦은 실패로 인해 자포자기한 상태다. 이 단계의 내담자에게는 변화의 필요성을 생각해 보도록 강요할 것이 아니라 온유하게 도울 필요가 있다.
- 숙고 단계: 이 단계의 사람들은 변화에 대해 양가감정을 가지고 있어서 변화하겠다는 결정을 하지 못하고 고민한다. 이 시점에 있는 사람들은 변화의 장단점 및 변화방법에 대해 충분히 논의함으로써 변화 결정을 촉진시킬 필요가 있다.
- 준비 단계: 이 단계의 사람들은 변화하겠다는 공식적인 언약과 결심을 한다. 상담자는 내담자로 하여금 정보를 수집하고, 변화방법을 검토하고 각 방법의 긍정적 및 부정적 결과를 생각해 보도록 돕는다. 이 단계는 변화 계획을 수립하기 시작하는 단계이기에 매우 중요하다. 변화 계획은 충분한 정보와 내담자의 욕구에 기초해서 수립되어야 한다.
- 실행 단계: 내담자는 준비 단계에서 수립한 변화 계획을 실행하고, 수립된 계획에 문제가 발견되면 계획을 수정해 가면서 재실행하는 과정을 6개월 이상 지속한다.
- 유지 단계: 변화를 6개월 이상 실행하면서 새로운 습관을 형성하는 단계다. 이 단계의 사람들은 술 없이 사는 생활이 이제 편안하게 느껴지고 일상적 상태가 된다.
- 재발: 새로운 습관은 쉽게 형성되지 않는다. 대부분은 가끔씩 이전의 생활 패턴으로 되돌아간다. 이때 중요한 것은 그들이 현재 이전의 생활 패턴으로 되돌아가고 있다는 사실을 인식하도록 돕고, 문제점을 검토하여 다시 새로운 생활 패턴으로 돌아올 방법을 계획하도록 돕는 것이다. 또한 재발은 실패가 아닌 성공을 위해 누구나 경험하는 정상적인 단계임을 인식하도록 돕는 것이다. 재발은 재발하게 된 요인들을 조사하고, 다음에 그 요인들이 다시 발생하지 않도록 예방할 수 있는 방법이 무엇인지를 검토할 수 있는 좋은 학습 기회다.

　사람들은 대개 변화에 성공하기 전에 위의 변화 단계들 사이를 수차례 왔다 갔다 한다. 상담자들은 내담자들이 현재의 변화 단계에서 그다음 단계로 이동할 수 있도록 도우며, 특히 재발을 정상적인 단계로 인식하고 이전보다 보완된 계획을 수립하게 하여 다시 변화 계획을 실행하도록 돕는 것이 중요하다.

　Miller와 Rollnick(2002, 신성만 외 역, 2006; 전영민, 2007 참조)은 동기강화 상담에서의 핵심적인 네 가지 기본 원리를 제안하였다.

- 공감 표현하기: 상담자와 내담자의 신뢰관계를 형성하는 데 도움이 된다(내담자의 말과 시각을 존중하고 수용하며, 감정과 환경을 이해하며, 생각과 감정을 편안하게 표현하도록 격려하라).
- 불일치감 만들기: 상담자는 문제가 없다고 믿고 있는 내담자로 하여금 그러한 믿음이 그들의 현재 상태와 불일치한다는 점을 인식하도록 돕는다. 예를 들어, 내담자는 음주 행동에 문제가 없다거나 직장도 다니고 있고 배우자도 자신의 음주 행동을 반대하지 않는다고 주장한다. 그러면서도 일주일에 이틀 정도는 전날 마신 술 때문에 결근할 때도 있고 술 때문에 부부싸움도 많이 한다는 말을 한다. 이 경우 상담자는 그러한 사건들과 관련된 질문을 비직면적이고 온화한 방식으로 한다. 비직면적인 질문은 내담자로 하여금 당시의 상황에 대해 다시 생각해 보게 하고 술이 어떤 영향을 미쳤는지에 대해 숙고해 보도록 고무시키는 효과가 있다. 내담자는 현재 상태에 대한 정확한 인식과 자신이 원하는 가치나 믿음 사이에 불일치를 느끼게 되면 현재의 행동을 변화시키고자 하는 동기가 유발된다.
- 저항과 함께 구르기: 분명하게 문제가 있음에도 불구하고 내담자가 그 존재를 부인하거나 그러한 문제 행동을 검토하는 것에 대해 저항한다면, 상담자는 절대로 내담자와 논쟁해서는 안 된다. 대신 상담자는 내담자의 진술을 충분히 들어 주면서 내담자가 하고 싶은 것을 수용해 주어 저항을 감소시키는 것이 중요하다. 이렇게 내담자의 저항적인 진술을 충분히 경청해 주면 내담자는 오히려 변화에 긍정적인 진술을 조금씩 하게 된다. 이러한 상황에서는 내담자의 저항을 깨는 것이 아니라 경청을 통해 신뢰관계를 쌓는 것이 더 중요하다. 상담자는 이러한 신뢰

관계를 통해 내담자의 저항 에너지를 변화를 향한 에너지로 조금씩 전환시킬 수 있다.

• 자기효능감 지지하기: 내담자에게는 그들이 원하는 변화를 성취할 수 있는 능력이 있고, 자신들의 생활에 대한 통제력을 가지고 있고, 유능한 개인적 강점과 자원을 가지고 있다는 점을 인식하도록 도와야 한다. 상담자가 내담자의 능력을 믿을 때 내담자는 자신의 능력을 믿는 것을 배우게 된다.

동기강화 상담에서는 이러한 네 가지 기본 원리에 바탕을 둔 다양한 동기강화 전략들을 사용하여 내담자의 내면적 변화 동기를 유발시켜 변화를 촉진시킨다. 동기강화 상담에서 가장 빈번하게 사용하는 다섯 가지 기초 기술에는 열린 질문(open questions), 인정해 주기(affirmation), 반영적 경청(reflective listening), 요약(summarizing), 변화대화(change talk) 끌어내기가 있다. 또한 동기강화 상담은 다른 상담법과는 차별화되는 것으로서 내담자의 저항 행동을 다루는 효과적인 상담기술들을 제공하고 있다. 이에 대한 자세한 내용은 이 책의 범위를 벗어나므로 더 이상 기술하지 않겠지만, 관심 있는 독자들은 참고 서적들(전영민, 2007; Miller & Rollnick, 2006)을 보길 바란다.

(7) 자조모임

자조(self-help) 프로그램은 치료 프로그램이 아니다. 자조 프로그램들은 개인이 전문적인 도움 없이 변화할 수 있는 방식으로 구성되어 있다. 어떤 자조모임은 구성원(혹은 협심자)에 의해서만 운영된다. 또 어떤 자조집단에서는 특정 기법에 대한 지식을 갖춘 사람이 그 집단을 촉진시키는 역할을 하기도 한다.

사람들은 자조를 AA(알코올중독자모임)와 같은 집단 활동으로 생각하는 경향이 있다. 그러나 자조는 개인 활동이기도 하다. 자조집단들은 경험과 감정을 공유하는 기회와 다른 구성원에게서 지지와 새로운 생각을 얻는 기회를 제공한다. 개인 자조(individual self-help)에는 독서, 생각하기, 혼자서 구조화된 활동하기 등이 포함된다. 어떤 사람은 집단의 지지를 필요로 하고, 어떤 사람은 자신의 문제를 개인적으로 해결하는 것을 더 선호한다. 다음에서는 몇 가지 자조방법에 관한 정보를 소개한다. 우리나라에서는 오직 AA만이 존재한다. 다음에 설명된 또 다른 자조모임에서는 온라인 모임이나 자료를 제공한다.

① 알코올중독자모임

알코올중독자모임(Alcoholics Anonymous: AA, 2004)은 이야기와 영감을 주는 독서를 공유하기 위해 다른 알코올 중독자들과 모임을 가졌을 때 술을 마시지 않기가 더 쉽다는 사실을 발견한 두 사람에 의해 1935년 오하이오의 애크런에서 시작되었다. 오늘날 AA는 알코올 중독자의 가족을 위한 알아논(Alanon: 알코올중독자 가족모임) 및 알아틴(Alateen: 알코올중독자 자녀모임)과 같은 많은 파생 모임을 낳았다. 또한 파생 모임에는 약물 사용자를 위한 약물중독자모임(Narcotics Anonymous: NA), 도박중독자모임(Gamblers Anonymous: GA), 그리고 자신을 성중독자, 음식중독자 등이라고 생각하는 사람들을 위한 12단계 집단이 포함된다.

비록 많은 사람들은 AA가 가장 효과적인 자조집단 형태라고 믿고 있을지라도, 연구 결과들은 그러한 믿음을 지지하지 않고 있다. 헬스캐나다(Health Canada, 1998)는 AA와 접촉한 소수의 사람들만이 AA에 계속 참여한다는 점을 지적하였다. 또한 많은 연구에서 법원이나 근로자지원 프로그램(Employee Assistance Program: EAP)의 명령으로 참여하는 AA 구성원들은 긍정적인 결과를 보여 주지 못하는 것으로 나타났다(Hester & Miller, 1995). 그러나 AA는 단주를 언약하고, 자신이 알코올 중독자임을 수용할 의지가 있으며, 사회적 및 영적 지지로부터 좋은 영향을 받을 수 있는 등 AA의 관점을 믿는 사람들에게 도움이 된다.

AA의 주요 신념과 방법은 다음과 같다.

- 알코올중독은 개인 스스로 조절할 수 없는 영적 질병이다.
- 알코올 중독자가 술을 완전히 끊지 않으면 생활을 관리하는 것이 점점 더 어려워진다.
- 술을 끊기 위해서 알코올 중독자는 자신을 신/위대한 힘에게 맡겨야만 하고 영적으로 건강해져야 한다.

- 단주하기 위한 가장 좋은 방법은 단주하고 영적으로 건강한 생활로 가는 데 도움이 되는 수많은 활동(12단계 활동)을 실천하는 것이다.

이 목표들은 동일한 문제를 경험한 다른 사람들의 도움을 받는다면 더욱 쉽게 성취될 수 있다.

② 절제모임

절제모임(Moderation Management, 2004; Rotgers, Kern, & Hoeltzel, 2002)은 사람들로 하여금 음주를 줄이거나 단주할 수 있도록 도와주는 자조 자료(self-help materials)와 집단모임을 제공한다. 절제모임은 심한 의존자들을 위한 치료 프로그램들은 많지만 중독이 심하지 않은 문제 음주자들을 위한 프로그램들은 거의 없는 현실 때문에 만들어졌다. 이 모임은 사람들로 하여금 자신의 위험한 음주를 인식하도록 고무시키고 문제가 더 심각해지기 전에 변화하도록 촉진시킨다. 절제모임은 단주가 절주보다 더 좋은 치료 목표라는 점을 수용한다. 이 모임의 관점은 개인의 선택과 책임성이 회복을 위해 매우 중요하고 또 다른 사람을 돕는 것은 자신을 돕는 것이라는 시각이다. 자기존중감은 회복을 위해 필수적이며, 사람들이 올바른 결정을 하고 자신의 문제들을 관리하는 것을 배울 때 자기존중감이 성장한다. 절제모임의 9단계 프로그램은 알코올에 관한 정보, 더 안전한 음주를 위한 지침, 평가, 목표 설정 및 변화를 위한 연습/활동 등을 제공한다. 변화과정의 시작 시점에서 개인들은 이전의 습관을 깨고 음주가 자신들에게 무엇인지에 대해 생각해 보기 위해 30일 동안 단주할 것을 지시받는다. 절제모임은 온라인 정보와 온라인 모임을 제공한다.

③ 합리적 회복모임

합리적 회복모임(Rational Recovery: RR; Trimpey, 1996)은 단주 중심적 자조법으로서 AA의 첫 대안 중의 하나다. 이 접근법에서는 사람들이 음주의 어떤 긍정적인 점들을 받아들이게끔 스스로를 설득하는 혼잣말을 한다고 생각한다(예: '술은 내 문제들을 잊을 수 있도록 하는 데 도움을 줄 것이다.'). RR의 관점은 사람들이 자신의 생각과 생활에 대해 조절할 수 있으며 변화에 대해 책임 있는 행동을 할 능력이 있다는 점을 강조한다. RR의 주요 전략은 사람들로 하여금 스스로에게 혼잣말로 하는 음주 이유에 대한 그들의 내적 목소리(RR에서는 이 목소리를 중독적 목소리라 부름)를 듣고 그것을 차단시키고 더욱 긍정적인 자기 대화(self-talk)를 할 수 있는 방법을 찾도록 가르치는 것이다. RR 모임이 처음 시작된 시절에는 RR 자원자들이 집단모임을 이끌었다. 오늘날의 RR에서는 RR 집단이 사람들로 하여금 중독적 정체성을 발달시키도록 고무시킴으로써 회복을 더욱 어렵게 만들 수 있다고 믿는다. 그래서 최근에 RR에서는 집단모임을 갖지 않고 개인적 변화를 고무시키고 인터넷을 통한 자유로운 의사소통을 제공하고 있다. RR은 알코올 중독자와 관련되는 정체성을 원하지 않거나 자신들이 음주에 대해 무기력하다고 믿지 않는 사람들에게 도움이 된다.

④ 스마트 회복모임

스마트 회복모임(SMART Recovery, 2004)은 단주 중심적인 자조모임으로서 훈련된 자원자에 의해 조정된다. 스마트는 자기 관리 및 회복 훈련을 중심으로 한다. RR과 마찬가지로 이 모임도 음주자의 잘못된 생각과 신념 때문에 알코올 문제가 발생되며, 음주자는 자신의 정서, 신념 및 행위를 변화시킬 힘을 가지고 있다고 믿는다. (이 모임의 창시자로 잘 알려진 Albert Ellis 박사는 원래는 RR 모임을 만드는 데 관여하였다.) 스마트는 음주자로 하여금 그러한 변화를 성취할 수 있도록 돕기 위한 인지행동 전략을 개발하였다. 동기강화 전략(변화단계 접근법), 대처 전략, 문제해결 전략 및 생활 균형에 대한 교육이 이루어졌다. 모임 참여자는 알코올 중독자란 말을 듣지 않으며 자신들이 무기력하지 않다는 교육을 받는다. 더불어 새로운 습관을 만들어서 유지하는 데 있어서 스스로 도움이 필요하다고 느끼는 한, 오랫동안 모임에 참여할 것을 격려받는다. 스마트는 인터넷을 통해 정보를 제공받고 인터넷상에서 비정기 지지집단 모임을 갖는다. 참여자들은 또한 교정기관에서 사용할 수 있는 구조화된 프로그램을 제공한다.

⑤ 여성단주모임

여성단주모임(Women for Sobriety, 1999)은 여성만을 위한 국제적인 단주 중심 모임이다. 이 모임은 1970년대에 시작되었다. 훈련된 조정자가 각 모임을 이끌어 간다. 이 모임에서는 무기력하다는 생각과 음주자 자신을 영원한 알코올 중독자로 인식하는 접근이 여성의 회복을 가로막는 요인이라고 믿는다. 여성의 문제는 무엇보다도 외로움, 스트레스 및 무기력감과 같은 부정적 정서 상태 때문에 발생된다고 본다. 따라서 모임에서는 참여 여성이 자신의 생각을 변화시키고 자신의 생활과 감정을 통제하는 능력에 대한 믿음을 갖게 하여 적절한 영양 섭취 등을 통해 스스로를 돌보도록 돕는 것에 초점을 맞춘다. 여성단주모임의 프로그램은 다음과 같은 13개 선언문을 채택하고 있다.

- 나는 과거부터 내 생명을 위협하는 문제를 가지고 있습니다.
- 부정적인 생각은 오직 나 자신만을 파괴합니다.
- 행복은 내가 만들어 가야 할 하나의 습관입니다.
- 문제가 되는 사건 그 자체가 아닌, 사건에 대한 나의 생각이나 대처행동이 나를 괴롭힌다.
- 내 존재는 내 생각에 달려 있습니다.
- 인생은 평범할 때도 있고 근사할 때도 있습니다.
- 사랑은 내 삶의 방향을 변화시킬 수 있습니다.
- 인생의 중요한 목표는 정서적이고 영적인 성장입니다.
- 과거는 영원히 과거입니다.
- 내가 베푼 모든 사랑은 되돌아옵니다.
- 열심히 하는 것은 내가 매일 해야 하는 수련입니다.
- 나는 유능한 여성이며 생기를 불어넣을 많은 것을 가지고 있습니다.
- 나는 나 자신과 내 행동에 대해 책임이 있습니다.

어떤 모임에도 참여하지 않는 여성도 자신의 생활에 이 선언문을 이용할 수 있고, 인터넷 온라인이나 펜팔 프로그램을 통해 다른 사람을 만날 수 있다.

의사, 공중보건 실천가 및 지역사회 상담사 내담자는 선택할 수 있는 다양한 자조모임에 대해 인식할 필요가 있다. 모든 연구에서 주장하고 있는 것은 자조모임 의뢰는 내담자의 욕구와 신념에 따라 이루어져야만 한다는 것이다. 예를 들어, 단주모임은 음주 조절을 배우거나 유지하고 싶은 사람에게는 도움이 되지 못할 것이며, 적정 음주모임은 단주자와만 함께 있고 싶어 하는 사람에게는 도움이 되지 못할 것이다.

(8) 기술훈련

알코올 문제가 있는 사람들은 심리적 및 사회적 대처기술이 부족하다. 갈등, 좌절, 무력감 등이 있을 때 그들이 가장 사용하기 쉽고 효과적인 해결책이 바로 알코올이다. 다음의 구체적인 전략은 매우 효과적인 것으로 밝혀졌다.

- 부부상담: 배우자로 하여금 새로운 대화법, 분노 관리, 양육법 및 기타 관계 행동들을 학습하도록 하는 데 도움이 된다.
- 사회기술 및 대처기술 훈련(대인관계, 고용, 분노 및 스트레스 관리, 저항 등)
- 자존감, 책임성 및 현명한 의사결정 능력을 형성시켜 주는 전략
- 문제해결 기술

이러한 기술훈련은 또한 효과적인 지역사회 예방 프로그램의 일부로 포함되어야 한다. 이런 기술들을 개발하는 기회는 청소년을 대상으로 하는 프로그램에서 특히 중요하다.

(9) 특수욕구 집단

여성, 청소년, 노인 및 태아알코올증후군 아동에게는 특수한 예방법, 상담사 상호작용, 목표 설정 등이 필요하다. 특히 여성을 도울 때는 다음 문제를 기억해 두어야 할 것이다.

- 여성은 일반적으로 무기력감과 불안을 느끼기 때문에 개인적인 선택권과 자기 유능감을 갖도록 하는 전략이 중요하다. 사람은 결정 사안들에 대해 자신의 의견을 가지고 있고 자신이 문제점를 해결할 수 있다고 인식할 때 자존감이 형성된다.

- 태아알코올증후군(fetal alcohol spectrum disorder: FASD) 아이를 가질 위험성이 있는 여성은 비록 완전한 단주는 하지 않을지라도 폐해 감소를 위한 도움을 받아야만 한다. 그것은 줄이는 음주량만큼 그러한 아이를 가질 위험도 줄일 수 있기 때문이다(Health Canada, 2000; Selby, 2004). 다른 사람들과 마찬가지로, 산모는 완전한 단주는 할 수 없을지라도 음주량을 줄일 수는 있다. 산모가 음주량을 감소시키도록 하기 위해서는 비판단적인 안내와 지지가 필요하다.

상담사들은 음주량을 줄이도록 하기 위한 격려와 전략, 영양 섭취에 관한 정보, 양육훈련 등을 제공할 수 있다. 여성은 죄책감, 무책임성, 무망감 등을 느끼게 하지 않으면서 공손하게 다루어져야만 한다.

태아알코올증후군이 있는 아동은 자신이나 타인의 행동을 이해하는 데(즉, 행동의 결과를 이해하는 것, 행동과 충동을 통제하는 것, 지시사항을 기억하고 따르는 것, 동료 압력에 저항하는 것 등의 부분에) 심각한 문제가 있을 것이다. 이러한 아동은 외관상으로는 자신의 문제를 이해하고 변화를 계획하는 것처럼 보이지만, 뇌손상 때문에 실제로 치료에 순응하기가 불가능하다. 상담은 단순하고 구체적이며 한 단계씩 접근하는 전략을 사용할 필요가 있다. 더불어 집중적이고 지속적인 지지와 슈퍼비전이 필요하다. 상담사들은 재발에 대비해야만 하고, 그 아이들이 변화하지 못할 수도 있다는 점을 이해해야만 한다.

청소년을 위한 효과적인 예방 프로그램들은 실용적이고 실제적이며 정확하고 신뢰성 있는 정보에 기초해야 하며, 청소년을 적극적으로 프로그램에 참여시켜야만 한다. 청소년을 치료에 참여시키기 위해서는 아웃리치(outreach)와 청소년에 적절한 환경 및 평가/선별 도구가 필요하다. 성인과 같이 청소년도 유연성 있는 의사결정 및 목표 설정 작업에 참여시켜야만 한다. 효과적인 프로그램들은 가족을 개입시키며 교육적 자원과 여가 자원을 포함시킨다.

노인의 알코올 남용은 정신건강 문제, 상실(예: 배우자, 친구), 처방 약과 알코올의 상호작용, 노화과정의 영향 등과 관련된다. 효과적인 프로그램들은 신체건강 문제에 대한 주의, 노화 문제에 대한 이해, 아웃리치, 교통비 지원이나 가정 방문 등을 포함해야 한다. 또한 프로그램에는 사회적 연결성 및 사회관계성의 개발이 포함되어야 한다. 목표 설정 및 계획 수립에 노인을 참여시키는 방법과 폐해감소 전략은 효과적인 것으로 밝혀졌다.

외상성 과거 문제로 고통받는 사람들은 이에 대한 상담이 필요하지만 알코올 문제를 우선적으로 다루는 것이 중요하다. 외상성 문제에 대한 상담은 대상자가 음주를 계속할 때에는 효과가 없을 것이며, 외상성 문제 상담 자체는 알코올 문제를 변화시키지 못한다.

(10) 치료자 특성과 훈련

연구들은 상담사의 대인관계 자질이 긍정적 상담 결과에 있어서 중요한 요인임을 보여 주고 있다. 친절하고 비판단적인 공감(내담자의 감정과 환경에 대한 이해를 보여 주는 것)은 성공적인 상담 효과의 기저에 있는 가장 중요한 자질인 것으로 밝혀졌다(Health Canada, 1998; Hester & Miller, 1995; Miller & Rollnick, 2002). 공감적인 상담사가 되기 위해서는 상담사 자신이 알코올 문제를 가지고 있어야만 한다는 것이 아니다. 공감이란 상담사가 경청하고, 내담자가 말하는 내용을 수용하고, 내담자의 관점을 판단하거나 부정하지 않고, 내담자로 하여금 자신의 언어로 스스로를 이해하도록 돕는다는 것을 의미한다.

수년 동안 치료자들은 치료 팀에 의한 강력한 직면(confrontation)이 음주자들로 하여금 자신의 알코올 문제를 인식하고 변화시키도록 동기화시키는 데 효과적인 기술이라고 믿어 왔다. 이러한 접근법은 몇몇 치료센터에서 아직도 사용되고 있다. 그러나 오늘날 대부분의 치료자와 연구자들은 직면은 비효과적이고 변화에 도움이 되지 않는다고 말한다. 연구들도 직면법에 대한 긍정적인 결과를 보여 주지 못하였고, 내담자를 많이 직면시킬수록 그들이 변화에 저항할 가능성은 더 높은 것으로 나타났다.

과거에 북미의 치료 프로그램에서도 회복 중인 알코올 중독자가 가장 효과적인 도움을 제공할 수 있다고 믿었다. 그러나 수많은 연구들은 다른 정신건강 문제나 신체건강 문제에서와 마찬가지로 회복 중인 상담사가 반드시 필요한 것은 아니라는 사실을 알려 주었다. 실제로 상담사가 자신들에게 효과가 있었던 접근법이 내담자에게도 필요한 것이라는 입장을 취한다면, 그러한 상담사는 오히려 치료에 방해가 될 수 있다(Health Canada, 1998; Miller & Willoughby, 1997; National Native Alcohol and Drug Abuse Program, 1998).

알코올 중독자들이 자신이 알코올 중독자임을 수용하지 못하거나 치료를 따르지 않는다면 그들은 자신의 문제를 부인하고 있는 것으로 간주되었다. 오늘날의 전문가들은 이러한 종류의 내담자 반응은 문제를 인정하려는 의지가 없음을 나타내는 것으로 해석하지 않는다. 대신 내담자의 그러한 반응은 잘못된 상담사 특성이나 부적절한 치료 접근법에 의해 만들어지는 방어성을 나타내는 것으로 해석되고 있다.

가장 효과적인 상담사는 생활을 통제할 수 있는 내담자의 능력에 대한 확실한 믿음과 공감에 근거해서 내담자와 강력한 긍정적 관계를 맺을 수 있다. 또한 유능한 상담사는 내담자의 욕구와 바람에 근거해서 치료 계획을 수립할 수 있다. 달리 말해서, 상담은 알코올 문제에 대한 실천 행동을 촉진시키면서 동시에 내담자 중심적이어야 하고, 내담자의 가치, 지각, 희망, 목표, 사회적 환경 등을 존중해 주어야 한다. 상담사는 유능해야 하고 필요한 지식을 충분히 갖추어야 하며, 내담자에게 알코올과 그 효과 및 다양한 해결방법에 대한 정확하고 충분한 정보를 줄 수 있어야만 한다. 상담사는 인간 발달(즉, 전 생애 발달)과 심리학, 다양한 종류의 알코올 문제 및 다양한 치료 접근법과 모델에 대해 파악하고 있어야만 한다. 더불어 상담사들은 내담자의 음주 패턴과 내담자가 가지고 있는 목표에 적절한 활동과 방법을 제공할 수 있어야만 한다.

따라서 효과적인 상담사가 되기 위해서는 상담사들이 알코올 특정적 지식과 기술을 숙달해야 한다. 상담사의 개인적인 경험이나 일반적인 기본 상담기술로는 충분하지 않다. 국제적인 중독상담 자격인증 기관들은 내담자에게 미치는 심리적 폐해와 기타 폐해를 예방하는 역량이 중요하다고 주장한다. 국제적인 중독상담사 자격인증 과정은 적어도 270시간의 교육, 80시간 이상의 중독 특정적 훈련, 전문가 슈퍼비전 하에서의 200~300시간의 중독 특정적 상담실습 경험을 요구하고 있다.

국내의 중독상담사 관련 전국적인 자격증 제도는 한국중독전문가협회에서 운영하는 중독전문가 1급, 2급 과정이 있다. 이 과정에서는 교육 대상이 '협회가 인정하는 중독전문 교육과정을 1년 이상 수료한 자'로 되어 있다. 실제로 교육이 이루어지는 한국

음주문화연구센터, 이화사이버아카데미, 동신대학 등의 실제 오프라인 교육 시간은 100시간 안팎이며, 2년의 중독 분야에서의 임상 경험을 요구하고 있다.

국내에서 중독상담을 교육하는 곳은 점점 더 증가하고 있다. 국내 최초로 중독상담을 전공하는 을지대학교 중독재활복지학과가 2008년에 개설되어 실습을 포함한 중독 관련 교과목(60학점)을 교육하고 있다. 또한 평택대학교 상담대학원에서도 5과목(중독상담이론, 중독상담기법, 중독상담 세미나, 중독상담 프로그램 개발, 중독상담실습의 총 15학점)을 교육하고 있으며, 한성대학교와 원광디지털대학교에서는 마약학과 및 약물재활복지학과가 개설되어 석사학위와 별도의 자격증을 수여하고 있다. 그 외에도 국내의 많은 심리학과(중앙대학교, 한동대학교, 삼육대학교, 꽃동네현도사회복지대학교 등)와 사회복지학과(전북대학교)에서는 3학점의 중독상담 과목을 개설하여 중독상담을 교육하고 있다.

효과적인 전문 직업적 중독상담을 위한 훈련 프로그램에는 선별 및 평가, 동기강화 상담기술(변화단계 접근법 포함), 내담자 중심 치료 계획 수립 및 사례관리, 폐해감소전략, 단기상담모델, 재발방지, 건강증진(더불어 가족 및 집단 상담과정, 약물학, 인간발달 등도 포함)과 같은 교과목이 포함된다(예: McMaster University, 2004; New School University, 2004; New Zealand School of the Addictions, 2004).

(11) 거주치료 모델

거주치료는 심각한 의존 문제를 지닌 사람들을 돕는 것을 목적으로 한다. 단기거주 프로그램들은 내담자가 거주치료 시설에 살면서 몇 주 동안의 집중적 치료를 받게 된다. 대부분의 북미 프로그램은 1940년대 말에 미네소타의 3개 질병모델 프로그램(Pioneer House, Hazelden, Wilmar State Hospital)에서 개발된 미네소타 모델에 근거해서 만들어졌다. 이 모델은 3~6주간의 입원치료 단계로 구성되어 있는데, 내담자는 개별적인 치료 계획이 수립되기 전에 평가(심리학자, 의사 및 훈련받은 상담사가 포함된 팀에 의한)를 받는다. 치료에는 일반적으로 상담(개인, 집단 및 가족), 대처기술 훈련, 직면적 개입법이 포함된다. 미네소타 모델의 철학은 단주를 목표로 하는 AA의 12단계 접근법에 근거를 두고 있다. 입원치료는 이상적으로는 확장된 외래치료와 AA 자조모임으로 이어진다(Hazelden, 2004; Hester & Miller, 1995; National Institute on Drug Abuse, 2003).

수많은 현대 거주치료(특히 미국 이외의 국가에 있는 거주치료 프로그램들)에서는 12단계 접근법, 직면법을 더 이상 사용하지 않으며, 더구나 치료 목표로 단주에 초점을 맞추지 않는다. 그러나 미네소타 모델의 집중적인 총체론적 접근법은 거주치료 프로그램의 핵심으로 여전히 사용되고 있다.

어떤 12단계 거주 프로그램에서는 다학제적 전문가 팀을 두지 않고, 12단계 상담사 훈련을 받은 회복 중인 알코올 중독자들이 상담을 제공하고 있다(Government of the Northwest Territories Department of Health Social Services, 2002).

거주 프로그램에서 치료진을 구성하여 치료적 활동들을 제공하는 것은 비용이 많이 든다. 또한 거주치료 시설들은 소수의 사람들에게만 도움을 줄 수 있다. 예를 들어, 한 프로그램은 10명의 거주자들에게 한 달 동안 운영된다. 회기 간의 훈련 시간과 준비 시간을 고려할 때 매년 100여 명 정도만이 치료를 받을 수 있다.

국내에서는 1~6개월 입소할 수 있는 거주치료 시설이 2008년 현재 3곳 정도에서 12단계 및 치료공동체 철학을 기반으로 운영되고 있다. 거주치료 시설은 단주뿐만 아니라 생활 습관의 변화와 영적 성장을 목적으로 하고 있는데, 외국과는 달리 강제적인 수강명령제에 의한 입소체계가 갖추어져 있지 않아 어려움이 있다.

연구에서는 거주치료(병원 입원치료 포함)의 효과가 적절한 외래치료 프로그램(국내에서는 전국적으로 36개소가 분포되어 있는 알코올상담센터)보다 더 나은 것은 아니라는 점을 밝히고 있다. 단주를 목표로 하는 심한 의존적 음주자조차도 외래 프로그램을 통해 입원치료와 같은 효과(일부 연구들은 입원치료보다 더 효과적이라는 결과)를 보이고 있다. 사실 거주치료 프로그램은 강력한 지역사회 사후 프로그램이 가능할 때에만 효과적이라는 연구 결과가 일반적이다. 따라서 지속적인 접촉과 지지를 제공하는 외래 지역사회 프로그램이 더 유용할 것으로 보인다(Health Canada, 1998; Hester & Miller, 1995; National Institute on Alcohol Abuse and Alcoholism, 2000; Sanchez-Craig, 1996; Sobell & Sobell, 1993; WHO, 1995).

2) 평가

세계보건기구(Marsden et al., 2000)와 기타 알코올 및 약물 기관들은 증거 기반 평가가 치료 서비스와 정책의 한 부분이 되어야만 한다고 강조한다. 내담자의 욕구 확인, 치료 계획 수립, 전략의 효과성에 대한 과학적인 평가가 있을 때에만 효과적인 서비스가 제공될 수 있는 것이다. 치료가 성공적이라는 진술은 치료진이나 내담자의 의견이나 개인적 경험에 근거해서 이루어져 왔다. "치료 제공자와 내담자의 주관적인 인상은 실제 치료 효과에 대한 부정확한 지표다."(Miller & Willoughby, 1997, p. 14) 치료 성공은 잘 설계된 효과 연구들을 통해서 결정되어야 한다. 또한 성공에 대한 타당한 기준이 결정되어야 한다. 효과성은 결코 단주만으로는 측정될 수 없다. 거주치료(병원 입원 포함)를 마치고 나온 사람들조차도 치료의 성공이 문제 음주가 사라지거나 감소하는 것으로 인식하고 있다. 한 사람이나 한 시설에서 효과가 있는 접근법이 다른 사람이나 다른 시설에서는 효과적이지 않을 수도 있다.

3) 예방

예방이란 알코올 문제의 발생을 차단하기 위한 조치를 취하는 것을 의미한다. 예방에는 네 가지 수준이 있다(National Native Alcohol Prevention Foundation, 2000: Korhonen, 2004에서 재인용).

- 1차 예방: 개인과 사회가 알코올 관련 문제들에서 자유로울 수 있도록 해 주는 인식, 지식 및 사회경제적 조건들을 제공하려는 공중보건 실천과 정부 실천
- 2차 예방: 초기 단계에서 위험 음주를 확인하고 문제가 증폭되기 전에 변화하려는 개인들에게 필요한 지침을 제공하는 것(예: 단기개입과 조기개입)
- 3차 예방: 문제가 지속되는 것을 예방하기 위한 목적으로 제공되는 모든 개입법. 여기에는 전술한 치료법들이 포함된다.

• 4차 예방: 변화에 성공한 개인들의 생활에서 새로운 문제를 예방하기 위한 유지
프로그램과 재발방지 프로그램

공중보건 모델에서 1차 예방은 알코올 관련 문제를 감소시키는 데 있어서 중요한
요소다. 예방 프로그램들은 생활과 행동을 조절하는 개인, 가족 및 지역사회의 역량
을 증대시키는 정보/지식, 공공정책/실천, 태도 및 자원을 반드시 포함해야 한다. 또
한 예방 프로그램은 공중보건에 영향을 미치는 것으로 알려진 사회경제적 기초를 증
대시키고 발전시키는 것에 전체적인 초점을 맞출 것을 요구한다. 따라서 정부와 기관
의 정책은 가난, 낮은 교육 수준, 부족한 고용 기회, 지지 구조의 결여와 같이 알코올
오사용(misuse)에 기여하는 사회경제적 조건의 개선에 초점을 맞추어야 한다. 그렇게
했을 때에만 사회는 알코올 관련 문제로 이어질 수 있는 조건들을 예방하거나 회복시
킬 수 있고, 해로운 음주를 차단하는 요소들을 증대시킬 수 있다(Addictions Task
Group, 2001; Health Canada, 1998; National Native Addictions Partnership Foundation
Inc. & Thatcher, 2000; WHO, 1995, 2002).

따라서 일반적으로 효과적인 예방 활동은 다음 요소를 포함하고 있다.

• 실천적이고 현실적인 건강 및 알코올 교육 캠페인(위험 음주, 안전한 음주, 대안적
생활방식 등에 관한 구체적인 정보, 대처기술 증강 등. 이는 흡연, 안정한 성관계나 다이
어트 교육과 비슷함). (연구들은 단주 기반 프로그램들은 효과적이지 못하며, 특히 청소
년에게 더욱 비효과적임을 보여 주고 있다.)
• 예방법으로서 조기 발견과 폐해 감소의 중요성을 인식하는 정책과 실천(음주 예방
이 아닌 해로운 음주의 예방을 강조함)
• 건강한 관계와 건강한 가족을 만드는 프로그램(예: 문제 해결 기술, 효과적인 양육,
가족 대화, 사회참여)
• 입법(예: 도로교통법)과 통제정책(예: 알코올에 대한 접근 제한, 과음하게 만드는 가게
에 대한 법적인 조치 등)
• 긍정적 행동으로서 비음주와 적정 음주의 촉진

- 개인과 가족을 위한 다양한 지지체계
- 절제와 긍정적 사회적 규범을 촉진시키고, 정보와 지지를 제공하며, 사회적 연결감과 개인적 역량감을 증대시키는 조직환경, 지역사회 및 언론매체의 발달

4) 최고 실천법

국제적으로 알코올 오사용은 사회적 맥락에서 발생하는 최우선적 공중보건 이슈로 간주되고 있다. 따라서 그 초점은 자신의 안녕을 관리하는 개인, 가족 및 지역사회의 역량을 강화하는 것이다. 세계보건기구와 세계 각국의 목표는 과음을 줄이고, 특히 가장 사회적으로 해로운 폭음을 줄여서 알코올이 야기하는 문제를 감소시키는 것이다. 주요 실천 활동의 초점은 이미 전술한 1차 예방 전략에 있다.

연구에 따르면 알코올 문제의 치료에서 가장 성공적이고 비용 효과적인 치료법은 개인의 생활을 너무 많이 간섭하지 않는 방식으로 유연성 있는 치료 목표를 제공하고 동기를 형성시키는 외래 프로그램인 것으로 밝혀지고 있다. 예방과 치료를 위한 다음의 증거 기반 최고 실천법들은 알코올 의존이 근원적인 만성질환이라는 관점을 지닌 기관에서 추천하는 것들이다.

- 알코올 사용 장애는 생물학, 정서, 영성, 성격, 학습, 환경, 인간관계, 과거력 등이 모두 저마다의 역할을 하는 생물심리사회적 접근 맥락에서 보아야 한다.
- 유연성 있는 폐해감소 전략들은 광범위한 음주 문제와 수많은 개인에게 효과적인 도움을 제공하는 데 있어서 중요한 요소다. 접근 목표들은 알코올 사용 감소에서 단주에 이르는 연속선상에서 개별화되어야 한다. 폐해 감소는 하나의 특별한 방법이 아니라 환자의 욕구에 따라 수립되는 계획이다. 폐해감소법은 몇 번의 단기 상담 회기, 유도 자기변화 프로그램, 특수 문제에 대한 장기적 도움, 심한 의존에 대한 집중치료 등을 포함할 수 있다. 집단 프로그램, 부부상담 및 청소년 아웃리치 등은 폐해감소법에 포함될 수 있는 또 다른 서비스다.
- 보건 제공자(예: 공중보건의)와 건강상담사에 의한 초기의 단기개입은 많은 초기

단계 문제 음주자에게 저비용의 효과적인 치료법이다. 가능한 위험 음주를 확인하고 알코올 효과, 안전한 음주 지침 및 생활방식 변화에 대한 정보를 제공함으로써 사람들은 더 큰 문제로 발전되기 전에 변화할 수 있다.

- 내담자의 알코올 사용에 대한 그림을 제공하는 평가는 효과적인 치료에 필요한 요소다. 평가 결과는 이후의 단계에서 결정할 수 있도록 허용하는 비판단적이고 비직면적인 방식으로 내담자와 공유되어야 한다.

- 내담자의 변화 동기를 형성시키기 위한 전략은 매우 중요하다.

- 잘 조정되는 다학제적 지역사회 접근법과 지역사회 기반 프로그램(아웃리치 포함)을 확립해야 한다. 지역사회 외래 프로그램은 입원거주 프로그램 이상으로 효과적이다. 지역사회 외래 프로그램은 심각한 의존 상태는 아니지만 습관적으로 폭음하는 사람에게 특별히 효과적이다. 지역사회 프로그램은 더욱 유연성 있고 개인의 욕구/목표와 프로그램 수준에 맞추어 구성될 수 있다. 지역사회 프로그램은 개인의 생활을 덜 간섭하고 지속적인 사후 관리를 제공할 수 있다. 지역사회 프로그램은 효과성뿐만 아니라 매우 저렴하고 수많은 개인에게 유연성 있는 도움을 제공할 수 있다. 또한 지역사회 욕구나 문화적 욕구와 자원에 맞추어서 구성될 수도 있다. 다학제적 접근이란 특정 내담자에게 필요한 것이라면 무엇이든지(예: 정신질환 치료, 고용 서비스, 쉼터, 부부상담 등) 서비스 내용에 포함되어야 한다는 것이다.

- 추적 관리, 사후 관리 및 지역사회 지지는 많은 개인, 특히 심한 문제를 지닌 사람들이나 집중적인 거주 프로그램을 마치고 나온 사람들에게 중요하다. 만약 내담자가 거주 프로그램에 보내져야 한다면 확장된 가정−지역사회 사후 프로그램이 제공되어야 한다.

- 치료가 효과적이기 위해서는 알코올 상담사가 기본 평가, 폐해감소 전략, 동기형성 전략, 공감적이고 비판단적인 관계 및 동기강화 상담의 기술에 대한 적절한 훈련을 받아야 한다. 치료 계획의 수립과 목표 설정은 상담사의 개인적 경험이나 의견보다는 과학적 지식과 내담자의 욕구에 기초해서 이루어져야 한다.

- 타당하고 주의 깊은 치료효과 평가는 효과적인 알코올 치료 프로그램을 개발하고

유지하는 데 필요하다. 단주는 유일한 치료 성공 기준이 될 수 없다.
- 알코올 소비를 감소시키기 위한 공중보건 기반 1차 예방 전략이 필요하다.

서비스와 프로그램이 효과적이기 위해서는 각 프로그램이 반드시 문화존중과 개인차 인정에 기초되어야 한다.

마지막으로 공공교육, 예방 및 치료 접근법은 문제 음주에 미치는 사회경제적 영향과 정책을 고려하지 않는다면 그 효과가 감소될 것이다.

요약

- 알코올 문제의 원인에 대한 가장 대립되는 주장은 알코올 사용 장애가 치료될 수 없고 진행성의 1차 질환이라는 주장과 알코올 사용 장애가 질병이 아닌 상이한 문제들을 지닌 행동장애라는 주장이다.
- 오늘날에는 생물심리사회적–영적 모델과 공중보건 모델이 알코올 문제의 다차원적 원인을 가장 잘 설명해 주고 있고, 예방과 치료에 있어서도 가장 효과적인 모델로 인식되고 있다.
- 단기개입과 단기상담은 2차 예방에서 효과적인 접근법이다.
- 오늘날의 치료적 접근법은 단주만을 목표로 하지 않고 내담자의 욕구에 기반하여 음주량과 횟수를 줄이는 것을 목표로 하기도 한다. 이러한 유연한 목표를 가지고 접근하는 것이 폐해감소 모델이다. 특히 폐해감소 모델은 단주에 대해 주저하는 치료의 초기 단계에서 변화를 위한 강력한 도구다. 그리고 사회 관리에서 음주 촉발 요인들과 심리적 습관들을 관리하도록 내담자를 도울 때에도 매우 유용하다.
- 동기강화 접근법은 변화단계에 근거해서 내담자의 변화에 대한 양가감정을 해결함으로써 내면적인 변화 동기를 이끌어 내고 변화 실천을 촉진시키는 강력한 상담 도구다. 동기강화 상담은 네 가지 기본 원리와 다섯 가지 기초 기술을 제공한다.
- 효과적인 상담사의 특성은 직면적 능력이 아니라 내담자 중심적이고 비판단적인 공감 능력이다. 효과적인 유능한 상담사가 되기 위해서는 전 생애 인간 발달과 심리학에 대한 기본적인 지식 및 중독에 특화된 270시간 이상의 교육과 200~300시간의 실습이 필요하다.

- 모든 서비스의 시작과 끝은 평가다. 내담자의 문제에 대한 평가에 기초해서 내담자에게 맞는 개별화된 치료 계획 수립이 가능하고, 치료효과에 대한 주장도 평가에 기반해서 이루어져야 한다.
- 예방에는 1, 2, 3, 4차 예방이 있다. 모든 예방 프로그램에는 교육 캠페인, 조기 발견과 폐해 감소에 기반을 둔 정책과 실천, 대인관계 기술 및 가족건강 프로그램, 입법 및 통제정책, 적정 음주 촉진 활동 그리고 지지체계의 공통 요소가 있다.
- 최고 실천법의 공통 요소는 생물심리사회적–영적 모델, 공중보건 모델, 폐해감소 전략, 초기의 단기 개입, 평가, 동기강화 접근법 그리고 다학제적 지역사회 접근법이다.

참고문헌

보건복지부(2006). 2006년 정신질환실태 역학조사 보고서.

보건복지부(2011). 2011년 정신질환실태 역학조사 보고서.

전영민(2006). 알코올사용장애 선별 및 단기개입. (재)한국음주문화연구센터.

전영민(2007). 동기강화접근법: 동기강화상담과 변화단계모델. (재)한국음주문화연구센터.

Addiction Alternatives. (2003). *Stage of Change Readiness and Treatment Eagerness Scale.* http://www.aa2.org/check_ups/socrates.htm.

Addictions Foundation of Manitoba. (2000). *A Biopsychosocial Model of Addiction.* http://www.afm.mb.ca/pdfs/BPS-FINAL.pdf.

Addictions Task Group. (2001). *Weaving Threads Together: A New Approach to Address Addictions in BC.*

Alberta Alcohol and Drug Abuse Commission. (1998). *Developments-FAS/ARDB, Vol. 18*(5).

Alberta Alcohol and Drug Abuse Commission. (2004a). *Zoot2.* http://www.zoot2.com/justthefacts/alcohol/index.asp.

Alberta Alcohol and Drug Abuse Commission. (2004b). *Zoot2: Get it Back.* http://www.zoot2.com/getitback/index.asp.

Alcohol Advisory Council of New Zealand. (1999). *Best Practice Guidelines Worldwide for Information Services Concerned with Safe Drinking.* Victoria University of Wellington.

http://www.alcohol.org.nz/resources/publications/best_practice/ index.html.

Alcohol Advisory Council of New Zealand. (No date). *Stages of Change: Popular Model.* http://www.alcohol.org.nz/resources/newsletters/alcohol_org/ stages_01.html.

Alcohol and Drug Recovery Association of Ontario. (2002). *Welcome to apCampus.* http:// www.apcampus.ca/Content/home.asp.

Alcohol and Other Drugs Council of Australia (ADCA). (No date). *ADCA Policy Positions.* http://www.adca.org.au/policy/policy_positions/index.htm

Alcoholics Anonymous (AA). (2004). *World Service.* http://www.aa.org.

Allen, J. P., & Litten, R. Z. (1992). Techniques to Enhance Compliance with Disulfiram. *Alcoholism: Clinical and Experimental Research, 16*(6), 1035-1041.

American Psychiatric Association. (1994). *Diagnostic and Statistical Manual of Mental Disorders-Fourth Edition* (4th ed.). Washington, DC: American Psychiatric Association.

American Psychiatric Association. (2013). *Diagnostic and Statistical Manual of Mental Disorders-Fifth Edition* (5th ed.). Washington, DC: American Psychiatric Association.

American Psychological Association. (2001). *How Therapy Helps: Understanding Alcohol Use Disorders and Their Treatment, Psychologists Play a Vital Role.* http://helping.apa.org/therapy/alcohol.html.

Annis, H. M., Herie, M. A., & Watkin-Merek, L. (1996). *Structured Relapse Prevention.* Toronto: Addiction Research Foundation.

Anton, R. F., & Swift, R. M. (2003). Current pharmacotherapies of alcoholism: A US perspective. *American Journal on Addictions, 12*(Suppl. 1), S53-S68.

Aquarius Alcohol and Drug Services. (2004). *AUDIT: Alcohol Use and Disorders Identification Test.*

Australian Centre for Addiction Research. (2004). Facilitating Self-Change Correspondence Treatment Program. http://www.wmi.usyd.edu.au/reseacentres/ acar/control_drink_main.html.

Babor, T. F., & Higgins-Biddle, J. C. (2001). *Brief Intervention for Hazardous and Harmful Drinking: A Manual for Use in Primary Care.* World Health Organization Department of Mental Health and Substance Dependence. http://whqlibdoc. who.

int/hq/2001/WHO_MSD_MSB_01.6b.pdf.

Babor, T. F. et al. (2001). *AUDIT: The Alcohol Use Disorders Identification Test: Guidelines for Use in Primary Care* (2nd ed.). World Health Organization. http://whqlibdoc.who. int/hq/2001/WHO_MSD_MSB_01.6a.pdf.

Borysenko, J., & Borysenko, M. (1995). *The Power of the Mind to Heal: Renewing Body, Mind, and Spirit.* Carson, CA: Hay House.

Bouza, C., Angeles, M., Munoz, A., & Amate, J. M. (2004). Efficacy and safety of naltrexone and acamprosate in the treatment of alcohol dependence: A systematic review. *Addiction, 99,* 811-828.

Brownell, K., Marlatt, G. A., Lichtenstein, E., & Wilson, C. T. (1986). Understanding and preventing relapse. *American Psychologist, 41,* 765-782.

Canadian Centre on Substance Abuse (CCSA). (1992). National Working Group on Policy. *Guiding Principles for Substance Abuse Policy.* Printed July 10, 2003. http://www. ccsa.ca/docs/guiding_principles.htm. No longer available online.

Canadian Centre on Substance Abuse. (1996). *Harm Reduction: Concepts and Practice.* Printed July 10, 2003. http://www.ccsa.ca/docs/wgharm.htm. No longer available online.

Canadian Society of Addiction Medicine. (1999). CSAM Policy Statements: Harm Reduction- Perspetive and Policy Statements. http://www.csam.org/policy/policy.html.

Centre for Addiction and Mental Health. (2000). *Harm Reduction for Rural Youth: Project Experience.*

Delaware Technical and Community College. (2004). Drug and Alcohol Counselling Department. *Jellinek Chart of Alcoholism and Recovery.* http://www.dtcc.edu/terry/ dac/dept/Jellinek.htm.

Doweiko, H. E. (1996). *Concepts of Chemical Dependency.* New York: Brooks-Cole.

French, L. M. (2000). *Addictions and Native Canadians.* Westport, CT: Praeger.

Government of the Northwest Territories Department of Health and Social Services. (2002). *A State of Emergency: A Report on the Delivery of Addictions Services in the NWT.* Yellowknife. http: //www.hlthss.gov.nt.ca/content/Publications/Reports/

Chalmers_Report/pdf/A_State_of_Emergency_Evaluation_of_Addiction_Services_in_
the_NWT_May_2002.pdf.

Hazelden. (2004). *What is Hazelden? Our Approach and Treatment Methods.* http://www.
hazelden.org.

Health Canada. (1994). Office of Alcohol, Drugs and Dependency Issues. *Canada's
Alcohol and Other Drugs Survey 1994: A Discussion of the Findings.* http://www.hc-
sc.gc.ca/hecs-sesc/cds/pdf/cadseng.pdf.

Health Canada. (1998). *Best Practices: Substance Abuse Treatment and Rehabilitation.*
http://www.hc-sc.gc.ca/hecs-sesc/cds/pdf/best_pract.pdf.

Health Canada. (2000). *Best Practices: Fetal Alcohol Syndrome/Fetal Alcohol Effects and
the Effects of Other Substance Abuse During Pregnancy.* http://www.hc-sc.gc.ca/
hecs-sesc/cds/pdf/BestpracticesEnglishclosed.pdf.

Health Canada. (2001a). Best Practices: Treatment and Rehabilitation for Women with
Substance Abuse Problems. http://www.hc-sc.gc.ca/hecs-sesc/cds/pdf/women-e.pdf.

Health Canada. (2001b). *Best Practices: Treatment and Rehabilitation for Youth with
Substance Use Problems.* http://www.hc-sc.gc.ca/hecs-sesc/cds/pdf/youth.pdf.

Heath, D. W. (1995). *International Handbook on Alcohol and Culture.* Westport, CT:
Greenwood Press.

Hester, R. K., & Miller, W. R. (1995). *Handbook of Alcoholism Treatment Approaches:
Effective Alternatives* (2nd ed.). Massachusetts: Allyn and Bacon.

Hester, R. K., & Miller, W. R. (2003). *Handbook of alcoholism treatment approaches:
effective alternatives.* Boston: Pearson Education, Inc.

Institute of Medicine. (1990). *Broadening the Base of Treatment for Alcohol Problems.*
Report of a Study by a Committee of the Institute of Medicine, Division of Mental
Health and Behavioral Medicine. Washington, DC: National Academy Press.

Khantzian, E. J. (2001). *Addiction: Disease, Symptom or Choice.* Counselor November/
December. http://www.counselormagazine.com/display_article.asp?aid=addi-
ction.asp.

Klingemann, H. et al. (2001). *Promoting Self-Change from Problem Substance Abuse:*

Practical Implications for Policy, Prevention and Treatment. Netherlands: Kluwer Academic Publishers.

Korhonen, M. (2004). *Alcohol Problems and Approaches: Theories, Evidence and Northern Practice.* Ajunnginiq Centre, National Aboriginal Health Organization, Ottawa, Ontario.

Kranzler, H. R., Armeli, S., Tennen, H., Blomqvist, O., Oncken, C., Petry, N. et al. (2003). Targeted naltrexone for early problem drinkers. *Journal of Clinical Psychopharmacology,* 294-304.

Kurtz, E. (2002). Alcoholics Anonymous and the Disease Concept of Alcoholism. *Alcoholism Treatment Quarterly, 20*(3/4), 5-39. http: //www.bhrm.org/papers/AAand% 20DiseaseConcept.pdf.

Mann, K., Lehert, P., & Morgan, M. Y. (2004). The efficacy of acamprosate in the maintenance of abstinence in alcohol-dependent individuals: Results of a meta-analysis. *Alcoholism: Clinical and Experimental Research, 28,* 51-63.

Marlatt, G. A., & Gordon, J. R. (1985). *Relapse Prevention: Maintenance Strategies in the Treatment of Addictive Behaviors.* New York: Guilford Press.

Mason, B. J., & Ownby, R. L. (2000). Acamprosate for the treatment of alcohol dependence: A review of double-blind, placebo-controlled trials. *CNS Spectrums, 5,* 58-69.

McMaster University. (2004). *Addictions Certificate/Diploma Programs: Courses.* http: //www.mcmaster.ca/conted/addictions.html#ADD611827.

Miller, W. R., & Hester, R. K. (1986). Matching problem drinkers with optimal treatments. In W. R. Miller & N. Heather (Eds.), *Treating Addictive Behaviors: Processes of Change* (pp. 175-203). New York: Plenum Press.

Miller, W. R., & Rollnick, S. (2002). 동기강화상담: 변화준비시키기(신성만, 권정옥, 손명자 역) (2006). 서울: 시그마프레스.

Miller, W. R., & Willoughby, K. V. (1997). *Designing Effective Alcohol Treatment Systems for Rural Populations: Cross-Cultural Perspectives.* U.S. Department of Health Technical Assistance Publication Series 20: (SMA) 3134. http: //www. treatment.org/ taps/tap20/TAP20miller.html.

Moderation Management. (2004). *National On-line Support Group.* http://www.moderation.org/onlinegroups.htm.

Monterosso, J. R., Flannery, B. A., Pettinati, H. M., et al. (2001). Predicting treatment response to naltrexone: The influence of craving and family history. *American Journal on Addictions, 10,* 258-268.

Moore, M. H., & Gerstein, D. R. (1981). *Alcohol and public policy: Beyond the shadow of prohibition.* Washington, DC: National Academy Press.

National Institute on Alcohol Abuse and Alcoholism (NIAAA). (1995). Diagnostic Criteria for Alcohol Abuse and Dependence. *Alcohol Alert,* No. 30.

National Institute on Alcohol Abuse and Alcoholism. (2000). Research Refines Alcoholism Treatment Options. *Alcohol Research and Health, 24,* 1. http://www.niaaa.nih.gov/publications/arh24-1/53-61.pdf.

National Institute on Alcohol Abuse and Alcoholism. (2005). *Helping Patients Who Drink too Much: A Clinician's Guide.* NIH Pub No. 05-3769. Bethesda, MD: The Author.

National Institute on Drug Abuse (NIDA). (2003). *Drug Addiction Treatment Methods.* http://www.nida.nih.gov/infofax/treatmeth.html.

National Library of Medicine and National Institute of Health (NIH). (2004a). *MEDLINEplus Medical Encyclopedia: Alcoholism.* http://www.nlm.nih.gov/medlineplus/ency/article/000944.htm.

National Library of Medicine and National Institute of Health. (2004b). Alcohol Consumption. *Alcohol and your health: Weighing the pros and cons. Mayo Foundation for Medical Education and Research.* http://www.nlm.nih.gov/medlineplus/alcoholconsumption.html.

National Native Addictions Partnership Foundation Inc. & Thatcher, R. (2000). *NNADAP Renewal Framework for Implementing the Strategic Recommendations of the 1998 General Review of the National Native Alcohol and Drug Abuse Program.* http://www.nnapf.org/implementation% 20framework%20final.pdf.

National Native Alcohol and Drug Abuse Program. (1998). *National Native Alcohol and Drug Abuse Program General Review 1998, Final Report.* http://www.hc-sc.gc.ca/fnihb/cp/nnadap/publications/nnadap_general_review.pdf.

New School University. (2004). *M. A. Concentration in Mental Health and Substance Abuse Counselling: Substance Abuse Related Course.* http://www.newschool.edu/gf/psy/cmhsac/psyc112/outline.htm.

New Zealand School of the Addictions. (2004). *The New Zealand School of the Addictions.* http://casaa.unm.edu/download/nz_brochure.pdf.

Ogilvie, H. (2001). *Alternatives to Abstinence: A New Look at Alcoholism and the Choices in Treatment.* New York: Hatherleigh Press.

Prochaska, J. O., Norcross, J. C., & DiClemente, C. C. (1995). *Changing for Good: A Revolutionary Six-Stage Program for Overcoming Bad Habits and Moving Your Life Positively Forward.* New York: Avon Books.

Raistrick, D., Dunbar, G., & Davidson, R. (1983). Development of a questionnaire to measure alcohol dependence. *British Journal of Addiction, 78,* 89-95.

Rational Recovery Center. (2004). *The Internet Crash Course on AVRT.* http://www.rational.org/html_public_area/course_avrt.html.

Rotgers, F., Kern, M. F., & Hoeltzel, R. (2002). *Responsible Drinking: A Moderation Management Approach for Problem Drinkers.* Oakland, CA: New Harbinger Publications.

Sanchez-Craig, M. A. (1995). *DrinkWise: How to Quit Drinking or Cut Down: A Self-Help Book.* Toronto: Addiction Research Foundation, Centre for Addiction and Mental Health.

Selby, P. (2004). *Engagement of Pregnant Women Using Substances in Services.* Centre for Addiction and Mental Health presentation at Breaking the Cycle FASD conference, Toronto.

Single, E. (1999). *Substance Abuse and Population Health.* (Canadian Centre on Substance Abuse and University of Toronto Public Health Sciences.) Paper presented at the Workshop on Addiction and Population Health, Edmonton. Printed July 10, 2003. http://www.ccsa.ca/adh/single.htm. No longer available online.

SMART Recovery. (2004). *Self Management and Recovery Training.* http://www.smartrecovery.org/index.html.

Sobell, M. B., & Sobell, L. C. (1993). Problem Drinkers: Guided Self-Change Treatment.

Addiction Research Foundation. New York: The Guilford Press.

Sobell, M. B., & Sobell, L. C. (1996). *Timeline Followback*. Toronto: Centre for Addiction and Mental Health.

Srisurapanont, M., & Jarusuraisin, N. (2005). Opioid antagonists for alcohol dependence. *Cochrane Database System Rev, 1*.

Trimpey, J. (1996). *Rational Recovery: The New Cure for Substance Addiction*. New York: Simon and Schuster.

United Nations Office for Drug Control and Crime Prevention. (2002). *Lessons Learned in Drug Abuse Prevention: A Global Review*. http://intranet. mentorfoundation.org/download/Lessons_Learned_in_Drug_Prevention.pdf.

Wallace, J. (1990). The new disease model of alcoholism. *Western Journal of Medicine, 152*(5), 502-505.

White, W. (2000). Addiction as a Disease: Birth of a Concept. *Counselor, 1*(1), 46-51, 73. http: //www.bhrm.org/papers/Counselor1.pdf.

White, W., Kurtz, E., & Acker, C. (2001). *The Combined Addiction Disease Chronicles*. (A multi-volume annotated bibliography) University of Chicago and Illinois Department of Human Services Office of Alcoholism and Substance Abuse: Behavior Health Recovery Management Project. http://www.bhrm.org/ papers/addpapers.htm.

Williams, R., & Williams, V. (1994). *Anger Kills: Seventeen Strategies for Controlling the Hostility That Can Harm Your Health*. New York: HarperCollins.

Women for Sobriety Inc. (1999). Home Page. http: //www.womenforsobriety.org/.

World Health Organization (WHO). (1992). *The ICD-10 Classification of Mental and Behavioural Disorders*. http: //www.mental-health-matters.com/disorders/dis_details.php?disID=4.

World Health Organization. (1995). *Summary of Alcohol Policy and the Public Good: A Guide for Action*. Oxford University Press. http://www.eurocare.org/publications/appg.pdf.

World Health Organization. (1999). *Global Status Report on Alcohol 1999*. http://www.who.int/training/khow/publications/en/GlobalAlcohol_overview.pdf.

World Health Organization. (2002). *Prevention of Psychoactive Substance Use: A Selected Review of What Works in the Area of Prevention.* Mental Health: Evidence and Research: Department of Mental Health and Substance Dependence. http://www.ndri.curtin.edu.au/pdfs/who_review.pdf.

World Health Organization. (2004). *Neuroscience of Psychoactive Substance Use and Dependence.* http://www.who.int/substance_abuse/publications/en/Neuroscience.pdf.

제3장

마약류 중독 상담

박상규(꽃동네대학교 교수)

다음은 마약류 사범으로 교도소에 수감 중인 중독자 한 분이 쓴 수기내용을 요약한 글이다.

　나는 십대에 가출하여 유흥업소에서 일하면서 그곳에서 알게 된 형을 통해서 처음 필로폰을 하게 되었다. 처음에는 필로폰을 하는 것이 너무 좋았다. 모든 일에 자신감이 생겼고 몸은 새털처럼 가벼워졌으며 가까운 친구들에게도 나누어 주었다. 아는 형이 마약법 위반으로 구속된 후에 다른 루트를 통해서 마약을 하게 되었다. 점점 투약하는 횟수와 양이 늘어 갔으며 필로폰을 구하기 위해서 남의 돈을 빼앗고 도둑질도 하였다. 필로폰이 없이는 삶의 의미를 찾을 수 없었다. 18세 때 친구와 함께 구속되었으나 구치소에서는 반성보다는 마약하는 사람들을 더 알게 되었다. 필로폰을 전문적으로 판매하는 선배를 알고부터 더욱 심한 중독에 빠지게 되었으며 하루라도 필로폰 없이는 생활하기가 어려웠다. 시간이 지날수록 나 자신이 점점 변해 가고 있다는 걸 알게 되었다. 3~4일 잠을 자지 않았다가 잠에 빠질 때는 2~3일씩 잠들기도 했다. 팔에는 주사바늘 자국 때문에 항상 멍이 들어 있었다. 마침내 가족에 의해 정신병원에 입원하였다. 머리가 터질 듯이 아팠고, '더웠다 추웠다'를 반복하였으며, 입안은 바짝바짝 타들어가 입술은 찢어지고, 몸에 벌레들이 기어 다니는 느낌에 참을 수 없어 긁다 보니 온몸은 피투성이가 되었다. 병원에서 퇴원한 다음에도 다시 필로폰을 하게 되고 교도소에 구속되었다. 그때 처음으로 후회를 했고 가족들에게 미안해했다. 더 이상 마약을 하지 않으려고 다짐하고 출소했지만 교도소에서 알게 된 동료에게서 연락이 왔고 자연스럽게 필로폰을 하게 되었다. 또다시 검찰에 구속되어 지금까지 교도소에서 형을 살고 있다. 내가 출소한 이후에도 연고지에 사는 동안 주위에 마약을 하는 사람을 많이 볼 것이다. 그 유혹을 이겨 내어야 하며 당장 마약으로 돈을 만들 수 있다는 생각도 버려야 한다. 분명 쉽지는 않을 것이다. 그러나 나는 있는 그대로의 나를 인정하며 나와 가족을 위해 다시 새로운 인생을 시작하기 위해 최선을 다하고자 한다. 내 나이 삼십대 중반으로 아직 늦지 않았다. 겸손하고 꾸준하게 나의 진정한 삶을 찾고 가꾸며 사랑하는 가족들에게도 큰 울타리가 되고 싶다(한국마약퇴치운동본부, 2005).

1. 마약류 중독의 이해

1) 현황

마약류 중독은 모든 중독 중에서 가장 강력한 강화물로 한번 중독에 빠지면 헤어나기 어렵다. 최근에 마약류는 스마트폰이나 인터넷을 사용한 거래, 해외 유학생의 증가, 의약품의 사용, 신종마약의 개발 등으로 일반인에까지 점차 확대되고 있는 추세다(예상균, 2014).

2015년 현재 검찰에 적발된 마약류 사범의 현황은 다음 〈표 3-1〉과 같다. 〈표 3-1〉에서 보듯이 2015년에 적발된 마약류 사범은 총 10,338명이며 필로폰으로 대표되는 향정 약물이 전체의 대부분을 차지하고 있다. 유형별로 보면 향정인 필로폰 투약이 가장 많다.

DSM-5에 의하면 마약류 중독은 물질 관련 장애(Substance-Related Disorders) 중에서 물질 사용 장애에 해당된다. 물질 사용 장애의 중요한 특징은 중독으로 인하여 뇌 손상이 일어나고, 뇌 회로 기저에서 변화가 있는 것이다. 뇌 회로의 변화는 갈망을 일으키고 조절력을 상실한다. DSM-5의 물질 사용 장애의 진단기준 A에서는 조절능력의 손상, 직장, 학교 또는 집에서 자기의 역할을 올바로 수행하지 못하는 사회적 손상, 신체적 및 심리적 위험에도 불구하고 물질을 계속 사용하는 위험한 사용, 그리고 내성과 금단과 같은 약물학적 진단기준 등으로 구분하고 있다(APA, 2013). 내성은 동일한

표 3-1 마약류 단속 현황

	대마			마약			향정			합계		
	건수	단속	구속	건수	단속	구속	건수	단속	구속	건수	단속	구속
2014. 1~12	953	1,187	147	627	676	31	7,068	8,121	1,824	8,648	9,984	2,002
2015. 1~12	949	1,139	133	1,096	1,153	40	8,293	9,624	2,481	10,338	11,916	2,654
증감률(%)	-0.4	-4.0	-9.5	74.8	70.6	29.0	17.3	18.5	36.0	19.5	19.4	32.6

출처: 한국마약퇴치운동본부(2015).

효과를 얻기 위하여 약물을 더 많이 더 자주 사용하는 것이며 금단은 물질을 사용하지 않으면 신체적·심리적 고통이 따르는 것이다.

우리 사회의 마약류 중독자를 제대로 상담하기 위해서는 마약류 중독에 대한 지식과 중독자와 가족에 대한 올바른 이해가 필요하다.

약물은 합법 약물과 불법 약물로 구분할 수 있다. 알코올이나 담배, 카페인 등은 합법 약물이고, 필로폰, 헤로인, 코카인, 엑스터시, 대마초 등은 불법 약물이다(Levinthal, 2002). 우리나라 「마약류 관리에 관한 법률」에 의하면 불법 약물은 모두가 마약류에 해당된다고 볼 수 있다. 그런데 담배, 즉 니코틴도 넓게 보면 마약류의 특성을 가지고 있으며 피해가 많아 향후에는 좀 더 강력한 법적인 조치가 필요할 것으로 생각된다.

「마약류 관리에 관한 법률」에 의한 마약류의 정의는 마약, 항정신성 의약품과 대마를 말한다. 먼저 마약이라 함은 양귀비, 아편 또는 코카 잎이나 코카 잎에서 추출되는 모든 알카로이드로서 대통령령이 정하는 것 혹은 그와 동일하게 남용되거나 해독 작용을 일으킬 우려가 있는 화학적 합성품 등이다. 항정신성 의약품은 인간의 중추신경계에 작용하는 것으로서 오용 또는 남용할 경우 인체에 현저한 위해가 있다고 인정되는 것이다. 대마는 대마초와 그 수지 또는 그것을 원료로 하여 제조된 일체의 제품을 말한다. 다만 대마초의 종자, 뿌리 및 성숙한 대마초의 줄기와 그 제품은 제외하고 있다.

현재 우리 사회에서 마약류 중독자는 적어도 30만에서 100만 정도가 될 것으로 추정되고 있다. 특히 최근에 외국에서 유학하거나 생활한 사람이 국내에 들어와서 마약류를 많이 전파시키는 것으로 알려져 마약류 중독의 확산이 우려되고 있다. 마약류 중독자의 증가는 세계적 추세이고, 마약류 중독의 특성상 한번 중독되면 거의 대부분은 오랜 기간 중독에 빠질 수 있어 앞으로 우리나라도 마약류 중독자 문제가 심각해질 가능성이 많다. 실제로 마약류는 우리 주변 곳곳에서 많은 사람을 유혹하고 있으며, 마약류로 인한 피해는 점점 증가하고 있다. 문제는 중독자들의 마약류에 대한 죄의식이나 두려움이 예전에 비하여 훨씬 줄어들고 있다는 것이다(최응렬, 2006). 한편으로 스마트폰이나 인터넷 등의 기기 보급은 청소년 중독자의 확대를 높이는 요인이 되고 있다.

〈표 3-1〉에서 보듯이 현재 우리나라에서 가장 많이 남용되는 마약류는 필로폰으로 대표되는 항정신성 의약품이고 그다음은 대마초다. 예전에는 특정 직업군에서 마약류

를 남용했으나 지금은 다양한 직업을 가진 사람이 마약류를 남용하고 있다. 마약류를 사용하는 연령은 40대가 가장 많으며 다음은 30대로 우리 사회에서 가장 열심히 일해야 할 연령대가 마약류 중독에 빠져 있어 국가의 생산성을 저하시키고 있다.

　마약류 중독은 중독자 개인의 신체적 및 정신적 건강 문제, 사망을 포함한 각종 사고, 재정적·법적 문제, 가정 파탄, 그리고 직업 문제와 연결되고 있으며 부부학대, 아동학대, 폭력과 범죄, 사회 몰락 등과도 관련되어 있고, 마약류 남용으로 인한 사회경제적 비용과 국가 생산성의 감소를 가져온다.

　앞의 중독자 사례에서 보듯이, 마약류 중독은 처음에는 아는 사람의 소개나 호기심 등으로 시작하지만 중독이 되면 궁극적으로 개인과 가정이 파멸할 수밖에 없는 무서운 병이다.

2) 역사

　역사적으로 보면 인류가 처음으로 마약류를 사용한 것은 대략 6만 년 전으로 거슬러 올라간다. 일종의 메스암페타민에 해당하는 마황을 네안데르탈인이 사용한 것으로 추정하고 있다. 이집트에서는 지금으로부터 약 8,000년 전부터 아편을 재배하여 사용하여 왔으며, 남아메리카에서는 5,000년 전부터 코카인을 사용했다는 증거가 발견되고 있다(Haskins, 2005). 근세에 이르러 중국과 영국 간의 아편전쟁, 미국 사회에서의 히피족의 범람, 미국의 남미 국가에 대한 반군 소탕 지원 등도 모두 마약류와 관련되는 것으로 볼 수 있다. 최근에는 미국과 유럽 등의 여러 나라가 마약류 중독자의 증가로 국가의 존망마저 위태롭다고 보고 있으며, 미국과 필리핀의 경우 마약과의 전쟁을 선포하고 있는 실정이다.

　우리나라의 경우는 일제 점령기에는 아편, 헤로인, 모르핀 등이 많이 사용되었고, 1950년대에는 아편, 1960년대에는 아편과 메타돈 등의 마약이 주로 사용되었다. 1970년대에는 대마초가 많이 남용되었는데, 이는 대마초가 구하기 쉽고 제조방법이 용이하며 가격이 저렴하고 사용하기가 간편했기 때문이다. 1980년대에 들어와서 가장 문제가 된 마약류는 필로폰이었다. 당시에 필로폰 밀조기술의 보급이 증가하고, 일시적인 쾌락의 추구와 향락적 퇴폐 풍조의 분위기 등이 필로폰 남용에 영향을 미친 것으로 보인다(민성길, 1998). 현재 우리나라에서 가장 많이 남용되고 있는 마약류는 필로폰이다(〈표 3-1〉). 최근에는 코카인, 야바, 엑스터시와 같은 다양한 마약류가 유입되어 사용되고 있다.

3) 마약류 중독의 특성

마약류 중독은 생물 · 심리 · 사회 · 영적 요인들이 통합된 것이다. 먼저 마약류에 중독되면 몸 전체가 손상을 입게 된다. 얼굴 모양이나 피부가 보기 싫게 변하고 심장, 간, 폐, 신장, 위장 등의 모든 장기가 병들 수 있다. 특히 대뇌의 전전두엽 부위 등에 손상을 미친다. 마약 때문에 정신적으로 황폐해지고 성격의 변화도 일어난다. 가정이 붕괴되며 직장도 잃게 된다. 결국 중독자는 마약류의 노예가 되어 비참한 죽음을 맞이하게 된다.

마약류는 일차적으로 뇌에 영향을 주는데 이것이 심리적인 작용으로 나타난다. 마약류 중독자는 마약을 투여함으로써 뇌에서 일어나는 허상의 쾌락을 즐긴다고 볼 수

1998년   2002년

이 여성은 미국 버지니아 주 타즈웰에 거주하는 2명의 자녀를 둔 40대의 평범한 주부였는데, 1999년 다이어트에 효과가 있다는 말을 믿고 필로폰을 처음 사용하기 시작한 이래 불과 4년 사이에 갈색머리가 하얗게 세어 버렸고 얼굴은 70대 노인과 같이 쭈글쭈글해졌다.

그림 3-1 마약 중독 사례(한국마약퇴치운동본부 홈페이지, 2006에서 발췌 정리)

있다. 최근에는 영상기법이 발달되고 다양한 표지 약물과 방사성 추적자를 이용하여 인간의 뇌에 미치는 약물의 약동학과 약역학의 명시화와 함께 그 양을 측정하는 것이 가능해졌다. 예를 들어, 필로폰을 사용하는 중독자는 정상 대조군에 비하여 PET에서 도파민 전달체계가 감소한 것으로 나타났다(정용인, 김대진, 2006).

마약류가 뇌에 직접 투여되는 경우는 없다. 마약류를 투여하는 방법에는 경구 투여, 정맥주사, 피하주사, 근육주사, 흡입, 피부 패치 등이 있는데(Rai & Ksir, 2003), 각각의 마약류에 따라 그 투여법이 다르다.

마약류 중독은 내성과 금단 증상이 있기 때문에 단약하기가 더 어렵다. 마약류 중독자는 마약류를 처음 했을 당시에 느꼈던 쾌감을 계속 느끼고 싶어 하기 때문에 마약류를 하게 된다. 그러나 처음 했을 때와 같은 쾌감을 느낄 수가 없어 점차 횟수가 늘어나게 되고 사용되는 약의 양이 증가하게 되는데 이를 내성이라 한다. 금단 증상은 마약류를 그만두게 될 때 보이는 여러 가지 신체적 · 심리적 고통을 말하는데, 이런 금단 증상이 심하기 때문에 계속 마약류를 복용하게 된다.

DSM-5에서는 물질 관련 및 중독 장애의 범주에 대마관련장애, 환각제관련장애, 흡입제관련장애, 아편계관련장애, 진정제, 수면제 또는 항불안제관련장애, 자극제관련장애 등이 포함되어 있다.

필로폰과 같은 각성제의 사용장애는 임상적으로 현저한 손상이나 고통을 일으키는 암페타민류 물질, 코카인 또는 기타 자극제 사용 양상이 지난 12개월 사이에 다음의 항목 중 최소한 2개 이상으로 나타난다.

1. 각성제를 종종 의도했던 것보다 많은 양, 혹은 오랜 기간 동안 사용함.
2. 각성제 사용을 줄이거나 조절하려는 지속적인 욕구가 있거나 사용을 줄이거나 조절하려고 노력했지만 실패한 경험이 있음.
3. 각성제를 구하거나 사용하거나, 그 효과에서 벗어나기 위한 활동에 많은 시간을 소비
4. 각성제에 대한 갈망감 혹은 강한 바람이나 욕구
5. 반복적인 각성제 사용으로 인해 직장, 학교 혹은 가정에서의 주요한 역할 책임 수행에 실패함.

6. 각성제의 영향으로 지속적으로, 혹은 반복적으로 사회적 혹은 대인관계의 문제가 발생
   하거나 악화됨에도 불구하고 각성제 사용을 지속함.

7. 각성제 사용으로 인해 중요한 사회적, 직업적 혹은 여가 활동을 포기하거나 줄임.

8. 신체적으로 해가 되는 상황에서도 반복적으로 각성제를 사용함.

9. 각성제 사용으로 지속적 및 반복적으로 신체적 · 심리적 문제가 유발되거나 악화될 가능
   성이 높다는 것을 알면서도 계속 각성제를 사용함.

10. 내성. 다음 중 하나로 정의됨.
    a. 중독이나 원하는 효과를 얻기 위해 각성제 사용량의 뚜렷한 증가가 필요함.
    b. 동일한 용량의 각성제를 계속 사용할 경우 효과가 현저히 감소

11. 금단. 다음 중 하나로 나타남.
    a. 각성제의 특징적인 금단 증후군
    b. 금단 증상을 완화하거나 피하기 위해 각성제(혹은 비슷한 물질)를 사용

또한 현재의 심각도를 2~3개의 증상이 나타나면 경도, 4~5개의 증상을 보이면 중등도, 6개 또는 그 이상에서는 고도로 표시하고 있다(APA, 2013).

4) 중독자의 심리적 특성

(1) 성격적 문제

일부 마약류 중독자는 성격적 문제가 심하다(Tarter, 1988). 특히 어렸을 때부터 알코올이나 마약류를 한 사람은 나이가 들어 알코올이나 마약류를 한 사람에 비해서 반사회적 성향과 같은 성격적 문제를 더 가지고 있다(Kozlowski et al., 1990). 그러나 중독자가 특정한 성격을 가졌기에 중독자가 되는지 혹은 중독에 빠진 결과로 성격적 문제를 가지게 된 것인지에 대해서는 명백하게 정의하기가 어렵다. 대부분의 경우 마약류를 오래 사용하면 중독자의 성격이 예민해지고, 자기중심적이 되며, 거칠어지고, 공격적이고, 황폐화된다(민성길, 1998; 박상규, 2003; Campbell & Stark, 1990). 중독이 된다는 것은 성격을 변화시키며 나아가 삶의 태도가 달라지는 것이다.

중독자 중에는 의존적 성향을 가지고 있는 사람이 많다. 의존적 성격을 가진 사람은 주체성이 부족하여 사람이나 물질 등에 의존하여 불안과 부적절감을 해소하려는 경향이 있는데, 마약류 중독자는 마약류라는 물질에 의존한 것으로 볼 수 있다. 중독자의 성격적 문제는 중독으로부터의 회복이나 치료를 어렵게 만드는 요인이 되고 있다.

중독자가 자신의 성격적 문제를 이해할 수 있게 되면 치료에 도움이 된다. 마약류 중독자를 대상으로 하는 교육 프로그램에서는 중독자가 가지고 있는 성격적 특성에 대한 교육을 할 필요가 있다. 마약류 중독자가 갖고 있는 대표적인 성향은 반사회적 성향, 경계선적 성향, 히스테리 성향 등이다. 마약류 중독자의 성격을 이해하여 그에 맞는 적절한 치료방법을 선택해야 치료의 효과가 높다.

① 반사회적 성향

반사회적 성향을 가진 사람은 자기중심적이고, 자기애적이며, 깊은 대인관계를 형성하기 어렵고, 규칙이나 규범을 잘 지키지 않는 특성이 있다. 겉보기에는 똑똑해 보이고 합리적으로 이야기하지만 신의가 없고 성실성이 결여되어 있는 편이다. 그들은 반사회적 행동을 반복적으로 보이나 그 동기는 모호하다. 어릴 때부터 청소년 비행, 무단결석, 규칙 위반, 거짓말 등 반사회적 행동을 보인 경우가 많다. 주로 범법 행위, 가정생활에서의 무책임, 직업에서의 실패, 폭력 행위, 성적 문란, 채무 불이행, 거짓말, 무모한 행동 등을 보인다. 반사회적 성향을 가진 사람은 권위적인 인물에 대해 저항하는 경향이 있다. 그러므로 상담자는 중립적이며 수용적인 태도를 유지하여야 하며, 치료적 관계를 잘 형성해야 한다(권석만, 2003). 상담자는 중독자가 변화하는 것이 중독자 스스로에게 많은 이득이 된다는 것을 강조하는 것이 좋다.

② 경계선적 성향

경계선적 성향을 가진 사람은 정서, 행동, 대인관계에서의 불안정과 주체성의 혼란으로 모든 면에서 변동이 심한 이상 성격을 가지고 있다. 평상시에도 기분의 변화가 심하다. 대인관계가 불안정하고 강렬하며 의존과 증오심을 동시에 갖고 있다. 그들은 버려짐에 대한 심한 공포감을 가지고 있다. 충동적이며 예측할 수 없는 행동을 하기도 한다. 낭비, 성적 문란, 도박, 약물 남용, 좀도둑질, 과식 등의 행동을 보인다. 그들은 또한 자해 행위, 자살 위협을 보이기도 한다. 상담자는 경계선적 성향을 가진 중독자에게 솔직하고 변함없는 일관된 태도를 가지는 것이 좋다.

③ 히스테리 성향

히스테리 성향을 가진 사람은 자신의 감정을 과장해서 표현하는 자기 연극화를 잘한다. 이런 감정 표현은 다분히 조작적인 것으로 주위의 관심이나 동정을 끌어내기 위한 것이다(Alloy, Riskind, & Manos, 2010). 그들은 처음에는 따뜻하고 정감이 있어 보이지만, 그들이 원하는 것은 상대방에게 무언가를 얻어 내고자 하는 것이 대부분이다. 상담자는 히스테리 성향을 가진 중독자에게 정직하고 안정되며 일관된 태도를 보여 주어야 한다.

(2) 낮은 자기존중감

마약류 중독자의 특성 중 하나는 자기존중감이 낮다는 것이다(Otsuki, 2003). 낮은 자기존중감은 마약류 사용에 영향을 미치고 있다(김은영, 2015). 마약류를 남용하는 사람은 자기존중감이 낮고 열등감이 많기 때문에 이를 회피하기 위한 방법으로 마약류를 하게 된다. 마약류를 사용함으로써 도파민과 같은 신경전달물질이 뇌에서 방출되어 강화 효과가 생기고 낮은 자기존중감이 보상되기 때문에 중독에 빠져든다고 볼 수 있다.

(3) 우울한 기분

마약류 중독자는 기분이 우울한 사람이 많다. 현재의 우울한 기분에서 벗어나기 위하여 마약류를 남용하는 경향이 있다. 그러나 약물의 효과가 사라지면 더욱더 우울해진다. 생물학적 관점에서 우울증은 노르에피네프린, 세로토닌과 같은 신경전달물질의 이상과 관련될 수 있다. 중독자가 마약류를 복용함으로써 이런 물질이 활성화되어 일시적으로나마 우울한 기분에서 벗어날 수 있어 마약류를 남용한다고 볼 수 있다.

(4) 충동성

충동 조절은 대뇌의 전두엽 부위의 기능과 관련되어 있다. 전전두엽 부위는 충동 조절력, 판단력, 타인에 대한 배려, 조망, 심사숙고의 기능과 관련된다. 장기적으로 마약류를 사용하면 대뇌의 손상이 있을 수 있고, 특정 부위의 대뇌 손상은 충동 조절력이나 장기적인 안목을 가지고 판단하는 능력 등을 저하시키게 된다. 마약류 중독자를 대상으로 치료 프로그램을 할 때는 가능하면 충동 조절력을 향상시키는 데 초점을 두어야 한다.

(5) 방어기제: 부인

방어기제는 무의식적 과정을 통하여 사용되는 것으로, 불안으로부터 자기 자신을 보호하는 방법이다. 마약류 중독자의 경우는 부인(denial)의 방어기제를 주로 사용한다. 의식적인 거짓말과 달리 무의식 속에서 자기를 속이는 것이다. 여기에는 자신의 문제를 인정하지 않는 것, 자신의 문제를 축소하는 것, 다른 사람을 비난하고 변명하는 것, 합리화하는 것, 주의를 돌리는 것, 타인을 공격하는 것 등이 포함된다.

자기의 문제를 부정하는 것은 '나는 문제가 없다.' '나는 조절할 수 있다.' '나는 중독되지 않았다.' '나는 마음만 먹으면 언제든지 끊을 수 있다.' 등이다. 문제를 축소하는 것으로는 '나는 마약을 하지만 일상생활에는 아무런 지장이 없다.' '약을 하지만 직장생활도 잘하고 돈도 잘 벌어 주잖아.' 등이 있다. 합리화하는 것으로는 스트레스가 너무 심해서 마약을 한 번 했다.' '내가 마약을 한다고 더 나빠지지 않아.' '내가 마약을 하지 않는다고 더 좋아질 것도 없다.' '오늘 딱 한 번만 하고 다음부터는 끊겠다.' 등이 있다. 주의를 돌리는 것은 '사는 게 왜 이렇게 힘든지 모르겠다.' 등이다. 그리고 비난하기는 '네가 뭐 안다고 간섭하는 거야.' '잔소리 좀 하지 마라.' 등이다(Fanning, 2000). 중독자가 회복되기 시작하면 지금까지 자신이 마약을 하기 위해서 여러 가지 방어기제를 사용하여 스스로 속여 왔다는 것을 인정하게 된다.

5) 중독자 가족

중독자 가족 중 많은 사람이 심리적으로 건강하지 못하다. 중독자의 가족은 심한 우울과 불안을 호소하고 있다. 마약류 중독은 전 가족의 기능에 심각한 손상을 초래하며, 가족체계 자체가 중독자의 질병 원인이 될 수 있고, 중독자를 회복시킬 수 있는 원동력이 될 수 있으며, 때로는 치료에 방해가 되는 역할을 할 수 있다(고병인, 2003). 어떤 가족은 중독자의 회복을 바라면서도 무의식적으로는 중독자가 중독 행동을 지속하도록 영향을 미치기도 한다.

많은 중독자 가족에게 공동의존이 일어난다. 공동의존은 중독자 가족이 중독자와 독립되고 분리되지 못하며 중독자에게 의존하는 것이다. 공동의존자는 중독자에게 자신의 삶의 많은 부분을 맡겨 두고 살아가며 자신의 행복을 추구하지 못한다.

중독자 가족 구성원에서 가장 흔히 나타나는 공통적인 특징은 중독에 대하여 무지하고, 조정당하고 조정하려는 것, 가족 내에 중독자가 있다는 것을 억압하고 부인하는 것, 중독자의 행동을 조절하려는 것에 대한 불합리한 기대, 중독에 대하여 가족이 죄책감을 가지는 것, 중독자로 인하여 위궤양 · 장염 · 편두통 등과 같은 스트레스성 질병을 앓고 있는 것이다(고병인, 2003).

마약류 중독자는 어렸을 때 중독 행동을 부모에게서 모델링하는 경향이 있다. 그러므로 부모가 알코올 중독자나 마약류 중독자일 경우는 그 자녀가 보고 배울 가능성이 많아 특별한 예방대책이 필요하다.

가족이 중독자와 자기를 잘 분리하고 독립되면서 자신을 잘 주시할 수 있을 때 중독자에게 적절한 대처를 할 가능성이 높다. 마약류 중독자를 잘 치료하고 회복을 유지하기 위해서는 가족교육과 상담이 반드시 시행되어야 한다.

6) 마약류와 범죄

마약류와 알코올 등의 중독과 범죄 간에는 관련성이 많다. 특히 알코올 섭취는 폭력적 범죄와 상관이 높다(Smith & Newman, 1990). 미국의 통계 자료에서는 마약류와 알코올 등 약물과 관련된 범죄가 교통사고 50%, 살인 49%, 성폭행 52%, 익사 69%, 폭행 62% 등으로 나타나고 있어, 약물이 범죄와 관련되어 사회와 국가에 많은 손실을 미치고 있음을 알 수 있다(Levinthal, 2002). 일차적으로 약물 자체가 범죄를 유발하는 특성이 있으나(Wanberg & Milkman, 1998), 폭력성 또한 약물 남용을 증가시키거나 약물을 하는 데 영향을 미칠 수가 있다(Mulvey et al., 2006). 필로폰과 같은 마약류 사용은 대뇌 중추신경계에 영향을 주어 범죄 행동을 유발할 수 있다. 필로폰 등 암페타민 약물을 다량 복용할 경우는 환각, 망상, 폭력을 보이기도 한다. 또 마약류 공급이나 유통과 관련하여 범죄 행동이 일어날 수 있다. 마약류 중독자가 가진 성격적 문제는 범죄 행동에 간접적으로 영향을 미친다(박상규, 2008b).

마약류 중독자를 치료하게 되면 범죄가 줄어들고 고용이 늘어나게 된다. 마약류 사범의 치료 공동체 치료에 대한 연구에서 치료를 받은 집단에서는 폭력 범죄와 비폭력 범죄로 체포된 사람이 40% 이상 감소된 것으로 나타났다. 그리고 메타돈 치료를 받은 집단은 50% 이상 범죄 행위가 감소되었으며, 치료 후 고용률이 40% 이상 증가한 것으로 나타났다(한국마약퇴치운동본부 기획부, 2006).

7) 마약류 사용에 대한 검사

(1) 소변검사와 모발검사

마약류 남용에 대한 검사는 소변검사와 모발검사로 나눌 수 있다. 소변검사는 3일부터 1주 정도의 단기간의 사용 여부를 알 수 있고, 모발검사는 6개월 혹은 그 이전에 마약류를 남용한 사실도 알아낼 수 있다.

마약류 중독자에 대한 소변검사는 마약류 사용 여부를 감별하는 데 필요할 뿐 아니라 효과적인 치료와 예방법이 될 수 있다(박상규, 2003). 마약류를 하게 되면 소변검사에서 적발되어 구속되기 때문에 중독자가 아예 마약류를 사용하지 않게 되는 것이다.

중독자의 가족이나 마약류 중독에 빠져 본 사람은 중독자가 보이는 행동을 보고 마약류 남용 여부를 쉽게 알 수 있다. 중독자의 몸에 나타난 바늘 자국을 보거나 금단 증상을 보면 알 수 있기 때문이다. 일반적으로 중독자는 눈이 변색되고 동공이 축소되며 체중이 감소하고 허약해 보인다. 또 몸에서 특이한 냄새를 풍기기도 한다. 필로폰을 남용한 사람은 말이 빠르고 초조하고 불안하며, 신경질적이며 공격적인 행동을 보일 수도 있다. 대마초를 사용한 사람은 자주 졸게 되며, 눈의 흰자위가 충혈되어 있고, 단것을 찾게 되며, 왕성한 식욕을 보이기도 한다. 그리고 본드를 남용할 경우에는 숨을 내쉴 때 본드 냄새가 나며, 술 취한 행동을 보이고, 조리에 맞지 않는 헛소리를 하는 등의 모습을 보인다.

(2) 심리학적 검사

마약류 중독자에 대한 심리학적 검사로는 면담검사와 마약류 중독 선별검사, 다면적 인성검사(Minnesota Multiphasic Personality Inventory: MMPI), 성격평가 질문지(Personality Assessment Inventory: PAI) 등이 있다(김영환, 김지혜, 오상우, 임영란, 홍상황, 2001; 김영환, 오상우, 홍상황, 박은영, 2002). 최근에는 MMPI-2가 중독자를 이해하는 데 많이 사용되고 있다. 마약류 사용에 대한 심리학적 평가에는 면담과 마약류 중독 선별검사, 잠재적 약물 사용 청소년 선별척도 등이 포함될 수 있다(이기영, 2004). 마약류 중독자에 대한 평가는 중독자의 단약에 대한 의지, 치료 동기, 자해나 자살 가능성, 우울증, 불안, 정신병적 상태와 같은 정신건강 상태, 가족의 지지 여부 등을 함께 평가해 보는 것이 바람직하다.

2. 마약류의 분류

마약류는 중추신경계에 미치는 영향에 따라 흥분제 역할을 하는 것과 진정제 역할을 하는 것, 환각제 등으로 구분할 수 있다. 엑스터시나 필로폰은 정신 기능을 흥분시키기도 하지만 환각적 작용도 함께 일으킨다.

1) 중추신경 흥분제

흥분제는 뇌와 교감신경에 작용하여 의식의 기민함과 운동 활동을 증가시킨다. 대표적인 것으로 코카인, 필로폰, 엑스터시 등이 있다. 필로폰과 엑스터시 등은 환각 작용을 가지고 있어 학자에 따라서는 환각제에 포함시키기도 한다. 필로폰, 코카인, 크랙 등을 규칙적으로 남용하면 환각, 피해망상, 기분장애, 반복적인 행동과 같은 정신병적 행동이 나타난다(김현택, 조선영, 박순권, 2003).

(1) 필로폰

필로폰(Philopon)은 현재 우리나라에서 가장 많이 남용되고 있는 마약류다. 필로폰은 메스암페타민(methamphetamine)을 말한다. 필로폰은 제2차 세계대전 중에 일본에서 군수공장의 노동자와 군인에게 피로감을 느끼지 않게 하고 각성시키기 위한 목적으로 생산되었다. 제2차 세계대전이 끝나고 필로폰에 중독된 많은 사람이 사회 문제를 일으키자 일본에서는 단속을 하기 시작하였고, 일본의 필로폰 제조 기술자들이 우리나라로 들어와서 필로폰을 제조하여 일본에 밀수하였다. 그러다 우리나라와 일본이 단속을 강화하자, 제조 기술자들은 중국으로 건너가 그곳에서 필로폰을 생산하여 우리나라나 일본으로 밀수하고 있다. 현재 우리나라에서 남용되는 필로폰은 거의 대부분 중국에서 유입된 것이다. 중국에서의 밀수입이 많은 이유는 중국 내의 필로폰 가격이 우리나라의 1/10 수준에 불과하여 밀수입 시 엄청난 수익을 얻을 수 있고, 중국에서 밀거래를 할 때 조선족의 도움으로 언어 장벽을 해결할 수 있기 때문이다(신태용, 2004).

필로폰은 주로 주사기를 사용하는데, 주사기 사용으로 인해 AIDS나 C형·B형·A형 간염 등 다양한 전염병에 노출될 가능성이 많아졌다.

마약류 중독자는 마약을 한 후 어떤 특정한 대상에 집중하여 쾌감을 높이는데, 필로폰 중독자의 경우 대부분 성적 쾌감을 높이기 위해서 마약류를 사용하고 있다. 그런데 마약류 판매자들이 일반인을 대상으로 살 빼는 약, 피로 회복제 등이라고 선전하고 유혹하여 멋모르고 복용한 사람들이 마약류 중독자가 되기도 한다.

필로폰을 과도하게 복용할 경우 공격적이거나 난폭한 행동을 보이기도 한다. 일시적으로 불안이 심하고 망상형 정신분열병과 유사한 편집증적 망상과 정신병적 삽화를 보이기도 한다. 기분이 고양되고, 활동이 늘어나며, 안절부절못하고, 예민하고, 상동증적 반복 행동이나 판단력에 장애를 보이기도 한다. 만성중독이 되면 우울증을 동반하기도 한다. 필로폰의 금단 증상은 불안, 떨림, 악몽, 불쾌감, 무력감, 피로감, 진땀, 초조, 두통, 근육통, 심한 공복감이나 식욕 증가를 보이는 것이다. 금단 증상은 지속적으로 심하게 사용하던 사람이 투약을 중단한 후 몇 시간 내지 며칠 내에 발생한다. 대개는 2~4일에 최고조에 달한다. 필로폰을 사용하는 동안에는 대부분 체중이 감소하지만, 중단하면 체중이 늘어난다(민성길, 1998). 필로폰은 효과가 강력하고 중독성이 강하기 때문에 대마초나 코카인 등의 마약류를 사용하던 사람이 한두 번 필로폰을 같이 사용하다가 이후에 필로폰에 중독되는 경우가 많다.

(2) 코카인

코카인(cocaine)은 코카관목의 잎에서 추출한다. 기원전 5,000년경에 남아메리카의 페루에서 원주민이 코카인을 사용한 것으로 알려지고 있다. 1980년대에 미국에서는 코카인을 성욕 촉진제로 많이 사용하였다. 코카인은 코카 잎을 씹거나 빨거나 혹은 정맥주사로 투여하는 방법이 있는데 주로 코로 흡입하는 방법을 사용한다. 코 점막에서 흡수하면 아주 빠르게 뇌에 도달하여 효과를 빨리 느낄 수 있다. 잎을 씹거나 빨면 점막을 통해 코카인이 천천히 흡수된다. 코카인은 도파민, 세로토닌, 가바(GABA), 글루타민산염을 포함하는 많은 신경전달물질의 상호작용에 의존한다. 코카인은 도파민, 노르에피네프린, 세로토닌의 재흡수를 막아 이러한 신경전달물질의 효과를 연장시키는 작용을 한다(Rai & Ksir, 2003). 코카인을 하게 되면 피로감이 없어지고 흥분되며 행복감이나 도취감에 빠지게 된다. 또한 대량 사용하게 되면 불쾌감, 불안, 흥분상태가 되고, 약의 효과가 떨어지면 우울감이나 무기력감에 더 빠지게 된다. 코카인을 상습적으로 투여하면 심장질환과 같은 신체적 질병에 걸리게 되며 불안, 흥분 및 편집증적 증상과 같은 정신과적 문제를 보일 수도 있다. 급성중독 시에 혈압이나 체온이 오르고, 안구돌출, 정신경련, 호흡곤란, 신부전증 등을 일으키고 쇼크 상태가 된다(이창기, 2004).

(3) 크랙

1970년대에는 코카인을 중탄산나트륨과 섞은 후 건조시켜 피울 수 있는 형태의 코카인 덩어리가 개발되었다. 크랙(crack)은 코카인보다 싼 가격으로 강력한 효과를 볼 수 있는 장점이 있어, 1980년대에는 길거리에서 청소년을 대상으로 많이 판매되고 확산되었다. 크랙은 주로 코로 흡입하는데, 효과가 신속하고 강력하여 남용의 위험이 많은 마약류다.

(4) 엑스터시

엑스터시(ecstasy)는 1980년대에 처음 나타났으며, 1990년대에 새로운 클럽 약으로 주로 남용되었다(Levinthal, 2002). 엑스터시는 화학적으로 MDMA(methylendioxy methamphetamine)로 통칭되는 암페타민계 유기화학물질이다. 엑스터시는 흥분제 역할과 동시에 환각제 역할도 한다. 주로 알약으로 되어 있어서 휴대하거나 사용하기가 간편하므로 나이트클럽 등에서 젊은 층, 특히 여성이 많이 사용하고 있다. 엑스터시를 복용하고 춤을 추게 되면 훨씬 더 사교적이고 오랫동안 무대에서 춤을 출 수 있어 댄스 약물 혹은 파티 약물로 불리기도 한다. 엑스터시를 복용하고 춤을 추게 되면 고개를 도리도리 흔들기 때문에 국내에서는 일명 '도리도리'로 불리기도 한다. 엑스터시는 내성이 빠르게 생기는 편으로, 같은 효과를 얻기 위해서는 더 많은 약물을 사용해야 된다. 지나치게 많은 양을 사용할 경우 사망에 이를 수도 있다.

(5) GHB

GHB(gamma hydroxy butyric acid)는 무색, 무취의 분말이나 정제 형태로 사용되고 있다. GHB는 일명 '물뽕'이라고 불리고 있는데, 이는 음료수에 타서 복용하는 필로폰이라는 뜻이다. 음료수에 몇 방울 타서 마시게 되면 10~15분 내에 약물 효과가 나타나기 시작하여 3~4시간 효과가 지속된다. GHB를 사용하면 기분이 좋아지고 취한 듯한 상태가 되며 몸이 이완된다. 알코올에 타서 먹게 되면 효과가 상승한다. GHB는 미국,

캐나다, 유럽 등지에서 성 범죄에 많이 사용되고 있어 강간 약물, 성폭행 약물로 불리고 있다.

2) 중추신경 진정제

중추신경 진정제는 신체의 활동을 느리게 하여 신체의 반응성을 감소시키며 다행감, 진정감, 졸음 등을 유발한다. 진정제는 아편류가 대표적이다. 메타돈, 염산페치딘 등과 같은 합성 마약류도 중추신경 진정제에 포함된다. 아편으로 추출한 것이 모르핀이며, 모르핀을 화학적으로 변형시킨 것이 헤로인이다. 아편류와 같은 진정제는 약물을 중단했을 경우 금단 증상이 상당히 고통스러운 특징이 있다. 그러나 아편류에 중독되는 일차적인 이유는 중단하면 불쾌하고 고통스러운 증상이 나타나서가 아니라 강화 효과 때문이다(김현택 외, 2003).

(1) 아편

아편은 양귀비의 액즙이 응결된 것과 이를 가공한 것을 말한다. 아편을 하면 온몸이 풀리고 이완감을 가지게 된다. 또한 진정 및 진통 효과, 지루함의 해소, 자존심의 증가가 나타난다. 금단 증상은 약물의 최종 투여 6~12시간 이후부터 나타나기 시작하여 7~10일 정도 계속된다. 아편을 오래 사용하면 오심, 구토, 두통, 변비, 배뇨장애, 호흡 억제, 혼수 등의 증상이 나타난다. 사람에 따라 불면증, 신체 불편감에 대한 과민, 스트레스에 견디는 능력 등이 감소된다. 이러한 증상은 수 주일에서 6개월까지 지속되기도 한다(민성길, 1998).

(2) 모르핀

모르핀(morphine)은 아편의 주요 활성 성분을 분리 추출하여 개발하였다. 모르핀은 아편의 거의 10배 이상의 진통 작용이 있어 신경통, 복통, 창상 등의 고통을 덜어 주고 부상자의 진통제로 유용하게 사용되어 왔다(이창기, 2004). 그러나 전투에서 돌아온 사람이나 병에서 회복된 사람이 모르핀에 중독이 되어 사회 문제가 되기도 한다. 모르핀

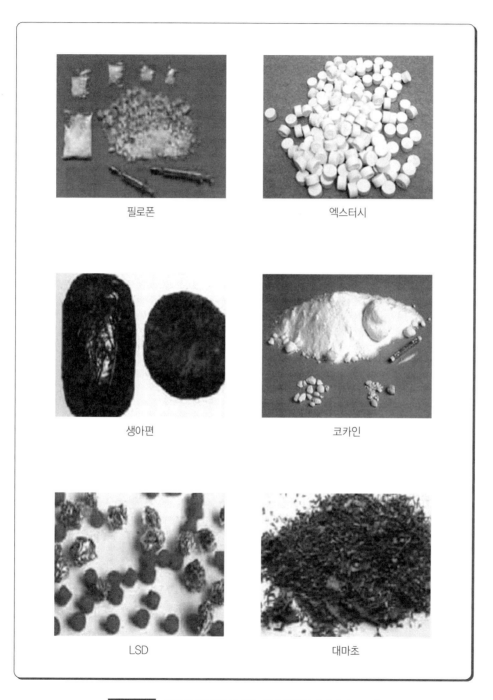

필로폰　　　　　　　　　　엑스터시

생아편　　　　　　　　　　코카인

LSD　　　　　　　　　　대마초

그림 3-2　마약의 종류(한국마약퇴치운동본부 홈페이지, 2006)

주사를 맞으면서 암 투병을 하던 사람이 암에서 회복된 다음에는 모르핀에 중독되는
경우도 있다.

(3) 헤로인

헤로인(heroin)은 19세기 말에 모르핀을 화학적으로 변형하여 만들었다. 약리학적
으로 헤로인과 모르핀은 동일하지만, 헤로인이 효과가 더 강하며 빨리 작용하는 특성
이 있다. 헤로인 중독자는 대부분 정맥주사를 선호한다. 최근에는 주사바늘을 사용하
지 않고 흡연을 통해서 헤로인과 같은 아편류를 남용하는 사람도 늘고 있다. 헤로인은
약물을 투여한 지 4시간 혹은 6~8시간 안에 금단 증상이 생기므로 중독자는 하루에
서너 차례 헤로인을 사용하고 있다(Rai & Ksir, 2003).

3) 환각제

환각제는 중추신경계를 흥분시키기도 하고 억제시키기도 하며, 때로는 흥분 작용과
억제 작용을 동시에 일으키기도 한다. 환각제는 현실에 대한 지각이나 시간에 대한 감
각의 변화 등 감각 기능을 왜곡시키고 다행감이나 이완 등을 유발한다. 대마초, LSD
등이 환각제에 포함된다.

(1) 대마초

대마초는 대마의 잎에서 생성된 것이다. 기원전 3,000년경에 중국에서 대마초를 사
용하였다는 증거가 있다. 한때 미국에서는 히피족을 중심으로 많이 사용되었다. 우리
나라에서도 일부에서 대마초의 합법화를 요구하기도 하였지만, 세계적 추세는 대마초
를 의존성이 있는 불법 마약류로 보고 단속하고 있다. 수많은 상습 사용자가 대마초에
의존하게 된다는 증거가 점점 늘어나고 있다. 연구에 따르면 대마초 상습 사용자의
1/3가량은 의존적이다. 대마초 중독은 직장이나 사회 생활을 제대로 수행할 능력을 손
상시킬 가능성이 높다(Iversen, 2006).

대마초는 대마의 잎과 꼭대기 부분을 잘게 부수어 만든 것으로 주로 파이프나 담배

처럼 말아서 피운다. 대마초를 흡입하는 것은 대마초의 활성 성분인 THC가 대뇌의 도 파민 방출을 야기하는 데 따른 심리적 영향 때문이다. 대마초는 질이 다양한데, 최근에 는 대마를 인공 재배하거나 혹은 대마초에 맛을 내고 중독성을 주기 위하여 여러 화학 물질을 첨가하여 판매되기도 한다. 이런 대마초는 대뇌와 신체 일부에 치명적인 손상 을 준다. 대마초의 심리적 효과는 가장 흔한 용량 수준에서는 진정제, 최면제 또는 알 코올과 비슷하며, 불안의 해소와 도취감을 느끼게 한다. 대마초를 복용하게 되면 평상 시보다 말과 웃음이 많아지고 명랑해진다. 더불어 환상과 생각의 비약이 일어난다. 단 기 기억력이 상실되어 최근의 일들을 기억하지 못하는 경우도 있다. 고용량의 대마초 를 사용할 경우에는 신체의 형상을 뒤틀리게 하고 주체성과 인간성의 상실을 초래한 다. 미쳐 버리지 않을까 하는 두려움과 급성 공포, 불안 반응이 나타날 수도 있다. 만성 적으로 사용하면 신체적으로는 심장질환, 고혈압, 급성 기관지염 등을 일으키게 된다 (신태용, 2004).

　대마초는 환각 작용뿐만 아니라 사람에 따라 정신병적 증상을 유발하기도 한다. 특 히 정신과적 병력이 있는 사람이 대마초를 하게 될 경우 정신병적 증상이 나타날 가능 성이 있다. 연구에서는 대마초가 신체적 의존성은 거의 없고 심리적 의존성을 가지고 있는 것으로 알려져 있다(주왕기, 1999). 대마초를 사용하면 눈이 붉게 충혈되고 눈동 자가 확장된다. 이에 중독자는 자신의 얼굴에 나타난 표시를 감추기 위하여 색안경을 자주 사용하기도 한다.

(2) LSD

　LSD(lysergic acid diethylamide)는 무취, 무미, 무색의 마약류다. 1960년대에 개발되 었는데, 맥각균에서 추출한 맥각 알칼로이드로부터 합성한 것이다. LSD는 각설탕에 LSD 용액을 한 방울 넣어서 만들거나 정제용으로 혹은 작은 사각의 압지에 LSD 용액 한 방울을 떨어뜨려 만들고, 이 종이를 씹어서 삼키는 방법으로 사용된다(신태용, 2004). LSD는 눈동자를 이완시키고 혈압과 체온을 약간 상승시키며 심장박동 수를 증가시킨 다. LSD는 강력한 환각 효과를 가지고 있으며 중독성이 강하다. LSD를 사용한 후 나타 나는 부작용 중 하나는 플래시백(flashback)이다. 플래시백은 약물을 하지 않고 일정

기간의 정상 상태를 거친 후에 약물 경험의 특정 현상이 재현되는 것을 말한다. LSD를 사용한 지 수 주일 또는 수개월 후 증상이 재현되는데, 주로 잠자기 전이나 운전 중 또는 심리적인 스트레스를 받았을 때 자주 일어난다(Rai & Ksir, 2003).

4) 흡입제

흡입제는 탄화수소류와 비탄화수소류로 구분할 수 있다. 휘발유, 본드 등은 탄화수소류에 해당되며, 에어로졸 스프레이, 이산화질소 등은 비탄화수소류에 해당된다. 흡입제는 억제제와 유사한 작용을 한다. 흡입제를 사용하면 말이 어눌해지고 잘 걷지 못하게 된다. 본드 등의 흡입제는 뇌의 세포를 손상시키기 때문에 뇌 손상이 빨리 오게 된다. 일부 성인의 경우 청소년기에 시작한 본드와 같은 휘발성 용매를 계속 사용하기도 한다.

5) 기타 약물

젊은 층을 중심으로 진해제의 일종인 러미나와 누바인, 엑스정 등의 진통제가 환각 목적으로 사용되고 있는데, 중독자의 경우 1회 용량의 10배 이상을 사용하기도 한다. 러미나와 같은 진통제를 장기간 사용하면 위궤양, 위염, 장염, 영양 결핍 등을 유발하며, 그 습관성으로 인하여 진통제를 사용하지 않는 것 자체가 머리를 아프게 할 수 있다(신태용, 2004). 최근에는 속칭 우유주사로 알려진 프로포폴과 같은 수면유도제에 중독되는 사례가 늘어나고 있다.

3. 마약류 중독의 원인

마약류 중독의 원인은 생물학적, 심리적, 사회적, 영적 요인 등으로 나눌 수가 있다. 이는 마약류 중독자의 경우에 생물학적 · 심리적 취약성을 타고난 사람이 살면서 감당하기 어려운 스트레스를 받거나 주위에서 유혹을 받을 때 그리고 영적으로 타락되었을 때 마약류 중독자가 될 수 있다는 것으로 취약성 스트레스 모델로도 설명될 수 있다. 마약류 중독의 원인을 생물·심리·사회·영적 모델로 보는 것은 치료에서도 개인의 의지에 주로 기대하기보다는 다양한 방법을 통합해서 치료하는 것이 효과적임을 시사한다.

1) 생물학적 원인

최근의 언론보도에서 니코틴 중독자가 대뇌의 특정 부분이 손상된 후에는 담배를 피우고 싶은 욕구가 없어졌다고 한다(동아일보, 2007. 1. 29.). 이는 중독이 대뇌의 특정한 기능과 관련됨을 시사하는 것이다. 중독은 일차적으로 생물학적 입장에서 이해해야 한다. 마약류 중독은 유전적 요인이 있을 것으로 본다(Cadoret, Troughton, O'Gorman, & Heywood, 1986). 알코올 중독자의 경우 알코올 중독자 부모를 둔 자녀는 그렇지 않은 자녀보다도 중독에 빠질 가능성이 거의 4배 이상이다.

마약류 중독의 생물학적 원인 중의 하나는 중독이 신경전달물질인 도파민, 세로토닌 등과 관련된다는 것이다. 특히 뇌의 도파민계는 뇌의 보상 기제의 핵심이며 마약류 중독에 있어 주요 쟁점이다. 도파민의 뇌 보상과 강화와 관련되는 모든 마약류 남용이 뇌의 중격의지핵에서의 도파민 생성을 증가시킨다는 것이다. 마약류 사용으로 인한 도파민의 증가는 약물 투여 직후에 일어나며 강한 쾌감과 관련된다. 다양한 약물의 오남용이 서로 다른 기제로 작용하지만, 모두 연접도파민을 증가시킨다는 점에서 공통적이다. 이것은 항경련 약제 중의 하나로 GABA 아미노기 전이효소의 비가역적 억제제인 비가바트린(vigabatrin)을 사용하여 GABA의 수준을 강화시키는 방법으로 약물의 오남용을 조절할 수 있다는 것, 그리고 마약류 중독에 있어서도 도파민의 뇌 기능을 보충하는 데 도움이 되는 약물이 마약류 중독자의 치료에 사용될 수 있다는 것을 시사한다(정용인, 김대진, 2006). 그러나 마약류 중독의 원인을 생물학적 관점으로만 볼 수는 없다. 마약류의 효과는 마약류 자체의 약리학적 특성도 있으나 개인의 기대심리가 영향을 미칠 수 있다. 또한 생물학적 관점으로만 마약류 중독자를 보기 시작하면 중독자의 의지력이나 동기 등 심리적 현상과 중독자가 속한 사회문화적 영향을 간과할 수 있어, 마약류 중독자에 대한 효과적 치료에 도움이 되지 않는다.

2) 심리적 원인

(1) 학습이론

학습이론에서는 마약류 중독자가 마약류를 할 때 쾌감이 상승되고 고통이 사라지는 것을 경험하기 때문에 중독자가 된다고 본다. 마약류 중독자는 마약을 함으로써 쾌감을 얻을 수 있다고 보기에 지속적으로 마약류를 찾게 된다. 중독자가 마약류를 통하여 쾌감을 얻게 되는 것은 정적 강화로 설명할 수 있다. 또 마약류 중독자가 마약류를 함으로써 금단 증상과 같은 고통이나 불쾌함을 피할 수 있는 것은 부적 강화로 설명할 수 있다. 학습이론의 관점에서 마약류 중독자는 정적 강화와 부적 강화를 얻기 위하여 마약류를 찾게 되는 것으로 본다. 그리고 이러한 정적 강화와 부적 강화는 마약류를 지속적으로 사용하게 하는 주요한 요인이 된다.

(2) 정신역동적 이론

정신역동적 이론에서는 마약류 중독자를 초기 아동기의 구강기에 고착된 것으로 설명하고 있다. 또한 중독자는 발달 단계에서 유아의 생명 유지에 필요한 나르시시스적 요구가 충족되지 못하고 존중이나 관심, 신뢰감 등이 형성되지 못해서 나르시시스적 손상이 있는 것으로 추정하고 있다. 어렸을 때 부모−자녀 관계에서 손상된 대인관계는 자기 자신에 대한 파괴적인 양식으로 나타날 수 있다. 중독자의 경우 대인관계 기술이 부족한 사람이 많은데, 이는 발달 초기의 부적절한 양육과 나르시시스적 손상의 장기적 결과로 볼 수 있다. 중독자가 보여 주는 낮은 자존감, 무가치감, 효율적으로 일하고 사랑할 수 없는 것, 만성 우울증 등은 중독자의 내적 갈등의 일부로 볼 수 있다. 초기의 발달 단계에서 나르시시스적 손상을 경험하면 학업 성적의 부진, 직업의 실패, 이성 교제의 실패, 배우자와의 부적절한 관계, 자녀에 대한 부모 역할의 어려움 등을 보이게 되고, 이는 마약류를 남용하게 만드는 하나의 요인이 된다(김혜숙, 김순진, 송종용, 최은영, 1994).

　　마약류 중독에서 더 중요한 요인은 애정 결핍이라고 볼 수 있다. 이유섭(2004)은 마약류 중독자는 상처, 무기력, 죄책감, 열등감 등으로 창의성과 자신감을 상실하였기 때문에 자기도취에 빠지게 되고, 타자의 환영 속에서 자기 자신만을 사랑할 뿐이라고 하였다. 마약류 중독자는 마약류를 통해서 환상화된 자기만족, 자기도취, 나르시시즘을 즐긴다고 볼 수 있다. 보통 사람은 이웃을 향해 리비도의 활력과 생동감을 표현하지만, 마약류 중독자는 유일한 사랑의 대상, 성적 대상으로 자기 자신을 선택하고 모든 리비도를 자기 자신에게만 쏟는다. 성적 과대의 평가 상대는 자기 자신일 뿐이다. 마약류 중독자는 마치 어린 시절에 엄마 품 안에 안주해 있는 아기처럼 마약류 중독이라는 덫에서 헤어나지 못하고 있다(이유섭, 2004).

　　마약류를 하는 사람은 마약류 자체에 대한 선호가 있지만, 그 기저에는 해결되지 않는 욕구와 갈등이 억압되어 있기에 마약류를 하지 않더라도 다양한 중독에 빠질 가능성이 있다. 마약류 중독자는 알코올 중독자, 도박 중독자, 섹스 중독자, 일 중독자, 운동 중독자로 바뀔 수 있는데 이를 '스위치 중독'이라 한다. 마약류나 술을 끊는 동안 중독자가 담배를 더 많이 피우거나 커피를 더 자주 마시는 것은 흔한 현상이다. 특히 단약이나 단주 중에 어떤 것에 몰두하는 경우가 많다. 이러한 스위치 중독은 스위치만 눌러 방향이 바뀌었을 뿐 완전히 없어지지 않았다는 것이다. 다시 말해, 바탕에 깔린 인격이 변하지 않고 스위치만 다른 방향으로 누르고 있다는 것이다(신정호, 2006). 그러나 마약류 중독자가 자신에게나 사회적으로 덜 해롭고 좀 더 건전하고 바람직한 방향으로 스위치를 옮겨 가는 것만으로도 치료적 효과가 있는 것으로 볼 수 있다.

3) 사회적 원인

　　마약류 중독의 원인을 사회적 관점에서 살펴보는 것은 중요하다(Petry, Alessi, Marx, Austin, & Tardif, 2005). 사회적 요인은 가정의 문제, 동료집단의 문제, 학교의 문제, 사회경제적 문제, 문화와 가치관의 문제로 나누어 볼 수 있다.

(1) 가정의 문제

마약류 중독자는 가정에 문제가 있는 경우가 많다. 대부분의 가정에는 구조적 면에서의 문제보다는 기능 면에서 문제가 있다. 부부간에 관계가 좋지 않고 일관된 아버지상이 없는 경우 자녀가 마약류를 남용할 가능성이 있다. 어렸을 때 부모가 신체적 혹은 성적으로 학대했을 경우에도 마약류 중독에 빠지기 쉽다.

(2) 동료집단의 문제

동료집단의 유혹이나 권유로 마약류 중독에 빠질 수 있다. 청소년의 경우 함께 놀던 친구 중 하나가 술이나 담배를 하면 그 주위의 친구들은 대부분 술이나 담배를 하게 된다. 마찬가지로 같이 놀던 친구가 대마초를 하게 되면 그 집단은 대부분 대마초를 하게 된다. 또 대마초를 하는 동료집단에서 누가 필로폰을 하기 시작하면 그 집단의 대부분은 필로폰을 하는 경우가 있다.

(3) 학교의 문제

학생은 학교에서 교사나 친구에게서 소외받고 학업 부진으로 열등감을 갖게 되면 술이나 담배, 마약류 등으로 위안을 찾으려는 경향이 있다. 따라서 학교에서 교사는 학생들을 중독으로부터 보호하기 위해서 학업 부진 학생과 문제 학생에게 더 많은 관심과 배려를 가져야 한다. 또 학교 주변 환경을 정화해야 한다. 학교 주변에서 술이나 담배를 파는 것 등을 금지해야 한다. 어렸을 때 술이나 담배를 하면 나중에 성장한 이후 마약류 중독에 빠질 가능성이 많기 때문이다.

(4) 사회경제적 문제

낮은 사회경제적 문제는 마약류 중독과 상관이 높다. 사회경제적 수준이 낮을 경우 마약류 중독에 빠질 가능성은 그렇지 않은 사람에 비하여 훨씬 더 크다. 미국에서 마약류 중독은 가난과 인종차별에 의해서 증가되고 있다. 미래에 대한 희망이 없고, 마약류를 주위에서 쉽게 구할 수 있으며, 마약류에서 벗어나고자 하는 개인의 동기가 없다면, 가난한 사람들은 마약류를 하게 될 가능성이 많다. 마약류를 하게 되는 가장 큰 원인 중의 하나는 가난과 인종차별이다(Alloy, Riskind, & Manos, 2010). 따라서 마약류 중독자의 재활에서는 경제적 어려움을 해결해 주는 것이 기본이 되어야 한다고 본다.

또, 우리나라에서 인터넷이나 스마트폰의 보급이 확대되고 있어 일부 소외감을 느끼는 청소년 등이 인터넷이나 스마트폰으로 해외 직구를 하고 마약류 제조와 사용에 대한 정보를 얻기도 하여 마약류 중독으로 빠져들 위험성이 있다.

(5) 문화와 가치관의 문제

사회문화가 물질적이며 이기적이고 쾌락적이며 장기적인 것을 고려하지 않는 분위기로 바뀌게 되면, 대다수의 사람은 순간적으로 자신에게 가장 강력한 쾌감을 주는 것들을 찾게 된다. 그럴 경우 마약류를 남용하는 사람이 많아지게 된다. 쾌락적이고 물질적인 것을 강조하는 사회일수록 중독자가 많이 발생하게 된다.

4) 영적 원인

영적 면에서 중독은 인간성이 가지고 있는 나약함과 관련된다. 인간이 하느님이나 영적 대상을 바라보지 않고 타락하였을 때 중독자가 될 수 있다. 신학적으로 볼 때 중독의 본질은 인간이 유혹을 이겨 내지 못한 것에서 시작된다. 유혹을 받은 다음 중독자는 자기 자신을 합리화하면서 스스로를 속이게 되고, 나아가 자기 의지대로 중독 행위를 제어할 수 없는 단계를 거쳐 마침내 마약류에 의해 지배당하게 된다. 중독은 처음에 인간이 죄악의 마음을 가지고 스스로 선택한 것이다. 그렇지만 이러한 선택이 반복되어 마약류가 그 사람을 속박하게 되면, 인간은 더 이상 선택할 수 있는 자유인이 아니라 마약류 중독에 속박된 노예, 즉 '적대적 상태'가 된다. 이런 이유로 마약류 중독자를 정죄하거나 외면하거나 혹은 꾸짖기보다는 연민의 감정을 가지고 도움을 주어야 한다(양병모, 2004). 영적 입장에서는 마약류 중독자가 중독이 되면 더 이상 혼자 힘으로는 어쩔 수 없는 존재가 되어 버리기 때문에 영적인 도움이 절실해진다고 본다.

4. 마약류 중독에 대한 예방과 상담

1) 예방

마약류 중독에 대한 가장 좋은 치료방법은 예방이다. 일반인들에게 마약의 심각성을 알리고 마약류의 해악을 파악하여 마약류 확산을 예방하는 것이 무엇보다 중요하다(이보영, 이무선, 2012). 특히 마약류 중독에 빠질 가능성이 있는 사람을 미리 선별하고 그들에게 예방교육을 시키는 것이 효과적이다. 부모, 친척, 친구가 마약류 중독자이거나 주변 환경이 마약류의 유혹이 많을 경우에는 특별한 관심을 가지고 철저히 예방해야 한다.

대부분의 마약류 중독자가 청소년기에 술이나 담배 등 비교적 가벼운 것으로 시작하기 때문에, 청소년이 술이나 담배를 하지 못하게 하고 주변 환경을 중독물질에서 멀어지게 해야 한다. 또한 술이나 담배, 마약류 남용에 대한 예방교육을 자주 실시해야 한다.

마약류 남용 예방교육에는 마약류 중독의 개념, 마약류의 종류, 마약류가 정신 및 신체에 미치는 영향, 마약류 치료방법, 유혹할 때 거절하기와 같은 사회기술 훈련 등이 포함되어야 한다(O'Connor et al., 2006). 특히 예방교육에서는 마약류 남용으로 있을 수 있는 피해에 대해서 강조해야 한다. 마약류 중독에 대한 예방이 잘되었는지의 여부는 청소년이 마약류에 빠질 위험 요인이 얼마나 감소되었는지, 또는 보호 요인이 얼마나 증가되어서 결과적으로 청소년의 마약류 남용이 얼마나 감소하였는지로 평가할 수 있다(Halfors et al., 2006).

청소년의 약물 복용 행동에 대한 위험 요인은 청소년이 부모와의 관계가 좋지 않은 것, 학교에 잘 가지 않는 것, 여러 문제를 잘 일으키는 것, 약물 복용을 하기 쉬운 환경에 있는 것 등이다. 주요 보호 요인은 온전하고 긍정적인 가정환경과 긍정적인 교육 경험, 전통적인 또래관계, 긍정적인 태도 및 신념 등이다. 보호 요인이 많을수록 청소년이 마약류에서 멀어질 수 있다(Levinhal, 2008). 청소년의 마약류 남용을 예방하기 위해서는 보호 요인을 더 강력하게 하고 위험 요인을 가진 청소년에 대한 철저한 보호와 관심으로 약물 예방교육이나 환경적 개입이 있어야 한다.

마약류 중독에 대한 예방에서 주의해야 할 점은 예방교육이 오히려 청소년에게 마약류에 대한 호기심을 불러일으키지 않도록 해야 한다는 것이다.

(1) 가정에서의 예방

부모는 자녀가 올바른 가치관과 주체성을 형성하도록 도와주어야 한다. 부모는 자녀가 어릴 때부터 본받을 수 있도록 자기 역할을 다하는, 책임감 있는 생활을 스스로가 먼저 실천해야 한다. 부모 스스로가 가족과 함께 올바르고 행복하게 사는 모습을 보여주는 것이 가장 좋은 예방방법이다. 부모는 자녀에게 자기를 존중하는 것, 타인의 입장을 이해하고 배려하는 것, 대화기술, 사회예절 등을 가르쳐야 한다. 또 자녀가 올바르게 생각하고 규칙에 따라 바른 행동을 하도록 가르쳐야 한다.

부모가 마약류 중독에 빠져 있거나 또는 쾌락 지향적인 삶을 살고 있거나 가치관이 혼란된 모습을 보인다면 자녀가 이를 본받아 나중에 마약류 중독자가 될 가능성이 있다.

부모는 자녀에게 술, 담배, 마약류의 위험성을 경고하고, 자녀가 술과 담배를 멀리하도록 교육해야 한다. 만약 자녀가 중독의 위험성을 보이는 경우는 전문가에게 빨리 의뢰하여야 한다(신태용, 2004). 부모가 자녀에게 건전한 놀이나 재미있는 일을 찾도록 도움을 주는 것도 예방에 도움이 된다(Jarvis, Tebbutt, Mattick, & Shand, 2006). 자녀가 사회적으로 바람직한 일을 했을 경우는 즉각적인 보상을 해 주는 것이 좋다. 자녀가 잘못된 행동을 했을 때에는 그러한 행동에 대한 책임을 스스로 지도록 교육해야 한다. 자녀에게 하루 일과와 주간 일정표 계획을 짜게 하고 그것을 지키도록 한다. 가정에서 이런 책임과 규칙의 준수가 몸에 배게 되면, 자녀는 자연스럽게 사회와 국가의 법과 질서를 지킬 수 있으며 마약류 남용에서 멀어지게 된다.

중독의 위험이 있는 자녀와의 적절한 대화방법의 예는 다음과 같다.

• 자녀와 대화하기 좋은 시간과 장소를 정한다.
• 자녀의 말에 경청하고 공감한다.

- 자녀에게 구체적이며 명확하고 행동적인 내용의 목표를 설정해서 말한다.
- 자녀가 자신의 중독 문제를 부인하거나 공격적인 태도를 보일 가능성이 있음을 알고 대비해야 한다.
- 비난조의 말투보다는 나 전달법(I-message)을 사용한다.
- 가능한 한 인정과 격려의 말을 자주 한다.

(2) 학교에서의 예방

초등학교부터 고등학교에 이르기까지 학교에서 정기적으로 마약류 중독의 위험성을 알리는 교육이 시행되는 것이 바람직하다. 마약류 중독 등 중독 문제를 예방하기 위해서는 근본적으로 우리나라의 교육제도가 인성교육을 강조하는 분위기를 형성해야 하고, 학생이 올바른 가치관을 가지도록 해 주어야 한다. 특히 공부를 잘하지 못하거나 가정적으로 어려운 형편에 있는 학생에게는 특별한 관심과 격려가 필요하다. 학교에서는 마약류 사용에 따른 위험성, 마약류를 권유할 때 거절하는 방법 등을 교육해야 한다. 초등학교부터 대학에 이르기까지 각 연령층에 맞추어 적절한 교육을 실시해야 한다. 일반적으로 시청각교육이나 토론 등의 방법을 사용하는 것이 좋다.

유치원에서는 동물을 그린 그림 자료나 인형 등 아동이 좋아하는 자료를 사용하여 마약류의 위험성에 대해 교육하는 것이 효과적이다. 초등학교에서는 마약류에 대한 위험성, 마약류의 종류, 마약류 거절하기 등에 대해서 시청각 자료를 중심으로 교육하는 것이 좋다. 중·고등학교에서는 마약류에 대한 정의, 마약류가 대뇌에 미치는 영향, 마약류가 신체에 미치는 영향, 마약류의 유혹에서 벗어나기, 마약류를 거절하기 등을 중심으로 교육하는 것이 좋다(한국마약퇴치운동본부, 2005).

마약류 남용에 대한 예방교육이 더욱 효과적이기 위해서는 먼저 학생들과 질의 응답하는 시간을 많이 가져야 한다. 둘째, PC 기자재를 이용하여 교육용 동영상 자료를 보여 주는 것이 좋다. 셋째, 학교에서의 연간 교육 시간을 의무화하는 방안이 마련되어야 한다. 넷째, 한국마약퇴치운동본부에서 약물 예방교육 전담부서를 설치하여 예방과 관련된 전문가를 체계적으로 관리해야 한다. 다섯째, 학생들이 이해하기 쉽고 재미있는 교육용 동영상 자료가 제작되어야 한다. 마지막으로 예방교육 전문가를 양성하기 위한 지속적인 교육이 필요하다(김선오, 2006). 학생들을 대상으로 하는 예방교육에는 필름이나 비디오 등 시청각 자료를 많이 활용하여 마약류가 신체에 미치는 악영향을 실제로 보여 주고 마약류 중독에 대한 경각심을 일으켜야 한다.

(3) 사회에서의 예방

마약류 중독의 예방을 위해서는 우리 사회가 일자리를 많이 마련해 주고 직업을 가지도록 하며 교육의 기회를 제공해야 한다. 더불어 우리 사회에서 소외받고 차별받는 사람이 없도록 해야 하며, 우리 사회가 건강하며 신뢰할 수 있고 행복한 분위기가 되도록 지도층부터 솔선수범해야 한다. 우리 사회가 건강하고 성숙해지면 마약류 중독자도 자연스레 줄어들게 된다.

교도소에 수감되어 있는 등 법적인 절차 중에 있는 단순 투약자인 경우 격리된 일정한 곳에서 적극적인 치료를 받도록 해야 한다. TV, 인터넷, 잡지, 라디오 등 다양한 매체를 사용하여 예방교육을 실시해야 한다(Goldberg, 2003). 마약류 중독의 예방을 위해서는 우리 문화가 가지고 있는 좋은 전통과 가치관을 계승하고 약물이나 다른 중독 대상에 의존하지 않고서도 개인이 즐겁고 행복할 수 있는 것을 찾게 하는 참교육이 필요하다.

2) 마약류 중독자에 대한 상담 및 치료

마약류 중독이나 알코올 중독자에 대한 상담은 중독자가 오랜 기간 약물을 사용하여 대뇌를 비롯한 신체 부분에 이상이 있을 수 있음을 알고 진행해야 한다. 상담자는 중독자가 금단 증상을 보이거나 망상장애 혹은 심한 우울증 등을 보일 경우에는 일차적으로 정신과 전문의 등 관련 전문가에게 의뢰하여 협조를 구해야 한다. 만약에 중독자가 마약류를 하는 것이 그 개인의 환경적 문제와 깊이 관련되어 있다면 관련 전문기관의 협조를 구하여 환경에 개입할 수 있다.

마약류 중독자에 대한 치료는 마약류 사용을 감소시키고 마약류 사용과 관련된 사회적 비용을 감소시키는 데 있어 단순 투약자를 구속하는 것보다 훨씬 경제적이다. 치료는 중독자를 치료하지 않거나 단지 중독자를 감금하는 것보다 비용이 적게 든다(조성남, 2004). 그러나 아직까지 마약류 중독자를 적극적으로 치료하고 재활하게 하는 법적 제도나 분위기가 형성되어 있지 않아 많은 단순 투약자들이 재발하고 만성 중독자가 되기도 한다. 현재는 주로 법적인 문제와 관련되어 상담이 시작되고 있는데, 우리나라도 미국 등 선진국과 같이 마약류 중독자를 위한 치료 공동체 등 적극적인 치료제도가 하루빨리 도입되어야 한다. 그런 의미에서 법무부 심리치료과의 역할이 크다고 본다. 마약류 중독자의 효과적 상담을 위해서는 중독자의 자발적 방문을 기다릴 필요가 없으며 상담자가 중독자를 만나는 순간부터 상담이 시작될 수 있도록 해야 한다.

마약류 중독 상담에서 상담자는 처음부터 상담의 목표를 완전한 단약이나 새로운 인간성의 형성에 두게 될 경우 좌절감과 실망감을 느낄 수 있다. 그러나 상담의 목표를 현실적으로 세우게 되면 좌절감을 적게 느낄 것이다. 마약류 남용자가 이전과 달리 마약류를 남용할 때 죄책감을 가지거나, 몇 개월 혹은 몇 주 동안이라도 마약류를 남용하지 않거나 남용하던 마약류의 양을 줄이거나, 직업을 가지려는 동기를 갖게 되는 것만으로도 상담의 효과가 있다고 볼 수 있다.

중독자가 바닥을 치거나 단약하려는 동기가 있을 때에는 상담이 잘 진행된다. 마약류 중독 상담에서는 중독자의 삶의 문제, 영적 문제를 함께 다루어 주는 것이 좋다. 중독자라는 관점에서만 보려고 하지 말고, 삶의 문제나 고통 회피, 쾌락의 추구, 마약류 섭취에 대한 자기 합리화, 희망의 상실, 직업의 부재, 유혹적 환경 등 총체적 문제로 보고 접근할 수 있어야 한다.

(1) 상담자의 태도

중독 상담에서는 상담자의 태도와 인간적 자질이 중요하다. 상담자는 고통받는 중독자나 가족을 적극적으로 돕고자 하는 마음이 있어야 한다. 상담자는 마치 친구와 같은 태도로 중독자를 대할 수 있어야 하며 한 개인으로서 존중감을 표현해야 한다.

마약류 중독 상담자는 상담과정에서 일어나는 어려움과 기쁨을 있는 그대로 받아들일 수 있어야 하며, 우선은 중독자가 변화하려는 동기가 없어 보여도 언젠가는 변화될 것이라고 믿고 관심과 존중을 보여야 한다. 상담자는 중독자가 자신의 문제를 이해하고 변화하려고 할 때까지 참고 기다릴 수 있어야 한다.

　마약류 중독 상담자는 중독자를 상담할 때 중독자의 사적인 비밀은 보장하되, 자신이나 타인을 해칠 우려가 있는 부분에서는 비밀을 보장할 수 없다고 밝혀야 한다. 그러나 다른 사람에게 알리기 전에 중독자에게 그 사실을 먼저 알리겠다고 말해야 한다. 상담자는 마약류 중독 상담의 제한점을 알려 주어야 한다. 마약류를 복용했거나 음주를 했을 경우, 그리고 사적인 만남을 요구할 경우에는 상담자를 만날 수 없음을 미리 알려 주어야 한다(Beck, Wright, Newman, & Liese, 1993).

　상담자는 따뜻하면서 공감적이고 겸손해야 하며 신뢰감이 있어야 한다. 또한 말과 행동이 일치되고 정직해야 한다. 한편으로 상담자는 마약류 중독자를 있는 그대로 잘 보고 중독자에게 조종당하지 않도록 하는 등 강한 모습을 보여 주는 것도 중요하다.

　초기 회복자를 대상으로 상담할 경우에는 강화와 벌, 모델링 같은 행동치료적 방법을 적절히 사용하는 것도 좋다. 상담자는 중독자가 보이는 상담의 거부나 재발에 대한 좌절감과 실패감을 견뎌 내고, 실패의 경험을 통하여 배우고 다시 새롭게 시작할 수 있는 용기를 가져야 한다. 중독자가 재발하는 것이 자연스럽다는 것을 알고 함께 있어 주고 공감해 주어야 한다.

　상담자는 때로는 중독자가 겪고 있는 문제에 대해 직접적으로 제시해 주고 지시할 수 있어야 한다. 상담자는 중독자의 부인이나 양가감정, 저항, 마지못함이나 두려움 등을 극복할 수 있도록 도와주어야 한다. 한계를 설정하고 건설적인 피드백을 통하여 동기를 향상시켜야 하고, 때로는 동료 중독자의 피드백을 통하여 도움을 받도록 해야 한다(권도훈, 2001).

　반사회적 성향을 수반한 중독자의 경우는 행동치료적 접근을 하는 것이 효과적일 수 있다(Neufled et al., 2008).

　중독 상담자는 상담자로서 전문적인 자질 향상을 위해 노력을 아끼지 않아야 한다. 상담자는 마약류 중독에 관한 생물학적 지식, 마약류 관련법, 마약류 중독과 관련된 최근의 치료 지식 등을 알고 있어야 한다. 특히 마약류 중독과 관련된 생물학적 지식이 풍부해야 하며(서유현, 2006), 항상 공부하고 연구하는 자세를 가져야 한다(박상규, 2003).

마약류 중독 상담자는 마약류 중독에 대한 이론적 지식이나 일반 상담 경험뿐만 아니라 마약류 중독자를 상담한 경험이 많아야 한다. 마약류 중독자가 가지고 있는 특성을 잘 이해하고 있어야 중독자가 보이는 여러 행동에 잘 대처할 수 있다. 중독에서의 회복이 중독자의 의지만으로는 해결이 어렵다는 사실을 알고 있어야 하며, 중독자가 보이는 자신의 문제에 대한 부인이나 변화에 대한 동기 부족 등이 중독 자체의 특성임을 알고 인내할 수 있어야 한다.

마약류 중독 상담자는 자기 자신을 있는 그대로 보고 수용할 수 있어야 한다. 중독자를 대하기에 앞서 자신의 마음을 잘 알아차리고 수용할 수 있어야 한다. 상담자는 자신의 강점 또는 방해 요소가 무엇인지를 잘 파악하고 있어야 한다.

마약류 중독 상담자는 올바른 삶의 모델이 되어야 한다. 수행자, 구도자로서의 삶의 태도를 가지고 자신의 성장을 위해서도 노력을 아끼지 않아야 한다. 중독에서의 회복을 위해서는 개인의 영적 성장이 필요한 만큼, 상담자 자신의 영적 성숙은 중독자의 회복에 많은 도움이 된다.

(2) 마약류 중독자를 대상으로 한 집단상담

치료에 대한 동기를 가진 사람들을 대상으로 한 집단상담은 효과가 크다. 그러나 대부분의 중독자의 경우 자신이 중독되었다는 것을 부인하며 치료에 대한 동기가 낮은 편이다. 중독자는 마약류를 통해 강력한 쾌감을 맛보았기 때문에, 그 쾌감을 계속 느끼고 싶은 마음에 자신이 중독자라는 사실을 부인한다. 그러나 집단상담을 통해서 다른 중독자가 자기의 중독 문제를 부인하는 것을 관찰하여 자신의 문제를 깨닫게 된다. 마약류 중독자의 특성상 상담자가 말하는 것은 거부하는 경향이 있으나 마약류 중독자에게는 일치감을 갖고 공감하는 경향이 있다. 집단상담에서 중독자들은 자신이 경험하고 있는 유사한 문제들을 서로가 함께 나누고 서로에게 지지를 받음으로써 단약할 수 있는 동기를 갖게 된다. 또한 집단상담을 통하여 표현력이 향상되며 단약에 대한 유익한 정보를 얻을 수도 있다.

집단상담의 인원은 보통 10명 내외가 적당하며 일주일에 2회 정도 실시하는 것이 효과적이다. 집단상담의 효과를 높이기 위해서는 같은 종류의 마약을 사용하는 집단끼리, 단순 투약자의 경우는 단순 투약자끼리 모아서 상담을 실시하는 것이 좋다.

또한 집단상담에서는 마약류 중독자가 살아온 생활환경이나 자아 강도를 고려해야 한다. 중독자가 자신이 살아온 환경의 영향을 알게 되고 그 환경의 영향에서 벗어나고자 하는 동기가 강하면 집단상담의 효과가 상승된다.

반사회적 성향이나 경계선적 성향이 강하거나 혹은 대인관계가 매우 위축되어 있는 사람의 경우는 집단 내에서 유대감을 형성하기 어려워 상담의 효과가 나지 않을 수 있다. 이런 경우에 상담자는 특별히 그런 사람들에 대하여 주의를 기울이고 다른 집단원에게 방해가 되지 않도록 조치를 취해야 한다. 집단에서 심하게 방해가 되는 사람은 따로 상담을 하거나 다른 전문가의 협조를 얻도록 한다(김혜숙 외, 1994).

집단상담의 효과를 얻기 위해서는 필요한 경우 집단상담이 끝난 다음에 따로 개인상담을 하는 것이 효과적이다. 개인상담은 집단상담에서 부족했던 부분을 보충할 뿐 아니라 마약류 중독자가 집단에서 고백하기 어려운 자신의 문제를 개인상담에서는 솔직하게 이야기할 수 있어 치료에 도움이 된다.

(3) 상담개입

단순 투약자나 치료받을 의사가 있는 마약류 중독자의 경우는 적극적인 치료 및 보호 처분을 받도록 해야 한다(예상균, 2014). 마약류 중독자가 자발적으로 상담을 받으려는 경우는 거의 드문 편이다. 그러나 중독자가 자발적이 아니고 법적인 문제로 의뢰되어 왔더라도 상담자는 이런 기회를 놓치지 않고 잘 상담해야 한다. 대부분의 마약류 중독자는 법적인 문제로 상담을 받는 것이 현실이다. 마약류 중독자를 상담하는 방법에는 여러 가지가 있지만, 주로 많이 사용되는 개입방법에는 동기강화 상담, 인지행동적 상담, 현실요법적 상담, 정신역동적 상담, 인본주의적 상담, 자기사랑하기 프로그램 등이 있다. 최근 박상규(2008, 2016)는 동양적 수행방법을 중독자의 태도에 많이 활용하고 있다.

① 동기강화 상담

동기강화 상담은 중독자가 변화하려는 동기를 갖도록 하는 데 효과적이다. 동기강화 상담은 상담의 초기에 또는 상담과정에서 중독자가 변화를 위한 결정을 내리기 힘들어할 때 사용할 수 있다. 하지만 구체적인 동기강화 상담은 중독자가 양가감정을 가지고 있을 때 사용하는 것이 효과적이다(Jarvis et al., 2006). 동기강화 상담의 목적은 중독자가 자신의 문제를 깨닫고 스스로 진술하도록 유도하는 것이다. 동기강화 상담은 마약류 중독에 대한 책임과 변화의 가능성이 중독자 내부에 있다고 가정한다. 상담자의 과제는 중독자 자신의 변화에 대한 동기와 약속을 강화시킬 수 있는 일련의 조건들을 설정하고 창출해 내는 것이다.

동기강화 상담의 정신은 협동정신, 유발성, 자율성이라 할 수 있다. 협동정신은 내담자의 관점을 존중하고 내담자와 파트너 정신으로 일해 나가는 것이다. 상담자는 내담자를 억지로 변화시키기보다는 변화하도록 분위기를 조성한다. 유발성은 변화에 대한 동기가 내담자의 마음속에 자리 잡고 있다는 것이다. 그래서 내담자의 느낌, 관점, 인생 목표, 가치관을 이용하여 내담자의 변화 동기를 강화시킨다. 자율성은 내담자가 스스로 자신의 일을 선택하고 결정할 수 있는 선택의 자율권과 능력이 있다는 것이다. 상담자는 이 선택 자율권을 촉진시킨다(Miller & Rollnick, 2006).

동기강화 상담은 공감 표현하기, 불일치 키우기, 저항에 맞서지 않기, 자기효능감 지지하기 등의 네 가지 기본 원리를 포함하고 있다. 동기강화 상담의 초기에는 수용과 신뢰의 분위기를 형성하여 중독자가 자신의 문제를 탐색할 수 있도록 해 주어야 한다. 초기 단계에서는 주로 중독자가 말하고, 상담자는 경청하면서 용기를 북돋워 주고 격려하게 된다. 이때는 특히 반영적 경청이 중요한데, 이는 중독자가 말한 내용이나 말하지 않은 내용을 좀 더 깊게 의식적으로 생각해 보는 것이다. 다음에는 중독자를 인정하고 지원해 주는 것이 중요하다. 또한 중독자가 말한 내용을 요약해 주어야 한다. 요약은 생각을 정리하게 해 주고 말 전체를 연결하고 말한 내용을 강화시켜 주는 역할을 한다.

동기강화 상담에서는 변화를 끌어내기 위한 여러 방법이 사용될 수 있다. 이를테면 중독자가 현 상태를 계속 유지하는 것에 대한 불이익을 깨닫도록 하는 것, 변화의 좋은 점을 깨닫도록 하는 것, 변화 가능성에 대한 낙관적 표현과 변화 의지에 대한 표현을 하도록 하는 것 등이다. 중독자는 자신이 변화하려는 이유를 말하고 정리함으로써 자신의 삶의 목표와 현재의 차이를 알게 되고, 변화하려는 의지가 생길 수 있다. 동기강화 상담에서 가족이나 중요한 타인을 상담에 포함시키면 상담의 효과를 높일 수 있다. 동기강화 상담에서는 중독자에게 흔히 일어나는 재발을 긍정적 변화의 기회로 인식하기도 한다(전영민, 조성민, 강경화, 송수진, 2006; Miller & Rollnick, 2006).

② 인지행동적 상담

마약류 중독자에 대한 인지행동적 상담은 가장 잘 알려진 상담의 하나다(Marlatt & George, 1984). 인지행동적 상담은 마약류와 관련된 중독자의 생각과 감정을 바꾸도록 도와주는 것이다. 마약류 중독자가 가지고 있는 마약류와 관련된 믿음과 자동적 사고를 찾아내고, 이런 믿음과 사고가 마약류를 하게 만드는 원인이 되었음을 이해하도록 하여 마약류 중독자가 회복될 수 있도록 돕는 것이다.

마약류 중독자는 [그림 3-3]에서와 같이 마약류와 관련하여 잘못된 믿음과 사고 및 욕구를 가지고 있다. 마약류 중독자는 경제적으로 힘들어질 때 '나는 무력하다.'는 믿음이 활성화되고, 이러한 믿음으로 '나는 아무런 희망이 없다.'는 자동적 사고가 일어난다. 이어서 '마약류를 해야지.' 하는 욕구가 일어나며, '마약류를 하면 기분이 좋을 텐데.' '마약류를 하지 않는다고 더 나아질 것이 없을 거야.'라는 허용적인 생각을 하고 마약류를 구하게 되며, 결국 지속적으로 마약류를 사용하게 된다(Beck et al., 1993).

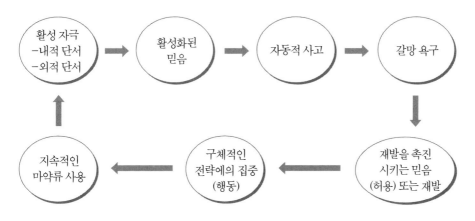

그림 3-3 마약류 사용의 전체 모델(Beck et al., 1993)

인지행동적 상담에는 두 가지 기본적인 과제가 있다. 중독자가 마약에서 회복하도록 돕는 것과 일상생활을 잘하도록 하는 것이다(Beck et al., 1993).

인지행동적 상담에서는 마약류 중독자가 어떤 상황을 부정적인 관점에서 해석하였기 때문에 외롭고 우울해서 마약류를 찾게 된다고 가정한다. 인지행동적 상담에서는 중독자로 하여금 마약류를 하고 싶은 상황에서 순간적으로 떠오르는 생각이 무엇인지를 알게 하고 그 생각이 왜곡되었음을 깨닫게 한다. 더불어 그 생각은 과거 자신의 경험이나 자기의 기대, 가정, 원칙에 의해서 영향을 받았음을 알게 한다. 인지행동적 상담에서는 중독자가 마약류를 남용하기보다는 현실적이고 합리적으로 자기에게 도움이 되는 방식으로 행동하도록 돕는다. 그래서 중독자가 중독의 습관을 버리고 효율적이고 건강한 적응방식을 배우게 되는 것이다.

인지행동적 상담에서는 마약류와 관련된 인지적 왜곡을 바로잡도록 도와주기 위해 주로 소크라테스식 논답법을 사용한다. 소크라테스식 논답법을 통하여 중독자는 자신의 자동적 사고나 사고의 틀이 현실적이며 논리적으로 타당한가를 평가한다. 마약류 중독자에게 사용할 수 있는 대표적인 기법에는 이익과 불이익의 분석이 있다. 이 방법은 중독자에게 마약류를 할 경우 얻게 되는 이익은 무엇이고 잃게 되는 손실은 무엇인지를 다시 정리하도록 하는 것이다. 이때 [그림 3-4]와 같은 손익계산표를 사용할 수 있다.

마약류 중독자들은 자신의 문제를 과소평가하거나 혹은 마약류를 통해서 얻는 이익은 과장하고 마약류를 통해서 잃게 되는 손실은 거의 없다고 생각한다. 이익과 불이익의 대조를 통하여 마약류 중독자는 마약류로 인해서 잃어버리는 것이 훨씬 많음을 알게 된다. 이는 단약을 할 수 있는 계기가 된다. 인지행동적 상담에서 중독자에게 할 수 있는 질문의 예는 다음과 같다. "그렇게 생각할 만한 근거가 있어요?" "어떻게 해서 그렇게 생각하게 되었지요?" "그런 생각을 하는 것이 논리적으로 올바른 것입니까?" "그렇게 생각하는 것이 정말 당신에게 도움이 됩니까?" "일부분의 일을 가지고 전체적으로 판단하지는 않았나요?" "다르게 생각할 수는 없습니까?" 이러한 질문을 통해 중독자가 중독과 관련하여 왜곡된 생각을 하고 있음을 깨닫게 해서 고치도록 도와주는 것이다.

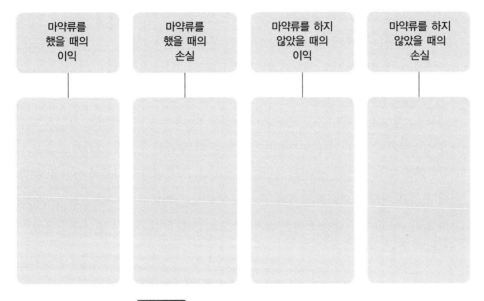

그림 3-4 마약류 남용에 대한 손익계산표의 예

갈망 다루기　인지행동적 상담에서는 중독자가 마약류에 대해서 가지고 있는 갈망을 다루는 것을 중점적으로 교육해야 한다. 마약류에 대한 갈망이 일어날 경우에 사용될 수 있는 기법으로는 분리주시하기, 주의분산법, 플래시카드, 심상법 등이 있다.

- 분리주시하기(마음챙김): 중독에 대한 갈망이 일어날 때 갈망이 일어나는 것을 주시하는 것이 도움이 된다. 자기의 갈망을 분리주시하면 마음이 편안해지고 갈망을 조절할 수 있다.
- 주의분산법: 주의분산법은 마약류에 대한 갈망이 일어날 때 주의를 분산하여 생각을 외부로 돌리는 것이다. 구체적으로 다른 곳에 관심을 돌리기, 상담자나 단약에 도움이 되는 친구와 전화로 이야기하기, 샤워하기, 운동하기, 노래하기, 음악 감상하기 등을 하는 것이다.
- 플래시카드: 플래시카드는 지갑에 소지할 수 있을 크기의 카드를 만들어서 마약류에 대한 갈망이 일어날 때마다 꺼내 보는 것이다. 카드에는 필요한 문구를 기입할 수 있다. 예를 들어, '한 번 더 마약류를 하면 나는 지옥에 떨어지게 된다.'

'사랑하는 가족을 위하여 마약류를 해서는 안 된다.' 등의 내용을 적을 수 있다. 카드 뒷면에는 가족사진이나 예수님 사진 등을 붙여 놓기도 한다. 플래시카드는 갈망의 초기에서는 사용 가능하지만, 일단 행동으로 옮겨질 때는 효과가 적은 편이다.

- 심상법: 심상법은 마약류를 남용하게 되었을 때 마침내 비참해지는 자신의 모습을 상상한다든지, 마약류를 사용하지 않았을 때 행복한 자기와 가족의 모습을 상상한다든지 하는 등의 방법을 사용하는 것이다. 심상법의 하나로서 마약을 한 후에 자기가 어떻게 되는지 끝까지 한번 상상해 보면 마약류에 대한 갈망이 줄어들수 있다. 이 밖에도 갈망에 대한 대처방법으로는 활동 계획이나 명상과 같은 이완 훈련도 사용될 수 있다.

인지행동적 상담에는 스트레스 관리기술과 문제해결 훈련도 포함된다. 마약류 중독자는 스트레스를 적절히 해소하지 못하면 재발할 가능성이 높다.

스트레스 관리기법   분노와 불안, 걱정이나 스트레스를 받게 되면 우리 몸에서는 아드레날린 등이 분비된다. 이는 면역 기능을 저하시키며 다양한 신체적 질병을 일으킨다. 마약류 남용자의 경우는 스트레스가 신체적 건강에 악영향을 줄 뿐만 아니라 마약류를 남용하게 하는 원인을 제공하기에 스트레스 관리가 필수적이다. 스트레스 관리기법으로는 생각 멈추기, 생각 바꾸기, 행동 바꾸기, 심상법, 근육긴장 이완법, 기분 전환하기, 기도와 명상 등이 사용되고 있다.

문제해결   마약류 중독자는 중독의 문제로 일반 사람보다 더 많은 어려움에 처해 있다. 상담자는 마약류 중독자가 가지고 있는 문제를 잘 해결하도록 가르쳐 주어야 한다. 마약류 중독자를 대상으로 문제해결 기술을 가르칠 때는 프로그램에 참여한 중독자가 실제 겪고 있는 문제를 예로 들어 설명하는 것이 효과적이다. 일반적으로 문제해결은 다음의 단계를 거친다.

- 1단계: 문제를 확인한다. 문제가 있음을 알고 문제를 발견하고 찾아내는 단계다. 가장 큰 문제는 많은 중독자가 자신에게 문제가 있음을 잘 모르는 것이다.
- 2단계: 문제를 바로 확인하고 정의한다. 이 단계에서는 문제에 대해서 구체적으로 이해한다. 이는 문제에 대한 평가라 할 수 있다.
- 3단계: 문제를 해결할 수 있는 모든 대안들을 알아본다. 문제를 해결할 수 있는 가능한 한 많은 대안을 생각해 보는 것이다. 그리고 그 대안 중에서 가장 현실적이며 효과적이라 생각되는 대안을 선택한다.
- 4단계: 해결책을 실행한다. 선택한 해결책을 직접 실행하는 것이다.
- 5단계: 문제에 대한 결과를 평가해 보고, 문제가 해결되지 않았다면 다른 대안을 선택하거나 문제해결 단계를 다시 시작한다.

③ 현실요법적 상담

현실요법적 상담에서는 중독자가 현실에 적응해 나가는 과정에서 원하는 만큼의 만족감을 얻지 못하는 경우 좀 더 만족스럽고 책임감 있는 행동을 선택하고 실행할 수 있도록 도와주는 것이다. 현실요법적 상담에서는 삶에서의 중독자 개인의 통제력과 책임을 강조한다. 마약류 남용은 스스로 선택한 행동이며 그에 대한 책임도 전적으로 그 자신에게 달려 있음을 강조한다.

현실요법적 상담에서는 모든 인간이 기본적으로 다섯 가지 욕구를 가지고 있으며 인간의 행동은 그 욕구를 따라 움직인다고 본다. 인간의 기본적인 욕구는 신뇌에 자리한 4개의 심리적이고 정신적인 욕구, 즉 소속 욕구, 힘에 대한 욕구, 자유에 대한 욕구, 즐기고 싶은 욕구와 구뇌에 자리한 생존에 대한 욕구다. 인간은 이 다섯 가지 기본 욕구에 의해 끊임없이 행동해야만 한다. 인간은 매 순간 자신이 최선이라고 판단되는 나름대로의 방법을 찾아 자신의 개인적 욕구를 충족시킨다.

중독자가 그들의 행동을 변화시킬 수 있는 가능하고 바람직한 다른 방법이 있음을 보기 시작할 때, 상담자는 비로소 중독자에게 좀 더 책임 있는 행동을 계획하게 하고 그 행동을 밀고 나갈 수 있도록 도와준다(김인자, 1994).

현실요법에서 상담자는 행동 변화를 위하여 다음과 같은 과정을 가진다.

- 당신은 지금 무엇을 원하는가?
- 당신은 지금 무엇을 하고 있는가?
- 지금 당신의 행동이 당신이 원하는 것을 얻는 데 도움이 되는가?
- 당신이 원하는 것을 얻기 위해서는 어떻게 해야 하는가? 구체적인 계획은 무엇인가?
- 계획에 대해서 상담자와 약속하기

마약류 중독자를 대상으로 상담하는 과정의 예를 요약하면 다음과 같다.

> 상담자: 당신이 진정으로 원하는 것은 무엇입니까?
>
> 내담자: 가족과 행복하게 사는 것입니다.
>
> 상담자: 당신은 지금 어떤 행동을 하고 있습니까?
>
> 내담자: 필로폰을 하고 있습니다.
>
> 상담자: 필로폰을 하는 것이 당신이 진정으로 원하는 행복한 가정을 위해 도움이 됩니까?
>
> 내담자: 도움이 되지 않습니다.
>
> 상담자: 그러면 당신이 정말 원하는 행복한 가정을 만들기 위해서는 지금 어떻게 해야
>   합니까?
>
> 내담자: 무엇보다도 필로폰을 끊어야 하겠고 직장을 찾아보아야 합니다.
>
> 상담자: 그렇게 하겠습니까? 그럼 구체적인 계획을 세워 봅시다.
>
> 내담자: 예.

④ 정신역동적 상담

정신역동적 상담은 중독자 개인의 인격을 치료하는 데 초점을 둔다. 상담자는 중독자가 중독에 빠지게 된 자신의 성격적 특성을 이해하고 고쳐 나가도록 도와준다. 상담자는 중독자의 갈등, 외로움, 열등감, 의존심, 적개심, 분노, 사랑받고 싶은 욕구, 인정받고 싶은 욕구 등을 알아보고 받아들이게 한다. 일상생활에서 반복되는 자신의 핵심 감정이 과거 부모나 중요한 인물과의 관계에서 형성되었음을 깨닫고, 상담자와의 관계나 일상생활에서의 연습을 통하여 그런 감정에 휘둘리지 않고 현실에 맞게 잘 적응

할 수 있도록 도와주는 것이다.

일부 중독자는 어린 시절에 부모나 부모 대리자로부터 신체적, 성적 혹은 정신적 학대를 당한 경험이 있다. 중독자가 자신의 부모 등에게 가지고 있는 감정을 억압하지 않고 올바로 이해하고 잘 수용하면 과거의 힘에서 벗어나기 쉽다. 정신역동적 상담은 중독자가 과거의 영향에서 벗어나 마약류를 사용하지 않고 현실에 잘 적응할 수 있도록 돕는 것이다. 상담자는 중독자가 보여 주는 전이 감정을 잘 이해하고 그것을 상담 장면에서 적절하게 활용할 수 있어야 하며 자신의 역전이 감정을 분리주시할 수 있어야 한다.

⑤ Rogers의 인본주의적 상담

마약류 중독자를 대상으로 한 상담에서도 인본주의적 상담기법이 필수적이다. 인본주의적 상담에서는 상담자가 인간의 본성을 긍정적으로 보고 잠재력에 대한 신뢰감을 갖고 대한다. 상담자는 마약류 중독자가 언젠가는 변화할 수 있고 자신의 잠재력을 꽃피울 수 있다는 믿음을 갖고 상담에 임한다. 상담자는 중독 증상보다는 한 인간의 긍정적인 측면에 초점을 맞추어 상담을 한다. 상담자가 중독자를 이해하고 존중하며 공감할 때, 중독자는 자신이 가지고 있는 잠재력으로 스스로를 성장시켜 나가서 중독에서 해방될 수 있다.

Rogers의 인본주의적 상담에서 상담자는 중독자를 귀중한 인격체로 있는 그대로 수용하고 존중한다. 중독자의 이야기를 들을 때 나름대로 비판하거나 분석하지 않아야 하며, 공감적인 자세로 경청하고 중독자의 내적인 느낌을 좀 더 명료화하도록 도와준다. 인본주의적 상담에서는 상담자의 태도가 중독자의 변화에 영향을 미친다고 본다. Rogers는 상담자의 다음과 같은 태도가 중요하다고 보았다.

일치성 또는 진솔성　상담하는 동안에 상담자는 내담자뿐만 아니라 상담자 스스로에게 진실해야 한다. 상담자는 내적으로 경험한 것과 외적으로 표현한 것이 일치하고 거짓된 반응이 없어야 한다. 상담자는 내담자와의 관계에서 나타난 자신의 느낌이나 생각 등을 있는 그대로 표현해야 한다.

무조건적인 긍정적 존중 또는 수용   상담자는 내담자를 인간적으로 깊이 있고 진지하게 대해야 한다. 좋다, 나쁘다는 식으로 중독자의 감정, 사고, 행동 등을 판단하지 않는다. 내담자를 조건 없이 존중하고 수용해야 한다. 하나의 인간으로 있는 그대로 받아들이고 존중하는 것이 중요하다.

정확한 공감   공감은 상대방의 내적 세계를 깊이 있고 주관적으로 이해하는 것이다. 상담자는 특히 지금 여기에서의 내담자의 주관적인 경험 세계를 이해하려고 노력해야 한다. 상담자는 내담자의 감정을 내담자의 입장에서 올바로 이해하고 잘 공감해야 한다. 상담자가 가지고 있는 이런 태도가 중독자의 태도 변화에 영향을 준다.

상담자는 중독자가 잠재력을 가지고 있으며 변화할 수 있다는 것을 믿어야 한다. 상담자는 중독자에게 하나의 거울로서의 역할을 해야 한다. 상담자는 중독자 속에 숨겨진 감정과 말하고자 하는 의도에 정확하고 민감하게 그리고 공감적으로 반응해야 한다.

⑥ 자기사랑하기 프로그램

자기사랑하기 프로그램은 마약류 중독자가 자기 자신을 올바로 이해하고 사랑함으로써 마약류를 끊고 새롭게 태어날 수 있도록 긍정성에 초점을 둔 것이다. 자기사랑하기 프로그램은 우리나라 문화와 실정에 맞게 동양적 수행법, 현실요법적 이론, 인지행동적 이론, 인본주의 이론 등을 활용하여 개발한 것이다(박상규, 2002). 자기를 진정으로 이해하고 사랑하는 사람은 자기 몸에 마약이라는 물질을 투입함으로써 자기 자신을 만족시키려고 애쓰지 않기 때문에 중독에 빠질 가능성이 적다. 자기를 사랑하면 타인의 인정을 받고 싶거나 외적인 대상을 통해서 부적절감을 채우려는 생각이 줄어들며 자기를 있는 그대로 받아들이고 만족하게 된다. 또한 자기를 사랑하는 만큼 자연스레 타인도 사랑하게 된다. 자기를 사랑하는 사람은 행복감을 느낄 수 있다. 상담자는 중독자가 자기의 목표를 잃지 않고 참고 기다린다면 언젠가는 자신이 원하는 행복한 삶을 살 수 있다는 희망을 가지도록 도와주어야 한다. 중독자는 세상뿐만 아니라 자기 자신에 대하여도 부정적인 면에 집착하는 경향이 있으므로, 상담자는 중독자가 자신의 긍정적인 면을 많이 보고 감사와 용서의 마음을 갖도록 해야 한다. 물론, 중독자가 보이는 부정적 행동에 대해서는 지적해 주고 자기가 선택한 행동의 책임을 스스로 지도록 해야 하며 잘한 일에 대해서 보상과 같은 강화도 실시하는 것이 좋다.

　자기사랑하기 프로그램은 자기를 이해하고 사랑하기 위하여 필요한 내용인 자신의 장점과 강점 보기, 자신의 몸 보살피기, 용서하기, 인생의 의미 알아보기, 10년 후의 자기 모습 상상하기 등으로 구성되어 있다.

　진행과정은 먼저 프로그램 시작 전에 수식관 명상을 사용하여 마약류 중독자들이 마음의 안정을 얻고 프로그램에 대한 준비를 하도록 한다. 다음은 강의, 활동하기, 소감문 나누기 등으로 진행된다. 프로그램을 마친 후에도 수식관 명상을 통해 배운 것을 정리할 수 있게 한다. 또한 마음챙김 명상을 가르쳐서 자신의 행동이나 생각, 감정을 관찰할 수 있도록 훈련하여 자신의 행동을 통제하는 데 도움을 준다.

　마약류 중독자를 위한 자기사랑하기 프로그램은 최근에는 12회기로 변경되었다. 각 회기에 따른 내용은 다음과 같다.

- 1회기는 자기사랑하기 프로그램에 대한 오리엔테이션과 나는 누구인가라는 주제로 진행된다. 프로그램에 대한 소개를 하고, 중독자가 자신을 이해하고 자신을 사랑하는 것의 중요성을 알게 한다 .
- 2회기는 나의 몸 보살피기라는 주제로 진행된다. 자기 자신의 몸이 귀중하다는 것을 알고 자기의 몸이 바라는 바를 잘 듣고 그대로 보살펴 주도록 한다.
- 3회기는 좋은 그림 찾기, 장점 및 강점 알아보기의 주제로 구성된다. 자신에게 귀중한 사람, 추억, 물건, 가치관 등을 찾아보도록 하며, 자신의 장점 및 강점을 알아보도록 한다.
- 4회기는 자신의 진정한 욕구와 바람을 알기와 계획 세우기의 주제로 되어 있다. 자기 자신이 진정으로 원하는 것이 무엇인지를 알아보고 그것을 이루기 위해서 구체적으로 어떤 행동을 할 것인가에 대하여 계획을 세우도록 한다.
- 5회기는 타인 용서하기다. 자신에게 잘못한 사람을 용서함으로써 자기 자신을 사랑하고 행복해지도록 하는 것이다.

- 6회기는 자기 용서하기다. 자기가 타인이나 자기 자신에게 잘못한 것을 용서하는 것이다.
- 7회기는 타인과 자신의 장점을 칭찬하기다. 타인을 칭찬함으로써 대인관계가 좋아지고, 칭찬받은 사람 또한 기분이 좋아진다. 더불어 자신의 장점을 스스로 칭찬함으로써 기분이 좋아지고 변화에 대한 동기가 생기게 된다.
- 8회기는 마약류로 인해 잃게 되는 것과 얻게 되는 것을 주제로 한다. 마약류를 함으로써 잃게 되는 것과 얻게 되는 것을 비교함으로써 마약류를 하지 않는 것이 자신에게 이익이 많음을 알게 한다.
- 9회기는 스트레스 관리와 새로운 즐거움 찾기다. 스트레스를 해결하는 방법을 가르치고 마약류 중독 이외의 다른 즐거움을 찾아볼 수 있도록 한다.
- 10회기는 효율적인 대인관계 기술에 대한 주제로 진행된다. 다양한 의사소통 기술을 가르쳐서 대인관계를 잘하도록 한다.
- 11회기는 인생의 의미가 무엇인가를 알아보게 한다. 지금-여기에서 내가 죽지 않고 살아야 한다면 그 의미가 무엇인가를 생각해 보도록 한다. 인생의 의미는 자기 스스로 묻고 답하는 것이다.
- 12회기는 자신의 미래상에 대한 심상화와 마무리다. 10년 혹은 5년 후 자신이 바라는 것이 이루어졌다고 가정하고, 그때 자신이 어떤 행동을 하거나 하지 않았기 때문에 바라던 것이 이루어졌을까를 생각하는 것이다. 마지막으로는 전체 소감을 묻고 마무리를 한다.

자기사랑하기 프로그램은 주 2회 실시하는 것이 적절하나, 여건에 따라 주 1회 혹은 1박 2일간 집중해서 실시할 수 있다. 프로그램 진행자는 자신감을 가지고 프로그램을 운영하여야 하며, 중독자가 힘들더라도 언젠가는 변화할 수 있다는 긍정적 생각을 가져야 한다.

진행자는 중독자가 보일 수 있는 비협조적이며 반항적인 태도에 흔들리지 않고 편안하게 대할 수 있어야 한다. 한 인간으로서 중독자가 가지고 있는 귀중한 품성을 보고 존중하도록 해야 한다.

진행자는 프로그램을 진행하기에 앞서 철저한 준비를 하여야 한다. 주제에 대해서는 명확하게 요점만 간단히 말하는 것이 좋다. 프로그램을 마친 다음에는 참여자에게 마음챙김 명상을 가르쳐서 일상생활에서도 자신의 감정을 잘 보고 조절할 수 있도록 하는 것이 좋다(박상규, 2003).

(4) 약물중독치료 행복 48단계 프로그램

행복 48단계 프로그램은 중독자의 회복을 위하여 생물학적 이론, 긍정주의 심리치료 이론, 인지행동치료 이론 및 우리나라 문화를 고려하여 구성한 것이다(박상규, 2011).

행복 48단계 프로그램은 크게 제1장 행복의 첫 걸음 나를 알아 가기, 제2장 자기사랑의 행복, 제3장 자기조절을 통한 행복, 제4장 행복한 대인관계 등으로 구성되어 있다.

국립법무병원에 수용된 마약류 중독자를 대상으로 48단계 프로그램을 응용한 자기초월증진프로그램을 실시한 결과, 생활만족도와 긍정정서가 대조군보다 높았고, 우울은 유의하게 감소된 것으로 나타났다(김연실, 2015).

(5) 사회기술 훈련

중독자의 특성 중 하나는 의사소통의 문제다. 중독자가 가족이나 다른 사람과 의사소통을 잘할 수 있으면 중독에 덜 의존하게 된다. 또 오랫동안 마약류에 중독된 사람은 사회기술이나 사회예절이 부족하다. 중독자가 보이는 빈약한 사회기술은 대인관계를 어렵게 하고 가정이나 직장 생활의 유지를 힘들게 한다. 사회기술의 부족은 결과적으로 중독자의 재발을 이끄는 주요 요인이 된다. 중독자가 대인관계에서 대처기술을 갖지 못할 경우 평형을 되찾기 위한 방법으로 마약류를 남용할 수 있다. 중독은 스트레스에 적응하려는 하나의 시도로 볼 수 있기 때문이다(Monti, Abrams, Kadden, & Cooney, 1999). 중독자는 타인이 보여 주는 감정을 잘 이해하지 못하고, 자신의 감정을 상대에 맞게 적절하게 표현하는 데 어려움을 보인다. 그러므로 중독자에게 자신이나 타인의 감정을 잘 이해하고 적절하게 표현하도록 하는 훈련이 필요하다. 중독자에게 가르쳐야 할 구체적인 사회기술은 마약류의 유혹을 거절하는 연습, 경청하기, 공감하기, 칭찬과 같은 긍정적 감정 표현하기, 화냄과 같은 부정적 감정 표현하기, 분노감정 조절하기, 나 전달법 등이다.

마약류 중독자에 대한 사회기술 훈련은 역할연기를 통하여 직접 체험하도록 하는 것이 효과적이다. 특히 사회기술 훈련을 할 경우에는 상대방의 입장에서 생각하고 말하는 데 초점을 둔 조망 지향적 방법을 사용하는 것이 도움이 된다(박상규, 2006).

마약류 중독자에 대한 사회기술 훈련에는 우리 사회에서 필요한 여러 가지 사회예절을 함께 가르치는 것이 효과적이다. 사회예절을 가지고 있으면 직장에서의 대인관계나 사회생활에 긍정적 영향을 미치게 되어 마약류 중독의 회복에 도움이 된다.

① 거절하기

누가 마약류를 권유할 때는 냉정하고 명백하고 단호하며 강력한 방식으로 거절해야 한다. 거절할 경우에는 비언어적인 행동이 중요하다. 상대방의 눈을 바라보면서 명확한 발음을 하는 등 자신감 있는 태도를 보여야 한다. 먼저 '아니다'라고 말하며 대안을 제시하고, 계속 권유하면 좀 더 강력한 방식으로 거절하고 그 자리를 벗어나야 한다(Monti, Abrams, Kadden, & Cooney, 1999). 마약류 중독자는 마약류를 권유받을 수 있는 장소나 사람을 멀리하는 것이 우선이다.

② 경청하기

다른 사람이 말할 때에 적절하게 경청하는 것은 상대방의 감정을 이해하는 데 도움을 줄 뿐 아니라 상대방에게 호감을 주게 된다. 경청하기에서는 비언어적 내용과 표현의 중요성을 강조해야 한다. 상대방에게 주의를 집중하면서 고개를 끄덕이며 말에 맞장구를 쳐야 한다.

③ 공감하기

공감하기는 상대방의 감정을 올바로 이해하고 이해한 바를 적절하게 표현하는 것이다. 자기중심적 성향이 강한 중독자는 공감 능력이 부족하므로, 먼저 상대방의 감정이 지금 어떠한지를 잘 이해하려고 노력하고 상대방에 맞게 적절하게 감정을 표현하는 방법을 연습하는 것이 중요하다. 공감을 함으로써 상대방의 감정을 올바로 이해하게 되며 대인관계가 원만해질 수 있다.

④ 칭찬하기

칭찬하기와 같은 긍정적 감정을 표현하는 것은 대인관계를 원만하게 하는 데 도움이 된다. 칭찬하게 되면 상대방의 기분이 좋아질 뿐 아니라 칭찬받는 사람 또한 기분이 좋아지게 되어 대인관계가 원만해진다. 칭찬을 할 때는 구체적인 것을 위주로 진실한 마음으로 해야 한다. 칭찬을 받은 사람은 칭찬한 사람에 대하여 진정으로 감사를 표시하는 것이 좋다. 마약류 중독자는 칭찬을 받음으로써 기분이 좋아지고 단약하려는 동기가 강해진다.

⑤ 부정적 감정 표현하기

부정적 감정을 적절하게 표현하지 못하는 것은 중독 재발에 큰 요인이 된다. 따라서 중독자가 자신의 감정을 잘 이해하고 상황이나 상대방에 맞게 적절하게 감정을 표현할 수 있도록 가르쳐 주어야 한다.

⑥ 분노감정 조절하기

분노감정을 조절하지 않고 부적절하게 표현하면 대인관계가 나빠지는데, 이는 중독 재발의 주요 원인이 된다. 마약류 중독자에게 분노감정을 잘 조절하도록 가르치는 것은 매우 중요한 일이다. 분노감정을 적절하게 조절하기 위해서 심호흡 하기, 100부터 숫자를 거꾸로 세기, 분노감정을 표현한 다음에 있을 결과를 상상해 보기 등을 가르칠 수 있다. 마약류 중독자가 자기의 분노감정을 적절하게 조절하기 어렵다고 생각되는 경우는 그 자리를 피하도록 하며, 나중에 흥분이 가라앉고 나서 나 전달법 등을 사용하도록 가르쳐야 한다.

⑦ 나 전달법

상대방에게 자신의 감정을 가장 세련되게 표현하는 방법 중의 하나는 '나 전달법'이다. 나 전달법은 공격적인 태도가 아니고 자신의 감정을 상대방에게 적절하게 표현하는 것이다. 예를 들어, 직장에서 일을 하고 있는데 누가 지나치게 자꾸 간섭하고 있다면, "나는 나대로 열심히 일하고 있는데 당신이 자꾸 간섭하니까 짜증이 나고 화가 납니다. 앞으로 일하고 있는 동안에는 제발 간섭하지 말았으면 좋겠습니다."와 같이 이야기하는 것이다. 나 전달법을 통하여 자신의 감정도 잘 표현할 수 있을 뿐 아니라 대인관계도 원만해질 수 있다.

사회기술의 핵심은 상대방을 배려해 가면서 자신의 욕구를 잘 만족시킬 수 있는 공동의 승리를 얻는 데 있다. 자기주장만 하거나 무조건적으로 겸손하기보다는 자연스럽게 자신과 상대방에게 도움이 되는 방법을 생각해야 한다. 그러기 위해서는 먼저 상대방과 상황을 잘 이해하고 상대방을 배려하며 적절하게 자기의 의사를 표현하는 조망능력의 향상이 매우 중요하다(박상규, 2006).

(6) 영성치료

종교와 같은 영성치료는 정신건강에 큰 도움을 준다(Lee & Newberg, 2005). 특히 중독자의 경우에는 종교나 영적인 접근은 중독자의 건강을 되찾게 하며 마음의 평화를 주는 등의 긍정적인 영향을 미친다. 중독은 인간 본성이 가지고 있는 나약함과 관련되어 있다. 중독은 인간이 욕심이 많고 유혹에 약하고 어리석은 존재인데도 자신을 알지 못하고 스스로 교만해질 때 일어날 수 있는 죄악의 하나다. 중독에서의 회복을 위해서는 먼저 중독자 스스로 자신이 죄인임을 인정하고 중독이 주는 유혹을 거부하기로 선택하는 것이 필요하다. 또한 중독자가 있는 그대로 정직하게 신과 대면하고 자신의 선택에 책임을 져야 한다. 더불어 자신의 선택과 행동의 근거로서 신의 은혜와 보호와 인도에 의지하게 될 때 중독자는 치료될 수 있다(양병모, 2004). 중독자가 자신의 나약함을 인정하고 자신을 신의 은혜에 온전히 맡기게 될 때 변화가 시작되는 것이다. 중독자는 이제 신과 동행하면서부터 말할 수 없는 기쁨을 느끼게 되고, 이에 자연스럽게 마약류가 멀리 사라지게 되는 것이다. 신을 믿음으로써 자기 안에 있는 성령이 활동할 수 있는 준비를 하는 것이다.

마약류 중독은 강력한 자극과 쾌감을 주고 매우 고양된 기분을 느끼게 하기 때문에 개인의 의지나 전문적 상담만으로는 한계가 있다. 중독에서 회복된 사람 중 많은 사람이 신앙을 통하여 도움을 받았다고 고백하고 있다. 신앙을 통하여 개인은 좀 더 정직해지고 순수해지며 욕심을 버리게 된다. 마약류 중독은 인간이 자기의 의지만으로 극복하기에는 너무나 어려운 작업이며, 한순간의 방심으로 언제든지 재발될 수 있기에 신앙의 힘, 영적인 힘이 중요하다. 마약류나 알코올에서 회복하는 데 있어 신앙은 가장 강력한 도구 중의 하나다. 중독에서 회복하기 위해서는 영적 힘에 의존하는 것이 크게 도움이 된다. NA나 AA에서 강조하는 것들도 그러한 맥락에서 이해될 수 있다.

(7) 한국적 수행법

마약류 중독자의 치료에는 한국적 수행법이 활용될 수 있다. 한국적 수행법의 활용에는 크게 유교적 수행법과 불교적 수행법, 그리스도교적 수행법이 있다(박상규, 2016b). 유교나 불교의 수행법은 자기조절력을 향상시켜 주며, 자기를 이해하고 사회생활을 잘하는 데 도움을 준다. 마약류 중독자의 회복 초기에는 치료적 개입이 필요하지만 회복을 잘 유지하기 위해서는 개인의 성장과 성숙이 필요하다. 중독자가 동양적 수행법을 통해서 자기를 성찰하며 조절하고 사회예절을 잘 지키게 되면 중독에서 회복이 쉬워진다(박상규, 2008a). 유교적 수행법은 사랑의 마음으로 예의를 지키는 것을 특성으로 하고 있다. 유교의 수행에서는 자신을 지키기 위해서 항상 깨어 있는 삶을 살아야 한다. 퇴계는 수양을 인간이 인욕이나 외부의 유혹에 이끌리지 않도록 경(敬)을 실천하는 것으로 보았다. 퇴계나 율곡 등은 마음의 조절을 위해서 몸가짐과 태도를 올바르게 하도록 하였다. 구체적으로는 율곡이 제시한 구용구사(九容九思)를 들 수 있다. 구용은 아홉 가지 몸가짐인데, 머리는 똑바르게 해야 한다(頭容直), 눈은 바르게 해야 한다(目容端), 숨소리는 맑게 해야 한다(氣容肅), 입은 신중하게 해야 한다(口容止), 소리는 조용하게 해야 한다(聲容靜), 얼굴빛은 장엄하게 해야 한다(色容莊), 손은 공손하게 해야 한다(手容恭), 발은 무겁게 해야 한다(足容重), 그리고 서 있는 모습은 의젓해야 한다(立容正)이다. 또한 구사는 눈으로 볼 때는 밝고 바르게 보겠다고 생각한다(視思明), 귀로 들을 때는 그 소리의 참뜻을 밝게 들어야겠다고 생각한다(靑思聰), 표정을 지을 때는 온화하게 해야겠다고 생각한다(色思溫), 몸가짐이나 옷차림은 공손해야겠다고 생각한다(貌思恭), 말할 때는 참되고 거짓 없이 해야겠다고 생각한다(言思忠), 어른을 섬길 때는 공경스럽게 해야겠다고 생각한다(事思敬), 의심나고 모르는 것이 있으면 물어서 완전히 알아야겠다고 생각한다(擬思問), 분하고 화나는 일이 있으면 어려움에 이르지 않을까를 생각한다(忿思難), 그리고 자기에게 이로운 것이 있으면 그것이 정당한가를 생각한다(見得思義) 등이다(김갑중, 2007). 중독자가 이와 같은 마음가짐과 태도를 가지고 사회예절을 수행하게 되면 자신의 마음과 행동을 조절하고 사회생활을 잘하는 데 도움이 된다. 유교적 수행에서는 타인과의 관계에서 타인의 입장을 생각해 타인에게 해가 되지 않을 뿐 아니라 타인에게 도움이 되는 방식으로 행동하도록 강조하고 있어, 자기중심적 경향이 있는 마약류 중독자의 경우 태도를 바꾸는 데 효과적이다.

염불, 기도, 마음챙김, 참선, 계정해의 실천인 팔정도(八正道) 등을 중독자의 치료와 회복에 활용할 수 있다(박상규, 2007). 특히 마음챙김은 자신의 의식 경험을 바라보는 것으로서 자신의 내부와 환경에 대한 매 순간의 즉각적인 경험에 주의를 집중하여 현재를 새롭게 인식하고 상황을 더욱 명료하게 보는 것이다. 중독자의 명상 활용은 자기효능감이나 회복에 긍정적인 영향을 미친다(박후남, 유숙자, 2005). 중독자가 갈망, 분노, 불안 등의 감정을 있는 그대로 보게 되면 마침내 그러한 감정이 사라지게 된다. 마음챙김은 지금 여기에 집중하도록 하는 것이다. 먼저 몸이나 호흡의 관찰에서 시작해서 감각의 관찰, 마음의 관찰 등으로 마음챙김할 수 있다. 가장 중요한 것은 호흡에 대한 마음챙김이다. 들숨과 날숨을 관찰함으로써 마음이 안정되며 자기를 알아차리는 데 도움이 된다. 마음챙김은 중독자의 자기조절력에 도움을 준다. 마음챙김을 함으로써 자신의 생각과 감정을 보게 되고 조절할 수 있다. 마음챙김을 함으로써 자기를 좀 더 깊이 이해하는 만큼 타인의 감정도 공감할 수 있게 되어 대인관계를 하는 데도 도움이 된다. 그리고 오랜 시간 좌선하여 마음챙김을 하는 자세 또한 자기조절에 도움을 준다. 올바른 자세는 마음을 올바르게 하는 데 영향을 주기 때문에 중독 행동을 조절하는 데 도움이 된다(박상규, 2008a). 중독자는 마음챙김이나 다양한 수행법을 통해서 자기를 이해하게 되고 나아가 팔정도를 수행할 수 있다. 팔정도는 바른 견해[正見], 바른 생각[正思], 바른 말[正語], 바른 행위[正業], 바른 생활[正命], 바른 노력[正精進], 바른 기억[正念], 바른 선정[正定]을 가지는 것이다. 중독자가 이를 실천하려고 노력하면 자유로움을 가지게 되며 중독에서 멀어지게 된다. 남방상좌불교의 청정도론에서는 인간에게 욕망이 많은 성향, 성내는 성향, 우둔한 성향, 신앙이 깊은 성향, 지혜가 날카로운 성향, 사변적인 성향 등 여섯 부류의 성향이 있는데 각 성향에 맞는 수행의 주제를 제시하여 효과적인 수행을 하도록 도움을 주고 있다. 중독자가 욕심이 많은 성향의 사람이라면 열 가지의 부정관과 마음챙김이 도움을 주게 된다(김재성, 2006).

박상규(2002)는 마약류 중독자를 위한 자기사랑하기 프로그램에 수식관 명상을 활용하였다. 중독자가 마약류를 하고 싶은 자기 마음을 보고 통제하기 위해서는 먼저 자신의 호흡부터 잘 관찰해야 한다. 자신의 호흡을 관찰할 수 있을 때 순간순간 일어나는 자신의 감정도 잘 볼 수 있다. 자신의 감정을 보게 되면 마약류를 하려는 마음이 통제될 수 있다. 마약류에 대한 갈망이 일어나는 것을 있는 그대로 보고 있으면 어느덧 마약류를 하려는 마음이 사라지는 것을 알 수 있다. 갈망은 순간적으로 일어나서 사라지기 때문이다. 그 갈망에 따라서 행동하지 않으면 곧 갈망이 의식에서 없어지게 된다. 이러한 마음챙김 명상을 계속하면 갈망의 빈도나 강도는 줄어들게 된다.

일상생활에서도 마음챙김이나 정신통일과 같은 수행방법을 잘 사용하면 중독에 빠지게 하는 부정적 감정이 사라지게 되고, 모든 분야에 몸과 마음이 평온해지고 삶에 희망을 갖게 된다(경봉대선사, 1982). 유교나 불교의 수행법을 응용한 동양적 개입법은 중독에서 회복하려는 동기가 있는 사람에게 효과가 있으나 정신병적 경향이 심하게 수반된 사람이나 주의집중력이 심하게 저하된 사람에게는 큰 도움이 되지 않는다. 또한 동양적 수행에서는 수행을 지도할 수 있는 훌륭한 지도자가 있어야 한다(박상규, 2007). 앞으로 다양한 동양적 수행법을 중독자의 치료에 활용하는 연구가 있을 것으로 기대된다.

(8) 직업재활

신용원(2005)은 마약류에서의 진정한 해방은 경제 문제로 귀결된다고 하였다. 마약류 중독자는 마약류 복용의 중단으로 인한 신체적 금단 증상보다는 사회 부적응이나 경제적 곤란 등으로 마약류의 유혹을 더 느낀다고 볼 수 있다. 따라서 중독자의 회복을 위해서는 직업재활이 반드시 필요하다. 직업을 가지게 되면 직업이 없는 경우보다도 마약류에서 벗어날 가능성이 많다. 회복 중인 중독자가 직장에서 일을 하기 때문에 마약류를 할 시간적 여유도 없게 될 뿐더러 일에 집중하게 되어 엉뚱한 생각을 하지 않게 된다. 그리고 일을 통한 성취감이나 보람으로 마약류를 사용하지 않고도 즐거움이나 기쁨을 누릴 수 있다. 뿐만 아니라 직업을 통한 수입으로 경제적 안정을 찾게 된다.

마약류 중독자를 위한 직업재활에서는 신체적 건강을 위한 영양관리 운동하기와 자기존중감 향상 프로그램, 사회기술 훈련 등을 함께 가르치는 것이 효과적이다(Storti, 1997). 전문가는 중독자가 사회적 편견과 과거의 아픔을 이겨 내고 자신을 사랑하면서 용기를 가질 수 있도록 적극적으로 개입해야 한다(박상규, 2006). 마약류 중독자의 회복을 위해서는 무엇보다도 중독자가 건전한 직업을 가져서 경제적인 어려움을 겪지 않도록 해야 한다. 이를 위해 국가 차원에서의 적극적인 지원이 필요하다.

중독자의 직업재활에서 더욱 중요한 것은 중독에서의 해방이다. 중독자는 스트레스가 심한 일이나 마약류의 유혹이 있는 직업은 피해야 한다. 직업으로 인한 스트레스 등으로 중독이 재발되지 않도록 조심해야 한다.

(9) NA

NA(Narcotic Anonymous: 익명의 마약류 중독자모임)는 자조집단의 하나로서 마약류 중독에서 회복 중인 사람들의 모임으로 12단계 모델에 근거하고 있다(Goldberg, 2003). 회원들은 성별이나 연령, 직업, 종교 등에 상관없이 자신들의 공통되는 문제를 해결하며 서로 간에 경험을 나누고 조언하고 격려한다. 또 서로가 서로에게 희망을 주어 회복에 대한 힘과 용기를 얻을 수 있다. NA에서는 회복된 1명의 중독자가 다른 많은 중독자를 단약과 회복으로 이끄는 영향을 미치게 된다. 우리나라는 그동안 비공식적으로 이루어진 단약모임이 2004년에야 비로소 공식적인 NA로 출범하였다(조성남, 2005).

NA 모임에는 공개 모임과 비공개 모임이 있다. NA는 국제모임을 결성하여 서로 정보를 교환하며 지원하고 있다. 국제 총회는 2년마다 개최되고 있다. 2005년도에는 하와이에서 개최되었는데, 총 1만 5,000명이나 참석하는 대규모 행사로 열렸다(임상현, 2005). NA는 마약류 중독에서 회복하려는 사람에게 가장 효과적인 치료 프로그램의 하나다.

마약류에서 회복하려는 모임인 NA 모임의 12단계 각각의 주요 내용은 다음과 같다.

- 1단계: 우리는 약물에 무력했으며 스스로 생활을 처리할 수 없게 되었다는 것을 깨닫고 시인한다.
- 2단계: 우리보다 위대하신 힘이 우리를 건전한 본정신으로 돌아오게 해 주실 수 있다는 것을 믿는다.
- 3단계: 우리가 이해하게 된 대로 그 신의 보살핌에 우리의 의지와 생명을 완전히 맡기기로 결정한다.
- 4단계: 철저하고 두려움 없이 우리의 도덕적 생활을 검토한다.
- 5단계: 솔직하고 정확하게 우리가 잘못했던 점을 신과 우리 자신에게 그리고 어느 한 사람에게 시인한다.
- 6단계: 신께서 우리의 이러한 모든 성격상 약점을 제거해 주시도록 우리는 준비를 완전히 한다.
- 7단계: 겸손한 마음으로 신께서 우리의 약점을 없애 주시기를 간청한다.
- 8단계: 해를 끼친 모든 사람의 명단을 만들어서 그들에게 기꺼이 보상할 용의를 갖는다.
- 9단계: 어느 누구에게도 해가 되지 않는 한, 할 수 있는 데까지 어디서나 그들에게 직접 보상한다.
- 10단계: 계속해서 자신을 반성하여 잘못이 있을 때마다 즉시 시인한다.
- 11단계: 기도와 명상을 통해서 우리가 이해하게 된 대로의 신과 의식적인 접촉을 증진하려고 노력한다. 그리고 우리를 위한 그의 뜻만 알도록 해 주시며 그것을 이행할 수 있는 힘을 주시도록 간청한다.
- 12단계: 이러한 단계로 생활해 본 결과 우리는 영적으로 각성되고, 약물 중독자들에게 이 메시지를 전하려고 노력하며, 우리 생활의 모든 면에서도 이러한 원칙을 실천하려고 한다.

(10) 가족 교육 및 상담

중독자 가족은 중독자로 인하여 많은 고통을 받고 있다. 가족은 먼저 자기 자신을 잘 보살피도록 해야 한다(박상규, 2006). 가족은 중독자의 행동으로 인하여 심한 무력감과 분노감을 가지고 있어 심리적 지지가 필요하다.

　중독자 가족을 대상으로 마약류 중독에 대한 이해, 마약류 중독의 치료방법, 문제해결법, 위험 상황에 대한 대처방법 등을 가르쳐야 한다. 사회기술이 부족한 가족에게는 특히 '나 전달법'과 같은 대화기술이 필요하다. 가족이 상대방에게 상처를 주지 않으면서 자신의 감정을 적절히 잘 표현하면 서로를 이해하는 데 도움이 되어 중독자의 재발을 방지할 수 있다. 중독자와 대화할 때는 비난이나 욕설을 삼가고 칭찬하고 인정을 해 주는 것이 중요하다(박상규, 2016a).

　청소년의 경우 마약류에 중독되었다면 부모도 함께 상담을 받도록 해야 한다. 부모의 협조가 없으면 중독에서의 회복이 어렵다. 부모 자신이 변하지 않으면 안 된다.

　중독자의 가족치료에서는 각 개인이나 가족에 맞는 치료방법을 사용하는 것이 좋다(김성이, 2002). 가족에 따라서 문제가 다르고 해결하고자 하는 목표나 욕구가 다르기 때문이다.

　중독자 가족치료에는 의사소통 가족치료, 전략적 가족치료 등이 있다(고병인, 2003). 의사소통 가족치료는 치료의 초점을 가족 간의 의사소통 유형에 두고, 가족의 역기능을 의사소통 측면에서 규명하여 가족의 의사소통 유형과 방법을 변화시키고 향상시키는 것을 목적으로 한다. 전략적 가족치료는 가족의 문제해결에 목적을 둔다. 가족치료의 목표는 가족 전체를 이해하고 치료함으로써 중독자의 회복을 도와주는 데 있다. 중독자의 치료가 효과적이기 위해서는 가족이 중독자의 치료에 협조적이어야 하고 집에서도 좋은 모델이 되어야 한다. 가정에서 치료에 협조적이지 않고 누군가가 은근히 마약류 사용을 부추길 수 있는 말과 행동을 하면 중독자에게 변화가 일어나기 어렵다.

(11) 입원치료

　마약류 중독자 치료를 전문으로 설립된 국립부곡병원의 마약류 진료소는 마약류 중독자를 대상으로 다양한 프로그램을 운영하고 있다. 중독자는 자의로 입원하거나 검찰에서 의뢰되어 치료를 받고 있다. 보통 치료 기간은 2~3개월이며, 당사자가 원할 경우에는 연장할 수 있다. 치료 기간이 짧은 만큼 이곳에서는 중독자가 약물의 위험을 깨닫고 단약에의 동기를 가지도록 하는 데 초점을 두고 있다. 주간 프로그램에는 약물치료,

집단상담, 재발 예방, 미술치료, 음악치료, 요가, 명상 등이 있다. 정신과 의사, 임상심리사, 간호사, 사회복지사 등이 팀을 이루어 마약류 중독자에 대한 통합적 접근을 시도하고 있다.

(12) 치료적 공동체

치료적 공동체(therapeutic community: TC)는 사회적 환경이 곧 치료 모델이라는 특징을 가지고 있다. 구성원들은 공동체의 생활 경험을 통해서 치료를 받게 된다. 치료적 공동체에서는 공동체를 통한 지도, 지지와 치료를 실시하며, 중독자의 문제를 심리사회적 원인으로 보고 접근한다. 정신의학적 자원, 심리학적 자원, 교육적 자원, 대인서비스 자원이 제공되며, 참만남 프로그램, 직업재활, 사회기술 훈련, 영적 치료 등의 프로그램이 실시된다. 특히 다양한 사회적 역할을 통해 학습 기회를 제공하고 있다. 치료적 공동체에서의 회복은 교육훈련과 재활을 통하여 신체적이고 정서적인 건강을 재획득하는 것뿐만 아니라 긍정적 생활을 유지하기 위한 능력을 개발하고 학습하며 개인의 생활방식과 정체성의 변화를 목표로 한다. 마약류 중독자를 대상으로 하는 치료적 공동체의 모범으로는 한국마약퇴치운동본부에서 운영하고 있는 송천쉼터를 들 수 있다.

송천쉼터의 입소 대상에는 교도소를 출감한 마약류 중독자, 한국마약퇴치운동본부 상담센터에서 의뢰된 자, 치료보호 프로그램, 보호관찰·약물수강명령 대상자, 치료감호 프로그램을 마친 자로서 '중간의 집' 프로그램을 원하는 자, 병원 입원치료 후 병원에서 의뢰된 자 등이 해당된다. 송천쉼터는 재활의 동기를 가진 중독자를 대상으로 공동체 안에서 생활하면서 서로가 지지를 받고, 다양한 교육이나 직업훈련 등을 통해서 재발을 방지하고 사회에 잘 적응할 수 있도록 도와준다. 송천쉼터에서는 전문가가 상주하면서 치료 프로그램을 실시한다. 이 프로그램에서는 3개월간은 재활교육을 받고, 3개월간은 직업재활 프로그램을 받는다. 구체적으로 보면, 프로그램은 아침모임과 역할수행, 음악치료, NA 단계, 12전통의 이해, 치료 공동체 세미나, 봉사활동 및 특별활동, 교류분석 집단상담, 인지행동치료, 저녁모임 등으로 구성되어 있다(장유정, 2006).

인천에 있는 소망을 나누는 집도 치료 공동체의 한 예로 들 수 있다. 이 공동체에서는 가족들이 함께하는 가족치료와 직업재활 치료 그리고 기독교를 통한 영적 치료 프로그램을 운영하고 있다. 공동체에서는 단약의 의지를 서로가 북돋아 주고 지지해 주고 있다(신용원, 2005).

(13) 운동요법

규칙적인 운동은 단약에 많은 도움이 된다. 땀을 많이 흘리는 운동을 하게 되면 스트레스가 해소되고, 몸에서 엔도르핀 등이 분비되어 기분이 상쾌해지면서 마약류와 같은 약물을 하려는 마음이 적어진다. 운동은 자신이 좋아하는 것, 자기에게 맞는 것을 위주로 해야 한다. 운동은 꾸준하게 규칙적으로 하는 것이 효과가 좋다. 규칙적인 운동을 하게 되면 몸이 건강해지고 정신이 강화되며 자제력도 향상될 수 있다. 대표적인 운동은 축구, 배구, 달리기, 검도, 탁구, 등산 등이다(박상규, 2006).

(14) 약물법원 프로그램

마약류 중독자들은 자발적으로 치료를 받으려는 동기가 거의 없으므로 주로 법적인 절차에 의하여 치료를 받고 있다. 마약류 중독자에게 법적인 제재를 가하는 것은 그 자체로 치료적 효과를 가지고 있다. 특히 강제치료 제도를 적용하여 마약류 사범에게 치료받도록 하면 마약류 중독자의 재범 비율을 낮추어 교정시설 수감자의 수를 크게 줄이면서 마약류로 인한 사회경제적 비용도 줄일 수 있다(박상규, 2005). 그러나 마약류 중독자에 대한 강제치료는 몇 가지 원칙에 의거해야 한다. 첫째, 치료는 형벌이나 구금의 대체물이 아니다. 둘째, 치료는 필요할 때 폭넓게 이용될 수 있어야 한다. 셋째, 약물남용 치료는 법체계로 들어오면 바로 철저한 평가를 통해 남용자에게 맞게 이루어져야 한다. 넷째, 범죄자에 대한 감시는 치료를 받는다고 포기되어서는 안 된다. 다섯째, 범죄자들은 선고를 한 판사나 보호관찰 기관, 집행유예 기관과 계속 연결되어야 한다(조성남, 2006).

미국이나 호주 등에서는 마약류 사범을 대상으로 약물법원(Drug Court)을 개설하여 마약류 중독자의 치료에 도움을 주고 있다. 약물법원은 치료 공동체와 사법적 과정이 통합된 절차다. 약물법원의 핵심은 강력한 감독과 치료 프로그램을 통합한 것인데, 마약류 중독과 관련되는 판사, 검사, 변호사, 보호관찰관, 교정집행관, 치료재활 전문가가 모두 힘을 합쳐 마약류 중독자의 치료에 개입하는 것이다.

미국은 2005년 3월 1일 현재 총 1,320개의 약물법원을 운영하고 있는데, 이 중 성인 약물법원이 823개, 청소년 약물법원이 350개, 가족 약물법원이 135개, 복합 약물법원이 12개에 이르고 있다. 이곳에서 적어도 1년 이상의 지속적인 치료를 하고 있다. 치료 서비스는 보통 3단계로 구성된다. 1, 2단계에서는 해독, 안정, 상담, 약물교육, 치료가 제공된다. 30~90일 정도인 이 기간 동안에 참가자들은 보통 1주에 1~3회, 많게는 4~5회까지 치료자를 방문하게 된다. 그리고 1주에 1회 내지 2회 정도의 마약류 검사를 받고, 1주에 1회에서 2주에 1회까지 다양한 기간 동안 판사와 면담을 해야 한다. 3단계에서는 개인적 교육의 향상, 직업기술, 고용 서비스 등과 연결된 기타 서비스가 제공된다. 일부에서는 사후 관리 관련 서비스를 제공한다(박상규, 2005).

약물법원에서의 세부 치료 목표는 해독 단계에서 신체적 의존을 없애고, 안정화 및 재활 단계에서 약물 갈망을 치료하고, 교육과 직업훈련을 통해 직업을 찾아 단약 상태를 유지하도록 돕는 것이다. 일부에서는 개별 치료 계획과 침술을 사용하기도 한다. 프로그램은 중독 및 중독과 관련된 신체, 정신, 주택, 가족, 직업 등의 여러 문제를 해결하기 위하여 치료재활 서비스를 확대하고 있다. 이러한 프로그램을 완료하기 위해서는 적어도 12개월이 필요하다.

약물법원 치료에서는 입원치료도 하지만 보통은 외래로 치료한다. 그리고 재발되는 경우 치료를 강화하는 쪽을 택한다. 프로그램의 중심 요소는 정기적으로 정해진 청문에 피의자가 참석하는 것이다. 모니터는 약물검사와 치료 제공자의 보고에 근거한다. 판사는 참가자에게 격려를 하거나 필요할 경우 문제를 제기할 수 있다(박상규, 2005).

우리나라에서 실시되는 마약류 중독자에 대한 치료 처우는 치료보호제도, 교정시설 내에서의 교정치료, 치료감호제도, 그리고 보호관찰·약물수강명령이 있으며, 이 외에도 민간병원에서 행하는 치료 프로그램이 있다. 현행법상 가능한 강제치료는 치료감호, 치료보호, 보호관찰 등이다. 치료감호는 사회와 격리시켜 치료하며, 치료보호와 보호관찰은 사회 내에서 치료한다(최응렬, 2006). 그러나 아직 우리나라 교도소는 마약류 사범에 대한 구체적인 정책이나 법제화된 프로그램이 거의 없는 실정으로 치료적 효과가 나타나지 않고 있다. 게다가 교도소 내에서 마약류 구입이나 사용에 관한 정보를 서로 교환하기도 한다. 치료 기능이 거의 없는 교도소 수용은 재활과 재범 방지에 도움을 주지 못하고 있다. 우리나라도 하루빨리 단순 사용 사범에 대한 치료 위주의 정책이 필요하다(신의기, 2004). 단순 사용 사범을 위한 특별 교도소나 치료 공동체를 만들어 집중적으로 치료해야 할 필요가 있다. 이는 국가적·사회적 입장에서 보더라도 훨씬 경제적이며 바람직한 방법이다.

마약류 중독자를 줄이기 위해서는 구속수감도 중요하지만 마약류 사범에 대한 치료와 재활이 적극적으로 활성화되어야 한다. 마약류 중독자를 치료하기 위해서는 법원에서 치료가 필요한 남용자나 중독자의 경우에 수감보다는 치료보호를 명함으로써 치료와 재활을 할 수 있도록 하는 것이 바람직하다. 그러기 위해서는 형의 집행을 유예해야 한다(조성남, 2005).

(15) 보호관찰소 프로그램

보호관찰은 우리나라에서 마약류 사범 중 초범이거나 단순 사용자에 대한 가장 일반적인 처우방법이면서, 동시에 남용자가 자신의 거주지에서 생활하며 강제치료를 받게 되는 유일한 사회 내 처우 형태라 할 수 있다. 마약류 남용자에 대한 보호관찰의 일차적 목표는 대상자가 마약류 남용을 중단하도록 지원하는 것이며, 제재조치의 집행목적 역시 대상자의 단약을 유지하는 것이다. 수강제도는 마약류 사범 보호관찰 대상자에게 가장 많이 활용되고 있는 법적 처분이라 할 수 있다. 이 제도는 비교적 범죄성이 적은 범죄자에 대해 법원이 일정 시간 강의나 훈련 또는 상담을 받도록 하는 것을 중심으로 한다(신의기, 2004). 우리나라의 경우는 1989년 7월부터 보호관찰이 법제도로 시행되었다. 이 과정은 마약류 중독자가 단약에 대한 동기를 불러일으키는 데 도움을 준다(강은영, 2005).

미국의 마약류 사범에 대한 집중보호관찰제도는 고위험군 범죄자들을 대상으로 보호 및 감독 기능을 강화하여 재범을 억제하고 지역사회의 안전을 확보하고자 한다. 집중보호관찰의 목적은 교도소 과밀 문제를 해소하고, 보호관찰 대상자들의 행위에 대한 밀착 감시와 집중적인 모니터를 통해 사회 안전을 확보하는 것이다. 그리고 위험성이 높은 범죄자에게 일반 보호관찰에 비해 더욱 엄정한 처벌을 내리는 것이다. 집중 프로그램의 요소는 지역마다 그 대상자나 운영방식 등의 여러 면에서 다양한 형태가 있지만, 전형적으로는 몇 가지 공통적인 특성이 있다. 즉, ① 보호관찰관과의 잦은 대면 접촉, 전화 접촉, 가정 방문을 하는 것, ② 프로그램을 단계별로 운영하는 것, ③ 야간통행 금지나 전자 감시 등을 활용한 감시감독을 강화하는 것, ④ 알코올 및 약물에 대한 검사를 강화하는 것, ⑤ 보호관찰관이 소수 대상자를 집중적으로 관리하는 것, ⑥ 강제적인 사회봉사를 부가하는 것, ⑦ 취업 및 구직 활동을 의무화하는 것 등이다(강은영, 2005).

보호관찰소 프로그램에서는 중독자의 단약과 아울러 일상생활을 잘할 수 있도록 가르치는 것도 중요하다. 마약류 중독이 신체와 정신에 미치는 피해를 알려 주는 것, 마약류 중독으로 자신이 정말 잃어버린 것이 무엇인지 알게 하는 것, 중독자가 되지 않기 위해서는 자신의 생활이 어떻게 달라져야 하는지를 생각해 보게 하는 것 등을 중심으로 교육하는 것이 좋다(박상규, 2002).

보호관찰소 프로그램의 효과를 높이기 위해서는 마약류 중독자를 상담한 경험이 많은 전문가가 상주하여 교육하는 것을 원칙으로 하고 때에 따라서 외래 전문가를 초빙하여 교육하는 것이 효율적이다.

5. 재발과 재발 방지를 위한 개입

1) 재발

마약류 중독자의 경우는 재발이 잦다. 오랫동안 지속적으로 마약류를 남용한 중독자는 금단 증상과 관련하여 쉽게 재발한다. 재발의 주된 요인은 부정적 감정, 단체나 개인의 압력, 대인관계의 갈등 등이다. 가족이나 직장에서의 분노나 적개심, 과거에 대한 후회, 장래에 대한 불안과 걱정 등의 부정적 감정이 재발에 영향을 미친다. 그리고 마약류 중독자는 대인관계가 좋지 않으면 충동적으로 마약류를 찾게 된다.

마약류 중독자가 재발하는 이유 중의 하나는 자신이 지금 마약류를 하는 것이 손해보다는 이익이 많다는 생각을 하고 있기 때문이다. 또 중독자의 '나는 안 돼.' '나는 결코 중독에서 해방될 수 없어.'와 같은 부정적인 사고도 마약류에 대한 무력감을 야기하고 재발을 유도한다(Beck et al., 1993).

회복 프로그램이 없고, 만성 금단 증상을 잘 치료하지 못할 때 쉽게 재발된다. 중독자들이 흔히 거치게 되는 재발과정은 증가된 스트레스, 회복 프로그램과 단약에 대한 부정적 생각, 부정적 감정, 자신의 감정이나 생각을 부정하는 것, 자신의 문제를 방어하거나 회피하고 사람들을 멀리하려는 것, 어려운 문제의 발생으로 인한 위기감, 무기력하고 수동적인 생활, 짜증을 잘 내고 예민하고 충동적이며 혼란된 행동, 우울증, 자신의 행동을 제어하지 못하는 것, 자신의 문제를 해결하려는 대안이 부족하여 마약류로 해결하려고 하는 것, 마약류 복용 등이다(이덕기, 2002).

마약류 중독자와 전문가 그리고 가족은, 마약류 중독은 재발이 일어날 가능성이 많은 질병이라는 점을 인식하고 항상 조심하여 재발을 미연에 예방할 수 있어야 한다. 그러나 마약류 중독자의 재발에 대하여 너무 실망할 필요는 없다. 재발은 실패를 의미하기보다는 하나의 변화과정을 의미하기 때문이다(Donnely, 2005).

마약류 중독자의 회복을 위해서는 다음의 원칙을 따르는 것이 중요하다(Levinthal, 2002).

- 약물을 끊을 시간은 바로 지금이다.
- 점차적으로 하지 말고 당장 끊어라.
- 알코올이나 다른 약물도 함께 끊어라.
- 당신의 생활방식을 바꾸어라.
- 약물 사용을 유발하는 상황과 사람 그리고 장소를 가능한 한 피하라.
- 다른 즐거움을 찾아보라.
- 당신의 몸을 잘 돌보아라. 올바로 먹고 운동하라.

2) 재발 방지를 위한 개입

마약류 중독자의 재발 방지를 위해서는 변화하려는 노력을 강화하는 것, 위험 상황을 확인하는 것, 대처기술과 다른 유용한 기술을 가르치는 것, 유혹을 피하는 데 도움이 되는 단서를 파악하는 것, 재발에 대한 준비를 하는 것, 생활양식을 바꾸는 것과 같은 내용이 고려되어야 한다(Jarvis et al., 2006).

(1) 변화하려는 노력의 강화

단약을 유지하고 재발을 예방하는 데 있어 중독자 자신이 변화하려는 강력한 의지를 가지는 것은 중요하다.

(2) 고위험 상황의 확인

마약류를 할 가능성이 있는 고위험 상황을 구체적으로 알아보는 것이 중요하다. 누구와 언제 어디서, 어떤 감정을 느끼며, 특별히 어떤 상황에서 마약류 남용에 대한 유혹을 많이 받는지를 구체적으로 알아야 한다. 고위험 상황에 대하여 잘 알게 되면 그것에 무의식적으로 노출되거나 자동적으로 반응하는 것이 줄어든다. 상담자는 과거나 최근에 중독자가 경험한 고위험 상황이 무엇인지를 검토하는 것이 좋다(Beck et al., 1993).

(3) 대처기술과 다른 유용한 기술 가르치기

문제해결 기술이나 스트레스 관리기술 등 다양한 기술을 가르치는 것은 재발 방지에 도움이 된다(Litt, Kadden, & Stephens, 2005). 마약류의 사용은 중독자가 나름대로 사회에 적응하는 대응방식이다. 그러므로 중독자가 마약류를 사용하지 않고 어려움에 잘 대처할 수 있도록 대응기술을 가르쳐야 한다. 외로움에 대처하는 기술, 문제를 해결하는 기술, 어려울 때 가족이나 친구 혹은 성직자 등에게서 지지를 받을 수 있는 방법 등을 중독자가 알고 있을 때 재발의 위험성은 줄어든다.

(4) 유혹을 피하기

마약류 중독자는 일단 마약류를 접하면 쉽게 뿌리칠 수가 없다. 중독자가 마약류의 유혹을 피할 수 있는 가장 좋은 방법은 마약을 하는 사람들과의 관계를 끊는 것이다. 전화번호를 바꾸거나 마약류와 관계된 사람의 전화번호를 지우거나 이사를 가는 등의 적극적인 방법을 찾아야 한다. 만약에 우연히 만난 사람이 마약류를 권하게 되면 강력하게 거절한 후 그 장소를 빨리 벗어나야 한다.

(5) 변화를 유지하는 데 중요한 생활방식

마약류를 접할 가능성이 없는 직업을 가지는 것, 마약류를 하는 친구와 만나지 않는 것, 마약류를 하지 않는 친구 및 가족과 잘 지내는 것, 규칙을 지키는 것, 스트레스를 적게 받도록 하는 것, 일상생활을 단순화시키는 것 등 생활방식을 바꾸는 것이 도움이 된다.

마약류 중독자를 대상으로 마약류의 유혹에 대처하는 방법, 직장이나 가정에서의 문제에 대처하는 방법, 새로운 친구를 사귀는 방법, 마약류 없이 여가 활동을 하는 방법 등 재발 방지를 위한 프로그램을 실시한 결과, 프로그램을 받은 집단이 사후 관리만 받은 집단보다 단약하는 비율이 더 높고 재발 가능성이 더 적은 것으로 나타났다 (McAuliffe, 1990).

마약류 중독의 재발을 예방하기 위한 방법의 하나로 건전한 직업을 가지는 것은 매우 중요하다. 직업을 가지게 됨으로써 재발의 위험성은 줄어든다.

요약

마약류 중독은 여러 요인이 통합되어 일어나는 것이나 일차적으로 대뇌 손상을 주는 질병으로 보아야 한다. 회복의 초기에는 중독자에 대한 적극적인 치료적 개입과 가족의 도움이 필요하다. 그러나 회복을 잘 유지하기 위해서는 동양적 수행법과 영성적 변화가 도움이 된다.

• 마약류 중독자를 효과적으로 상담하기 위해서는 중독자의 동기와 특성 그리고 중독자가 처한 환경

을 고려해서 상담해야 한다. 만성 중독자는 장기간의 약물 남용으로 뇌에 이상이 생긴 환자다. 그래서 단순한 의지의 힘에 호소하는 것에는 무리가 있다. 하지만 중독자의 변화하겠다는 동기, 포기하지 않으려는 의지, 영성의 힘 등은 중독자가 회복하는 데 있어 강력한 힘이 된다.

- 마약류는 중추신경계에 미치는 영향에 따라 중추신경 흥분제와 중추신경 진정제, 환각제 등으로 구분할 수 있다. 중추신경 흥분제에는 필로폰, 코카인, 크랙, 엑스터시 등을 들 수 있다. 중추신경 진정제에는 아편, 모르핀, 헤로인 등이 포함된다. 환각제에는 대마초와 LSD가 포함된다. 그리고 휘발유, 본드 등의 흡입제로도 분류할 수 있다.

- 마약류 중독의 원인을 생물적, 심리적, 사회적, 영적 측면이 통합된 것으로 가정하면, 치료에서도 생물적, 심리적, 사회적, 영적으로 통합해서 개입해야 한다. 중독의 특성상 중독자는 혼자 힘으로 회복하기 어렵다. 정신과 의사, 심리학자, 사회복지사, 간호사, 약사 등 각 분야의 전문가, 가족, 사회의 적극적인 도움이 필요하다. 국가에서의 마약류 정책제도가 법적 처벌보다는 적극적인 치료 활성화를 도모하는 것으로 빨리 전환되어야 한다.

- 마약류 중독자에 대한 상담의 목표는 단약에 있는 것이 아니라 삶의 태도가 바뀌는 데 있다. 회복 중인 중독자가 마약류에 의지하지 않아도 어려움을 잘 이겨 내고 자기를 사랑하면서 사회의 구성원으로서 행복한 삶을 살 수 있도록 도와주는 데 상담의 목표가 있어야 한다. 마약류 중독자에 대한 상담은 마약류 문제만 다루기보다는 한 개인의 행복과 성공적인 삶을 다루는 등 긍정적인 면에 초점을 두고 진행하는 것이 바람직하다.

- 마약류 중독자에 대한 치료 및 재활의 개입방법에는 동기강화 상담, 인지행동적 상담, 유교와 불교의 수행법을 적용한 동양적 수행법, 자기사랑하기 프로그램, 치료 공동체, 교도소, 보호관찰소 등에서의 개입, 병원에서의 개입, 직업재활, NA, 가족치료 등의 접근법이 있다. 우리나라의 현실에서는 마약류 중독자가 보호관찰소나 교도소 등에서 주로 법적인 문제와 관련되어 상담자를 만날 때부터 주로 상담이 시작된다. 마약류 중독자를 환자로 보고 치료를 받게 하는 법적 제도의 활성화가 필요하다.

- 마약류 중독자가 중독에서 해방되고 자기를 찾아가도록 돕기 위해서는 단순한 상담개입만으로는 효과가 적다. 중독자에 대한 직업재활, 빈곤 타파, 교육제도 개선 등이 함께 따라야 한다.

- 마약류 중독 상담에 있어서 상담자의 인격은 중요한 도구가 된다. 상담자는 중독자의 삶의 모델이 되어야 한다. 상담자의 차별 없음, 성숙함, 강한 의지, 사랑의 마음과 성실함은 중독자가 희망을 갖게 하고 단약에의 동기를 줄 수 있다. 중독자를 상담하는 상담자는 상담 장면뿐만 아니라 일상에서 자기 자신을 잘 분리주시킬 수 있어야 한다. 또한 상담자 자신의 좌절감이나 의욕 상실을 예방하기 위한 다양한 방법을 잘 알고 활용할 수 있어야 한다. 명상, 종교생활, 규칙적 운동, 취미생활 등이 도움이 된다.

참고문헌

강은영(2005). 세계각국의 약물중독자 보호관찰제도와 운영현황. 아름다운 젊음, 37, 13-44. 서울: 한국마약퇴치운동본부.

경봉대선사(1982). 경봉대선사 법어집. 극락에 길이 없는데 어떻게 왔느냐. 서울: 여원출판국.

고병인(2003). 중독자 가정의 가족치료. 서울: 학지사.

권도훈(2001). 국립부곡병원 부설 마약류 중독진료소의 치료원칙. 2001년 마약류 중독자 치료ㆍ재활 심포지엄 자료, 173-198.

권석만(2003). 현대이상심리학. 서울: 학지사.

김갑중(2007). 예 치료 공동체―구성주의와 수양론적 접근 경험. 중독증 전문 치료센터 네트워크 제2차 워크숍 및 심포지움 자료집. 한국중독정신의학회 중독증 전문 치료센터네트워크, 45-55.

김선오(2006). 학교에서의 단기예방교육활동의 실제. 2006년 마약류 퇴치 심포지엄 발표자료, 93-108.

김성이(2002). 약물중독총론. 서울: 양서원.

김연실(2015). 약물중독자를 위한 자기초월증진프로그램의 효과. 이화여자대학교 대학원 박사학위 청구논문.

김영환, 김지혜, 오상우, 임영란, 홍상황(2001). 성격평가질문지 실시요강. 서울: 학지사.

김영환, 오상우, 홍상황, 박은영(2002). PAI의 임상적 해석. 서울: 학지사.

김은영(2015). 마약의 사용, 중독, 그리고 자존감: 미국의 연구사례들을 바탕으로 한국에서의 카플란의 부정적 자아감이론의 적용가능성에 대한 재고. 한국범죄학, 9(2), 253-277.

김인자(1994). 현실요법의 적용. 서울: 한국심리상담연구소.

김재성(2006). 심리치료로서의 불교. 불교와 심리학, 창간호, 91-162.

김현택, 조선영, 박순권(2003). 생리심리학의 기초. 서울: 시그마프레스.

김혜숙, 김순진, 송종용, 최은영(1994). 청소년 약물남용 예방상담. 서울: 청소년 대화의 광장.

동아일보(2007. 1. 29.). 금연스위치 뇌속에 있다. 동아일보.

민성길(1998). 약물남용―원인, 증상 및 치료. 서울: 중앙문화사.

박상규(2002). 마약류 중독자를 위한 자기사랑하기 프로그램의 개발 및 효과. 한국심리학회지: 임상, 21, 693-703.

박상규(2003). 마약류 중독자를 위한 자기사랑하기 프로그램. 서울: 학지사.

박상규(2005). 아름다운 젊음, 39, 28-34. 서울: 한국마약퇴치운동본부.

박상규(2006). 정신재활의 이론과 실제. 서울: 학지사.

박상규(2007). 마약류 중독 치료에 있어서의 동양적 수행법의 활용. 한국심리학회지: 건강, 12(4), 715-732.

박상규(2008a). 마음챙김과 자기조절. 2008년도 한국심리학회 심포지엄 발표 자료집.

박상규(2008b). 약물중독과 범죄행동. 2008년 한국 임상·건강심리학회 춘계공동학술대회 논문집, 27-28.

박상규(2011). 약물중독치료 행복 48단계 프로그램. 국립법무병원.

박상규(2016a). 중독과 마음챙김. 서울: 학지사.

박상규(2016b). 중독자의 회복과정에서 한국적 수행법의 활용. 한국심리학회지: 중독, 1(1), 85-104.

박후남, 유숙자(2005). 명상수련프로그램이 알코올중독환자의 자기개념, 금주자기효능 및 금주에 미치는 효과. 정신간호학학회지, 14, 304-312.

서유현(2006). 뇌를 중심으로 한 약물 오남용 및 중독. 2006년 마약류 퇴치 심포지엄 발표자료, 13-34.

신용원(2005). 아름다운 젊음, 38, 12-13. 서울: 한국마약퇴치운동본부.

신의기(2004). 마약류 남용에 대한 처리와 치료재활. 2004년 마약류 퇴치 심포지엄 발표자료, 61-85.

신정호(2006). 알코올 약인가? 독인가? 서울: 오늘의문학사.

신태용(2004). 약물 오·남용. 서울: 신일상사.

양병모(2004). 중독의 목회신학적 소고. 한국기독교상담학회지, 8, 95-116.

예상균(2014). 마약 투약사범의 공소사실 특정—모발 투약시기 추정과 관련하여—. 법과 정책연구, 14(4), 1963-1988.

이기영(2004). 잠재적 약물사용 청소년 선별척도(SPDA)를 위한 타당성 연구. 2004년 마약류 퇴치 심포지엄 발표자료, 125-147.

이덕기(2002). 온전한 마음—알코올과 약물중독에 대한 재발예방지침서. 서울: 하나의학사.

이보영, 이무선(2012). 마약범죄 처벌의 정당성. 법학연구, 47(0), 212-238.

이유섭(2004). 정신분석적 관점에서의 마약 중독. 2004년 마약류 퇴치 심포지엄 발표자료, 99-115.

이창기(2004). 마약이야기. 서울: 서울대학교출판부.

임상현(2005). 미 연방 대법원의 대마초 의료적 사용에 대한 판견 분석. 아름다운 젊음, 38, 68-69. 서울: 한국마약퇴치운동본부.

장유정(2006). 사회복귀프로그램 운영 실제. 2006년 마약류 퇴치 심포지엄 발표자료, 71-90.

전영민, 조성민, 강경화, 송수진(2006). 중독상담 능력. 서울: 한국음주문화센터.

정용인, 김대진(2006). 약물 중독 환자의 뇌신경계 핵의학 영상. 핵의학분자영상, 40, 1-8.

조성남(2004). 마약중독의 강제치료. 2004년 마약류 퇴치 심포지엄 발표자료, 41-57.

조성남(2005). 마약류 남용자의 치료재활 활성화 정책방안. 2005년 마약류 퇴치 심포지엄 발표자료, 25-33.

조성남(2006). 마약류 중독치료의 한미간 비교. 2006년 임상심리학회 추계학술대회 자료집, 1-28.

주왕기(1999). 약물남용. 서울: 신일상사.

최응렬(2006). 마약류 중독 수형자의 관리와 처우. 교정연구, 30, 35-60.

한국마약퇴치운동본부(2001). 약물중독 치료 원칙 지침서. 2001년 마약류 중독자 치료·재활 심포지엄, 347-374.

한국마약퇴치운동본부 엮음(2005). 마약류 중독자 22인의 극복체험수기. 후회와 눈물 그래도 희망이. 서울: 한국마약퇴치운동본부.

한국마약퇴치운동본부 기획부(2006). 아름다운 젊음, 40, 21-34. 서울: 한국마약퇴치운동본부.

한국마약퇴치운동본부 홈페이지(2006). www. drugfree.or.kr.

한국마약퇴치운동본부(2007). 2007년 마약류 의존 체험수기 응모작품. 후회와 눈물 그래도 희망이 II. 서울: 한국마약퇴치운동본부.

Alloy, L. B., Riskind, J, H., & Manos, M. J. (2010). 이상심리학 현재의 조망[Abnormal Psychology Current Perspective](홍창희, 조진석, 성경순, 이명주 역) (원전은 2006년에 출간). 서울: 박학사.

American Psychiatric Association. (2013). *Diagnostic and Statistical Manual of Mental Disorders* (5th ed., Text Revision). Washington, DC: Author.

Beck, R. T., Wright, F. D., Newman, C. F., & Liese, B. S. (1993). *Cognitive Therapy of Substance Abuse*. New York: The Guilford Press.

Cadoret, R. J., Troughton, E., O'Gorman, T. W., & Heywood, E. (1986). An adoption study of genetic and environment factor in drug abuse. *Archives of General Psychiatry, 43,* 1131-1136.

Campbell, B. K., & Stark, M. J. S. (1990). Psychopathology and personality characteristics in different forms of substance abuse. *The International Journal of the Addiction, 25,* 467-474.

Chung, T., & Martin, C. S. (2005). Classification and short-term course of DSM-IV cannabis, hallucinogen, cocaine, and opioid disorders in treated adolescents. *Journal of Consulting and Clinical Psychology, 73*(6), 995-1004.

Donnely, J. (2005). 건강상담: 이론과 실제[*Health Counseling: Application and Theory*](현명호, 유제민, 김민경 역) (원전은 2003년에 출간.) 서울: 박학사.

Fanning, P. (2000). 술과 약물을 끊기 위한 단계적 지침서. [The Addiction Workbook](서현주, 최석민, 김희성 역) (원전은 년에 출간.) 서울: 하나의학사.

Goldberg, R. (2003). *Drugs across the spectrum.* Bermont: Thomsom Learing, Inc.

Hallfors, D., Cho, H., Sanchez, V., Khatapoush, S., Kim, H. M., & Bauer, D. (2006). Efficacy vs effectiveness trial results of an indicated "model" substance abuse program: Implications for public health. *American Journal of Public Health, 95*(12), 2254-2259.

Haskins, M. (2005). 사용설명서 마약[*Drugs A user's Guide*](이민아 역) (원전은 2002년에 출간.) 서울: 뿌리와 이파리.

Iversen, L (2006). 약물이란 무엇인가[*Drugs A very Short Introduction*](김정숙 역) (원전은 1999년에 출간.) 서울: 동문선.

Jarvis, T. J., Tebbutt, J., Mattick, R. P., & Shand, F. (2006). *Treatment approaches for alcohol and drug dependence.* West Sussex: John Wiley & Sons, Ltd.

Kozlowski, L. T., Annis, H. M., Cappell, H. D., Glaser, F. D., Goodstadt, M. S., Israel, Y., Kalant, H., Sellers, E. M., & Vingilis, E. R. (1990). *Research advances in alcohol and drug problems, 10.* New York: Plehum press.

Lee, B. Y., & Newberg, A. B. (2005). Religion and health: A review and critical analysis. *Journal of Religion and Science, 40,* 443-468.

Levinthal, C. F. (2002). *Drugs, behavior, and modern society* (3rd ed.). Allyn and Bacon.

Levinthal, C. F. (2008). 약물, 행동, 그리고 현대사회 정신약물학 입문(제4판)[*Drug, Behavior, and modern Society,* 4th ed.](박소연, 김문수 역) (원전은 2005년에 출간.) 서울: 시그마프레스.

Litt, M. D., Kadden, R. M., & Stephens, R. S. (2005). Coping and self-efficacy in marijuana treatment project. *Journal of Consulting and Clinical Psychology, 73*(6), 1015-1025.

McAuliffe, W. E. (1990). A randomized controlled trail of recovery training and self-help for opioid addicts in New England and Hong Kong. *Journal of Psychoactive Drugs, 22,* 197-209.

Marlatt, G. A., & George, W. H. (1984). Relapse prevention: Introduction and overview of the model. *Brith Journal of Addiction, 79,* 261-273.

Miller, W, R., & Rollnick, S. (2006). 동기강화상담[*Motivational Interviewing: Preparing People for Change*](신성만, 권정욱, 손명자 역) (원전은 2002년에 출간.) 서울: 시그마프레스.

Monti, P. M., Abrams. D. B., Kadden, R. M. & Cooney, N. L. (1999). 단주를 위한 사회기술훈련[*Treatin Alcohol Dependence A Coping Skills Training Guide*](한광수 역) (원전은 1989년에 출간.) 서울: 하나의학사.

Mulvey, E. P., Odgers, C., Skeem, J., Gardner, W., Schubert, C., & Lidz, C. (2006). Substance use and community violence: A test of the relation at the daily level. *Journal of Consulting and Clinical Psychology, 74*(4), 743-754.

Neufled, K. J., Kidorf, M. S., Kolodner, K., King, V. L., Clark, M., & Brooner, R. K. (2008). A behavioral treatment for opioid-dependent patients with antisocial personality. *Journal of Substance Abuse Treatment, 34,* 101-111.

O'Connor, M. J., Frankel, F., Paley, B., Schonfeld, A. M., Carpenter, E., Laugeson, E. A., & Marquart, R. (2006). A controlled social skills training for children with fetal alcohol spectrum disorders. *Journal of Consulting and Clinical psychology, 74,* 639-648.

Rai, O., & Ksir, C. (2003). 약물과 사회 그리고 인간행동[*Drugs, Society & Human Behavior, 9/e*](주왕기, 주진형 역) (원전은 2002년에 출간.) 서울: 라이프사이언스.

Otsuki, T. A. (2003). Substance use, self-esteem, and depression among Asian-American adolescents. *Journal of Drug Education, 33,* 369-390.

Petry, N. M., Alessi, S. M., Marx, J., Austin, M., & Tardif, M. (2005). Vouchers versus prizes: contingency management treatment of substance abusers in community settings. *Journal of Consulting and Clinical Psychology, 73*(6), 1005-1014.

Smith, S. S., & Newman, J. P. (1990). Alcohol and drug abuse-dependence disorders in psychopathic and nonpsychopathic criminal offenders. *Journal of Abnormal Psychology, 99*(4), 430-439.

Storti, S. A. (1997). *Alcohol Disabilities and Rehabilitation.* San Diego: Singular Publishing Group, Inc.

Tarter, R. E. (1988). Are there inherited behavioral traits that predispose to substance abuse? *Journal of Consulting Clinical Psychology, 56*(2), 189-196.

Wanberg, K. W., & Milkman, H. B. (1998). *Criminal conduct and substance abuse treatment.* California: SAGE Publications.

제4장

니코틴중독과 금연 상담

서경현(삼육대학교 상담심리학과 교수)

1. 흡연 심리와 행동

담배를 끊고 싶어도 끊지 못하는 사람들이 많다. 왜 그런 사람들은 담배를 피우고 그 행동을 그만두지 못하는 것일까? 금연을 원하는 사람들을 어떻게 도울 수 있을까? 니코틴에 중독된 사람들을 상담하기 위해서는 흡연 행동과 흡연하는 심리를 이해하고 있어야 한다. 이 장에서는 흡연 심리와 행동에 관해 살펴보고, 다음 장에서는 금연을 원하는 사람들을 전문적으로 도울 수 있는 방법에 관해 다루려고 한다.

1) 인간의 흡연 역사

(1) 담배 속의 위험물질

담배에는 599가지 이상의 첨가제가 들어 있고(U. S. Department of Health and Human Services: USHHS, 1995), 그것을 태우면 화학물질이 7,000개 이상 만들어지고, 그중에 적어도 69가지는 발암물질인 것으로 알려져 있다. 그중에 니코틴(nicotine)은 중독을 야기하는 물질이며, 강력한 중추신경 각성제다. 흡연은 니코틴을 뇌에 빠르게 전달하여, 흡연 후 7초만 지나도 니코틴이 뇌에서 발견된다. 그리고 효과가 절반으로 감소하는 반감기가 짧기 때문에, 니코틴에 중독된 흡연자는 마지막 흡연 후 30분 정도 지나서 다시 담배를 찾는다. 니코틴은 신경전달물질인 에피네프린, 노르에피네프린, 도파민을 포함하는 카테콜라민의 방출을 촉진시켜 흥분시키고, 엔도르핀도 방출하여 기분을 좋게 한다(Pomerleau & Rosecrans, 1989).

타르(tar)는 발암물질을 많이 함유하고 있는 담배 연기의 응축물질이다. 흡연하면서 니코틴의 효과를 높이기 위해 담배 연기를 더 깊이 빨아들이는 경향이 있는데, 그것이 타르 양을 증가시킨다. 따라서 저니코틴 담배의 건강상 이득은 거의 없다. 담배 연기에는 건강을 위협하는 다른 물질도 많이 포함되어 있다. 예를 들어, 담배 연기에 들어 있는 아크롤레인(acrolein)과 포름알데히드(formaldehyde)는 발암물질이고, 시안화수소산(hydrocyanic acid)도 호흡기에 나쁜 영향을 미친다.

(2) 담배는 언제부터 피웠는가

호랑이 담배 피우던 시절이 어느 정도 오래된 옛날일까? 담배는 우리나라에 임진왜란(1592~1598) 때 들어왔다. 서양에 담배가 알려진 것은 콜럼버스가 신대륙을 발견했을 때다. 그 이전에는 미 원주민만이 흡연하고 있었다. 담배가 소개된 어떤 나라에서도 국민의 흡연을 그만두게 하는 데 성공할 수 없었다. 17세기에는 터키 국왕이 금지된 흡연을 몰래 한 사람을 국민들이 보는 앞에서 사형에 처하였고, 러시아나 일본에서도 흡연을 엄격하게 금지한 적이 있었다. 교황청에서도 흡연 문제를 심각하게 다루었지만, 흡연을 선호했던 교황이 금지조항을 삭제하기도 했다(Kluger, 1996).

파이프 담배나 시가와 같은 다양한 형태의 담배가 있는데, 현시대에 애용되고 있는 궐련 형태의 담배는 19세기 말부터 유행하였다. 그때부터 담배가 대량으로 생산되었는데, 대량으로 생산되는 궐련 형태의 담배는 공기 보존을 위한 처리, 좋은 향과 맛이 나게 하는 처리, 흡수를 빠르게 하는 처리 등 이차적인 공정을 거친다. 그 당시에 여성은 흡연하기 어려운 분위기였지만, 20세기 중반까지만 해도 이완과 스트레스에 좋다는 이유로 환자에게 흡연을 권하는 의사도 있었다. 흡연이 건강에 해를 준다는 것을 알고 1960년대 중반부터 미국 정부가 금연을 권장하기 시작했지만, 담배회사들은 20세기 초부터 시작된 담배 판촉활동을 지금도 전략적으로 하고 있다. 규제가 심한 선진국보다 제3세계 국가에서 담배 판촉활동을 활발히 벌이고 있다.

(3) 흡연율의 변화

1960년대 중반 45%에 이르던 미국 성인 흡연율이 35년이 지나서 약 절반가량으로 감소하였다(Brannon, Feist, & Updegraff, 2015). 그러나 미국 여성의 흡연율은 그렇게 많이 감소하지는 않았으며, 1990년대 청소년 흡연율은 이전보다 증가하기도 했다. 2004년 세계보건기구(WHO)가 발표한 국가별 흡연율과 그 순위를 보면, 1990년대 이후 한국의 성인 흡연율은 60% 전후로 보고되고 있다. 흡연율 증가 혹은 감소를 논하지만, 연초 혹은 상반기에 조사하면 흡연율이 조금 낮고 하반기에 조사하면 흡연율이 조금 더 높게 나타나기 때문에 한국의 흡연율은 좀처럼 크게 감소하지 않았다. 여전히 한국의 성인 남성 흡연율은 OECD 국가 중 가장 높기 때문이다(OECD, 2011).

흡연율의 감소는 정부의 의지와도 관련이 있다. 한국에서 금연정책을 담당하는 곳인 보건복지부 건강증진국은 2002년에 '국민건강증진종합계획(Health Plan 2010)'을 발표하면서 2010년까지 흡연율을 대폭 낮추려는 의지를 표명하였고, 목표한 만큼은 아니지만 흡연율을 꽤 낮추었다. 정부는 그런 목표를 달성하기 위해 지역사회 중심의 금연 교육 및 상담을 활성화하고, 전 국민을 대상으로 금연 홍보와 교육을 강화하며, 담배에 대한 접근을 제한하고, 간접흡연에 대한 노출을 감소시킨다는 세부 전략까지 세워 접근하였기에 어느 정도 성과를 본 것이다. 또한 정부는 2015년 1월 1일부터 담뱃값을 두 배가량 올리며 국민의 금연을 유도하기 위해 노력하고 있다. 하지만 1965년 미국에서 금연 및 흡연 예방정책을 시행한 후 흡연율이 절반 이상 줄어들기까지 매우 구체적인 전략을 세워 개입했다는 것을 감안하면(Brannon, Feist, & Updegraff, 2015), 한국의 흡연율이 OECD 국가의 평균 수준이 되려면 더 치밀한 전략과 많은 투자가 필요하다.

2) 흡연과 건강

흡연은 국민건강을 가장 위협적인 요인이다. 선진국에서라도 전체 사망률의 30% 가량이 흡연과 관련되어 있는 것으로 알려져 있다(Peto, 1994). 실제로 전 세계적으로 2010년에는 600만 명 이상이 흡연으로 인해 사망하였고, 2030년에는 800만 명 이상이 될 것으로 추산되고 있다(WHO, 2011). 전체 폐암의 85% 정도가 흡연에 의한 것이고, 흡연은 폐암의 위험을 9배나 증가시킨다(Brannon, Feist, & Updegraff, 2015). 흡연은 폐암 외에도 각종 암과 심장질환, 혈관질환, 기형아 출산 등의 원인일 수 있다(U.S. Department of Health and Human Services, 2014). 아무튼 흡연자는 평균 수명이 10년 정도나 짧다는 보고도 있다(Jha et al., 2013). 한국에서도 흡연으로 사망하는 사람들이 많다는 것은 이미 오래전에 조사된 바 있다(지선하, 2000). 이런 보고는 흡연이 건강에 치명적이라는 것을 알려 준다.

(1) 흡연과 심혈관질환

미국인들이 가장 무서워하는 병은 심혈관질환이다. 매년 엄청난 숫자의 미국인들이 흡연 때문에 심혈관질환으로 사망한다(U.S. Department of Health and Human Services, 2004). 흡연을 하면 심혈관질환에 걸릴 위험이 2배로 증가하는 것으로 알려져 있다(Brannon, Feist, & Updegraff, 2015). 흡연은 동맥경화증의 진행을 빠르게 하고 동맥 안에 찌꺼기(plaque)를 더 빨리 끼게 한다. 게다가 니코틴 자체가 심장질환을 일으키는 역할을 한다. 중추신경 흥분제인 니코틴은 교감신경을 활성화시킨다. 다시 말해, 니코틴에 의해 심박동과 혈압이 증가하고 피부 온도는 낮아지며 혈관은 수축되는데, 빨라진 심박동과 수축된 혈관의 결합은 심혈관에 부담을 주어 심혈관질환을 일으킨다.

(2) 흡연과 암

흡연은 각종 원인으로 알려져 있는데, 폐암은 주로 흡연에 의해 발생한다. 남성의 폐암 90%, 여성의 폐암 70%가 흡연에 의해 생긴 것이다(Peto et al., 2006). 그 외에도 흡연은 구강암, 인두암, 식도암, 후두암, 기관지암, 췌장암, 방광암, 신장암 등의 원인이 된다. 흡연은 폐암에 걸릴 위험을 9배 이상 증가시킨다(Brannon, Feist, & Updegraff, 2015). 2012년 전 세계적으로 1,800만 명이 폐암에 걸리고 1,600만 명이 폐암으로 사망하는 것을 보면, 흡연이 얼마나 많은 사람을 사망에 이르게 할 수 있는지 알 수 있다(World Health Organization, 2014). 흡연 아닌 어떤 단일 행동도 이렇게까지 위험하지는 않다.

흡연을 시작하고 20~30년이 지난 후 폐암에 걸리는 경우가 많기 때문에, 미국에서는 1980년까지도 폐암 사망률이 증가하였다. 한국에서 10년 안에 폐암 사망률이 크게 감소할 것이라고 기대할 수 없는 이유가 여기에 있다. 참고로, 폐암의 발병은 공해나 기타 발암물질에 크게 영향을 받지 않는다.

(3) 흡연과 만성 폐질환

만성 폐쇄성 폐질환(chronic obstructive pulmonary disease)은 흡연이 주원인인데,

흡연자의 20%가 이 질환에 걸리는 것으로 조사되었다(Ward, 2012). 만성 폐쇄성 폐질환에는 다양한 호흡기 질환이 포함된다. 서구에서는 만성 폐쇄성 폐질환 환자들이 급격하게 증가하였다. 대표적인 것이 만성 기관지염과 폐기종이다. 쉽게 표현해서, 폐기종은 폐 안에서 공기가 썩는 것이다. 그 결과로 폐의 조직들이 상하게 된다. 폐기종 환자들은 촛불조차 끄지 못한다. 중요한 것은 만성 폐쇄성 폐질환이 비흡연자들에게는 드물다는 것이다.

(4) 흡연과 관련된 기타 질환

앞에서 설명한 질환 외에도 여러 다른 질환들이 흡연과 관련이 있다. 흡연은 궤양, 치주질환, 구강질환을 일으키기도 한다(Brannon, Feist, & Updegraff, 2015). 흡연은 체력을 약하게 하고, 감각을 무디게 하며, 근육의 움직임을 비정상적으로 만들 수 있다. 흡연은 감기에 더 쉽게 걸리게 하고, 청력과 시력에도 나쁜 영향을 준다(U. S. Department of Health and Human Services, 2014). 흡연은 피부에도 좋지 못한 영향을 주며 노화를 촉진한다. 이후에 설명하겠지만, 흡연은 여성의 난소암이나 골다공증의 가능성을 높인다. 청소년의 흡연은 건강에 치명적이다. 흡연은 또한 남성의 성 기능을 약화시킬 수 있다.

(5) 간접흡연과 건강

비흡연자는 다른 사람이 피우는 담배 연기가 얼마나 불쾌한지를 알 것이다. 그런데 간접흡연이 비흡연자의 건강을 어느 정도 위협할까? 간접흡연은 비흡연자의 폐암 발병 가능성을 높인다(Taylor, Najafi, & Dobson, 2007). 흡연자와 같이 거주할 경우 폐암의 위험은 20~30%가 증가한다(World Health Organization, 2012). 심지어 남편이 흡연자일 경우 아내가 유방암에 걸릴 가능성이 2배나 높아지는 것으로 나타난 연구도 있다(Lash & Aschengrau, 1999). 간접흡연은 혈관장애를 일으킬 가능성이 매우 크다(Zou, Hong, & Dai, 2009). 간접흡연으로 큰 피해를 입을 수 있는 것이 유아들인데, 흡연하는 어머니를 둔 유아는 다른 유아보다 유아돌연사증후군(sudden infant death syndrome: SIDS)으로 사망할 가능성이 매우 높다(Bajanowski et al., 2008). 어머니가

흡연을 더 많이 하면 할수록 유아의 돌연사 위험이 더 커진다는 용량-반응 관계도 증
명되었다. 임신 기간 동안 어머니가 하루에 1~9개비 정도의 담배를 피우면 유아의 유
아돌연사증후군 발생 확률이 2배로 증가하지만, 매일 10개비 이상의 담배를 피우게 되
면 자녀의 유아돌연사증후군 위험은 흡연하지 않은 어머니를 둔 유아보다 거의 3배나
된다. 부모의 흡연은 출생 시 유아의 저체중을 유발하고 기관지염, 폐렴, 천식 등과 같
은 질병에 취약하게 만든다(Vork, Broadwin, & Blaisdell, 2007).

(6) 여성의 흡연과 건강

여성이 흡연할 경우 남성처럼 폐암, 후두암, 구강암, 식도암, 심장질환 등의 위험이
증가한다. 그러나 여성이 흡연하면 남성이 흡연할 때보다 폐암과 심장병의 위험에 상
대적으로 더 노출된다(한국금연운동협의회, 2000). 이와 관련해서는 여성의 니코틴 대사
가 더 느리기 때문에 건강상의 피해를 더 입는다는 주장도 있고(Hall, 1994), 여성의 폐
크기가 상대적으로 작기 때문이라는 주장도 있다(Langhammer et al., 2000). 게다가 흡
연은 심장질환의 다른 위험 요소와 함께 공동상승 효과를 발휘하기도 한다. 일례로 경
구피임약을 복용하는 여성이 흡연하게 되면 심혈관질환의 위험이 크게 증가한다(Hall,
1994).

흡연이 호흡기와 순환계에 미치는 부정적인 영향에 남성보다 여성이 더 취약한 것
외에도 여성만 가지는 건강상의 추가적 해악이 있다. 무엇보다도 우려되는 것은 여성
이 임신 중에 흡연을 하게 되면 자신과 태아에게 심각할 수 있다는 것이다. 임신 중에
흡연할 경우 태아가 유산될 수 있고, 미숙아를 출산할 가능성이 높아지며, 추후 유아
의 지적 발달에 부정적인 영향을 준다(U. S. Department of Health & Human Services,
2006). 심지어 임신부가 골초일 경우 신생아가 금단 증상을 보이기도 하는데, 이를 태
아흡연증후군(fetal tobacco syndrome)이라고 한다(Fingerhut et al., 1990). 물론, 이는
몇 주 후면 사라지지만 임신부가 흡연을 하면 태아도 니코틴에 신체적으로 의존된다는
것인데, 태아의 아세틸콜린 수용기, 특히 니코틴성 아세틸콜린 수용기에도 영향을 주
었다는 것을 의미한다.

흡연하는 여성들은 임신하면 금연하겠다고 생각하겠지만, 흡연하던 여성 중에 많은

사람들이 임신해도 흡연을 계속한다(Vardavas et al., 2010). 흡연하던 여성이 임신 기간 중에 금연을 했다가 출산 후 다시 흡연하게 되었다고 토로하는 경우도 있다. 그들은 흡연이 임신 기간만큼 출산 후에도 유아에게 큰 해가 될 수 있다는 것을 제대로 인식하지 못하고 있다.

임신 중 혹은 출산 전후가 아니더라도 여성의 흡연은 불임과 관련이 있으며 폐경기를 앞당긴다. 이는 흡연이 에스트로겐(estrogen) 분비의 저하를 유도하기 때문인데, 그 이유로 관상동맥질환이나 뇌졸중에 더 취약하게 만든다. 게다가 여성이 흡연할 경우 유방암과 자궁암에 걸릴 가능성이 높아진다. 흡연하는 여성은 골다공증의 위험에 더 노출되어 있으며, 주름살이나 흰머리가 더 많아지게 되어 더 늙어 보이게 된다(U. S. Department of Health & Human Services, 2006).

흡연하는 여성들의 사망률이 흡연하는 남성들의 사망률보다 낮게 나타난다고 해서 여성이 흡연하는 것이 남성이 흡연하는 것보다 덜 위험하다고 생각해서는 안 된다(Hall, 1994). 이런 사망률의 차이는 흡연 성향의 성차에 기인한다. 여성이 남성보다 늦은 나이에 흡연을 시작하고 니코틴과 타르의 용량이 적게 함유된 담배를 선호하는 경향이 있으며 남성 흡연자들보다 흡연량이 적기 때문이다(한국금연운동협의회, 2007). 요약하면, 흡연에 의한 사망률의 성차가 여성의 흡연이 남성의 흡연보다 안전하다는 것을 의미하는 것은 아니고, 여러 실증 연구들은 흡연의 해악에 여성이 남성보다 더 취약하고 건강에 있어서 추가적인 피해를 입게 된다는 것을 시사하고 있다.

3) 흡연 행동의 발달과 유지

(1) 흡연의 시작

흡연이 건강에 좋지 못하다는 것을 알고 있으면서도 왜 사람들은 흡연을 시작하고 그 행동을 왜 계속하는 것일까? 사람들이 몰라서 계속 흡연하고 있다고 생각하지는 마라. 여러 사람들이 각기 다른 이유로 흡연을 하고, 한 사람의 경우에도 다양한 상황에서 각기 다른 이유로 흡연한다. 흡연을 시작하는 이유를 설명하는 이론은 다음과 같다.

① 흡연에 대한 태도와 의도

개인이 흡연을 할지의 여부를 결정하게 하는 것은 흡연에 대한 태도와 신념에 뿌리를 두고 있다. 청소년들이 흡연하고자 하는 의도는 흡연 행동에 대한 태도와 자신이 속한 환경에서 중요한 사람들이 실제로 흡연을 하고 있다는 신념에 근거한다는 것이다. 그러므로 개인이 담배를 피우는 경우는 담배가 사회에서 회자되는 것만큼 해로운 것이 아니고, 두뇌 회전도 빠르게 되고 문제해결 능력도 향상시킨다거나 멋있게 보일 것이라는 등의 흡연 행동에 대한 긍정적인 태도가 있을 때다. 또한 자신이 사랑하고 자신에게 중요하고 생각하는 사람들이 흡연하기 때문에 흡연이 그다지 나쁜 것이 아니라는 신념에 담배를 피우게 된다(Ajzen & Fishbein, 1980).

② 조숙 행동

청소년의 흡연은 자신의 연령집단의 규범으로부터 벗어나서 성인의 행동으로 옮겨 가고자 하는 조숙(prematurity) 행동으로 해석된다(Jessor & Jessor, 1977). 흡연 행동을 설명하는 변인으로는 개인적 변인(학업성취, 독립심 및 일탈욕구에 대한 인내)과 지각된 환경(부모나 동료로부터의 지지)이 있다. 결과적으로 주어진 동일한 환경에 대해 개인이 어떤 식으로 지각하는가의 여부가 흡연 의도 및 행동을 결정하는 데 큰 영향을 미칠 수 있다.

③ 긴장 조절, 반항심 및 사회적 압력

어떤 학자들은 긴장 조절, 반항심, 사회적 압력과 같은 각기 다른 세 가지 이유 중의 하나에 의해 청소년들이 흡연을 시작한다고 가정했다(Leventhal & Cleary, 1980). 많은 청소년들은 담배가 반항과 독립의 이미지와 연합되어 있기 때문에 흡연을 시작한다. 또 다른 이유는 사회적 압력이다. 어떤 청소년들은 사회적 압력에 특히 민감하여 흡연하는 친구가 있으면 같이 흡연할 가능성이 크다.

(2) 흡연 행동의 발달

성인 흡연자 중에도 매일 습관적으로 흡연하지는 않는 사람들(occasional smoker)이

15% 정도라고 한다. 이 의미는 신체적 의존을 보이지 않고 내성이 형성되지 않은 사람들이 있다는 것이다. 니코틴의 반감기가 몇 시간이 되지 않기 때문에 실제로 그들이 중독되었다고 보기는 힘들다. 그러나 그들 중에 많은 이들이 금연하려는 의지를 표현하면서도 끊지 못하고 있는 것은 의문이다. 게다가 그들 중 일부는 갑자기 습관적으로 흡연하게 되어 중독에 빠지기도 한다.

담배에 중독되었다고 결론지을 수 있는 방법은 따로 없다. 니코틴 의존도와 내성을 측정하는 방법으로 자기보고식 설문지(예: Fagerstrom의 니코틴 의존도 검사 및 내성 질문지)를 사용할 수 있다. 또한 생화학적 측정을 이용하기도 하는데, 대개 소변, 혈액 혹은 타액을 통해 니코틴의 일차 대사물질인 코티닌(cotinine)의 양을 측정한다. 그 외에도 맥박 수와 같은 니코틴에 의한 생리학적 반응을 측정하기도 한다.

Leventhal과 Cleary(1980)는 흡연 행동의 형성과정을 발달이론으로 설명하고 있다. 그들은 성인의 흡연과 광고 등에서 받은 인상에 의해 흡연에 대한 개인적 태도와 지식을 획득하는 준비(preparation) 단계, 또래 혹은 가족 등의 사회적 영향을 받으며 앞으로의 흡연 여부를 결정하고 흡연에 대한 신념을 굳히고 실행해 보는 시작(initiation) 단계, 흡연의 빈도가 증가하고 상황이나 장면이 이전보다 다양해지는 정기적 흡연(regular smoker) 단계, 그리고 다양한 심리적 요소에 의하여 영향을 받는 유지(maintenance) 단계로 나누어 설명하고 있다.

Gilpin과 Pierce(1997)는 흡연 형성과정을 발달선상에서 좀 더 구체적으로 설명하고 있다. 그들은 초기 단계를 잠재적인 미래의 흡연자가 처음으로 언젠가는 흡연을 할 수 있다고 생각하는 때로부터 구분한다. 이 단계에서 아동이나 청소년은 흡연에 대한 태도와 신념을 형성한다. 흡연의 영향을 받기 쉬운 이 단계는 흡연자가 되는 첫 번째 과정, 즉 '가능성(susceptible) 단계'다.

다음 단계는 청소년이 실제로 흡연을 해 보는 '실험적(experimentation) 단계'로 이것은 주로 사회 장면에서 일어난다. 첫 흡연 경험을 한 후에 다시는 하지 않겠다는 결심을 할 수도 있지만, 만약 경험을 크게 불쾌하게 느끼지 않고 친구들도 허용한다면 다시 흡연해 보려고 할 것이다. 예외도 있지만 첫 흡연 경험에서 100개비 수준까지 진행되는 데는 대개 수년이 걸린다. 이 단계에서 청소년들은 적절한 장소와 여건이 마련되면 또래들과 어울리면서 한두 개비를 피우지만, 한참 동안을 담배와 상관없이 지내기도 한다.

계속해서 실험적 흡연을 하다 보면 마침내 태어나 흡연한 담배가 100개비가 되는 '100개비(100 cigarettes-ever smoker) 단계'에 이르게 되는데, 대개 15세 이후에 이 단계에 이르게 된다. 청소년들은 이 수준에 이르러서도 실험적 흡연 단계로 간주할 수 있는 과도기적 과정에 놓이기도 한다. 하지만 계속해서 흡연하다 보면 내성이 발달하고 필요에 의해 흡연하기 시작하는데, 이때가 중독의 문턱에 들어서는 시기이고 매일 '주기적 흡연(regular smoking)'을 하기 시작한다. 때로는 이런 단계에서 통상적으로 '안정적인 담배 소비(stabilized consumption)'를 하게 되기까지 수년이 걸리기도 한다. 흡연 행동을 형성하는 과정은 중독이 되면 완결된다. 100개비 수준에 이르게 된 것이 중독의 표준이 될 수 있지만, 20% 정도의 사람은 이 단계에 이른 후에도 니코틴에 중독되기 전에 흡연을 그만둔다.

(3) 흡연의 유지

사람들은 흡연이 해로운 줄 알면서도 왜 흡연을 계속하는 것일까? Tomkins(1968)는 사람들이 ① 습관적으로, ② 기분 좋은 느낌을 얻기 위해, ③ 기분이 나빠지는 것을 막기 위해, ④ 중독되어 있어서 흡연을 한다고 보면서 네 가지 다른 흡연 이유를 들었다.

Tomkins에 따르면 습관성 흡연자들은 무의식적으로 흡연이 주는 보상과도 상관없이 흡연하는 사람들이라고 할 수 있다. 이런 흡연자들은 기분을 좋게 하거나 나쁜 기분을 없애기 위해 흡연을 시작하지만, 나중에는 습관적으로 흡연을 계속하게 된다. 정적 정동의 흡연자들은 자극적이고 때로는 평안함을 느끼기 위해 흡연하고, 부적 정동의 흡연자들은 불안, 초조함, 두려움 혹은 죄책감을 없애기 위해 흡연한다. 습관성 흡연자들과는 달리, 중독성 흡연자들은 자신의 흡연 행동을 자각하면서 피치 못하게 흡연을 한다. 그들은 담배와 라이터 없이는 어디도 갈 수 없고, 주위에 여분의 담배를 준비해 놓는다. 따라서 금연 전략은 각 흡연자들에게 맞게 계획되어야 한다.

흡연 행동을 설명하는 이론적 모델 두 가지를 살펴보기로 하자. 하나는 니코틴중독

모델이고, 다른 하나는 사회학습 모델이다.

① 니코틴중독 모델

니코틴중독 모델에서는 흡연자가 니코틴의 적정 수준을 유지하고 금단 증상을 피하기 위해 흡연을 계속한다고 설명한다. 흡연자들이 니코틴이 많이 함유된 담배보다 적게 함유된 담배를 더 자주, 더 많이 피운다는 것이 여러 연구들에서 증명되어 이 모델이 어느 정도 신빙성이 있다는 것이 확인되었다. 그렇지만 니코틴중독 모델은 왜 사람들이 흡연을 시작하는지, 왜 어떤 사람들은 흡연하고 어떤 사람들은 흡연하지 않는지를 설명하지 못한다. 더욱이 왜 어떤 사람들은 약간의 담배만 흡연하고 또 다른 사람들은 많이 흡연하는 골초인지도 설명할 수 없다. 만일 니코틴이 유일한 흡연 이유라면 니코틴 패치가 완전하게 흡연을 대체할 수 있어야 하는데 사실상 그렇지 못하다.

② 사회학습 모델

사회학습 모델에서는 흡연 행동이 어떤 방식으로든 강화되기 때문에 그 행동이 학습되어 지속된다고 설명한다(Bandura, 1977). 그런데 많은 흡연자들이 자신의 최초 흡연 시도에서 부정적인 효과들을 경험했다고 보고하는데 어떻게 흡연 행동이 획득될 수 있을까? 다시 말해, 왜 여러 사람들이 부정적인 결과들과 연합된 행동을 계속하는 것일까? 그것은 초기 흡연 경험 이후 그 행동을 계속 유지하는 사람에게는 흡연의 강화 가치가 그런 부정적인 것들을 능가하기 때문일 것이다. 대부분의 흡연자들은 또래 압력이 매우 강한 청소년기에 흡연을 시작하는데, 친구들로부터 받아들여진다거나 멋있게 보인다는 정적 강화 효과가 첫 흡연에서 오는 불쾌한 기분을 능가할 것이다. 사회학습 모델은 흡연의 시작과 지속의 이유를 설명할 수도 있다. 흡연자가 일단 중독이 되면 흥분제의 보상적 효과를 얻기 위해, 그리고 금단 증상의 부작용을 피하기 위해 흡연을 계속하게 된다.

4) 흡연자별 특성

(1) 성격에 따른 흡연 특성

성격과 흡연 행동의 관계를 설명하는 학자들도 있다(Spieberger & Jacob, 1982). 그들은 외향적인 사람은 자극이 부족한 상황에서 자신의 각성 수준을 높이기 위해 흡연하는 경향이 강하고, 신경중적 경향성이 강한 사람은 긴장을 감소시키기 위해 자신이 긴장되었다고 느끼는 스트레스 상황에서 흡연하고자 한다고 설명한다. 그들의 연구에서는 남성 흡연자들 중에는 외향적인 사람이 더 많은 반면에 여성 흡연자들 중에는 내성적인 사람이 더 많은 것으로 나타났다.

(2) 청소년의 흡연 요인

27개의 종단연구들을 종합해 분석한 연구(Pierce et al., 1996)에서는 청소년들의 흡연과 관련된 요인이 무엇인지를 알려 준다. 우선 낮은 사회경제적 수준은 청소년의 흡연 가능성을 높이는 것으로 나타났으며, 가족 간에 친밀감이 적은 가정에서 자란 청소년들이 담배를 피우게 될 가능성이 높았다. 또한 친구와의 의리를 중요시하고 친구에게 동조하기 좋아하는 청소년일수록 흡연할 가능성이 높았다. 학업 성취도가 높거나 학교생활에 만족하는 청소년은 흡연을 잘 하지 않았고, 행동 문제가 있고 싸움을 자주 하는 청소년이 더 흡연하였다. 그리고 특별과외 활동에 참여한 청소년들이 흡연의 유혹에 잘 빠지지 않는다고 한다.

이러한 심리사회적 요인 외에도 사회학습을 통해 청소년의 흡연에 영향을 미치는 것이 바로 담배 마케팅이다. 담배회사의 마케팅 전략에 청소년이 표적이 되고, 그것은 효과를 보고 있다. 여러 나라에서 담배회사들은 강화 효과를 위해 소비자에게 티셔츠, 모자, 라이터 등을 주었는데, 그런 홍보물은 청소년의 흡연 시작을 유도하는 데 성공했다(Pierce et al., 1996). 아버지나 형이 담배를 사면서 받은 홍보물을 청소년이 사용하게 되고, 그것이 그들의 흡연 동기를 자극한다. 그런 증거로 청소년들은 가족과 같은 브랜드의 담배를 피우는 경향이 있다.

(3) 여성 흡연

① 여성 흡연의 실태

한국 여성들의 흡연율은 선진국보다 높지 않는 것으로 알려져 있다(OECD, 2011). 그러나 한국에서도 여성의 흡연율이 증가해 왔고, 흡연율 조사에서 여성이 솔직하게 응답하지 않을 가능성이 높아 실제 흡연율은 알려져 있는 것보다 높을 것이라고 생각하는 전문가들이 많다. 얼핏 보아도 10여 년 전보다 공공장소에서 20대 초반 여성들의 흡연을 목격할 수 있는 기회가 훨씬 많아졌다. 미국의 경우 여성의 흡연율은 남성의 흡연율이 감소하기 시작한 1965년 이후에도 한참 동안 계속해서 증가하여, 최근에는 남녀 흡연율이 비슷한 수준에 이르렀다(Brannon, Feist, & Updegraff, 2015). 여성의 흡연은 남성의 흡연과는 생리심리사회적 측면에서 여러 가지로 차이가 있다.

② 여성 흡연의 생리적 특성

여성의 생리적 특성과 흡연 행동 혹은 니코틴의 약물 효과 간의 관계는 아직 연구로 증명되지 않았다. 따라서 여성의 월경주기가 흡연 행동에 영향을 주는지, 혹은 월경주기의 호르몬 변화가 니코틴 대사에 어떤 영향을 주는지는 알려져 있지 않다. 그러나 남성보다 여성에게서 니코틴 대사가 늦게 이루어진다는 증거들은 있다(U. S. Department of Health & Human Services, 2001). 다시 말해, 같은 양의 흡연을 하여도 여성이 남성보다 니코틴을 더 많이, 더 오래 몸 안에 지니고 있게 될 가능성이 크다. 따라서 같은 양의 니코틴을 섭취하여도 여성은 남성보다 약물 효과와 건강상의 부정적인 효과를 더 경험하게 될 것이다. 하지만 그런 인과관계의 방향은 아직 완전히 입증되지는 않았다. 흡연과 관련해서 통제된 실험 연구를 할 수 없기 때문에 그런 인과관계를 완전히 입증하기는 어렵다. 그렇다 하더라도 건강상 여성의 흡연이 남성의 흡연보다 치명적이라는 보고가 계속되고 있기에 담배에 포함된 니코틴과 그 외의 화학물질의 효과에 성차가 있다는 것은 확실하다.

여성이 남성보다 건강상 더 피해를 입는 것은 흡연이 여성 호르몬에 영향을 미치기 때문일 수도 있다. 예를 들어, 에스트로겐과 같은 여성 호르몬은 고밀도 지단백질(high density lipoprotein: HDL)의 비율을 높여 심혈관질환으로부터 여성을 보호해 주기 때문에, 흡연이 그 대사를 억제한다면 건강상 문제가 될 수 있다. 한 연구(Windham et al., 2005)에서는 흡연이 여성의 내분비계 기능을 교란시키고 성 호르몬을 조절하는 뇌하수체 호르몬 방출에 부정적인 영향을 미칠 수 있다는 것을 발견하였다. 다시 말해, 흡연이 여성의 에스트로겐 대사를 방해할 수 있다(U. S. Department of Health & Human Services, 2001).

③ 여성 흡연의 심리적 특성

여성의 흡연 행동 및 동기는 남성과 차이가 있을 수 있는데, 한국에서는 여성의 흡연을 보는 시각이 다른 선진국보다 더 부정적이기 때문에 더욱 그럴 수 있다. 서양의 경우는 남성보다 여성이 스트레스가 심한 상황에서 흡연하고 싶은 욕구를 더 느낀다는 것이 증명된 연구도 있었다(Todd, 1969). 하지만 Ikard와 Tomkins(1973)는 남성이 여성보다 습관적인 흡연을 더 하고 니코틴에 대한 중독성도 더 강하다고 주장하고 있다.

흡연이 다이어트에 효과가 있어서 담배를 피운다고 말하는 여성들이 있다. 그리고 금연을 결심한 여성들은 체중 증가를 걱정한다. 남녀 모두에게서 체중 조절 행동이 흡연과 정적 상관관계가 있음이 증명된 연구가 있었으나(Tomeo et al., 1999), 여성에게서만 체중 조절 행동이 흡연과 상관관계가 있고 다이어트 시도를 자주 하는 여자 청소년들이 흡연을 더 많이 시작한다(김선경, 서경현, 2001; Elliot, 2008). 이런 이유로 미국에서는 일찍이 체중 증가 없이 금연할 수 있는 방법을 알려 주는 책자(Katahn, 1994)와 프로그램이 있을 정도다. 따라서 여성의 금연을 돕는 전문가는 체중 조절을 위한 전략이 있어야 한다.

여성의 흡연에 결정적인 역할을 하는 것은 사회적 규범이다. 여러 사회적 규범이 여성을 흡연하도록 하는 것을 억제하는 역할을 한다(Elliot, 2008). 흡연하는 여자 청소년은 남자 청소년보다도 반항아로 보일 경향성이 크고 자신도 그렇게 느낄지 모른다. 예를 들어, 흡연하는 여자 청소년은 무도회장에 가는 것으로 여가를 즐기고 남자 친구를 가지고 있을 가능성이 더 많으며 이미 성관계를 가졌을 수 있다고 여겨질지 모른다. 서양에서도 아직 그런 사회적 규범이 남아 있다(Hall, 1994). 그런 사회적 규범이 많이 퇴색되었다고 하지만, 한국의 경우는 서양보다는 더 강하게 존재하고 있다. 사회적 규범이 더 엄격한 한국에서 그런 사회적 불이익을 감수하고 여성이 흡연을 한다면 그것의 다른 유인가에 강하게 이끌렸기 때문일 것이다. 실제로 한국인을 대상으로 한 한종철 등(1995)의 연구에서는 여성이 남성보다 흡연 욕구를 느끼는 상황이 더 다양하고 흡연에 대한 기대감과 동기 수준도 높은 것으로 나타났는데, 그 이유를 연구자들도 사회적 규범과 관련하여 설명하고 있다. 여성의 경우 흡연에 대한 기대감과 동기 수준이 높다면 금연하기 더 어려울 수 있다.

여성은 남성보다 흡연 욕구를 느끼는 상황이 더 다양하고 흡연에 대한 기대감과 동기 수준도 높을 수 있다(한종철 외, 1995). 이런 점을 한종철 등(1995)은 사회적 규범과 관련하여 설명하고 있는데 한국에서는 여성 흡연이 사회적으로 크게 억제되어 있기 때문이라고 해석했다. 또한 그들의 연구에서는 남성은 여성보다 정서적 안정을 위해 흡연하고 여성은 남성보다 사회적 매력 때문에 흡연하는 것으로 나타났다. 이것은 서양의 연구 결과와 상반되는 것이다(Epstein et al., 2000). 흡연하는 여자 청소년은 흡연이 날씬함을 유지하게 하여 자신의 자아상을 긍정적으로 보이게 할 것이라 믿으며, 흡연하는 남자 청소년은 흡연이 자신이 튼튼하고 멋있는 것으로 인식하게 한다고 믿고 있다.

여성의 흡연에는 심리적 요인들이 많이 작용한다. 낮은 자아존중감, 불안, 우울은 여성의 흡연 행동과 밀접한 관계가 있다. 그리고 여성은 남성보다 스트레스와 고독감, 슬픔, 분노, 좌절 등과 같은 부정적 정동에 대처하기 위해 흡연에 더 의존하는 경향이 있다(Woloshin, Schwartz, & Welch, 2008). 다시 말해, 여성은 스트레스가 심한 상황에서 부적 정동을 감소시키기 위해 흡연하는 경향이 더 강하다. 일찍이 Todd(1969)도 여성이 남성보다 스트레스가 심한 상황에서 흡연하고 싶은 욕구를 더 느낀다는 것을 알아냈다. 그렇다면 여성은 부적 정동에 적절히 대처하지 않고서는 금연 성공을 장담할 수 없다는 것을 의미한다.

2. 금연 상담

니코틴에 중독되어 본 사람들은 금연이 생각보다 쉽지 않다는 것을 이미 알고 있다. 아무 도움도 받지 않고 금연을 시도하면 3~6%만이 성공할 수 있다(Rigotti, 2012). 대부분의 흡연자가 금연 시도 후 금단 증상이 가장 심하게 나타나는 초기 며칠 동안 금연에 실패(relapse)한다. 심지어 금단 증상이 가라앉은 일주일 후에도 담배를 피워 실패하는 경우가 많고, 수년간을 금연해 오던 사람도 아주 힘든 스트레스 상황에 대한 반응으로 담배를 피워 금연에 실패하고 다시 흡연자가 되곤 한다.

그러나 흡연했던 미국인 중에 지금까지 절반이 금연했다는 것을 생각해 볼 때, 전문적인 도움이 있다면 불가능한 것도 아니다. 최근 정부의 금연정책이 그 어느 때보다도 확고하기 때문에 우리나라에도 금연하는 사람들이 많아질 것이라고 예상된다. 그러나 계획한 대로 흡연율을 감소시키려면 과학적으로 증명된 전문적 개입이 필요하다.

지금까지 서양에서는 금연 혹은 흡연 예방을 위한 다양한 접근들이 있었다. 그런데 흡연에 따른 건강 피해의 정보를 강조하는 것이 흡연 행동에 변화를 주는 데 충분하지 못한 것으로 밝혀졌고, 흡연에 대한 부정적 정서와 금연의 동기를 일깨우는 방식도 마찬가지로 그다지 효과적이지 않은 것으로 증명되었다(Hansen et al., 1988). 지금은 심리사회적 모형에 근거한 니코틴중독에 대한 접근이 효과적이라고 알려져 있다(Baskerville, Azagba, Norman, McKeown, & Brown, 2015). 흡연에 대한 지식, 태도 혹은 신념을 바꾸는 것에 초점을 맞추지 않고 상황 혹은 사회적 영향에 대처할 기법을 훈련시키는 데 초점을 맞추고 있다. 이러한 방식은 인간의 복잡한 행동을 이해하기 위한 심리적, 사회적, 행동적 이론들에 기초하고 있으며, 생활에서 쉽게 채택하고 유지할 수 있는 측면을 주로 다루고 있다. 지금까지 인지행동치료가 니코틴중독 치료에 매우 효과가 있는 것으로 밝혀졌고(Perkins, Conklin, & Levine, 2008), 특히 니코틴 대체요법(일명 CBT+NRT) 혹은 정신약물 요법과 조합할 때 가장 효과적이라고 알려져 있다(Stead & Lancaster, 2012). 또한 동기강화가 금연에 관건이라는 것도 메타분석 연구로 검증되었다(Hettema & Hendricks, 2010). 동기강화 면접 혹은 동기강화 상담이 중독치료에 효과적이기 때문에 여기에서는 동기강화와 인지행동적 기법을 중심으로 하여 금연상담 방법을 제시하고자 한다.

1) 상담과 관련된 조건화된 갈망과 금연 단계

(1) 조건화된 금단 증상과 내성

조건화된 내성의 경우 어떤 약물과 연합된 조건 자극이 주어지면 곧 들어올 것으로 예상되는 약물의 효과를 상쇄하거나 감소시키기 위하여 자동적으로 약물 효과와는 반대 방향의 생리적 반응이 나타나게 된다. 그렇기 때문에 조건 자극만 제시되고 약물이 들어오지 않으면 금단 증상이 나타나게 된다(Benowitz & Benowitz, 2010; Rohsenow et al., 1990).

흡연 행동은 어떤 다른 약물보다 인간 생활의 여러 가지 것들과 조건화되어 있다. 실제로 금연 이후 3~5일 정도가 되면 약물 효과에 따른 실제적 금단 증상은 거의 없어진다. 이 시기를 지나게 되면 자극 없이 가만히 있을 때는 흡연 욕구가 생기지 않지만, 흡연자가 생활 속에 학습된 여러 조건 자극들을 가지고 있기 때문에 조건화된 금단 증상으로 금연에 실패하게 되는 것이다.

(2) 금연 단계

Prochaska 등(Prochaska, DiClemente, Velicer, & Rossi, 1993)은 건강 행위, 특히 금연의 변화과정을 다음과 같이 단계로 나누어 설명하면서, 중독자가 어떤 단계에 있는지를 파악하고 상담자가 그 시점에서 가장 적절하게 개입하는 것이 금연하는 데 효과적이라고 주장하고 있다.

- 금연 고려 전(pre-contemplation) 단계: 흡연을 하고 있으면서 금연하고자 하는 동기를 전혀 가지고 있지 않은 단계
- 금연 고려(contemplation) 단계: 금연하고자 하는 동기를 가지고 있으나 아직 준비는 하지 않고 있는 단계

- 금연 준비(preparation) 단계: 금연 의지를 가지고 준비하는 단계
- 금연 실행(acting) 단계: 금연 시작 시기를 결정하고 실제로 행동에 옮기는 단계
- 금연 유지(maintenance) 단계: 금연을 계속 유지하는 단계
- 금연 실패(relapse) 단계: 금연에 실패하고 다시 흡연하는 단계

2) 금연 준비 단계에서의 중재

(1) 흡연자 자신의 흡연 행태 파악하기(자기 관찰)

인지행동치료에서는 자기 관찰 혹은 자기 감시(self-monitering)를 하면 자동적으로 바람직한 행동은 증가하고 바람직하지 않은 행동은 감소한다고 주장한다. 이것은 여러 연구들을 통해 증명되었다. 금연 계획 단계(금연 준비기) 동안 평소보다 흡연 욕구에 어느 정도 저항하며 흡연 일지(smoking log)를 쓰는 것은 금연 실행 단계(금연 행동기)에서 크게 도움이 된다. 흡연 일지는 흡연을 한 시간, 누구와 어디서 흡연했는지, 흡연 욕구를 높음(강), 중간(중), 낮음(약)의 수준으로 나누어 기술한다(〈표 4-1〉 참조).

(2) 흡연 자극을 조절하기

금연 준비 단계에서 행동치료의 자극조절(stimulus control) 기법 중에 하나인 조건 자극제한(narrowing) 기법으로 흡연자의 생활 속에 있는 조건 자극들의 수를 줄여 나가는 것은 이후에 금연을 시도하여 성공하는 데 중요한 역할을 할 수 있다. 다시 말해, 흡연을 특정한 장소, 시간, 상황으로 한정시켜서 얼마간 하루의 특정 시간 혹은 특정 장소에서만 흡연하는 연습을 하는 것이다.

자극조절법으로 흡연 시간 및 상황을 축소시키면 금연 실행 단계에서 조건화된 금단 증상을 훨씬 덜 경험할 수 있다. 시간과 상황만을 조절하는 것이 아니라 흡연의 질도 감소시킬 수 있는데, 그런 방법까지 포함한 자극조절법은 다음과 같다.

- 흡연량을 제한하기(하루 흡연하는 담배 수를 대폭 줄임)
- 흡연 시간을 정하여 제한된 장소에서만 흡연하기

- 하루 피울 담배만 가지고 다니기
- 담배 상표를 바꾸어 피우기(예: 일반 담배에서 박하 향 담배로)
- 왼손으로 흡연하기

표 4-1   흡연 일지

흡연 일지

2016년 9월 23일

흡연	시간	장소 및 상황	흡연 욕구		
			강	중	약
1	6:30	기상해서	V		
2	7:15	화장실에서	V		
3	7:35	아침식사 후		V	
4	8:22	버스 기다리며			V
5	8:50	버스 내려서			V
6	10:05	회사에서 커피 마시며		V	
7	10:50	휴식을 취하며		V	
8	11:05	상사에게 질책받고	V		
9	11:35	질책에 짜증나서		V	
10	12:30	점심식사 하러 가면서			V
11	1:10	점심식사 끝내고		V	
12	3:00	커피 마시며		V	
13	5:00	회의 마치고	V		
14	5:10	커피 마시며		V	
15	6:30	하루 업무 마치고		V	
16	7:20	술 마시며		V	
17	:	술 마시며		V	
18	:	술 마시며		V	
19	:	술 마시며		V	
20	:	술 마시며		V	
21	:	술 마시며		V	
22	:	술 마시며		V	
23	10:00	술 마시며		V	
24	10:15	집에 돌아오며			V
25	10:45	잠자리 들기 전에			V

- 담배 한 개비를 끝까지 피우지 말고 절반까지만 피우기
- 정해진 곳에서의 흡연을 할 때도 욕구를 느낄 때 3분 정도 참았다가 피우기

(3) 금연 준비기의 상담

① 흡연 행동 파악

흡연자들은 자신만의 흡연 행동을 가지고 있다. 따라서 중독자가 과거에 어떻게 흡연하였는지, 현재의 흡연 습관은 어떤지, 흡연과 관련된 사회적 환경은 어떤지 등을 파악해야 한다. 이런 것을 평가하는 것이 상담 초기에 처음 해야 할 일이다. 흡연을 시작한 시기를 묻는다. 흡연을 시작했을 때의 상황은 지금의 흡연 습관과 관계가 있을 수 있다. 더 나아가 처음 흡연했을 때의 느낌을 묻고, 흡연을 시작해서 상습적인 흡연자가 되기까지 얼마나 기간이 걸렸는지를 질문할 수 있다. 이런 질문에 대한 응답으로 흡연자 자신이 타고난 흡연자라는 믿음이 어느 정도인지를 알 수 있게 한다.

상담자는 중독자가 하루에 피는 담배의 양을 묻고 니코틴에 대한 의존도를 파악해야 한다. Fagerstrom(1991)의 니코틴 의존도 검사에 근거한 질문을 한다.

또한 가족 중에 흡연자가 있는지와 직장 내 사무실에서 흡연할 수 있는 환경적 요인을 파악한다. 직장 동료나 친구들 중에 금연자 비율이 어느 정도이고 가깝게 지내는 사람들 중에 흡연자가 누구인지를 파악하는 것도 중요하다. 집안에 흡연자가 있으면 혼자 있을 때 담배를 발견하기 싶고, 스트레스 상황(예: 가족 성원과의 다툼)에서 담배를 얻을 수 있다. 집안에 다른 흡연자가 담배를 권하거나 중독자가 볼 수 있는 곳에 담배를 놓아두지 않는다고 해도 그들이 흡연을 계속한다는 것이 중독자의 금연 의지를 약화시킬 수 있다.

② 금연 경험 탐색

상담자는 중독자가 금연을 지금까지 몇 번이나 시도했는지, 그때마다 얼마 동안 금연을 유지했는지 묻는다. 중독자가 금연 시도 경험이 없다고 하면, 그것이 관심이 없어서였는지, 생각은 해 보았지만 실제로 시도하기에는 주저하게 되었는지, 혹은 자신이 없

어서 그렇게 했는지를 알아낸다. 금연을 시도한 적이 있다면, 그 당시 활용했던 방법이 무엇인지를 구체적으로 알아본다. 그리고 그런 방법들을 다시 사용하고 싶은지 아니면 그것으로 결국 성공하지 못했으니 다른 방법을 채택할 것인지를 묻는다. 이때 니코틴 패치, 금연침, 금연보조약물의 사용 경험과 사용하려는 계획이 있는지도 질문한다.

더불어 반드시 짚고 넘어가야 할 것은 금연을 시도했다가 다시 피우게 된 상황에 관한 것이다. 이때 상담자는 얼마간일지 몰라도 이전에 금연을 시도했고 얼마 동안 금연에 성공한 것을 칭찬해 주어야 한다. 그리고 이전의 금연 실패에서 무엇이 잘못되었는지를 객관적으로 평가하고 그 실패 경험을 바탕으로 조금 더 현실적인 금연 계획을 세우게 한다. 중독자들은 과거 금연 시도와 실패 경험에 대한 통찰을 얻고, 지금의 금연 시도의 결과는 어차피 자신의 의지에 달렸다는 것을 강조하고 자신감을 가지게 해야 한다.

이즈음에 상담자가 다루어야 하는 것은 금연에 대한 사회적 지원이다. 금연을 하는 동안 가족, 친구, 직장 동료 등으로부터 어느 정도의 도움을 받을 수 있을지를 확인한다. 사회적 지원이 행동 변화에 긍정적인 영향을 미치는 것은 이미 알려져 있는데, 상담자는 중독자가 필요할 때마다 도움을 줄 수는 없으므로 필요할 때 언제나 도움을 줄 수 있는 사람들을 찾는 것이 매우 중요하다. 그렇다고 사회적 지원이 적으면 금연 성공이 어렵다고 중독자에게 말해서는 안 되고, 또 상담자 자신도 그렇게 믿어서도 안 된다. 다만 그런 중독자들에게는 상담자의 지원이 더 큰 힘이 될 것이라는 것을 감안해야 한다.

③ 금연 동기의 파악 및 증진

상담자는 중독자가 금연을 결심한 이유에 관해 질문해야 한다. 이때 상담자는 중독자가 고려하고 있는 모든 금연 이유를 말하게 한다. 그중에 가장 절실한 이유를 묻고 그 순위를 파악하는 것도 좋다. 처음에 금연 이유를 한 가지만 이야기하면, "다른 이유는 없습니까?"라고 묻는다. 초기의 금연 동기를 평가해야 하므로 처음부터 "사회생활에서의 자신감 회복을 위해서는 아닙니까?"라고 묻지 않는다. 물론, 이런 질문의 시간이 지나면 동기 증진을 위해 금연해야 하는 일반적 이유들에 대해 물으며 그런 것들을 소개하고 강조하는 시간을 갖게 되겠지만, 처음에는 금연해야 하는 이유들을 중독자 자신이 이야기하게 하는 것이 중요하다. 그리고 상담자는 중독자의 초기 흡연 동기를 평정척도로 평가해 놓는다. 금연 동기는 '건강상의 동기' '사회적 동기' '자신감 회복의 동기' '경제적 동기' '기타 중요한 동기'로 나누어 평정한다.

　금연을 위해 가장 중요한 것은 동기다. 상담자가 이메일이나 휴대전화 문자 서비스, 혹은 우편으로 중독자에게 보내는 금연 관련 자료에는 금연 동기를 증진시킬 수 있는 문구들이 포함된다. 중독자의 금연 동기를 증폭시키고 금단 증상을 느낄 때나 흡연 욕구가 강할 때도 그것을 유지하게 하는 것이 임상가의 기본 역할이라고 할 수 있다. 상담자는 대화를 통해 직접적으로 금연 동기를 증진시켜야 하는데, 그것은 전적으로 상담자의 기술에 달려 있다.

　흡연자가 금연하려고 고려해 보는 것은 흡연의 피해 혹은 금연에 따르는 이득을 생각해 보았기 때문이다. 하지만 금연을 고려하면서도 많은 사람들이 실제로 시도하는 것은 망설이고 있고, 금연을 상담해 오는 사람들도 그들이 금연을 하려 한다고 말은 하더라도 실제로는 금연을 시도하겠다는 확실한 결심을 하고 있지 않은 경우가 많다. 이렇게 금연을 망설이는 것은 금연방법에 대한 정보가 없거나 실패에 대한 두려움 때문이라기보다는 금연의 장점과 그에 대한 대가를 저울질하고 있기 때문이다.

　금연을 시도하려는 흡연자가 금연하면 건강해지고 돈도 절약될 것이며 자녀에게도 떳떳할 것이라는 생각보다 금단 증상이 오랫동안 자신을 괴롭힐 것이고 스트레스 상황에서 위안을 주는 것이 없어질 것이라는 생각이 강하면 금연에 성공할 가능성은 그만큼 적어진다. 그런데 자신이 생각하는 흡연의 장단점이 무엇인지 명료화하지 못하는 흡연자들은 금연에 관해 막연하게 생각하고 있으며, 그들이 실제로 금연할지도 불확실하다. 그런데 금연을 시도하고 나면 금연 때문에 치러야 할 대가가 더 심각하게 생각되고 금연으로 얻을 이득에는 의심이 가고 멀게만 느껴지는 경향이 있다(Zhu et al., 2000).

　금연을 결심한 혹은 고려하고 있는 이유가 무엇인지를 물으면, 어떤 사람들은 질병으로 인해 의사가 권고하더라는 등의 다양한 이유를 댈 것이다. 그렇다면 상담자는 새로운 이유들을 덧붙이기보다는 우선 중독자가 생각하고 있는 금연 이유를 좀 더 명확하고 구체적으로 파악하도록 도와준다(명료화 과정).

　그런 후 상담자는 중독자가 언급하지 않는 다른 금연 이유들을 다룬다. 중독자가 사회적 동기를 가지고 있는지, 즉 공공장소에서 흡연하는 것이 힘들다고 느낀 적이 있는지를 묻고 그것을 부각시킬 필요가 있다. 흡연과 관련된 질병에 관한 중독자의 지식을 탐색하면서 교육적 접근을 할 수도 있다. 또한 상담자는 자신이 흡연을 조절하지 못하고 담배가 자신을 조종하고 있다고 느낀 적이 있는지를 물으면서 삶에 대한 중독자 자신의 주도성 상실을 강조할 필요가 있다. 그렇게 하면 중독자가 그런 생각을 이전에 한 번도 한 적이 없다고 하더라도 마음의 동요를 일으키며 흡연에 대한 또 다른 혐오감을 가지게 될 수 있다. 치료과정에서 이루어지는 이런 대화는 금연의 장단점을 저울질할 때 장점을 부각시켜 인식하도록 돕는다.

상담자는 중독자가 금연 동기를 되새겨 주는 문구를 책상 앞, 차 안, 휴대전화 초기화면, 컴퓨터 바탕화면 등에서 볼 수 있게 준비하도록 돕는다. 흡연 욕구가 강해 참기 힘들 때에 "담배에 지고 나면 이 험한 경제난을 어떻게 헤쳐 나가겠는가!" "우리 딸이 시집 가기 전에 죽을 수는 없다!" 혹은 "언제까지 젊은 아이들과 흡연실에서 담배 피려고 그래!"와 같은 문구가 바로 그런 것들이다. 상담자는 재발 위험 상황에서 자신이 금연해야 하는 가장 절실한 이유를 생각하도록 격려한다.

이상적으로 지금까지 설명한 금연 동기를 증진시키기 위한 직접적인 방법보다도 중독자 스스로 동기를 높일 수 있도록 노력해야 한다. 앞서 언급한 것처럼 하기 위해서는 상담자의 기술이 중요한데, 무엇보다 좋은 상담관계(rapport) 형성이 중요하다. 적극적인 경청의 태도와 수용적 자세가 이를 가능하게 한다. 이상적인 상담자의 역할은 중독자가 왜 금연해야 하는지를 가르쳐 주는 것이 아니라 금연하고자 하는 중독자의 내재된 동기를 발견하고 그것을 중독자가 확실히 인식하게 하는 것이다.

중독자가 여성 혹은 비만인 경우 체중 증가에 대해 걱정할 수 있다. 흡연자들이 비흡연자들보다 체중이 적게 나가고 흡연 시작과 금연은 체중의 변화를 야기하는 것이 증명되었다(서경현, 이경순, 2002; Chiolero, Faeh, Paccaud, & Cornuz, 2008). 흡연을 그만두면 체중이 증가하고 흡연을 시작하면 체중이 줄지만, 금연 후 체중 증가와 흡연자와 비흡연자 사이의 체중 차이는 크지 않다. 아직까지 금연에 따른 체중 증가의 이유는 분명히 밝혀지지 않았지만, 가장 그럴듯한 이유는 음식이 에너지로 전환되는 비율 혹은 열량 소비를 증가시키는 비율, 즉 신진대사의 감소. 또한 금연 후에 열량을 증가시키는 쪽으로 섭식 행동이 변한다는 것이 일관되게 보고되고 있다(Kluger, 1996). 아무튼 체중 조절은 금연 개입에서 고려해야 할 문제 중에 하나다. 상담자는 적절한 운동과 식이요법으로 체중 증가를 방지할 수 있다는 것(Nichter et al., 2004)을 니코틴 중독자가 알게 해야 한다.

④ 금연에 대한 자신감 함양

금연에 확실하게 동기화된 중독자들도 정도에 차이는 있지만 실패할 수도 있다는 생각을 한다. 금연에 대한 자신감이 적은 것은 금연 성공 가능성을 낮추는 것뿐 아니라 금연 시도 가능성도 낮춘다. 따라서 금연상담에서는 중독자의 자신감을 높이는 것에 힘써야 한다.

첫 회기에서 상담자는 담배를 일주일 동안 피우지 않는 것에 얼마나 자신이 있는지를 묻고 한 달간의 금연도 자신이 있는지를 질문하여 중독자의 초기 자신감을 평가한다. 만약 중독자가 금연에 대한 자신감이 적으면, 상담자는 중독자 자신이 금연에 관해 비관적으로 생각하는 이유가 무엇인지 밝혀내고 그런 생각을 논박하도록 도와준다. 그런 비관적인 생각은 금연 시도 경험이 없어서일 수 있고 금연 실패 경험 때문일 수 있다. 이전에 금연을 시도했던 많은 흡연자들이 과거의 실패로 인해 자신을 패배자라고 생각하는 경우가 있다. 금연 유지에 실패하면 사람들은 자신이 패배자라고 생각한다. 하지만 상담자는 중독자가 일정 기간 동안 금연에 성공한 것이라는 것을 상기시켜 줄 필요가 있다. 니코틴중독에 대한 소문을 듣고 금연이 정말 힘들 것이라고 지레 겁을 먹는 경우도 많다. 상담자는 금연이 쉬운 일은 아니지만 선진국의 흡연자들 중 절반이 금연에 성공했다는 점을 강조해야 한다.

금연에 있어서 자신감은 중요한 것이지만, 처음에 자신감이 없었다고 해도 금연 동기가 절실하면 금연 성공 가능성을 높일 수 있다는 것을 알려야 한다. 또 금연에 대한 자신이 없었다고 하더라도 흡연의 심각성을 인식하여 담배에 대한 혐오감이나 두려움을 갖는다면 금연 성공 확률은 그만큼 높아진다. 모든 일에 긍정적이고 낙천적인 사람들이 금연에 더 쉽게 성공할 것 같지만 실제로는 그렇지 않은 것으로 밝혀졌다. 너무 자신감이 있어 모든 것이 잘될 것이라고 생각하는 낙천주의자는 한번 금연에 실패하면 흡연의 피해에 관한 생각을 바꾸어 다시 금연을 시도하지 않는 경향이 있다(Brewer et al., 2007). 흡연의 피해나 금연의 이익을 부각시키는 방식으로 금연 성공을 유도할 수 있다. 행동치료에서는 흡연 욕구가 강할 때 이겨 내면 그 욕구의 강도에 따라 일정한 금액을 자기보상 행동에 투자할 수 있게 하는 자기보상(강화물) 방법을 쓴다.

사실 금연은 단기간에 달성할 수 있는 목표가 아니고 선택의 갈림길에서 목표 행동을 유지해야 하는 장기적인 과제다. 그러니 몇 달이 지나도 흡연 욕구가 문득 느껴지면 처음에 생각했던 비흡연자가 되고 싶은 목표가 너무 벅차 보일 수 있다. 따라서 상담자는 중독자에게 우선 짧은 기간의 목표를 세우게 해야 한다. 첫 회기에서 금연을 시도하는 당일과 그 다음날의 흡연 욕구를 어떻게 극복할까에 초점을 맞추는 것이 중요하다.

⑤ 금연 준비와 계획(대처 전략) 세우기

금연 시도를 준비하면서 흡연자는 어떤 상황에서 흡연 욕구를 강하게 느끼게 될지를 파악해야 한다. 상담자는 "당신이 금연을 하게 되면 정말 담배 피우고 싶은 욕구를 참기 힘들 때가 있을 텐데 그중 세 가지만 말씀해 주시겠습니까?"라고 질문한다. 그리고 그런 상황들을 용지에 적어 놓으라고 한다. 중독자가 머뭇거린다면 과거에 금연을 시도할 때 다시 흡연하게 했던 상황들을 표현하게 하고, 금연 시도 경험이 없다면 담배 없이는 어색하거나 재미없을 것 같은 상황을 말하게 한다. 세 가지 외에도 추가할 상황이 있는지를 논의하고, 위험 수준에 따라 그 상황들의 순위를 정한다.

위험 상황의 순위를 정했다면 각각의 상황을 극복할 수 있는 대처 전략을 마련해야 한다. 상담자가 먼저 대처방법을 제안하기보다는 중독자 자신의 생각을 제시하도록 한다. 대처방법을 중독자 스스로가 찾아내어 직접 말하는 것이 실제 행동 변화를 일으킬 가능성이 높다. 이때는 소크라테스식 질문법을 사용한다(Paul & Elder, 2006). 중독자 자신이 직접 말한 대처방법은 스스로 문제를 해결할 수 있다는 효능감을 높일 뿐 아니라 계속되는 회기에서 중독자가 적극적인 태도를 보이기 때문에 개입이 용이해진다. 다음으로 상담자는 가능한 또 다른 대처방법들도 제시한다. 여기서 상담자는 중독자가 실용적이고 행동적인 구체적 전략들로 무장하게 하려는 것이다.

금연의 성공을 위해서는 구체적인 준비 행동이 필요하다. 흡연 행동의 대안으로는 은단이나 무가당 껌 그리고 건강에 해를 주지 않는 군것질을 하거나, 심호흡 또는 이완 연습을 하거나, 물을 마시는 것 등이 있다. 주의를 환기시켜 흡연 욕구를 없애는 방법으로는 산책, 독서, 영화 관람, 운동, 친구와의 전화 통화 등이 있다. 기상 후 흡연을 하지 않으면 각성이 안 되는 것을 느끼는 경우가 종종 있는데, 이 경우 깨어나자마자 샤워를 하는 것이 도움이 된다. 식사 후에 흡연 욕구가 강하기 때문에 양치질은 식후에 바로 하는 것이 좋다. 인지적으로 흡연이 주는 즐거움을 생각하지 않으려고 노력하고 금연해야 하는 이유를 마음에 되새기는 전략을 사용할 수 있다. 이런 방법들을 바탕으로 앞서 파악했던 재발 위험 상황에 대처할 계획을 세워 놓는다.

그런 다음 상담자는 중독자에게 금연 시도를 위해 구체적으로 준비해야 할 사항들을 조언해야 한다.

- 중독자가 흡연 행동의 대안을 위한 도구, 즉 무가당 껌, 해바라기씨, 당근, 다시마 등을 구입하도록 한다.
- 금연 준비 기간 동안은 담배를 피우더라도 집 안이나 자동차, 그리고 직장 등 금연 시도 후에 피할 수 없는 장소에서는 흡연하지 않게 한다(자극조절법). 그런 장소에서는 흡연을 생각하게 할 만한 것들까지 없애라고 권한다.
- 가족, 직장 동료 및 친구들에게 금연을 알리게 한다. 금연 실패를 경험하고 다시 금연을 시도할 때는 자신의 금연을 알리지 않는 경우가 있는데, 이것은 실패를 미리 예정(자성예언)하고 시작하는 것이다.
- 금연을 지지해 줄 수 있는 사람들을 찾게 한다. 사회적 지원을 해 줄 사람들은 비흡연자도 있겠지만 흡연자들도 있을 수 있다. 흡연자이면서 금연을 지지해 주는 사람들은 중독자가 있을 때 흡연하는 것을 피한다.
- 금연 시작일을 정했다면 술자리, 나이트클럽, 흡연 욕구를 느끼게 할 것 같은 사람들을 피하게 한다.
- 라이터나 재떨이 등 흡연과 관련된 도구와 흡연을 생각하게 할 만한 것들을 없애라고 권한다.
- 금연을 시작한 날을 기념하여 보상할 만한 것을 준비하게 한다. 이런 보상은 금연

에 대한 심리적 강화가 될 뿐 아니라 금연에서 오는 초기 상실감을 채워 줄 수 있다.
• 금연을 시작하기 바로 직전에 치과 스케일링을 하거나 사우나를 하는 것을 권해
  도 좋다. 집 안의 가구 배치를 바꾸어서 새로운 분위기를 느끼게 하는 것도 도움이
  될 수 있다.

재발 위험 상황에 대한 대처 계획을 세우고 금연 시작일을 준비하는 것을 도우면서,
상담자는 중독자에게 금연을 할 때 생길 수 있는 금단 증상에 관해 간단히 설명하여야
한다. 이때 상담자는 중독자에게 그런 증상들은 정상적이고 일시적이라는 것을 설명하
여 증상이 나타났을 때 당황하지 않게 하고, 혹시 그것으로 인해 담배를 다시 피우게 되
는 것을 미리 예방해야 한다. 상담자는 그런 증상들을 구체적으로 모두 설명할 필요는
없다. 금단 증상과 금연 욕구를 줄이기 위해 중독자가 니코틴 패치 또는 약물치료를 원
하면, 상담자는 그런 것들의 효능과 사용방법 등을 설명하고 의사와의 면담을 권한다.

⑥ 금연 시작일 정하기

금연 준비 단계에서 해야 할 일 중에 가장 중요한 것은 금연을 실행할 날(D-day), 즉
금연 시작일을 정하는 것이다. 중독자가 금연 시도에 대한 확신을 가지고 적절한 계획
을 수립하였다고 생각되면, 상담자는 중독자와 함께 금연을 시작할 날을 결정한다. 적
어도 2주 안에는 금연 시작일을 정하는 것이 좋은데, 그렇다고 너무 빨리 금연 시작일
을 정하여 준비 없이 금연 시도를 하는 것은 피해야 한다. 날짜를 정하면 금연 동기를
불러일으키는 금연 이유들과 위기 상황에 대한 대처방법들을 적어 놓은 용지에 금연
시작일을 큰 글씨로 적게 한다. 그리고 그것을 복사해서 눈에 잘 띄는 곳에 붙여 놓게
한다. 휴대전화 또는 컴퓨터 바탕화면에 나타나게 하는 것을 적극 권한다. 그렇게 하는
것은 금연 결심을 굳게 하고 실천 의지를 자극할 수 있다. 금연 시작일을 정할 때 고려
할 사항은 다음과 같다.

• 과중한 업무를 처리해야 할 일이 금연 시작을 전후로 4~5일간은 없어야 한다.
• 주말에 시작하는 것이 유리하다.

- 다른 생활 변화(예: 이사)와 함께 시작하는 것도 좋다.
- 금연 시작일 이후 1~2주 안에 중요한 술자리나 중요한 결정을 기다리는 일이 없어야 한다.
- 가족, 친구 및 직장 동료에게 자신의 금연 계획에 관해 이야기를 하고 협조를 구한다. 자신의 금연 의지를 강하게 밝히고 금연 시작일을 알린다.
- 흡연 욕구가 너무 강할 때 도움이 될 만한 금연에 대한 강한 의지 표현이 담긴 문구들과 금연 동기들을 적은 메모지를 지갑에 넣어 둔다.

(4) 금연 실행 전부터 미리 확실히 결론 내리고 들어가야 할 생각(인지적 개입)

- 정신이 혼란할 때 담배를 피우면 정신이 안정되고 집중력이 높아진다.
- 나중에 끊으면 된다.
- 담배는 백해무익하다고 하지만 스트레스에는 좋다.
- 흡연량이 적으면 문제될 것 없다.
- 담배 연기를 깊이 들이마시지 않으면 괜찮다.
- 순한 담배를 피우면 괜찮다.
- 나는 의지력이 약해서 담배 끊기가 불가능하다.
- 담배 끊은 사람에게는 딸 주지 말아야 한다.
- 금단 증상은 시간이 갈수록 계속 증가할 것이다.
- 나이가 많이 들어 금연하기에는 이제 늦었다.
- 우리 할아버지는 평생 담배를 피웠는데 90세가 넘도록 건강하게 사셨다.
- 금연하면 체중 증가 때문에 건강에 더 안 좋을 수 있다.
- (청소년의 경우) 담배를 피우는 것은 정말 멋있다.

3) 금연 실행 및 유지 단계에서의 중재

(1) 금단 증상을 이겨 내는 데 도움이 되는 행동

- 니코틴 패치 등 니코틴 보조물을 사용한다.

- 식사 후는 물론, 조금이라도 어떤 것을 먹고 나면 양치질을 한다. 입 안을 상쾌하게 하는 것이 금단 증상을 이겨 내는 데 도움이 된다.
- 금연 욕구가 강할 때는 1분 정도 주의를 환기시킬 수 있는 행동을 한다. 예를 들어, 100에서 거꾸로 숫자를 센다든지, 휴대전화에 있는 게임을 한다든지 하여 다른 것에 집중한다.
- 흡연 욕구가 생기면 시원한 물을 마신다. 물이 없다면 과일 주스도 좋다. 아침에 일어나면 물을 두 컵가량 마시면 좋다.
- 금연 욕구가 강할 때는 지갑에 넣어 둔 금연에 대한 강한 의지 표현이 담긴 문구들과 금연 동기들을 꺼내어 본다.
- 아침저녁으로 흡연 욕구가 지속적으로 강하고 생기면 샤워 혹은 사우나를 한다.
- 흡연 욕구가 강하면 금연을 지지해 주는 사람에게 전화한다.
- 흡연 욕구가 강하면 '우선 3분만 참아 보자(time-out)'고 생각한 후 금단 증상의 변화를 살핀다.
- 흡연 욕구가 생기면 심호흡을 일곱 번 한다. 참고로 4-4-6호흡법(14초 심호흡법)은 4초 동안 숨을 들이마시고 4초 동안 숨을 참고 6초 동안 숨을 천천히 내쉬는 것이다. 주의할 점은 고혈압 환자의 경우 숨을 참는 동안 힘을 주지 말아야 하는 것이다.
- 흡연 욕구가 생기면 이완될 수 있는 스트레칭이나 간단한 체조를 한다.
- 저녁에 잠자리에 들 때와 아침에 잠자리에서 일어날 때 "나는 담배와는 무관하다."라는 식의 구호를 반복한다.
- 금연 성공을 위해서 규칙적인 운동을 한다. 내기를 한다거나 경쟁심을 유발하는 운동은 피한다. 무리한 운동은 흡연 욕구를 자극하기 때문에 알맞은 운동을 선택한다.
- 금연 저금통을 만들어 담배를 샀던 금액을 매일 저금통에 넣는다. 저금통은 금액을 자주 확인할 수 있는 것으로 준비하고, 일정한 기간이 지나면 통장을 만들어 정기적으로 저축하며 금액을 확인한다.
- 금연 성공을 위해서는 음식을 가려 먹어야 한다. 금연에 도움이 되는 식단은 다음과 같다.

- 지방이 많은 느끼한 음식, 즉 육식은 가급적 피한다. 소화가 잘 안 되는 음식은 흡연 욕구를 크게 자극한다.
- 맵고 짜고 단 음식과 향신료가 많이 들어간 자극적인 음식은 피한다.
- 과식은 흡연 욕구를 자극하기 때문에 평소 식사량의 80%만을 먹는다.
- 금단 증상을 줄일 수 있다고 알려진 현미가 포함된 잡곡밥과 콩류를 먹는다.
- 과일을 많이 먹는다. 과일은 식사 후의 흡연 대체 효과를 주고 입 안의 상쾌한 느낌으로 금단 증상을 줄일 수 있다.
- 커피와 술을 피한다.
- 청량음료를 피한다.

• 입이 심심할 때 먹을 껌이나 은단, 해바라기씨, 다시마 등 설탕이 많이 들어가지 않은 심심풀이 먹거리를 먹는다.
• 식사 후 산책은 소화를 도와 금단 증상을 줄인다.
• 손을 놀릴 수 있는 도구로 손을 심심하지 않게 한다.
• 혼자 조용히 있는 시간을 될 수 있으면 줄인다.

(2) 흡연 관련 혐오조건의 형성

금연 실행 단계(금연 행동기)에서의 행동적 개입으로는 행동치료의 혐오조건(aversive condition)을 형성하는 방법이 있다. 그중에서 먼저 실제 혐오조건(vivo aversive condition) 형성을 들 수 있는데, 흡연과 실제 혐오자극인 전기충격 또는 구토약물을 짝지어 주거나 오래된 마른 담배(stale cigarette)를 흡연하게 하거나 급하게 흡연하게 하는 방법이다. 전기충격이나 구토약물보다는 오래된 마른 담배 흡연이나 급하게 흡연하는 혐오 자극이 더 효과가 있다. 그러나 실제 임상 장면에서는 현실적이고 윤리적인 문제에 걸려 자주 시행되지는 않는 방법이다. 혐오조건 형성 치료는 높은 재발률을 보이기 때문에 다른 치료방법과 같이 시행될 때 효과가 있다. 그리고 표적 행동인 흡연 행동이 큰 위험을 가져올 수 있는 흡연자에게만 윤리적 상황을 고려하고 동의를 얻어 시행할 수 있다.

앞의 실제 혐오조건의 부작용을 줄일 수 있는 방법으로는 상상증감(想像增感, covert

sensitization) 기법이 있다. 이 방법은 흡연을 하면서 구토 느낌과 같은 불쾌감을 상상하거나 자신이 계단에 구르는 장면과 같은 부정적 감정을 상상하게 하고, 조금 지난 후 긍정적 감정이 일어나는 상상을 하게 하는 것이다. 이처럼 실제가 아닌 상상으로 혐오조건을 형성하는 것에 따른 여러 장점이 있는데, 그중 하나는 실제 혐오조건 형성에서 수반되어야 하는 의료 지원이 필요 없다는 것이다. 더불어 내담자들이 더 잘 수용하고 내담자에 의해 실행되기 때문에 내담자가 언제든지 다시 연습할 수 있다는 장점도 있다. 그러나 실제 임상 장면에서는 심리학자가 흡연 계획 단계에서 이 기법을 사용해서 개입하기보다는 금연 실행 단계에서 개입하게 되는 것이 일반적이기에 흡연 행동도 상상으로 짝지어야 할 필요가 있다.

(3) 금연 행동의 강화

금연 행동을 지속하고 자신의 행동으로 만들기 위해서는 금연에 따른 보상을 경험해야 한다. 금연에는 건강상의 보상이 반드시 따르겠지만, 단시일 내에 느낄 수 없는 것이기에 다른 계획된 보상이 있어야 한다. 심지어 금연을 시도하고 몇 주 혹은 몇 달 동안은 건강을 위협하는 것처럼 보이는 증상을 호소하는 사람들도 있기 때문에 그런 경우 역효과가 날 수 있다.

물론, 단시일 내에라도 사회적 보상이 있을 수 있다. 하지만 전문적인 상담자는 바로 경험할 수 있는 금연 보상체계를 계획하도록 해야 한다. 그 예는 다음과 같다.

- 금연 3일째: 집에서 자녀들과 3일 금연 성공 파티를 한다.
- 금연 1주일째: 가족과 외식을 한다.
- 금연 2주일째: 가족과 놀이공원에 간다.
- 금연 4주일째: 형제들을 집으로 초대해 식사를 한다.
- 금연 100일째: 금연 100일 기념 금반지를 산다.
- 금연 6개월째: 제주도 여행을 간다.
- 금연 1년째: 동남아 여행을 간다.

(4) 금연 실행 및 유지 단계에서의 상담

금연을 시작한 후의 개입의 궁극적인 목적은 중독자의 흡연 재발을 막는 것이다. 앞에서 설명했듯이 혼자 금연하면 금연에 성공할 수 있는 확률이 10%도 안 된다. 그리고 대부분의 흡연 재발은 금연을 시작하고 2주 안에 발생한다. 금연을 시도하고 하루 정도 지나면 매우 강한 흡연 욕구를 느낀다. 이 시기를 견디기는 너무 어렵다.

시간이 지남에 따라 흡연 욕구는 약해지지만, 금연을 시도한 흡연자들은 그들이 예상했던 것보다 오랜 시간이 지난 후에도 흡연 욕구가 문득 생기게 되는 것에 대해 당황하며 이런 문제를 토로한다. 그러나 그 강도와 간격은 길어지고 조금 더디기는 하지만 시간이 지나면 완전히 사라지기 때문에 잠시 지나가는 흡연 욕구에 한순간의 실수로 금연 유지에 실패하지 않도록 상담자는 최선을 다해 도와야 한다.

① 금연 시작일을 정해 놓고 실제 시도를 하지 않는 경우의 상담

금연 시작 하루 전 회기에서 금연 시도를 약속하고도 금연 시도를 하지 않는 경우가 있다. 이런 경우 상담자는 흡연자가 금연 시도를 하지 않은 것에 대해서 성급히 판단을 내리거나 섣불리 대응해서는 안 된다. 앞서 설명했듯이, 상담자는 중독자가 금연 시작일을 다시 정하고자 한다면 전략을 재정비하고 동기를 더욱 강화하여 계획을 실행에 옮기도록 유도해야 한다.

금연 시도의 두 번째 계획에도 따르지 않았을 경우, 상담자는 다시 한 번 그 이유를 파악하고 중독자에게 금연이 쉬운 일은 아니라는 것을 알려 주고 이해하는 태도를 보여야 한다. 이런 경우 중독자가 금연을 고려하고 금연 시작일을 정해 보는 것만으로 안도감을 반복적으로 느끼려는 것은 아닌지 평가해야 한다. 즉, 흡연이 주는 두려움이나 부담감으로부터 해방되는 잠시 동안의 안도감이 부적 강화로 작용하게 되는 것이다. 두 번 정도 상담자와 금연 시작일을 정하고 실행하지 않았다면 개인적으로 이전부터 이런 행동을 반복해 왔을 가능성이 매우 높다. 이 시점에서 상담자가 계속해서 개입한다면 금연 초기 과정만을 반복하는 것을 강화시키게 되고 자신감만 더욱 떨어뜨리게 된다. 따라서 특별한 경우가 아니라면 상담자는 이 시점에서 치료를 종료하고, 중독자 스스로가 하루 정도 금연을 한 후 상담을 요청하라고 제안한다. 상담자는 중독자에게 다음에도 도움을 받을 수 있다고 말하면서, 금연을 위해서는 중독자의 적극적인 참여가 필요하다는 것을 강조해야 한다.

② 금연 시도 후 다시 흡연하는 경우의 상담

상담자는 중독자가 금연을 시도하기는 하지만 초기 회기들 사이에 다시 흡연해 버리는 경우를 많이 경험하게 된다. 이런 경우 상담자는 다시 흡연하게 되었던 것을 학습의 기회로 삼아 같은 상황에서 또 실수를 하지 않도록 중독자를 돕는다.

금연을 시도하였다가 한 번의 실수로 한 개비를 흡연하면 완전히 금연을 포기하게 되는 경우(절제위반효과)가 있음을 중독자에게 반드시 경고해야 한다. 그러나 중독자에게 한 번의 실수 자체가 완전한 실패가 아니라는 것도 설명해야 한다. 한 번의 실수로 한 개비를 흡연하였더라도 그 시점에서 상담자의 설명을 기억하고 계속해서 금연하고 포기하지 않겠다고 결심하면 그 기회를 교훈 삼아 금연에 성공할 수 있다는 것을 알게 하여야 한다. 하지만 확실하게 해야 할 것은 한 개비의 흡연을 쉽게 생각하게 해서는 안 된다는 것이다.

③ 금단 증상 호소에 대한 중재

흡연자가 금연을 시도하면 신체적인 금단 증상과 흡연 욕구를 자극하는 상황 때문에 큰 어려움을 겪게 된다. 예상할 수 있는 금단 증상들에 관해서는 금연 시작 전의 여러 통로로 알고 있더라도 중독자는 실제로 금단 증상을 겪게 되면 혼란스러워하고 금연 동기가 약해진다. 금연을 시작하고 시행하는 회기들에서 상담자는 이전 회기 이후의 증상들이 정확히 무엇인지 진단하고 그 증상을 일으키는 신체적 변화과정에 대해 중독자가 이해하고 걱정하지 않도록 도와야 한다.

먼저 일반적으로 각 금단 증상이 얼마 동안 지속되는지를 중독자에게 알려 주어야 한다. 이 시점에서 강조해야 할 것은 이 금단 증상들은 무해하며 금연 후 그런 증상을 경험하는 것이 정상적이라는 것이다. 그리고 중독자가 금단 증상의 어려움을 극복했을 때 긍정적인 피드백으로 금연에 대한 자신감을 북돋아 준다. 니코틴 대체요법으로 니코틴 패치 등을 사용하는 사람들은 심장이 빠르게 뛰거나 지나치게 생생한 꿈을 꾸는 등 니코틴 금단 증상이 아닌 약물의 부작용이 나타나기도 한다. 이와 유사하게 금단 증상과 관련 없는 증상을 호소하면 병원을 찾도록 권유해야 한다.

④ 재발 위험 상황에 대한 대처

흡연자가 금연을 시작하여 겪는 어려움에 대해 대처 전략을 효과적으로 사용하지 않으면 금연에 실패할 가능성은 매우 높아진다. 상담자는 금연 이후 어려웠던 상황을 열거하고 각 상황에 어떻게 대처했는지를 분석해 본다. 그리고 각 상황에서 중독자가 선택하여 실행했던 방식의 효율성을 자세히 분석한다. 이를 토대로 이후에 다시 사용할 것인지, 사용한다면 그대로 다시 사용할 것인지, 아니면 수정하여 적용할 것인지를 결정하고, 수정하여 적용한다면 어떻게 수정하여 적용할 것인지를 논의한다.

힘들었던 상황이 금연 전에 예상되었던 것이라면, 상담자는 계획했던 대처 전략을 사용했는지를 점검한다. 중독자가 대처 전략을 쓰지 않고 담배를 피웠다면 스스로 생각하는 흡연 재발 이유를 말하게 하고 논의한다. 한 상황에서 흡연한 것으로 비난하는 것을 삼가고, 금연을 유지하지 못한 것은 그 상황이 이겨 내기 힘든 상황이라기보다는 효과적인 대처방식을 적용하지 않았기 때문이라는 것을 상기시킨다. 그리고 다음 번에 같은 상황이 또다시 발생하게 되더라도 그 당시와는 다르게 반응하여 이겨 낼 수 있다는 것을 중독자가 인식하게 하여야 한다. 상담자는 금연 성공을 위해서 중독자 자신이 능동적으로 대처해야 한다는 것을 계속 강조해야 한다. 더불어 이후에 일어날 수 있는 새로운 상황들을 예상해 보고 중독자가 그런 상황을 위한 대처 전략을 마련하도록 돕는다.

위험 상황에 대한 대처 전략을 세우게 하는 것은 장기적인 행동 수정을 유도하려는 것이다. 모든 회기에서 상담자는 흡연 재발의 위험 상황을 예측하고 이를 극복하기 위한 대처 전략을 강구하며 중독자를 준비시킨다. 또한 매 회기에서 그전 회기에서 계획했던 대처방식을 실행하였는지의 여부와 다른 상황에서도 적용 가능할지를 탐색한다. 이런 과정을 계속해서 반복함으로써 개입하는 기간 이후에도 중독자가 혼자서도 재발 위험 상황을 이겨 낼 수 있게 된다. 그리고 혼자서도 새로운 위험 상황에 대처할 수 있는 방식을 개발하고 적용할 수 있게 된다. 이런 훈련은 또한 다시 흡연했더라도 나중에 혼자서 금연을 시도하여 성공할 가능성을 높인다.

금연을 시작하고 시간이 지나면 지날수록 어려움은 이겨 내기 쉬워진다. 금단 증상은 약해지고 여러 흡연 욕구를 유발하는 상황에서 경험으로 이겨 냈기에 유사한 상황이 발생하면 이겨 내기 쉬워지기 때문이다. 따라서 상담자는 중독자로 하여금 이 점을 확실하게 인식하도록 해야 한다. 그리고 금연 성공은 타인의 도움에 의해서가 아닌 바로 자신의 의지와 자신이 채택하여 실행한 행동 전략 때문이라는 것을 알려야 한다. 금연 상담자는 무엇보다도 금연 성공이 위험 상황에서 대처 전략을 사용한 것 때문이라는 점을 확실히 할 때 중독자가 점진적으로 자신의 흡연 습관을 통제할 수 있다는 느낌을 가지게 된다는 것을 명심해야 한다.

⑤ 지속되는 금단 증상에 대한 상담

상담자가 알아야 할 것 중에 하나는 금연을 하고 얼마 지나지 않아 처음보다 쉬워지는 상황이 있는가 하면 비교적 오래 지나도 여전히 힘든 상황이 있다는 것이다. 기상 직후나 식후의 흡연 욕구 그리고 화장실에서의 흡연 욕구는 비교적 짧은 기간이 지나면 이겨 낼 수 있다. 하지만 타인의 흡연, 특히 친한 사람의 흡연은 금연 시작 후 몇 달이 지나도 강한 흡연 욕구를 유발한다.

금연 초기에는 신체적 금단 증상을 강하게 느끼게 된다. 이때는 아무런 외부 자극이 없어도 주기적으로 강한 흡연 욕구를 느낀다. 금단 증상이라는 것은 내성과 밀접한 관계가 있다. 내성은 약물에 의한 피해를 최소화하기 위해 생리적으로 적응하는 것이다. 계속해서 약물이 외부로부터 들어오다가 안 들어오면 생리적으로 적응된 신체는 불균형을 경험하게 된다. 이렇게 생겨나는 것이 금단 증상이다. 금연 초기에는 이런 금단 증상을 심하게 느끼게 된다. 하지만 금연한 지 몇 달이 지나도 특정 상황에서 금단 증상을 경험했다고 토로하는 사람들이 많다. 이런 금단 증상은 심리적 금단 증상, 즉 조건화된 금단 증상이다.

심리적 금단 증상은 흡연과 짝지어진 자극에 의해 경험된다. 흡연했던 장소나 같이 흡연했던 사람 그리고 흡연하면서 했던 일을 다시 접하게 되면 자동적으로 생리적인 반응을 하게 되고 금단 증상을 느끼게 되는 것이다. 따라서 금연 준비기부터 흡연과 관련된 자극을 관리하는 것이다. 일단 금연을 시도하게 되면, 특히 이런 상황들을 피하거나 혹은 피할 수 없다면 대처 전략을 반드시 계획하여 실행해야 한다. 금연하고 얼마 동안은 흡연을 같이했던 사람들이나 술자리는 가급적 피하는 것이 좋고, 장기적인 차원에서는 그런 상황에 대처할 수 있는 준비를 해야 한다는 것을 중독자에게 이해시키고 그것을 도와야 한다.

또한 상담자는 중독자가 흡연 재발 위험이 심리사회적 요인과 밀접하게 관계되어 있다는 것을 인식하게 해야 한다. 다른 흡연자들과 동질감을 느끼고 싶어서 다시 흡연하고 싶어 할 수도 있고, 흡연 자극을 접하면 그것이 주었던 쾌감이나 스트레스 상황에서의 안도감이 기억나서 다시 흡연하고 싶어질 수도 있다. 이런 흡연 욕구는 중독이라기보다는 심리적 의존이라고 할 수 있다. 회기가 진행됨에 따라 상담자는 이런 점을 중독자에게 인식시키고 장기적으로 금연을 유지할 수 있도록 도와야 한다.

⑥ 비흡연자로서의 자기 이미지 확립

흡연자는 금연을 시작하고 한동안은 흡연자로서의 자기 이미지와 새로 채택한 비흡연자로서의 행동 사이에 부조화를 경험하게 된다. 인지부조화(cognitive dissonance) 이론에 따르면 행동과 생각 사이에 부조화가 생길 때 그 부조화에서 오는 불쾌감을 줄이려고 하고, 그러기 위해서는 이미 행한 행동을 바꿀 수는 없기에 생각을 바꾸는 것이 일반적이다(Festinger, 1957). 수년 혹은 수십 년 동안 흡연을 해 왔으니 잠시 흡연 행동을 그만두었다고 하여 자신을 비흡연자로서 생각하는 것은 쉽지 않다.

그러나 누구도 태어날 때부터 흡연자였던 사람은 없다. 적어도 10년 넘게는 비흡연자로서 살았던 적이 있다. 따라서 금연 초기부터 자기 이미지를 비흡연자로 설정하고 금연 때문에 생기는 불편함을 일시적인 것으로 보는 것이 금연의 성공을 돕는다. 자신을 '회복 중인 니코틴 중독자'로 여기고, 금연의 유혹은 계속되겠지만 끝까지 경계를 늦추지 않으면서 이겨 낼 결심을 하는 방식의 자기 이미지 설정을 추천하는 사람도 있다. 하지만 필자는 '비흡연자'로서의 자기 이미지 형성이 금연을 시도한 사람을 더 편하게 하고 명료한 자기주장에 의해 불안을 없앨 수 있다는 입장이다. 그러나 어느 것이 더 효과적인지는 입증된 바 없다. 만약 금주 경험이 있어 회복 중인 중독자 개념에 친숙한 사람이 '회복 중인 니코틴 중독자' 이미지가 금연에 도움이 될 것이라고 선택하면, 상담자는 그 방식으로 그를 돕는 것이 좋다.

상담자는 중독자가 첫 회기부터 이전의 금연을 시도할 때 자신을 비흡연자로 여겼는지, 아니면 담배를 피우지는 않지만 여전히 흡연자로 여겼는지를 질문한다. 상담자는 중독자에게 스스로를 진정한 비흡연자로 만들어 담배와는 아무런 상관이 없는 사람이 되는 것이 궁극적인 목표라는 것을 상기시킨다. 금연을 시작하고 얼마 동안은 차 안과 책상 위, 화장실 등의 눈에 잘 띄는 곳에 자신이 비흡연자가 되고 있다든가 담배와는 상관없는 사람이라는 뜻의 글을 적어 놓게 한다. 금연하고 일주일 정도가 지나면 신체적인 금단 증상이 거의 사라지게 되기에 상담자는 이즈음에 중독자에게 실제로 자신이 비흡연자라고 느껴지는지를 질문한다. 상담자는 그렇게 하면서 흡연 재발을 방지하고 중독자의 새로운 자기 이미지 형성을 돕는다.

오랫동안 흡연해 온 흡연자는 금연 초기에 비흡연자로서 행동하는 것이 어색하게 느껴질 수밖에 없다. 너무 오랫동안 담배를 피워 왔기에 비흡연자로서의 자신에 대한 기억이 어렴풋할 수밖에 없다. 따라서 상담자는 새롭게 채택한 행동 습관을 강화하고, 어색하더라도 정상적인 것으로 받아들이게 하며, 그런 느낌은 오래지 않아 사라질 것이라고 안심시켜야 한다. 그리고 담배를 피우지 않는 것이 중독자의 실제 모습이라는 것을 강조하여 흡연 위험 상황을 극복하도록 도와야 한다. 그렇게 되면 중독자는 자신을 비흡연자로 여기고 흡연을 했던 지난날의 모습을 비정상적으로 여기게 되어 완전한 금연 성공의 가능성을 높인다.

⑦ 상담 종결

금연상담도 언젠가는 종결해야 한다. 종결 후에는 내담자가 상담자의 지원 없이 계속 금연을 유지해 나가야 한다. 따라서 상담자는 중독자가 그동안 사용했던 흡연 재발의 위험 상황에 대한 대처 전략을 계속 사용하도록 격려하는 한편, 아직까지 경험하지 못했지만 예상 가능한 위험 상황에 대해서도 논의해 보고 준비할 수 있도록 도와야 한다. 모든 치료에서 종결과정의 중요성이 강조되고 있지만, 금연의 장기적 성공 혹은 중독자의 평생 금연을 유도하기 위해서도 종결과정은 매우 중요하다. 종결과정에서는 그동안의 금연 유지에 대해 칭찬해 주고 비흡연자로서의 자기 이미지를 가지도록 권고한다.

4) 맺음말

흡연율이 세계 최고 수준인 우리나라에서는 니코틴 중독자에 대한 전문적 개입이 절실하다. 현재 우리나라 정부는 강력한 금연정책을 내놓으면서 금연을 전문적으로 도울 수 있는 인력을 필요로 하고 있다. 니코틴은 높은 심리적 의존을 가지게 하는 약물이어서 금연을 위해서는 인지행동적 개입이 필수적이기에 건강 관련 상담전문가 혹은 중독상담 전문가들의 관심이 요구된다.

요약

- 니코틴에 중독되어 계속된 흡연은 인간을 암, 심장질환, 만성 폐질환 등 수많은 질환에 노출시킨다. 남성의 흡연보다 여성의 흡연이 상대적으로 위험할 수 있으며 간접흡연도 건강을 위협한다.
- 흡연에 대한 긍정적인 태도와 신념이 개인이 흡연을 시작하게 한다. 어떤 청소년은 흡연을 조숙한 행동으로 생각하여 성인 의식처럼 흡연을 시작하기도 한다. 흡연을 시작하는 이유는 다양하여 어떤 사람은 긴장을 조절하기 위해 흡연을 시작하고, 청소년은 반항심이나 사회적 압력에 의해 흡연을 시작한다. 흡연 행동은 단계별로 발달하는데, 일반적으로 평생 피운 담배가 100개비 수준이 되면 중독되었다고 본다.
- 어떤 흡연자는 습관적으로 흡연하지만 어떤 흡연자는 중독이 되어 흡연한다. 또한 어떤 흡연자는 정적 정동을 얻기 위해 혹은 부정 정동을 없애기 위해 흡연한다. 흡연 행동을 설명하는 이론적 모델로는 니코틴중독 모델과 사회학습 모델이 있다. 성격에 따라 흡연의 특성이 다를 수 있는데, 청소년과 여성의 흡연은 성인 남성의 흡연과는 다른 면이 많다.
- 지금까지 니코틴중독을 가장 효과적으로 치료한다고 검증된 방법은 인지행동치료와 니코틴대체요법을 조합한 것이다. 효과적인 금연 상담을 위해서는 조건화된 금단증상을 잘 이해해야 하고, 금연 단계에 따라 전략적으로 접근해야 한다.
- 금연준비단계에서의 인지행동적 접근으로는 자기관찰과 자극조절이 있다. 이 단계에서 상담자는 중독자의 흡연 행동을 파악하고, 금연 경험을 탐색하며, 금연 동기를 파악하여 강화하고, 금연에 대한 자신감 함양시킨다. 그리고 중독자의 금연 시도를 준비시키고, 계획을 세우게 한 후 금연 시작일을 정하게 한다. 중독자가 금연을 시도하기 전부터 흡연이나 금연과 관련하여 역기능적 사고를 수정하도록 한다.

• 금연을 실행한 후에는 중독자가 금단증상을 이겨 내는 데 도움이 되는 행동을 하게 한다. 이 단계에서는 인지행동적 중재로 흡연과 관련하여 혐오조건을 형성하게 하거나 금연 행동을 강화시킨다. 또한 이 단계에서 상담자는 중독자가 호소하는 금단증상을 제대로 이해하고, 재발 위험 상황에 잘 대처하도록 도와야 하며, 비흡연자로서의 자기이미지를 확립하도록 돕는다.

참고문헌

김선경, 서경현(2001). 여자 청소년들의 흡연 행동과 섭식억제. 여성건강, 2(2), 51-74.

서경현, 이경순(2002). 금연프로그램 참여 후의 금연 경험. 한국심리학회지: 건강, 7, 63-80.

지선하(2000). 흡연에 의한 질병 부담. 한국금연운동협의회 (편), 흡연과 건강, 57-63. 서울: 한국금연운동협의회.

한국금연운동협의회(2000). 흡연과 건강. 서울: 한국금연운동협의회.

한국금연운동협의회(2007). 흡연율 조사집계표. 서울: 한국금연운동협의회.

한종철, 오경자, 이기학(1995). 한국인의 연령과 사회-심리적 요인에 따른 흡연 행동 분석. 흡연위생연구, 110-198.

Ajzen, I., & Fishbein, M. (1980). The prediction of behavior from attitudinal and normative variables. *Journal of Experimental Social Psychology, 6,* 466-487.

Bajanowski, T., Brinkmann, B., Mitchell, E., Vennemann, M., Leukel, H., Larsch, K., Beike, J., & Gesid, G. (2008). Nicotine and cotinine in infants dying from sudden infant death syndrome. *International Journal of Legal Medicine, 122*(1), 23-28.

Bandura, A. (1977). *Social Learning Theory.* New York: General Learning Press.

Baskerville, N., B., Azagba, S., Norman, C., McKeown, K., & Brown, K. S. (2015). Effect of a Digital Social Media Campaign on Young Adult Smoking Cessation. *Nicotine & Tobacco Research: ntv119.* doi: 10.1093/ntr/ntv119.

Benowitz, N. L., & Benowitz, N. L. (2010). Nicotine addiction. *New England Journal of Medicene, 362*(24), 2295-2303.

Brannon, L., Feist, J., & Updegraff, A. (2015). *Health Psychology: An Introduction to*

Behavior and Health. Belmont: Wordsworth.

Brewer, N. T., Chapman, G. B., Gibbons, F. X., Gerrard, M., McCaul, K. D., & Weinstein, N. D. (2007). Meta-analysis of the relationship between risk perception and health behavior: The example of vaccination. *Health Psychology, 26*(2), 136-145.

Chiolero, A., Faeh, D., Paccaud, F., & Cornuz, J. (2008). Consequences of smoking for body weight, body fat distribution, and insulin resistance. *The American Journal of Clinical Nutrition, 87*(4), 801-809.

Elliot, R. (2008). *Women and Smoking Since 1890* (p. 134). New York: Routledge.

Epstein, J. A., Griffin, K. W., & Botvin, G. J. (2000). A model of smoking among inner-city adolescents: The role of personal competence and perceived social benefits of smoking. *Preventive Medicine, 31,* 107-114.

Fagerstrom, K. O. (1991). Towards better diagnoses and more individual treatment of tobacco dependence. *British Journal of Medicine, 12*(2), 159-182.

Festinger, L. (1957). *A Theory of Cognitive Dissonance.* Stanford, CA: Stanford University Press.

Fingerhut, L. A., Kleinmann, J. C., & Kendrick, J. S. (1990). Smoking before, during and after pregnancy. American *Journal of Public Health, 80,* 541-544.

Gilpin, E. A., & Pierce, J. P. (1997). Trends in adolescent smoking initiation in the United States: Is tobacco marketing an influence? *Tobacco Control, 6,* 122-127

Hall, S. M. (1994). Women and drugs. In V. J. Adesso, D. M. Reddy, R. Fleming (Eds.), *Psychological perspectives on women's health* (pp. 101-126). Washington, DC: Taylor & Francis.

Hansen, W. B., Johnson, C. A., Flay, B. R., Graham, J. W., & Sobel, J. (1988). Affective and social influence approach to the prevention of multiple substance abuse. *Preventive Medicine, 17,* 135-154.

Hettema, J. E., & Hendricks, P. S. (2010). Motivational interviewing for smoking cessation: A meta-analytic review. *Journal of Consultant and Clinical Psychology, 78*(6), 868-884.

Ikard F. F., & Tomkins, S. (1973). The experience of affect as a determinant of smoking behavior: A series of validity studies. *Journal Abnormal Psychology, 81*(2), 172-181.

Jessor, R., & Jessor, S. L. (1977). *Problem Behavior and Psychosocial Development*. New York: Academic Press.

Jha, P., Ramasundarahettige, C., Landsman, V., Rostron, B., Thun, M., Anderson, R. N., McAfee, T., & Peto, R. (2013). 21st Century hazards of smoking and benefits of cessation in the United States. *New England Journal of Medicine, 368,* 341-350.

Katahn, M. (1994). *How To Quit Smoking Without Gaining Weight*. New York, NY: W. W. Norton & Company.

Kluger, R. (1996). *Ashes to Ashes: America's Hundred-Year Cigarette War, the Public Health, and the Unabashed Triumph of Philip Morris*. New York: Alfred A. Knopf.

Langhammer, A., Johnsen, R., Holmen, J., Gulsvik, A., & Bjermer, L. (2000). Cigarette smoking gives more respiratory symptoms among women than among men. *Journal of Epidemiology and Community Health, 54*(12), 917-922.

Lash, T. L., & Aschengrau, A. (1999). Active and passive cigarette smoking and the occurrence of breast cancer. *American Journal of Epidemiology, 149,* 5-12.

Leventhal, H., & Cleary, P. D. (1980). The smoking problem: A Review of the research and theory in behavior risk modification. *Psychological Bulletin, 88*(2), 370-405.

Nichter, M., Nichter, N., Vuckovic, N., Tesler, L., Adrian, S., & Ritenbaugh, C. (2004). Smoking as a weight-control strategy among adolescent girls and young women: A reconsideration. *Medical Anthropology Quarterly, 18*(3), 307.

OECD (2011). OECD Health Data 2011.

Paul, R., & Elder, L. (2006). *The Art of Socratic Questioning*. Dillon Beach, CA: Foundation for Critical Thinking.

Perkins, K. A., Conklin, C. A., & Levine, M. D. (2008). *Cognitive-behavioral therapy for smoking cessation: A practical guidebook to the most effective treatment*. New York: Routledge.

Peto, R. (1994). Smoking and death: The past 40 years and next 40 years. *Behavior Medicine Journal, 319,* 937-939.

Peto, R., Lopez, A. D., Pan, H., Boreham, J., & Thun, M. (2006). *Mortality from smoking in developed countries 1950-2000: Indirect estimates from National Vital Statistics.*

Oxford University Press.

Pierce, J. P., Choi, W. S., & Gilpin, E. A. (1996). Validation of susceptibility as a predictor of which adolescents take up smoking in the United States. *Health Psychology, 15,* 355-361.

Pomerleau, O. F., & Rosecrans, J. (1989). Neuroregulatory effects of nicotine. *Psychoneuroendocrinology, 14,* 407-423.

Prochaska, J. O., DiClemente, C. C., Velicer, W. F., & Rossi, J. S. (1993). Standardized, individualized, interactive, and personalized self-help programs for smoking cessation. *Health Psychology, 12*(5), 399-405.

Rigotti, N. A. (2012). Strategies to help a smoker who is struggling to quit. *JAMA, 308*(15), 1573-1580.

Rohsenow, D. J., Niaura, R. S., Childress, A. R., Abrams, D. B., & Monti, P. M. (1990). Cue reactivity in addictive behaviors: Theoretical and treatment implications. *International Journal of the Addictions, 25,* 957-993.

Spieberger, C. D., & Jacob, G. A. (1982). Personality and Smoking behavior. *Journal of Personality Assessment, 46,* 396-403.

Stead, L. F., & Lancaster, T. (2012). Combined pharmacotherapy and behavioural interventions for smoking cessation. *The Cochrane Database of Systematic Reviews, 10,* CD008286.

Taylor, R., Najafi, F., & Dobson, A. (2007). Meta-analysis of studies of passive smoking and lung cancer: Effects of study type and continent. *International Journal of Epidemiology, 36*(5), 1048-1059.

Todd, G. F. (1969). *Statistics of smoking in the United Kingdom.* London: Tobacco Research Council.

Tomeo, C. A., Field, A. E., Berkey, C. S., Colditz, G. A., & Frazier, A. L. (1999). Weight concerns, weight control behaviors, and smoking initiation. *Pediatrics, 104,* 918-924.

Tomkins, S. S. (1968). Psychological models for smoking behavior. *Review of Existential Psychology and Psychiatry, 8,* 28-33.

U.S. Department of Health & Human Services. (2001). *Women and Smoking: A Report of the Surgeon General.* U.S. Public Health Service.

U.S. Department of Health & Human Services. (2006). *The Health Consequences of Involuntary Exposure to Tobacco Smoke: A Report of the Surgeon General.* U.S. Public Health Service.

U.S. Department of Health and Human Services. (1995). *Healthy people 2000 review 1994.* Rockville, MD: USDHHS.

U.S. Department of Health and Human Services. (2004). *A Report of the Surgeon General. The Health Consequences of Smoking: What It Means to You.* Atlanta, GA: USDHHS.

U.S. Department of Health and Human Services. (2014). *The Health Consequences of Smoking-50 Years of Progress: A Report of the Surgeon General.* Atlanta, GA: USDHHS.

Vardavas, C. I., Chatzi, L., Patelarou, E., Plana, E., Sarri, K., Kafatos, A., Koutis, A. D., & Kogevinas, M. (2010). Smoking and smoking cessation during early pregnancy and its effect on adverse pregnancy outcomes and fetal growth. *European Journal of Pediatrics, 169*(6), 741-748.

Vork, K. L., Broadwin, R. L., & Blaisdell, R. J. (2007). Developing asthma in childhood from exposure to secondhand tobacco smoke: Insights from a meta-regression. *Environmental Health Perspectives, 115*(10), 1394-1400.

Ward, H. (2012). *Oxford Handbook of Epidemiology for Clinicians* (pp. 289-290). Oxford University Press.

Windham, G. C., Mitchell, P., Anderson, M., & Lasley, B. L. (2005). Cigarette smoking and effects on Hormone Function in Premenopausal women. *Environmental Health Perspectives, 113*, 1285-1290.

Woloshin, S., Schwartz, L. M., & Welch, H. G. (2008). The risk of death by age, sex, and smoking status in the United States: Putting health risks in context. *Journal of the National Cancer Institute, 100*(12), 845-853.

World Health Organization. (2004). *Building Blocks for Tobacco Control.* Geneva: World Health Organization.

World Health Organization. (2011). *WHO Report on the Global Tobacco Epidemic, 2011.*

Geneva: World Health Organization.

World Health Organization. (2012). *Frequently asked questions about second hand smoke.* Geneva: World Health Organization.

World Health Organization. (2014). *World Cancer Report 2014* (pp. Chapter 5.1.). Geneva: World Health Organization.

Zhu, S. H., Anderson, C. M, Johnson, C. E., Tedeschi, G., & Roeseler, A. (2000). A centralized telephone service for tobacco cessation: The California experience. *Tobacco Control, 9,* 48-55.

Zou, N., Hong, J., & Dai, Q. Y. (2009). Passive cigarette smoking induces inflammatory injury in human arterial walls. *Chinese Medical Journal, 122*(4), 444-448.

[부록 1]

금연 심상훈련

가만히 눈을 감고 몸에서 힘을 빼십시오. (5초)

마음이 조금 차분해졌다면, 당신이 금연을 시작하기 바로 전에 마지막 담배를 피우던 때를 생각해 보십시오.
담배 연기를 한 모금 들이마시는 느낌을 생각하면서 당신이 담배를 피우던 모습을 머릿속에 그려 보십시오. (5초)

담배 피울 때의 기분을 어느 정도 느낄 수 있었다면, 이제부터는 지금까지 흡연해 오면서 불쾌했던 경험들을 생각해 보십시오.
흡연으로 인해 속이 울렁거리거나 헛구역질이 나던 때를 한번 상상해 보십시오.
아침에 이를 닦을 때 경험했던 헛구역질을 생각해도 좋습니다. (3초)
아침에 잠에서 깨어났을 때 입에서 나던 냄새를 생각해 보십시오. 취침 전에 이를 닦았는데도 여전히 나는 냄새 때문에 느꼈던 불쾌감을 다시 한 번 기억해 보십시오. (5초)

자, 이제부터 당신은 담배와는 전혀 상관없는 사람이 되었습니다.
몸이 깨끗해졌다고 생각해 보세요.
담배에 들어 있는 해로운 화학물질들이 몸에서 모두 빠져나간다고 상상해 보십시오. 그래서 깨끗해지는 당신의 몸을 상상해 보십시오. (3초)
이제 당신의 몸이 깨끗해져서 상쾌한 느낌이 듭니다. 당신이 담배를 끊었기 때문에 이런 일이 몸에서 일어날 수 있는 것입니다. (5초)

---

*조금 더 주의해서 띄어 읽어야 하는 곳은 쉼표 대신에 ……를 넣어 표시한다.

흡연하는 당신의 모습을 다시 머릿속에 그려 보십시오. 지금 당신은 여러 사람들이 있는 곳에서 담배를 피우고 있습니다. (5초)

담배 피우고 있는 당신에게 쏠리는 곱지 않은 시선을 상상해 보십시오.

몸에서 담배 냄새가 나지 않을까 걱정했던 때를 생각해 보십시오. 지금까지 대인관계에서 자신감을 잃었던 자신을 한번 기억해 보십시오. (3초)

담배를 피우는 것 때문에 혹은 담배를 끊지 못하는 것 때문에 자신감을 잃거나 죄책감을 느꼈었다면 그 느낌을 다시 한 번 기억해 보십시오.

당신이 담배 피우는 것 때문에 자녀…… 배우자…… 혹은 부모님께 죄책감을 느낀 적이 있습니까? 그리고 혹시 자신의 흡연 때문에 자녀들에게 담배를 피우지 말라고 자신 있게 말하기 힘들었던 적이 있습니까? 한번 그런 자신의 모습을 기억하거나 상상해 보십시오. (5초)

이제 당신은 담배를 끊었습니다. 더 이상 흡연자가 아닙니다. 담배를 끊은 당신에게는 지금 어떤 일이라도 해낼 수 있다는 자신감이 생기고 있습니다. (3초)

자녀, 배우자, 부모님에게 떳떳합니다. 사람들을 만날 때 자신감이 넘치는 자신의 모습을 상상해 보십시오. 당신은 이제 멋진 사람이 되었습니다. (3초)

담배를 피우지 않아 지금부터는 몸에서 냄새도 나지 않습니다. 당신은 이제 순결한 사람입니다. 깨끗하고 순결한 자신의 모습을 머릿속에 그려 보십시오. (5초)

담배 피우는 당신의 모습을 다시 상상해 보십시오. 담배 연기를 한 모금 깊게 들이마시는 자신의 모습을 다시 한 번 상상해 보십시오. (5초)

담배 연기가 당신의 폐와…… 몸의 다른 부분들을 더럽혀 왔습니다. 그 연기는 당신의 몸 외에도 당신의 방 안과…… 자동차 등 여러 장소들 또한 더럽혀 왔습니다. (3초)

담배꽁초로 가득 차 있는 재떨이를 머릿속에 그려 보십시오. 침도 뱉어져 있어 정말 더럽습니다. 역겨운 냄새도 납니다. (5초)

그러나 이제 당신은 담배를 끊었습니다. 그렇기 때문에 몸과 주변 환경들이 모두 깨끗해지고 있습니다.

깨끗해진 당신의 폐와 몸을 상상해 보십시오. (3초)

또한 깨끗해진 주변 환경을 머릿속에 그려 보십시오. (3초)
당신은 이제 깨끗해졌고, 담배를 다시 피우지 않는 한 절대로 다시는 더러워지지 않을 것입니다. 지금 당신은 몸이 깨끗해져서 상쾌함이 느껴집니다. (5초)

당신이 하루 중에 첫 담배를 피우던 모습을 상상해 보십시오. (3초)
그 담배 연기가 자신의 폐 속을 더럽히는 장면을 상상해 보십시오. 담배 연기가 폐로 들어가 폐를 검게 만드는 장면을 상상해 보십시오. 담배 연기가 그렇게 당신의 몸을 오염시켜 왔습니다. (3초)

그러면 이제 타르에 찌들어 검게 된 자신의 폐를 머릿속에 그려 보십시오. (3초)
그 폐를 수술하는 장면을 머릿속에 떠올려 보십시오. (5초)

그러나 이제 당신은 그런 것들로부터 자유로워졌습니다. 그뿐 아니라 담배를 끊었기 때문에 당신의 몸은 깨끗해졌고 기분도 상쾌합니다. (3초)

고요한 아침, 안개가 살짝 낀 골짜기에 서 있는 당신의 모습을 상상해 보십시오. (3초) 이슬방울이 떨어지는 소리를 들을 수 있을 정도로 고요한 분위기입니다. 골짜기의 물 흐르는 소리가 깨끗한 기분을 느끼게 합니다. 정말로 평화로운 분위기입니다. (5초) 그곳에 있는 당신도 아주 깨끗하고 순결한 사람입니다. 그 골짜기에서 편안하게 서 있는 자신의 모습을 잠시 더 상상해 보십시오. (7초)

당신이 금연을 시작하기 바로 전에 마지막 담배를 피우던 모습을 다시 한번 머릿속에 그려 보십시오. (5초)
그 담배 연기가 자신의 폐를 더럽히는 장면을 상상해 보십시오. 담배 연기가 폐로 들어가 폐를 검게 만드는 장면을 상상해 보십시오. 담배 연기가 그렇게 당신의 몸을 오염시켜 왔습니다. (3초)

그러면 이제 타르에 찌들어 검게 된 자신의 폐를 머릿속에 그려 보십시오. (3초) 그 폐를 수술하는 장면을 머릿속에 떠올려 보십시오. (5초)

그러나 이제 당신은 그런 것들로부터 자유로워졌습니다. 그뿐 아니라 담배를 끊었기 때문에 당신의 몸은 깨끗해졌고 기분도 상쾌합니다. (3초)

봄날 푸른 초원을 걷고 있는 당신의 모습을 머릿속에 그려 보십시오. 따사로운 햇살이 당신 어깨에 내려앉고, 볼에는 따뜻하고 부드러운 바람이 지나가는 것을 느낄 수 있습니다. (3초) 멀리서 새소리가 자그마하게 들려오는 아주 평화스러운 분위기입니다. (5초) 그곳을 걷고 있는 당신은 아주 깨끗하고 순결한 사람입니다. 그 초원을 편안한 마음으로 걷고 있는 당신의 모습을 잠시 더 상상해 보십시오. (7초)

이제 당신은 담배하고는 전혀 관계가 없는 사람입니다. (3초)
이런 연습을 얼마간 계속하다 보면, 앞으로 담배를 피우고 싶은 충동이 생긴다고 해도 곧바로 당신은 흡연에 대한 부정적인 느낌을 갖게 됩니다. 이어서 담배를 끊은 자신의 좋은 모습이 머릿속에 떠올라 쉽게 흡연 욕구를 이겨 낼 수 있게 됩니다. (3초)

그러면 이제 상쾌한 기분을 유지하면서 천천히 눈을 뜨십시오.

[부록 2]

구조화된 금연 인지행동치료

▣ 회기 1

담배를 피우는 많은 사람들이 흡연이라는 지긋지긋한 습관에서 해방되기를 원하고 있다. 당신도 담배를 피워 오면서 흡연이 미치는 나쁜 영향을 수도 없이 생각해 왔고 지금 이 자리에 와 있다. 하지만 "담배는 백해무익해."라고 말하던 사람도 끊으려는 마음에 참다 보면 불과 몇 시간 후에는 "백해무익하다지만 그래도 스트레스에는 최고라고 생각해."라고 말을 바꾸기 십상이다. 이보다 훨씬 심하게 담배에 치를 떨고 담뱃갑을 구겨 버리고 나서도 그 다음날 담배를 버린 곳에 가서 찾아보고 없으면 길바닥의 꽁초라도 줍는 우리의 모습에서 담배에 대한 의존성, 흔히 말해 니코틴중독이 얼마나 큰 힘을 가지고 있는가를 우리는 벌써 알 수 있었다.

그렇기에 흡연의 부정적인 면을 우리 마음에 깊이 되새기는 것은 혐오조건을 형성하는 데에 도움을 주어 우리가 금연에 성공할 수 있게 하는 데에 필수적인 것이다.

우리는 처음 담배를 배울 때는 '담배 피는 모습이 멋있다'고 생각했고 '나는 담배 체질이 아닌 것 같아 얼마간 조금 피우게 될 것이기에 건강에도 별 문제가 없을 것'이라고 생각했다. 그러나 얼마 지나지 않아 이런 생각이 잘못 되었다는 것을 인식하면서도 지금까지 흡연해 왔다. 담배를 끊을 생각을 구체적으로 해 본 적은 없다 해도, 지금까지 우리는 담배를 끊었을 때 얻을 수 있는 이점을 생각해 보기는 했다. 담배를 끊었을 때 멋있게 될 우리 삶을 마음속에 구체적으로 그려 보는 것은 금연 성공에 커다란 공헌을 할 수 있다.

(상담자는 내담자들이 이야기한 것들을 명료화시켜 주고, 조그마한 카드에 옮겨 적어 나중에도 몇 번씩 반복하여 인식하는 기회를 갖도록 한다.)

연습 1   **흡연과 금연에 대한 인지적 명료화**

이름: _____   **역겨움/소망**   날짜: _____

흡연이 나를 추하게 만드는 이유   금연하면 얻을 이득

1. _____   _____
    _____   _____
    _____   _____

2. _____   _____
    _____   _____
    _____   _____

3. _____   _____
    _____   _____
    _____   _____

4. _____   _____
    _____   _____
    _____   _____

5. _____   _____
    _____   _____
    _____   _____

■ 회기 2

'담배를 그렇게 피고 싶지 않았지만 친구가 권한다.
끊으려고 했지만 그냥 한 개비만 피울까?'

'바둑을 두고 있다. 담배를 물지 않으면 집중이 안 되는데…… 내가 졌다.
전에는 항상 내가 더 잘했는데…… 바둑둘 때면 담배 생각이 너무 난다……'

'거래처에서 연락이 왔다. 물량의 50%는 반품처리를 하겠다고 한다.
스트레스 받는다. 저절로 담배에 손이 간다.'

흡연 행동과 밀접하게 연결되어 있던 상황을 자각하고 그 상황 속의 요소를 하나하나 분석해 보자. 그리고 그 상황이 우리의 삶에서 얼마나 자주 일어나는지 알아보고 그 순위에 따라 기록해 보자.

이런 상황들은 예전의 금연 노력을 저지했을 뿐만 아니라 이후에도 당신을 괴롭힐 것이기 때문이다.

(상담자는 순위가 중간 정도의 흡연 욕구를 골라 심상훈련을 연습하게 하고, 나중에 혼자 나머지 흡연 욕구들도 연습하게 한다.)

연습 2   흡연 욕구 상황 순위

이름: _____   **흡연 욕구 순위**   날짜: _____

언제, 어디서, 누구와 무엇을 할 때?

아주 참기	1. _____
힘들었던	2. _____
흡연 욕구 상황	3. _____
참기	4. _____
힘들었던	5. _____
흡연 욕구 상황	6. _____
약간 참기	7. _____
힘들었던	8. _____
흡연 욕구 상황	9. _____

◼ 회기 3

흡연 행동과 밀접하게 관계되어 있는 상황, 다시 말해 이곳을 떠나 일상생활로 돌아갔을 때 당신의 금연을 위협할 수 있는 상황을 선택한 후 그 상황에서 흡연 행동을 저지할 수 있는 응급(단기) 대처방법을 계획해 보자. 다음 그런 상황이 다시 일어나지 않게 하거나 위험을 극복할 수 있는 장기적인 계획을 세워 보자.

아무리 첨단무기로 무장하고 전쟁에 참가하였어도 각 전투를 위한 작전과 전략을 세우지 않고 싸운다면 패배하기 십상이다. 전투에서 기후, 지형에 따른 문제, 복병 등 수많은 요소들이 있듯이, 금연을 위한 싸움에서도 작은 것에 대처하지 못해 지금까지의 승리를 순식간에 앗아 갈 수도 있다. 그렇다고 이런 싸움이 길게 갈 것이라고는 생각하지 마라. 특정한 상황에서의 한 번의 대처가 성공했을 경우, 그 상황이 다시 재연되면 훨씬 쉽게 위기에 대처할 수 있다. 또한 여기에서 얻은 승리감(자기효능감)은 당신의 금연에 자신감을 더할 것이다.

(상담자는 내담자가 선택한 대처방법들을 분석하고 토론하게 하고, 인지적 대처가 아닌 행동적 대처일 때는 그 자리에서 시연해 볼 기회를 제공한다.)

연습 3	흡연 위험 상황에 대한 대처

이름: _____ 위험 상황에 대한 장기대처 날짜: _____

잠재적 위험 상황	단기 대처	장기 대처
1.		
2.		
3.		
4.		
5.		

제**3**부

행동중독

제5장

인터넷 사용 장애 상담

이형초(심리상담센터 감사와기쁨 센터장)

사례

중2인 지원이는 늘 학교에 지각을 한다. 수업시간에는 잠자느라 과목 선생님마다 수업태도가 너무 안 좋다는 이야기를 하여 담임선생님이 지원이를 불러 상담을 하였다. 지원이는 매우 귀찮고 짜증난 얼굴로 "학교에 오기 싫은데 엄마가 하도 뭐라 그래서 겨우겨우 나왔어요. 집에 가면 게임하느라 새벽에 자서 학교 오면 잘 수밖에 없어요."라고 한다. 야단을 치면 학교에 안 나오겠다고 할 것 같아 담임선생님은 조금만 수업태도를 바꿔 보자고 달래서 보냈다. 다음날 지원이는 학교에 오지 않았다. 어제 학교 끝나고 PC방에 갔는지 집에도 들어오지 않았다고 어머니께서 전화를 하시며, 혹시라도 학교에 오면 연락을 달라고 하셨다. 담임인 나는 어제 내가 지원이와 상담한 것이 고민이 된다. 지원이 이 녀석 오늘은 들어와야 할 텐데…… 어제 자주 가는 PC방이라도 물어볼 걸 하는 후회가 생긴다. 반 아이들에게 물어보니 지원이는 혼자서 게임을 하기 때문에 어느 PC방을 가는지 잘 모른다고 한다. 지원이는 학교에서도 친구가 별로 없고 운동을 하는 것도 싫어하고, 급식시간에도 혼자 밥을 먹거나 혹은 안 보여서 물어보면 점심시간에 몰래 나가서 게임을 하고 온다고 반 아이들이 얘기하는데 일명 게임폐인이란다. 지원이네는 아버지께서는 다른 지역에서 일하셔서 주말에만 집에 오시고, 어머니도 직장을 다니셔서 지원이가 학교 끝나고 학원을 갔다가 오는 시간에 집으로 돌아오신다고 하셨다. 지금까지 지원이가 학원을 잘 다니고 있는 줄 알았는데, 중2가 되면서는 학원에 가는 날보다 PC방에 갔다가 늦게 오는 날이 더 많았다는 것을 3개월이 지난 후에나 어머니가 알게 되셨다. 담임인 나는 지원이를 어떻게 지도해야 할까? 참 난감하다.

1. 인터넷 사용 장애의 이해

1) 인터넷 중독 현황

2016년 5월 한국 정보화진흥원에서 스마트폰과 인터넷을 사용하는 만 3세에서 59세에 해당되는 18,500명을 대상으로 가구방문 대인면접 조사한 결과를 발표하였다. 만 3~59세 인터넷 이용자 중 인터넷 사용으로 금단, 내성, 일상생활장애를 모두 나타내는 고위험군은 1.2%, 금단, 내성, 일상생활장애 중 한 가지를 보이는 잠재적 위험군은

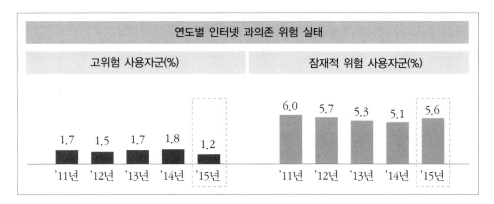

그림 5-1 연도별 인터넷 과의존 위험 실태

출처: 한국정보화진흥원(2016), p. 12.

5.6%로 보고하였다.

　2011년을 기준으로 살펴보면, 인터넷 사용으로 인한 중독 현상이 증가되지 않고 유지되거나 고위험 사용자군은 감소하는 추세를 보이고 있다. 그러나 이러한 결과는 PC 기반의 인터넷 사용을 측정한 통계수치이므로, 스마트폰 기반의 인터넷 중독 현상은

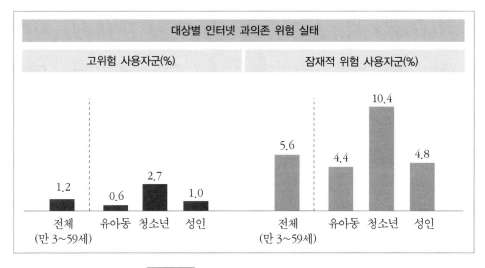

그림 5-2 대상별 인터넷 과의존 위험 실태

출처: 한국정보화진흥원(2016), p. 13.

증가되고 있음을 확인할 수 있다. 스마트폰 중독의 경우는 2015년 통계자료 고위험군은 2.0%에서 2.47%로, 잠재적 위험군은 12.2%에서 13.8%로 증가 추세를 보이고 있어, 중독의 위험성이 PC 기반의 인터넷 사용에서 스마트폰 사용으로 바뀌고 있는 추세라고 설명하고 있다.

인터넷 중독의 대상별 특성을 살펴보면 유아동(3~9세)의 고위험과 잠재적 위험 사용자의 비율이 성인중독과 유사한 점과 청소년의 중독이 전체 중독률의 2배에 해당되는 수치는 유아동 및 청소년의 인터넷 중독에 대한 집중적인 국가적인 지원이 필요하다는 것을 알려 준다.

2) 인터넷 공간의 심리적인 특성

인터넷을 통한 사이버 공간에는 분명 현실에서의 생활과는 다른 여러 특성이 존재하고 있다. 우선 사이버 공간은 가상 공간이므로 심리적인 부담감 없이 다양한 활동을 통하여 개인의 표현하기 어려운 욕구와 행동을 표출할 수 있다. 청소년이 인터넷에 몰입하게 되는 이유를 Suler(2000)는 자아정체감 탐색과 실험, 친밀감과 소속감의 형성, 부모와 가족에게서의 독립, 좌절감의 분출구라고 설명하고 있다. 즉, 청소년기에 자아정체감을 사이버 공간에서 다양한 방식으로 실험하고 탐색한다는 것이다. 또한 현실에서 만나는 사람들보다 사이버 공간에서는 여러 가지 면에서 다양한 사람을 많이 만날 수 있으므로 심리적인 부담감을 갖지 않고도 친밀감과 소속감을 경험하게 된다. 현실의 모습을 그대로 드러내지 않고서도 다양한 사람을 일대일 혹은 동시적으로 만나고 이야기를 나누고 공감을 받을 수도 있다. 청소년은 독립하고자 하는 욕구가 강하여 가족 및 부모에게서 간섭을 받지 않고 성인과 같은 대접을 받기 원한다. 그러나 청소년이 바라는 완전한 독립은 불가능하므로, 사이버 세상에서는 모험심과 개척정신을 발휘하여 즐거움을 줄 수 있는 여러 자극이 있기 때문에 더욱 청소년을 매료시키게 된다는 것이다. 다시 말해, 사이버 공간에서는 집을 떠나지 않고서도 자신의 독립심을 확인할 수 있다. 마지막으로 사이버 공간을 통하여 청소년기의 혼란과 갈등을 일으키는 여러 가지 스트레스와 좌절 경험을 분출할 수 있는 기회를 얻는다.

　황상민(1999)은 사이버 공간의 특성과 인간관계 심리에 대해 익명성과 자기 표현성, 인간관계 실험의 장, 주관적인 경험의 구체화, 복합적인 자기 표현이라고 설명하였다. 첫째, 익명성과 자기 표현성이란 인터넷 공간에서 개인은 실명을 사용하기보다 ID로 개인을 나타내게 되므로 현실에서보다 자유롭게 새로운 공간에서 자신의 모습을 재창조하는 경험을 하게 된다는 것이다. 둘째, 사이버 공간은 인간관계 실험을 할 수 있는 곳으로서 채팅의 경우 인간관계의 형성과 진행 그리고 변화 상태에 대해 비교적 객관적인 느낌을 가지면서 부담 없이 인간관계 실험을 즐기는 것이 가능하다는 것이다. 셋째, 주관적인 경험의 구체화란 개인의 내적 자아가 인터넷 공간을 통하여 다양하게 변신하는데 그런 가상의 캐릭터를 만들어 상상 속의 나를 표현하고 놀이하는 과정을 경험하게 된다는 것이다. 넷째, 복합적인 자기 표현이란 인터넷 공간 속에서는 현실에서와 같은 단일한 정체성이 아니라 자유롭게 개인의 상상을 실현하는 다양한 경험을 통하여 복합적이고 다양한 정체성을 실험하게 된다는 것이다. 이러한 욕구가 바로 가상 공동체를 출현할 수 있는 환경을 제공해 준다고 하였다.

　사이버 공간에 사람들이 몰두하게 되는 이유는 익명성, 정체감의 탐색, 대인관계 형성의 편리함, 현실 탈출, 통제감과 습득을 통한 즐거움으로 나누어 요약해 볼 수 있다.

(1) 익명성

　인터넷 공간은 자신의 신분을 밝히지 않고 자유롭게 자기를 나타낼 수 있는 것이 특징이다. 따라서 현실에서는 표현하기 어려웠던 욕구나 억압되었던 충동을 해소할 수 있는 하나의 분출구 역할이 가능하다. 억압이 풀리는 효과로 인하여 거친 언어 사용이나 과장된 정서 표현 등이 나타나기도 하는데, 이러한 측면이 사람들로 하여금 해방감을 제공하므로 더욱 인터넷 공간에 몰두하여 부작용을 유발하기도 한다. 그러나 현재 인터넷은 객관적으로 익명의 공간이라고 할 수 없다. 이용자의 모습이 상대방에게 보이지 않는다는 의미이지 인터넷 공간에서의 행위에 대한 책임이 없다는 의미가 아니다. 그러므로 단지 이용자가 현실에서보다 자유로움을 느껴 사이버 공간에서 다양한 놀이를 시도해 볼 수 있다는 심리적인 경험으로서의 익명성에 불과하다는 것을 명심할 필요가 있다.

(2) 정체감의 탐색

인터넷을 통한 사이버 세상에서는 원하는 모습으로 개인의 정체감을 변화시킬 수 있어 또 다른 나를 만들게 된다. 정체감은 다양한 환경과 여러 가지 경험 속에서 일관되고 안정적으로 개인을 유지할 수 있도록 한다. 사이버 공간은 현실 세계에서는 불가능하고 상상에서만 가능했던 일을 개인의 욕구에 따라 실험해 볼 수 있는 공간이기도 하다. 가상공간에서 아바타를 형성하여 다양한 형태의 자신을 체험하는 기회를 갖고 심리적인 욕구가 충족되는 경험을 하게 된다. 따라서 온라인 게임을 통하여 현실에서는 실현되기 어려운 백만장자나 성의 군주, 가상 인물로 자신을 변화시켜 충족되지 못한 욕구를 만족시킬 수 있는 큰 매력이 있다. 또 다른 자기를 나타내고 실험하는 방식이 정보통신 기술의 발전에 따라 점차 변화되고 있다. 인터넷 상용화 초기에는 ID 혹은 아바타를 통하여 자아정체감을 표현하였다면, 최근에는 더욱 적극적인 방식으로 자신을 표현하고 있다. 그 대표적인 현상이 개인 홈페이지 운영이나 UCC(user-created contents)라고 할 수 있다. 이는 인터넷을 통하여 개인의 복합적이고 다양한 형태의 자기를 때로는 과장되거나 극단적인 모습으로 나타내어 사이버 공간의 관객에게 보이고자 하는 표현 형태라고 생각된다.

(3) 대인관계 형성의 편리함

사이버 공간에서는 면대면의 만남이 아닌 문자화된 텍스트를 바탕으로 이루어지므로 현실적으로 감당해야 할 부담감 없이 사람들을 사귈 수 있다. 가령 동일한 관심사를 가진 동호회를 형성할 수도 있는데, 오프라인 상의 동호회에 비해 가입이나 탈퇴가 매우 빠르고 쉽게 이루어진다. 또한 면대면의 관계가 아닌 문자화된 텍스트를 통하여 상대방에 대한 인상과 평가를 하므로 실제 모습과 다른 왜곡이 일어나기도 하는 맹점으로 작용하기도 한다. 고독감이나 외로움에서 벗어날 수 있는 정서적인 지지와 친밀감을 느낄 수 있도록 하므로 오프라인 상에서 심리적으로 외로움을 느끼고 고독한 사람들이 더욱 가상공간에 몰두하게 된다고 할 수 있다(Young, 1998). 인터넷을 통하여 현실의 자신을 드러내지 않고 꾸미고 싶은 자기를 통하여 개인이 원하는 사람을 쉽게 만나고 언제든지 헤어질 수 있는 관계를 형성한다는 것은 매우 매력적인 일임에는 틀림없다.

(4) 현실 탈출

사이버 공간은 현실에서의 개인을 둘러싼 공간에서 주어지는 의무과 책임감에서 벗어날 수 있는 기회가 제공되는 분출구 역할을 하게 된다. 사이버 공간에 몰입하면 현실에서 느끼는 여러 가지 스트레스를 회피하거나 잊게 된다. 실제 청소년이 사이버 공간을 이용하게 되는 많은 이유도 스트레스 해소가 가장 크다고 할 수 있다. 즉, 사이버 공간에 머무르고 있는 동안은 현실생활에서 부닥치는 문제들을 잊어버리게 되어, 일시적으로 심리적인 안정감을 느끼고 새로운 즐거움을 느낄 수 있게 하는 현실의 도피처 역할을 충분히 제공할 수 있다. 그러나 막상 사이버 공간에서 벗어나면 현실에서 부닥치는 문제에 대한 내구력이나 인내심은 점차 작아져서 상대적으로 현실에서 경험하는 문제가 더욱 스트레스가 된다. 그러므로 이는 다시 사이버 공간으로 회피하여 악순환을 반복하게 만드는 요소가 되기도 한다.

(5) 통제감과 습득을 통한 즐거움

인터넷은 새로운 정보를 쉽게 제공받을 수 있으며, 정보를 제공받는 역할과 더불어 제공하는 역할을 담당하는 양방향적인 관계가 가능하다. 또한 이러한 정보 제공의 용이성은 새로운 정보통신 기술을 습득한다는 즐거움과 통제감을 경험하도록 한다. 다시 말해서, 시대적인 흐름에 낙오되지 않는 사람으로 인정받고 개인이 알고 있는 지식을 공유함으로써 타인에게서 긍정적인 평가와 성취감을 경험하게 된다. 사이버 공간에서의 활동은 이용자가 주체적으로 계획을 세워 놀이를 할 수도 있고, 큰 부담 없이 그 놀이를 중지할 수도 있다. 게임을 하면서 자신의 능력을 인정받는 것과 가상 공간이지만 현실과 유사한 지위 혹은 계급 상승을 통해 성취감과 즐거움을 얻는 것 역시 사이버 세상에 몰입하도록 하는 중요한 요소 중 하나임에는 분명하다.

이 외에도 가상 공간에서는 행동에 대한 타인의 피드백이 신속하게 전달되므로 지루함이나 초조함을 제거해 주는 이점이 있어 인내심을 요구하지 않는다. 따라서 지필로 작성된 편지를 우편으로 보내는 것보다 신속하고 용이하게 이메일을 사용하므로 더욱 빠르게 의사소통이 가능하다.

이상과 같은 다양한 인터넷의 기능을 통하여 더욱 빠르게 의사를 전달하고 감정을 나누고 자신을 표현하는 방식은 점차 지루함이나 지연되는 상황을 견디기 어렵게 만들어 충동성이 증가되고 좌절 내구력이 약화되는 부정적인 영향을 가져오기도 한다. 가상 세계에서 경험할 수 있는 이러한 심리적인 특징으로 인하여 이용자가 쉽게 가상 공간에 몰입하도록 하므로 과도하게 집착한다면 중독 현상을 경험하게 될 것이다. 실제 건강하지 못한 인터넷 사용에 따른 문제는 사회 곳곳에서 나타나고 있다. 이제 인터넷 중독의 개념 및 유형에 대해 살펴보도록 하자.

3) 인터넷 사용 장애의 정의

정신병리에서 '중독'의 개념은 대체로 물질 사용에 따른 중독으로서 알코올, 코카인, 마리화나와 같은 물질 사용으로 인하여 생리적인 의존성과 내성, 금단 증상을 동반하고 사회적 · 직업적 기능의 손상이 뒤따를 때 그 진단이 내려지게 된다. 현재 인터넷의 과다한 사용과 관련된 중독의 개념은 충동적인 행동상의 문제를 말한다. 즉, 개인이나 타인에게 해가 될 수 있는 행동을 수행하려는 충동, 욕구, 유혹에 저항하지 못하는 특성을 보일 때 진단되는 충동조절장애(impulse-control disorder)의 하위 범주에 속하는 병리적인 도박과 유사하게 설명되고 있다. 행동을 수행하기 전에는 긴장감이나 각성 상태가 고조되는 것을 느끼고, 행동을 하는 동안에는 기쁨이나 충족감, 안도감을 경험하지만, 행동 이후에는 후회, 자기비난, 죄책감을 동반하는 경우도 있고 그렇지 않은 경우도 있다. 따라서 약물 사용 중독과 유사한 금단 및 내성 증상을 나타내며, 일상생활에 분명한 지장을 초래하게 되는 것이다(이형초, 2005b).

(1) Goldberg의 정의
Goldberg(1996)는 인터넷중독장애(internet addiction disorder: IAD)라는 용어를 처음으로 사용하면서 DSM-IV의 물질 남용 장애의 진단기준에 근거하여 인터넷중독의 진단 준거를 설명하였다. 그것은 인터넷을 더 많이 사용해야 만족을 느끼게 되는 '내성', 인터넷 사용을 중단하거나 줄이면 정신운동성 초조나 불안 혹은 인터넷에 대한 강박적 사고나 환상과 같은 증상이 함께 일어나는 '금단', 인터넷 사용으로 인해 사회적·직업적 활동이 손상되는 사태가 발생하는 경우로 정의된다. 그러나 Goldberg는 이후 '인터넷중독장애'에서 '병리적인 컴퓨터 사용'으로 그 명칭을 수정하였다.

(2) Young의 정의

인터넷에서 온라인중독 센터(Center for Online Addiction)를 운영하는 Young은 1996년에 『DSM-IV』(APA, 1994)에서 나타낸 병적인 도박장애 진단 준거를 적용하여 8개의 기준 중 5개 이상에 해당되는 사용자를 '의존자(dependent)'로 분류하였다. 첫째, 접속하지 않았을 때도 접속했을 때의 경험에 대한 생각에서 벗어나지 못한다. 둘째, 만족을 얻기 위해서 더 많은 시간을 인터넷 사용에 쓰려고 한다. 셋째, 인터넷 사용을 중단하려고 했지만 실패한다. 넷째, 인터넷 사용을 중단하면 불안하고 짜증나며 우울감을 느끼게 된다. 다섯째, 처음 계획했던 것보다 인터넷을 더 오래 사용하게 된다. 여섯째, 인터넷 사용으로 인하여 대인관계, 직업, 학업, 경력 등 중요한 영역에서 문제가 발생한 적이 있다. 일곱째, 인터넷 사용에 대해 가족이나 다른 사람에게 숨기게 된다. 여덟째, 현실의 여러 가지 어려움을 피하거나 불쾌감을 줄이기 위해 인터넷을 사용한다. 이러한 사항에 해당되는 사람들은 중독적인 인터넷 사용으로 인하여 일상생활에서 부정적인 결과를 보이고, 특히 채팅과 머드게임 같은 대인 간 상호작용 위주의 서비스를 이용한다고 하였다. 따라서 인터넷중독이란 약물이나 알코올, 도박에 중독되는 것과 같이 인터넷에 중독되는 심리적 장애로서, 인터넷에 반복적으로 접속하지 않았을 때 불안감과 초조감 같은 정서장애 등의 금단 증상과 내성으로 인해 더욱 인터넷에 접속하게 되고, 반복적인 접속으로 인해 학업, 직무상의 소홀과 같은 현실생활에서의 어려움을 나타내는 것으로 정의된다.

이후 Young(1998)은 20개 문항의 인터넷중독 검사를 제작하였다. 결론적으로 인터넷중독은 존재하지만 인터넷이라는 매체 자체가 중독을 유발하기보다는 대인 간 상호작용을 주로 하게 되는 인터넷의 특정 서비스에 몰입하게 될 때 중독적인 이용을 유발할 수 있다고 보았다. 나아가 수많은 인터넷 중독자와의 면접과 심리치료를 통하여, 인터넷 중독이 되면 가상 공간에서의 왜곡된 대인 지각 및 관계 형성으로 인하여 가정

인터넷중독장애의 진단 준거

12개월 동안 다음 중 3개 이상이 충족되면 인터넷중독으로 간주된다.

1. 내성(다음 중 한 항목에라도 해당하는 경우로 정의된다.)
    A. 더 많은 시간을 인터넷에서 소모해야 만족을 얻을 수 있는 경우
    B. 인터넷상에서 지속적으로 같은 시간을 소모해도 만족은 현저히 저하되는 경우

2. 금단(다음 중 한 항목에라도 해당하는 경우로 정의된다.)
    A. 특징적인 금단 증상
        (1) 오랫동안 심하게 사용해 오던 인터넷 사용을 중지하거나 줄인 경우
        (2) 준거 (1) 이후 수일에서 한 달 사이에 다음 중 두 항목 이상을 만족시키는 경우
            a. 정신운동 초조(psychomotor agitation)
            b. 불안
            c. 인터넷에서 무슨 일이 일어나고 있을 것 같은 강박적 사고
            d. 인터넷에 대한 환상 또는 백일몽(과도한 상상)
            e. 손가락의 수의적 또는 불수의적 자판 두드리기 운동
        (3) 준거 (2)의 증상들이 사회적, 직업적 또는 다른 기능상의 중요한 영역에서 장애 또는 고통을 유발하는 경우

3. 의도했던 것보다 인터넷 사용의 빈도 및 시간이 더 길어지는 경우

4. 인터넷 사용을 중지하거나 줄이고자 하는 지속적인 욕구가 있고, 노력했지만 성공하지 못한 경우

5. 상당량의 시간을 인터넷 관련 활동에 소모하는 경우(예: 인터넷 서적 구입, 새로운 웹브라우저 사용 시도, 인터넷 관련 서비스의 검색, 다운받은 파일 정리)

6. 중요한 사회적, 직업적 또는 여가 활동을 인터넷 사용을 위해 포기하거나 줄이는 경우

7. 인터넷 사용에 의해 유발 또는 악화되는 지속적이거나 반복적인 신체적, 사회적, 직업적 또는 심리적 문제를 가지고 있다는 것을 알고 있음에도 불구하고 인터넷 사용을 계속하는 경우

이 붕괴되는 결과를 초래하기도 한다고 경고하였다. 인터넷 사용을 조절하지 못하여 학업 수행에 문제를 일으키고, 업무 시간조차 인터넷을 사용하여 직업을 잃게 되는 등 개인 생활의 전반적인 영역뿐만 아니라 주위 사람에게도 폐해를 끼치게 된다는 것이다 (Young, 1999).

(3) Griffiths의 정의

Griffiths(1998)는 약물이나 물질에 의한 중독뿐만 아니라 물질이 개입되지 않은 상태에서 도박이나 과식, 성행위, 운동, TV 및 컴퓨터 게임 등 특정 행위에 의한 중독을 행동중독으로 개념화하여 인터넷중독에 대한 이론적 토대를 마련하였다. 이러한 행동중독은 TV나 비디오와 같은 영상 매체에 의한 기술중독(technology addiction)으로까지 확산되었다. 또한 Griffiths는 Goldberg의 인터넷중독 진단 준거에 돌출 행동 (salience)의 개념을 추가하여 인터넷중독을 개념화하였다. 여기서 돌출 행동이란 특정한 행위가 삶에서 가장 중요한 활동이 되고 행위자의 사고, 느낌, 행동을 지배하게 되는 것을 말한다. 이러한 행동중독은 약물과 같은 물질에 의한 중독과 거의 유사하게 의존성, 기분 변화, 내성, 금단 증상, 주변 사람과의 갈등, 재발의 특징을 보인다.

이들 이후에 인터넷중독이라는 용어 대신 병리적 인터넷 사용(pathological internet use: PIU)이라는 용어를 제시한 Davis(2001a)는 인지행동 모형으로 인터넷중독의 과정을 설명하였다. 병리적인 인터넷 사용행동은 특정한 인터넷 병리적 사용자와 일반적인 인터넷 병리적 사용자로 구분된다. 전자는 인터넷이 존재하지도 않았던 시기에 있었던 중독 유발적 행동에 관련된 것으로서 온라인 게임, 도박, 경매, 주식 거래, 사이버 섹스 등 특정한 기능에 의존하는 경우다. 반면에 후자는 뚜렷한 목적 없이 단지 시간을 보내기 위해 이메일이나 채팅을 하는 것과 같이 일반적이고 다차원적인 사용과 관련이 있는 불특정의(일반적인) 사용 유형이다. Davis(2001a)는 이용자의 부적응적 인지(maladaptive cognition)와 인터넷을 통한 강화 양상의 차이에 따라서 인터넷의 구체적인 사용 양상이 달라진다고 설명하고 있다. 더불어 인터넷중독에 가까이서 영향을 미치는 직접적인 원인과 멀리서 영향을 미치는 요인으로 구분하고, 인터넷의 병리적인 사용 행동의 선행 요인과 부적응적 인지, 병리적인 인터넷 사용자의 특성, 행동적인 증상으로 나누어 인터넷중독의 과정을 설명하였다.

이처럼 현재 인터넷 과다 사용 혹은 인터넷중독에 대한 병인론과 진단 준거에 대해서는 합의를 이루지 못하고 학자마다 제각기 다른 가정을 제시하고 있다. 그러나 인터넷 과다 사용이 개인의 심리적·신체적 건강과 생활 전반에 부정적인 결과를 초래한다는 것은 누구나 인정하고 있는 부분이다. 따라서 병리적인 인터넷 사용의 개념을 정의하기 전에 인터넷을 과다하게 사용하는 사람들의 공통적인 중요한 특성을 살펴보는 것이 도움이 될 것으로 생각된다. 그 특징은 다음과 같다(이형초, 2005a).

- 가상 공간과 현실 간의 구분이 모호해진다.
- 한번 시작한 인터넷은 그만두지 못한다.
- 더 많은 시간을 인터넷을 하면서 보내고 싶어진다.
- 인터넷으로 인해 가족과 친구 및 전반적인 대인관계에 갈등이 생긴다.
- 인터넷을 하지 못하면 우울하거나 초조해지며 공허감을 느낀다.
- 인터넷을 하기 위해서 가족이나 다른 사람에게 거짓말을 하게 된다.
- 직업 및 학업 등 전반적인 사회생활의 역할 수행이 저하된다.
- 인터넷 이외에 다른 활동은 눈에 띄게 줄어든다.
- 하루 종일 인터넷 생각만 한다.
- 인터넷을 하느라 수면 시간이 줄어든다.
- 인터넷 사용에 대해 과도하게 긍정적인 기대를 한다.

현재 병리적인 사용에 대한 진단적 정의는 합의를 이루고 있지 못하지만, 인터넷 사용으로 인하여 생활에서의 부정적인 결과가 분명하게 나타나고 있음에도 불구하고 인터넷을 하고자 하는 충동을 억제하지 못하여 심리적, 사회적, 신체적으로 분명한 지장을 초래하게 되는 경우라고 보고 있다. 특히 인터넷으로 심리적인 욕구를 충족하기 위하여 특정 형태의 서비스에 집착하거나 규칙적인 생활을 하지 못하며, 또 부정적인 스트레스 상황에서 벗어나기 위한 방법으로 인터넷을 사용하게 된다면, 병리적으로 인터넷을 사용하게 되는 고위험 상황으로 발전할 가능성이 높다고 하겠다.

(4) APA 인터넷 게임 사용 장애의 진단 준거(APA, 2013)

『정신질환의 진단 및 통계편람-5판(Diagnostic and Statistical Manual of Mental Disorders Fifth Edition)』의 'Section Ⅲ'에 인터넷 게임 사용 장애가 포함되었다. DSM-5의 정식 진단 준거에는 포함되지 않았으나 후속 연구의 필요성이 제기되고 있다.

■ 진단기준

인터넷 게임 사용으로 12개월 동안 다음 아홉 가지 증상 중에서 다섯 가지에 해당되는 증상이 나타난다면 인터넷 게임 사용으로 심각한 문제가 있는 상태로 이해할 수 있다.

- 인터넷 게임이 일상에서 가장 중심이 되는 활동이다.
- 인터넷 게임을 줄이거나 그만두려고 하면 안절부절못하고 과민한 정서적인 금단 증상을 보인다.
- 인터넷 게임을 하는 시간이 점차 늘어난다.
- 인터넷 게임을 조절하거나 그만하려고 마음을 먹지만 계속 실패한다.
- 인터넷 게임을 하느라 이전에 하던 활동을 하지 않고 흥미가 감소되었다.
- 인터넷 게임으로 심리사회적 문제가 발생하는 것을 알면서도 게임을 계속한다.
- 인터넷 게임을 하는 것을 가족이나 주변 사람들에게 숨기고 거짓말을 한다.
- 부정적인 기분에서 벗어나기 위해 인터넷 게임을 한다.
- 인터넷 게임으로 인해 중요한 대인관계, 일, 교육, 직업의 기회를 잃어버렸다.

4) 인터넷 사용 장애의 원인

인터넷 사용 장애의 원인은 여러 가지로 설명되고 있으나 아직 명확한 결론은 없다. 그러나 일반적으로 사회환경적 요인, 인터넷 자체의 속성, 인터넷 이용자의 심리적 요인으로 구분하여 설명할 수 있다.

(1) 사회환경적 요인

인터넷 사용에 대한 사회환경적 요인의 중요성은 점차 증가하고 있다. 그 첫 번째는 경제적인 상황의 악화로 인한 실업자의 증가다. 과도한 입시 경쟁에서 구사일생으로 청소년기를 보낸 성인은 대학에 진학해서는 다음 단계인 사회 진출의 준비에 막차를 가해야 한다. 특히 20대의 실업자가 점차 증가 추세에 있는 현재의 경제적인 상황에서 인터넷은 더할 나위 없는 스트레스 도피처의 역할을 할 수 있다. 이러한 경제적인 상황의 악화로 인한 실업자의 증가는 인터넷중독을 증가시키는 하나의 요인이 될 수 있다.

두 번째는 인터넷 사용에 대한 긍정적인 기대 요소가 높다는 것이다. 인터넷은 생활에 편리함을 제공하는 요소로 자리 잡고 있지만, 인터넷의 과도한 사용에 대한 문제점 및 올바른 인터넷 사용에 대한 인식은 매우 낮은 것이 사실이다. 인터넷이 정보화 세계에서 첨병의 역할을 하지만, 아동 및 청소년이 일찍부터 인터넷을 통제받지 않고 사용한다면 그것이 점차 생활의 부적응적인 요소로 자리 잡을 수 있다. 또 실제로 이러한 부분이 청소년 인터넷 피해의 중요한 부분이기도 하다. 특히 학교에서는 아직도 정보화교육에 중점을 두어 능숙하게 인터넷을 사용하는 방법을 알려 주는 교육에 치중하고 있다. 이에 비해 건강한 인터넷 사용방법이나 가정에서 부모가 자녀의 인터넷 사용을 교육하는 방법, 인터넷 과다 사용으로 인한 폐해를 강조하는 부분은 부족한 실정이다.

세 번째는 사회적으로 경쟁에 대한 스트레스가 매우 높은 데 반해 여가 문화나 스트레스 관리에 대한 인식은 낮고, 여가 문화를 즐길 수 있는 기회나 다양성도 부족하다는 것이다. 따라서 손쉽고 저렴한 비용의 인터넷은 누구에게나 친근한 여가생활의 하나로 자리 잡게 되고, 더 나아가 생활의 중심에 인터넷이 자리하게 되어 사람들과 즐거움을 나누는 여가에 대한 기대나 기회를 박탈하게 만드는 것이 아닌가 우려된다.

(2) 인터넷 자체의 속성

인터넷 세계는 현실 세계와는 달리 마우스 클릭만으로 통제할 수 있는 가상 세계다.

즉, 인터넷은 현실의 자기를 면대면으로 드러내지 않고 가상적인 자기를 만들어서 손쉽게 타인을 만나고 심리적인 부담감 없이 가상 세계를 즐길 수 있는 공간이다. 시간적·공간적·경제적 제약을 거의 받지 않는다는 속성은 누구나 인터넷 세계에 몰입할 수 있고 그것이 심각한 중독자를 양산하기에 충분한 공간이라는 것이다. 즉, 인터넷의 익명성, 다양한 정체감 형성 및 탐색의 경험, 대인관계 형성의 용이함, 현실 탈출, 개인적인 통제감 습득의 편리함, 즐거움과 같은 특성 자체가 인터넷에 몰두하도록 만드는 주요한 요소가 될 수 있다.

(3) 인터넷 사용자의 심리적 요인

Orzack(1999)에 따르면 컴퓨터 중독의 문제는 컴퓨터 자체의 문제라기보다는 컴퓨터를 사용하는 사람들에게 달려 있다. 컴퓨터 이용자가 컴퓨터를 '현실을 회피하거나 미루고 탈출하기 위한 도구'로 사용할 경우 문제를 일으킬 수 있으며, 특히 '외롭고 지루하거나 또는 방과 후 집에 아무도 없는 아동에게 가장 취약'하다고 주장하였다. 이형초(2001c)는 청소년의 인터넷 게임 중독 행동과 관련된 심리적 변인에 대한 연구에서 자기통제력, 인터넷에 대한 긍정적 인식, 충동성, 외로움의 변인이 관련된다고 보고하였다. 즉, 중독 경향이 높은 사람일수록 자기통제력이 낮고, 인터넷 사용에 대해 긍정적 인식을 하고 있으며, 충동성이 높고, 외로움을 더 많이 경험하는 것으로 나타났다. 청소년의 인터넷중독에 영향을 미칠 수 있는 심리사회적 변인에 대한 연구(이시형, 이세용, 김은정, 오승근, 2000)에서는 인터넷 이용에 대한 기대, 자기통제력, 부모와의 역기능적인 의사소통, 인터넷에 대한 부모의 감독/통제, 성별, 생활 수준, 사용 시간, 게임을 이용하는 정도로 나타났다. 특히 인터넷을 자신의 욕구나 갈등을 해소하려는 용도로 사용하는 사람일수록 인터넷중독에 빠지는 경향이 있다고 설명하였다. 따라서 인터넷 사용에 대한 비합리적인 기대와 자신의 인터넷 사용에 대한 객관적인 인식 정도가 다른 심리적 변인과 더불어 중요한 요인이라는 것을 알 수 있다.

위의 두 연구에서 공통적으로 인터넷중독과 관련성이 높은 것으로 나타난 심리적 변인은 자기통제력이다. 자기통제력은 충동성과 반대되는 개념으로 목표 달성을 위하여 일시적인 충동이나 즉각적인 만족을 지연할 수 있는 능력이라고 정의된다. 이러한 자기통제력이 취약한 개인이 즉각적인 만족과 흥분을 제공하는 인터넷과 만나게 되면 사이버 공간에서의 통제력 상실을 초래해 중독에 이르게 된다고 할 수 있다. 따라서 생활 전반에서 자신의 행동을 조절하고 규칙적으로 생활을 유지할 수 있는 사람은 중독에 빠질 위험성이 적다고 볼 수 있다(이형초, 2002).

또한 우울감이 인터넷중독과 높은 상관이 있다는 보고들이 있다. 병리적 인터넷 사용의 결과로 실생활에서의 관계가 위축되고 컴퓨터 사용 시간이 늘수록 사회적 고립 수준이 증가하는데, 이는 우울을 증가시키는 또 다른 요인이 되기도 한다(윤재희, 1998). 최민정(2000)이 청소년 220명을 대상으로 인터넷 의존자와 비의존자로 구분하여 우울감과 감각 추구 성향을 비교한 연구에서는 우울감에서 차이가 나타났으며, 인터넷중독의 예측 변인으로 우울이 가장 높은 예측치를 보였다. 자기존중감 역시 인터넷의 중독적인 사용과 관련이 높다(이계원, 2001). 이는 현실에서 성공 경험이 적고 자기존중감이 낮은 사람들이 가상 공간에서는 이상적인 자신의 모습을 표현할 수 있고, 성취 경험을 통하여 실제 생활에서는 느끼지 못했던 대리적인 보상 경험으로 자기존중감을 회복할 수 있는 기회가 제공될 수 있기 때문이다.

요컨대, 인터넷 사용자의 심리적인 특성 중 자기통제력, 우울, 낮은 자기존중감, 대인관계 기술의 빈약, 충동성, 문제해결 능력의 부족 등의 요인이 인터넷중독과 관련성이 많다고 할 수 있다. 따라서 심리적으로 취약한 개인이 스트레스 경험을 하게 되면 문제를 해결하기 위해 노력하기보다는 스트레스 상황에서 벗어나 인터넷으로 도피하여 인터넷을 사용하게 되므로 인터넷중독으로 나아갈 수 있는 가능성이 높다고 하겠다.

5) 인터넷 사용 장애의 증상

인터넷중독의 증상에 대해 이순묵, 반재천, 이형초, 최윤경, 이순영(2005)이 국내외의 인터넷중독 관련 척도에서 포함시키고 있는 구성요소들을 개관한 것을 살펴보면 〈표 5-2〉와 같다. 각 요인은 인터넷중독을 설명하는 원인, 과정, 결과의 요소가 구분 없이 혼재되어 있으나 편의상 열세 가지 요인으로 나눌 수 있다.

표 5-1 인터넷중독의 증상

영역	설명
직무/학업 태도의 변화	인터넷의 과다 사용 여부를 처음으로 확인할 수 있는 행동상의 결과 요소다. 학생이라면 학업 관련 변화, 성인이라면 직업 관련 변화가 나타난다.
신체적 문제	인터넷 사용과 관련하여 최근 생리학적인 관련성에 대한 연구가 이루어지고 있다. 특히 지속적인 인터넷 사용으로 인한 수면 시간의 부족, 근골격계 질환의 여부, 지속적인 각성 상태의 증가로 인한 스트레스성 호르몬 분비의 증가에 기인한 신체적인 문제, 최근의 중독적인 인터넷 사용으로 사망에 이르는 문제까지 발생할 수 있다.
대인관계 손상	인터넷 사용으로 인하여 일상적인 대인관계에 관심이 저하되고 극단적으로는 관계의 단절까지 나타나기도 한다. 특히 가족관계의 갈등 심화 및 단절에 이르고 친구나 기타 대인관계를 형성하지 않고 인터넷에 몰두하게 되는 양상을 보인다.
인터넷에 대한 긍정적인 기대	인터넷을 처음 시작할 때 인터넷은 즐거움을 주고 일상의 스트레스를 해소해 주는 긍정적인 느낌으로 다가온다. 그러나 인터넷 사용을 지속하게 되면 생활의 의무나 책임은 뒤로 한 채 마술적이고 비현실적인 사고의 한 양상으로 인터넷에 대한 과도한 긍정적 기대를 하게 되는 심리적인 측면이 나타나기도 한다.
부정적 정서 경험	초기 인터넷 사용에서는 긍정적인 기대와 긍정적인 정서 경험을 하게 되지만, 점차 인터넷을 중독적으로 사용하면 초기의 만족감이 지속되기보다는 생활의 무기력감과 우울감이 더 증가하게 된다. 생활에서 수행해야 하는 여러 가지 업무나 역할 등이 처리되지 못하고 누적되는 것이 더욱 심리적인 불편감을 가중시키는 결과를 초래하여 가상 공간에 머물도록 하는 원인이 되기도 한다.
현실 검증력의 문제	인터넷중독의 가장 심각한 요소 중 하나로, 가상 공간과 현실 간의 구분이 모호하여 현실적인 판단 및 대처 능력에 어려움을 나타내는 현상이다. 마치 가상 공간에서의 활동이나 경험이 현실의 체험인 것 같은 착각을 지속하여 부적절한 판단이나 행동을 하기도 한다.
심리적인 몰입 및 집착	중독 현상에서 나타나는 기본적인 사항으로, 인터넷에 몰두되어 현실의 요구나 책임보다는 생활의 중심이 인터넷 사용과 관련되어 있는 상태다. 생활의 최우선 순위가 인터넷 사용이어서, 이를 위하여 어떤 어려움이나 불이익도 기꺼이 감수하면서 실제적으로 생활에 부정적인 영향이 생기는데도 인터넷에 빠지는 양상을 보인다.
내성	인터넷을 지속적으로 사용하면서 동일한 만족감을 얻기 위해서는 점차 인터넷 사용 시간이 증가하게 되고, 인터넷 사용을 줄이거나 못하게 되면 심리적인 초조감을 경험하게 된다.

금단	지속적인 인터넷 사용을 갑작스럽게 중단하였을 때는 인터넷을 사용할 때보다 심리적 · 신체적으로 부정적인 영향을 경험하게 되는데, 인터넷을 중단하여 심각한 초조감이나 불안감 및 현실생활에의 적응에 큰 장애를 초래하는 경우를 뜻한다.
가상의 정체성 추구	인터넷의 지속적인 사용으로 가상 공간에 몰입하게 되어서 현실의 나가 아닌 가상 공간의 새로운 자아를 나타내는 또 다른 나에 집중하여, 현실의 내가 느끼는 불만이나 부족감을 가상 공간의 나로 대치하는 양상이다. 예를 들어, 인터넷 게임에서 군주나 거상이 된 경험을 하고 나서 현실에서도 마치 그러한 것 같은 느낌으로 행동하고 의사결정을 하게 되는 경우다.
가상관계 추구	가상의 정체성을 추구하는 맥락과 연관되어, 면대면으로 만나는 현실적인 대인관계보다 가상의 세계에서 만나는 사람들에 대해서 더 많은 친밀감을 가지고 인정을 받고자 하는 욕구가 증가되는 상태다.
비도덕적 행동	인터넷을 하기 위하여 가족에게 거짓말을 하거나, 실제 돈을 훔치거나 가상의 공간에서 사기나 절도 행위를 하는 것 등이 해당된다.
부적응 행동	인터넷중독으로 나타나는 부정적인 행동을 포괄적으로 기술하는 개념으로, 비도덕적인 행동이나 심리사회적으로 개인에게 불이익이 초래되는 여러 가지 복합적인 행동 양상을 총괄하는 행동이 해당된다.

출처: 이순묵 외(2005).

2. 인터넷 사용 장애 개인상담

1) 인터넷 사용 장애의 평가

인터넷중독과 관련된 탐색에서는 사용자의 심리적 환경 요인, 사회적 환경 요인, 물리적 환경 요인, 가족관계 등 여러 가지를 함께 고려해야 한다([그림 5-3] 참조). 인터넷 사용과 관련된 평가를 하기 위해서는 일상생활의 적응 및 만족도, 인터넷 사용, 인터넷 사용 관련 태도, 심리적인 변인, 가족 및 대인관계, 공존질환 등에 대한 평가가 필요하다(이형초, 2006b).

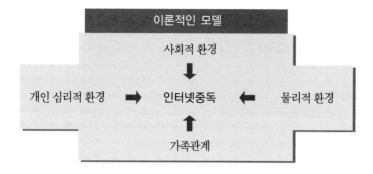

그림 5-3 인터넷중독에 영향을 미치는 요인(이형초, 2006b)

(1) 일상생활의 적응 및 만족도

- 학교/직장의 적응 정도
- 학업/직장 관련 스트레스 정도
- 대안적인 여가 여부
- 여가 활동의 만족도
- 대인관계 만족도
- 가족관계 만족도
- 가족 내 관련 병력(예: 알코올중독, 다른 정신과적인 병력)
- 주요 스트레스원
- 일상생활 만족도
- 수면 시간
- 신체적인 변화 및 질환
- 인터넷중독의 치료 및 상담 경험
- 기타 정신과적인 치료 및 상담 경험

(2) 인터넷 사용

- 인터넷 게임 사용 역사
- 인터넷 관련 문제의 발생 시기

• 인터넷 관련 가족갈등의 발생 시기
• 현재 인터넷 사용 용도
• 자주 접속하는 사이트
• 게임 이용 장소
• PC방 출입 여부
• 게임에서의 불법적인 행동 여부(예: 해킹, 사기)
• 인터넷 커뮤니티 가입 활동 여부

(3) 인터넷 사용 관련 태도

• 인터넷 사용으로 충족되는 욕구
• 인터넷 사용으로 인한 부정적인 결과 인식 여부
• 인터넷 사용으로 인한 변화 인식 여부
• 인터넷 사용으로 인한 가족갈등 인식 여부
• 치료 협조 정도

(4) 심리적인 변인

인터넷 사용과 관련된 면담을 하기 위해서는 내담자의 행동적 · 인지적 · 정서적 변인을 종합적으로 고려해야 한다.

① 인터넷 사용 관련 행동적 요소 평가

인터넷 사용으로 인한 행동적인 증상을 평가하는 것이다. 즉, 인터넷중독 척도를 통한 중독지수, 인터넷 사용 시간, 인터넷 사용으로 인한 생활상의 여러 가지 문제 행동에 대한 평가가 포함된다.

성인용 인터넷 사용 자기보고 척도   이순묵 등(2005)이 제작한 척도로 가상 세계 지향, 긍정적 기대, 내성 및 몰입, 인터넷에 대한 자기 인식의 네 가지 요인 총 20문항으로 구성된 4점 평가척도다. 성인용 인터넷중독 척도는 인터넷 사용으로 인한 병리적인 행동과 부적응적인 인지를 측정하는 자기보고식 문항으로 구성되어 있다. 평가 결과, 1~42점은 일반적인 사용자에 해당되며, 43~53점은 자기관리가 필요한 수준으로 잠재적 위험 사용자군으로 분류된다. 그리고 54~66점은 전문적인 상담을 요하는 군에 해당되며, 67점 이상은 고위험 사용자로 집중적인 치료가 필요하다.

또한 이순묵 등(2005)은 인터넷중독을 자기보고식 점수만으로 측정하기에는 타당도와 신뢰도 측면에서 한계가 있다고 판단하여 인터넷 관찰자 척도를 따로 개발하였다. 이는 병리적인 인터넷 사용자의 외현적인 행동을 중심으로 측정하도록 구성되어 있다. 관찰자 평가는 진위형으로 응답하도록 구성된 총 20문항으로 되어 있다. 1~5점은 자기관리가 필요한 정도이며, 6~15점은 전문 상담을 요하는 수준이며, 16점 이상은 집중적인 치료를 필요로 하는 고위험 상황이라고 평가된다.

② 인터넷 사용 관련 인지적 요소 평가

인터넷에 대한 역기능적인 신념이나 사고 등은 인터넷중독을 지속시키는 데 매우 중요한 역할을 하게 된다. 이러한 인터넷의 역기능에 대한 구체적인 평가는 인지행동적 설명 모델을 기초로 할 수 있다. 다음 내용은 이형초(2006a)에서 일부 발췌한 것이다.

인터넷중독의 인지행동적 설명 모델

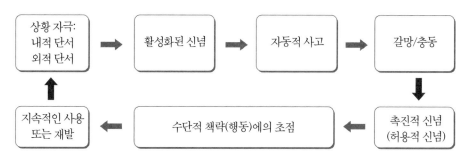

그림 5-4 인터넷중독의 완성된 모델(한국정보문화진흥원, 2002, p. 78에서 재인용)

- 상황 자극: 인터넷중독을 유발할 수 있는 위험한 자극 상황
  - 내적 단서: 정서적인 불안정, 스트레스, 자신감 저하 등의 요인
  - 외적 단서: 부모의 인터넷 사용에 대한 무관심, 성적 저하, 대인관계 갈등
- 인터넷 사용과 관련된 핵심 신념
  - 자신에 대한 부정적인 믿음(예: '나는 무능하다.' '나는 부정적인 인간이다.')
- 자동적 사고
  - 핵심 신념을 확고하게 만드는 자동화된 사고 책략(예: '나는 어떤 노력을 해도 이 상황에서 벗어날 수 없다.')
- 갈망/충동
  - 갈망: 인터넷을 더 하고 싶어 하는 강한 욕구
  - 충동: 이러한 욕구를 행동으로 옮기고자 하는 내적인 압박감
  - 인터넷 사용과 관련된 내적 가치체계(예: '인터넷을 하면 기분이 좋아질 것이다.' '인터넷을 하면 긴장이 해소된다.' '인터넷을 안 하면 아무것도 할 수 없다.')
- 촉진적 신념
  - 인터넷에 대한 갈망이나 충동이 높아지면 행동으로 옮기도록 허용하는 신념을 형성하여 행동을 합리화하는 이유를 만들고 더욱 쉽게 인터넷을 사용하도록 허용하게 된다(예: '오늘 하루만 하고 내일부터는 안 할 텐데.' '잠깐만 하고 나오는 건데 뭐.' '내일부터 시험 공부하느라 하지 못하니까 오늘만 실컷 하자.')
- 수단적 책략(행동)에의 초점
  - 인터넷 사용 갈망을 허용적 신념으로 합리화하여 결과적으로 인터넷 사용 행동으로 이어지는 과정이 진행된다.
  - 지속적인 사용 혹은 재발: 컴퓨터만 보면 인터넷을 떠올리고 인터넷의 중독적 신념이 자동적으로 떠올라 제어하기 어려울 정도로 충동적으로 인터넷을 사용하는 중독적인 순환이 반복된다.

③ 인터넷 사용 관련 정서적 요소 평가

인터넷 사용 장애와 관련된 정서적 요소를 평가하는 것이다. 인터넷중독과 상관이

높은 우울, 충동성, 공격성, 자기통제력, 자기존중감, 스트레스, 사회적인 지지 등과 같은 요소를 측정할 수 있는 설문지를 활용한다.

(5) 가족 및 대인관계

인터넷 사용장애 문제에서 가족의 태도는 그 영향이 크다고 할 수 있다. 대부분의 인터넷 사용자들이 가정에서 인터넷을 사용하기 때문에, 특히 아동 및 청소년의 인터넷 사용 문제는 부모의 태도에 따라 달라질 수 있다. 인터넷 사용에 대해 부모가 방치하고 그 역기능에 대한 인식이 없다면, 실제 인터넷 사용으로 문제가 발생한다 해도 전혀 도움을 주지 못하고 오히려 악화시킬 수 있다. 또한 인터넷 사용장애자들의 대다수는 오프라인과 온라인 상의 자아정체감에 대해 인터넷을 하고 있을 때의 자신의 모습이 더 마음에 든다고 생각하기도 한다. 특히 현실에서 대인관계가 만족스럽지 못하고 위축되어 있는 경우, 온라인 상에서 자신이 표현하고 싶은 이상적인 모습으로 부담감 없이 사람들을 만날 수 있다면 더욱 온라인 세상에 몰두하게 될 것이다. 이러한 측면에서 다음의 항목에 대한 평가가 요구된다.

- 가족의 의사소통 방식
- 인터넷 사용에 관한 가족의 인식 정도
- 가정 내 인터넷 사용 교육 및 부모의 대응방법
- 가족의 치료 협조 정도
- 가족의 인터넷 사용 정도
- 인터넷 사용과 관련된 타인의 압력 여부
- 인터넷 사용과 관련된 친구관계

(6) 공존질환

인터넷중독의 문제와 더불어 내담자가 근본적으로 가지고 있는 정신병리를 탐색하는 것이 중요하다. 인터넷중독과 공존하거나 공존 가능성이 높은 정신질환은 다음과 같다. 평가를 통하여 해당 공존질환이 발견된다면 약물치료를 적용하는 것이 인터넷중독의 문제를 호전시킬 가능성을 높일 수 있다.

- 우울증
- 주의력결핍 과잉행동장애
- 충동조절장애
- 불안장애
- 기타 인격장애
- 학습 관련 장애
- 적응장애

2) 인터넷 사용 장애의 개인상담

(1) 상담자 준비사항

상담자는 인터넷에 대한 전반적인 이해와 온라인 게임에 대한 실습과 운영에 대한 이해를 할 수 있어야 효과적인 상담을 진행할 수 있다. 내담자가 주로 이용하는 인터넷 영역에 대한 이해를 적극적으로 할 수 있는 준비와 자질이 필요하다. 즉, 내담자가 자주 이용하는 사이트나 인터넷 게임에 대한 이해가 선행되어야 내담자의 욕구와 인터넷 사용 간의 관계를 파악할 수 있다. 인터넷 사용 장애의 문제가 가장 중요한 내담자의 문제로 상담이 의뢰되어도 인터넷 사용 장애 이면에 존재할 수 있는 스트레스 및 공존질환의 문제를 우선적으로 파악하는 것이 중요하다. 병리적인 인터넷 사용자의 대다수가 과도한 인터넷 사용의 결과로 심리적인 문제가 발생하기도 하지만, 선행 질환으로 인하여 인터넷 과다 사용의 문제가 촉발되기도 하기 때문이다. 예를 들어, '은둔형 외톨이'는 사회공포증이나 사회 적응의 어려움으로 집 밖으로 외출하지 않는 양상을 보인다. 이 경우 집에서 할 수 있는 유일한 활동이 인터넷이라면 표면적으로는 인터넷 사용 문제가 가장 두드러진 문제이지만, 실제적으로는 사회공포증과 사회 적응을 위한 치료적인 접근이 우선적으로 이루어져야 할 것이다. 따라서 현재 내담자에게 인터넷 사용 장애의 문제를 일차 목표로 할 것인지, 아니면 인터넷 사용의 문제 이면에 있는 공존질환에 대한 치료가 우선되어야 할 것인지는 면밀한 평가 후에 신속하게 개입이 이루어져야 한다. 인터넷 사용 장애에 대한 상담 역시 기타 중독상담에서와 같이 내담자의 변화 동기를 증진시키고 가족상담을 병행하며 재발의 문제에 중점을 두어야 한다.

(2) 개인상담에서 고려해야 할 사항

인터넷을 과도하게 사용하는 내담자는 인터넷을 얼마나 사용하는지, 그로 인해 자신에게 어떤 문제가 발생되고 있는지에 대한 부분을 간과하고 있다. 또한 인터넷에 대한 비합리적인 기대를 유지하고 쉽게 이용할 수 있는 환경에 노출된다면 사용자 자신도 모르게 인터넷 세상으로 점차 빠져 들어가게 되는 경우가 대부분이다. 기본적으로 자신의 모습에 대한 인식을 증가시키고 인터넷의 긍정적인 기능과 역기능에 대한 올바른 이해를 하도록 교육해야 한다. 인터넷이 사용자의 어떤 욕구를 충족시키며 이차적인 이득은 무엇인지 파악하는 것 역시 중요한 문제다. 나아가 인터넷 사용과 관련된 가족 간의 갈등 유형 및 문제해결 방식, 인터넷에 대한 부모와 내담자 간의 차이를 확인하는 것 역시 주의해야 할 부분이다. 다음 사항은 인터넷 사용 장애의 개인상담 시 고려해야 할 내용이다.

- 상담의 목표는 자기통제력의 증가라는 것을 강조해야 한다. 인터넷은 절대적으로 사용자에게 역기능만을 제공하는 것이 아니기에, 언제든지 사용자가 원할 때는 사용하도록 하고 절대적으로 사용을 금지할 수 있는 것이 아니다. 따라서 사용자 자신이 필요할 때 계획한 대로 사용하고 스스로 인터넷을 끄고 현실에서 생활하는 데 문제가 발생하지 않도록 통제 능력을 갖는 것이 중요하다.
- 인터넷 사용 장애 내담자의 경우 가정과 사회에서 부정적인 피드백을 주로 받아 왔기 때문에 상담자는 가능하면 긍정적인 피드백을 제공할 수 있어야 한다. 부정적인 행동을 중단하고 긍정적인 행동을 증가시키기 위해서는 더욱 철저한 계획과 규제보다는 스스로 자신의 모습을 변화시키려는 의지를 증진하는 것이 중요하다. 변화의 동인은 바로 긍정적인 힘에서 비롯된다. 중독자 자신이나 가족 모두는 많

은 경우 좌절하고 실망하고 있는 상태이므로 더 이상의 부정적인 평가나 훈계는 도움이 되지 못한다. 따라서 인터넷 사용 이외에 생활에서 긍정적인 힘을 받을 수 있는 부분을 상담자가 찾아서 내담자 스스로 변화 의지를 갖도록 도와주는 것이 매우 중요하다.

- 대부분의 상담은 자발적으로 이루어지기보다는 가족이나 주변 사람에 의해서 비자발적으로 시작되는 경우가 많다. 따라서 상담자가 내담자와 신뢰성 있는 관계를 형성하는 것이 매우 중요하다. 내담자는 가족에 의해서 상담을 시작하게 되므로 상담에 대한 동기가 매우 낮고, 자신을 상담에 의뢰한 가족이나 상담자에 대해서도 매우 부정적인 태도를 갖기 쉽다. 이러한 내담자의 마음을 이해하고 상담에 대한 동기를 고취시킬 수 있도록 하는 것이 초기 상담에서 중요한 목표가 되어야 한다.
- 인터넷 사용 장애의 상담진행은 [그림 5-5]와 같이 나타낼 수 있다. 내담자와 가족을 따로 면담하면서 내담자의 인터넷 사용과 관련된 평가와 심리적인 평가를 한 후, 공존질환에 대한 평가를 통하여 약물치료 여부를 판단하고 개인상담과 가족상담으로 나누어 진행하게 된다.
- 인터넷 사용 장애 상담의 경우는 반드시 가족상담이 병행되어야 효과적으로 상담

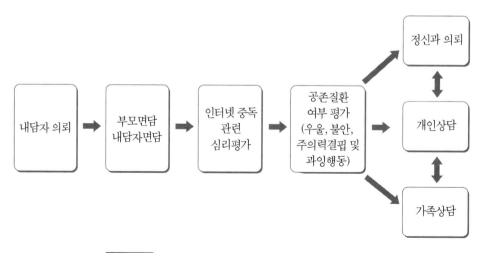

그림 5-5 인터넷 사용 장애의 상담진행 모형(이형초, 2006b)

이 진행될 수 있다. 인터넷 사용에 대한 통제 능력을 상실하게 될 때 일차적으로 내담자를 도와줄 수 있는 것은 가족이다. 특히 내담자가 인터넷을 사용하는 대신에 다른 여가 활동을 하거나 다른 곳으로 관심을 돌리도록 도와줄 수 있는 이들이 가족이기 때문이다. 한편으로 내담자가 인터넷에 몰입하여 스트레스를 해소하고 자신을 돌보지 않도록 만드는 환경을 제공한 이들도 가족이다. 요컨대, 가족은 인터넷중독을 발생시키는 원인을 제공하기도 하고 인터넷중독을 치료하는 데 가장 중요한 역할을 하기도 한다.

(3) 상담의 진행과정별 문제

상담 초기 접근 문제
- 변화 단계에 맞춘 변화 동기 증진
- 문제 인식
- 인터넷 사용, 생활 패턴 평가
- 가족상담 협조 동의
- 인터넷중독 관련 종합적 이해
- 인터넷 사용의 일차 목표 설정
- 상담 구조화

상담 중기 접근 문제
- 인터넷 관련 인지적 · 정서적 · 행동적 요소 파악
- 인터넷 사용의 이차 목표 설정
- 생활 관리
- 대안 활동 탐색 및 현실적인 활용방법 적용
- 생활의 긍정적인 요소 증가
- 스트레스 관리

> **상담 종결기 접근 문제**
> • 상담 종결 준비
> • 상담 효과 평가
> • 남아 있는 문제 평가 및 대처
> • 재발의 문제
> • 가족의 협조
> • 생활 관리

(4) 상담에서 중점적으로 다루어야 할 사항(이형초, 2001a)

• 상담에 대한 동기를 증진시킨다.
  – 상담이 자발적인지 혹은 타인에 의해 의뢰된 경우인지를 확인한다.
  – 내담자의 변화하고자 하는 의지를 확인하고 동기를 고양시킨다.
  – 현재 내담자 자신의 모습을 돌아볼 수 있는 계기를 마련한다.

• 문제 행동의 결과를 예측하도록 한다.
  – 내담자 스스로 인터넷 사용 전후를 비교하도록 한다.
  – 인터넷 사용으로 가정/학교/직장 내에서 일어난 변화를 탐색한다.
  – 내담자가 지속적으로 인터넷을 사용했을 때 생길 수 있는 결과를 예측하도록
    한다.

• 인터넷 사용에 대한 관찰을 한다.
  – 주중과 주말의 일일 인터넷 사용 시간을 기록한다.
  – 주요 인터넷 사용 시간대를 기록한다.
  – 인터넷을 사용하기 전, 사용하는 동안, 사용하고 나서의 기분 변화를 적는다.
  – 인터넷 사용 환경 및 내용을 확인한다.

- 실천 가능한 목표를 설정한다.
  - 매일 인터넷 사용 시간과 목표 시간을 설정하여 달성 여부를 기록하고 치료자와 함께 평가한다.
  - 목표의 성공 여부 및 실패의 원인을 탐색한다.
  - 실패 시의 처벌 규칙도 내담자 스스로 정하고 실시하도록 한다.
  - 목표 수준에 달성했을 때의 보상 항목도 내담자 스스로 정하고 실시하도록 한다.

표 5-2 인터넷 사용 시간표

요 일	월	화	수	목	금	토	일
인터넷 사용 시간 (시작 시간~ 종료 시간)							
인터넷 사용 내용							
하루 총 사용 시간	( )시간 ( ) 분	( )시간 ( ) 분	( )시간 ( ) 분	( )시간 ( ) 분	( )시간 ( ) 분	( )시간 ( ) 분	( )시간 ( ) 분
인터넷 사용 장소							
일주일 총 사용 시간	주중	총 ( ) 시간 ( ) 분					
	주말	총 ( ) 시간 ( ) 분					
평가							

출처: 이형초, 심경섭(2003).

- 행동 수정 계획표를 작성하고 매일 실행사항을 기록한다.
  - 인터넷 사용에 문제가 있음을 주변 사람들에게 알리고 도움을 요청한다.

　　　- 행동 수정 계획표를 작성하여 주변 사람에게 배포한다.

　　　- 행동 수정 서약서를 잘 보이는 곳에 부착하여 확인할 수 있게 한다.

　　　- 행동 수정 계획표 이행 여부에 따른 강화와 처벌을 주변 사람과 함께 실행한다.

- 대안 행동을 설정한다.

　　- 내담자의 장점을 평가하도록 하여 자신감을 고취시킨다.

　　- 지금까지의 성공 경험을 확인한다.

　　- 인터넷 사용 장애 이외에 즐거움을 경험할 수 있는 여가 활동을 찾는다.

　　- 현실적으로 실행 가능한 여가 활동을 선택하여 실행하도록 권장한다.

- 효율적인 시간 관리를 한다.

　　- 내담자의 하루 일과표를 작성하도록 하여 평가한다.

　　- 인터넷 사용 장소나 사용 시기를 평가하여 무료하게 보내는 시간이 없도록 새로
　　　운 시간 관리 계획표를 치료자와 함께 작성한다.

　　- 인터넷 사용을 하루 일과 중 가장 늦은 시간대에 배치한다.

　　- 수면 시간은 일정하게 유지하도록 한다.

- 인터넷 사용 장애와 관련된 심리적인 문제를 탐색한다.

　　- 과거사를 탐색하여 인터넷의 과도한 사용과 관련된 부분을 확인한다.

　　- 인터넷 사용과 연관된 정서적인 문제를 평가하고 치료한다.

　　- 내담자의 가족관계 및 전반적인 대인관계 패턴을 확인하고 수정하도록 한다.

　　- 현재 내담자가 느끼는 심리적인 문제를 파악하고 대처할 수 있도록 훈련한다.

　　- 인터넷 사용으로 만족되는 내담자의 욕구를 파악한다.

- 스트레스를 탐색하고 스트레스 대처기법을 훈련한다.

　　- 내담자의 전반적인 스트레스원을 탐색한다.

　　- 스트레스에 대한 주요 대처방식을 확인한다.

　　−스트레스 대처방식과 인터넷 사용 간의 관련성에 대해 탐색한다.

　　−스트레스 대처방식을 수정하고 대안적인 대처 행동을 찾아 수행하도록 한다.

• 재발방지 기법을 훈련한다.

　　−재발이 염려되는 상황을 인식하도록 한다.

　　−재발 고위험 상황에 대한 대처훈련을 한다.

　　−가족관계에서 갈등이 재발되는 상황에 대한 대처훈련을 실시한다.

　　−최종적인 시간 관리 목표를 설정한다.

(5) 인터넷 사용 장애 가족상담에서 고려해야 할 사항

인터넷중독 상담에서 개인상담과 가족상담은 반드시 함께 진행되어야 한다. 인터넷중독은 내담자 자신만의 문제가 아니라 가족 모두의 문제이기 때문이다. 내담자가 인터넷에 과도하게 몰두하는 동안 가장 큰 영향을 준 사람도 가족이며, 중독에서 벗어나는 과정에 도움을 제공할 수 있는 사람도 가족이다. 인터넷중독 가족상담에서는 다음 사항을 고려하여 상담을 진행해야 한다.

• 인터넷중독 상담에서 가족상담이 병행되지 않으면 상담의 지속 및 효과를 기대하기 어렵기 때문에 가족상담의 중요성을 인식하도록 도와야 한다. 즉, 내담자의 인터넷중독 문제가 개인의 문제가 아니라 가족이 함께 협력해야 하는 공동의 문제라는 것을 인식하게 한다.

• 내담자가 '문제아' 혹은 '희생양'의 역할을 하지 않도록 가족상담을 진행해야 한다. 많은 경우 가족은 내담자로 인하여 가족이 희생하고 있으며, 내담자만 아니면 가족에게 문제가 없다고 생각하게 될 수 있다. 따라서 이러한 부정적인 시각이 내담자의 변화하려는 의지를 약화시킬 수 있음을 강조한다.

• 내담자가 충분히 마음을 열 수 있도록 편안한 대화가 가능한 분위기를 만들어야 한다. 내담자가 인터넷 사용을 줄이기 위하여 노력하는 과정은 어렵기 때문에 가족들에게 힘든 마음을 표현하도록 도와야 한다. 시간을 정하여 가족 모두가 개개

인의 인터넷 사용에 대해 함께 이야기할 수 있는 시간을 갖는 것도 도움이 된다.

• 내담자의 인터넷 사용 환경이 치료에 도움이 되도록 수정한다. 내담자가 인터넷 사용을 줄이기 위해서는 혼자 사용하는 컴퓨터를 공동 장소로 옮겨 놓아야 한다. 가족이 인터넷을 사용하기에 다소 불편하고 컴퓨터를 이전하여 생기는 여러 불편한 사항에 대해 동의하고 내담자의 치료에 도움이 되도록 수정해야 한다. 또한 가족 모두 인터넷 사용 계획표를 작성하여 그 시간에만 인터넷을 사용하고 인터넷 사용 일지를 함께 작성하도록 한다. 이러한 과정은 내담자가 인터넷 사용에 대한 통제력을 회복하는 데 도움이 된다.

• 내담자의 인터넷중독 행동을 감소시키기 위해서는 치료자와 가족이 일치된 태도를 유지해야 한다. 내담자가 상담을 받기 시작하면 이전에 내담자에 대한 편견이나 생각을 중지하고 치료에 도움이 되는 방향으로 내담자를 대해야 하고, 가족도 치료자의 지시사항에 동의하고 적극적으로 협조해야 한다.

• 내담자가 인터넷 이외의 여가생활을 할 수 있도록 가족들이 함께 돕도록 한다. 내담자에게 인터넷은 생활의 중심을 차지하는 활동이므로, 인터넷 사용을 줄이게 되면 남아 있는 시간을 건강하게 보낼 수 있는 방안을 찾도록 도와야 한다. 유일한 여가생활이 인터넷이었던 내담자에게 가족이 함께 여가를 보낼 수 있는 방안을 찾고, 시간 관리하는 방법을 알려 주고, 함께 시간을 보내도록 배려해야 한다.

• 인터넷 사용 장애는 의지의 문제가 아닌 치료받아야 할 증상이므로 가족이 함께 협력해야 한다. 대부분의 가족은 인터넷 사용 장애가 사용자 자신의 의지에 달렸다고 생각하여 내담자를 '의지 박약자'라고 비난하게 된다. 그러나 인터넷 사용 장애의 문제도 충동을 조절하지 못하는 질환으로 인식하도록 해야 한다.

(6) 인터넷 게임 중독 프로그램(김현수, 이형초, STEP 개발연구팀, 2015)

■ 조절력 향상을 위한 단계별 맞춤형 개입 프로그램

① 프로그램의 특징

- 아동 및 청소년을 위한 다면적 평가를 통해 인터넷 게임 사용 문제의 심각도, 공존 증상, 치료 동기의 수준을 평가하여 각 개인의 문제 유형과 중증도에 따른 차별화 된 개입을 제공하기 위한 프로그램이다(김현수 외, 2015).
- 인터넷 게임 사용의 중증도에 따라 기본모듈과 집중모듈로 구분하여 기본모듈은 '인터넷 중독 위험군'에 해당되어 8회기의 개입 프로그램, 집중모듈은 '인터넷 중독군'에 해당되는 16회기의 프로그램을 진행한다.
- 공존 증상의 유형에 따라 내재화 모듈과 외현화 모듈로 구성된다. 내재화 모듈은 우울, 불안 등의 정서 문제에 개입하며, 외현화 모듈은 ADHD 성향, 충동성, 공격 성 등의 충동적인 성향 및 행동 문제에 개입하는 프로그램이다.

② 프로그램의 이론적인 배경

- 인터넷 중독의 근거기반치료인 인지행동치료와 마음챙김을 기반으로 한 인지행동치료, 동기강화 접근을 활용하였다.

③ 프로그램의 목표 및 구성

- 프로그램의 목표: 내담자의 변화 동기를 증진하고 인터넷 사용에 대한 위험 요인 은 감소시키며 보호 요인은 증진시켜 최종적으로 인터넷 중독 문제를 해소하는 것 을 목표로 한다.
- 프로그램 구성: 기본개입 8회기, 집중개입 16회기로 구성되며 각 회기는 청소년 내 담자 50분, 부모교육은 프로그램 시작회기에 1회, 종결회기에 1회 총 2회 각 50분 으로 진행된다.

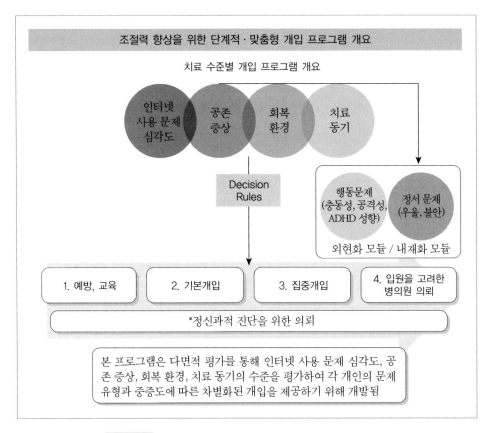

3. 인터넷 사용 장애 집단상담

1) 집단상담에서 고려해야 할 사항

인터넷 사용 장애 집단상담에서는 인터넷을 과다 사용하는 것이 공통적인 문제이나 그에 대한 청소년 각자의 생각이나 입장은 모두 다르기 때문에 문제 행동을 일으킨 혹은 교정받는 집단이라는 생각을 갖지 않도록 주의해야 한다. 특히 중독이라는 용어는 가급적 사용하지 말아야 하고 인터넷중독에 대한 편견 및 부정적인 인식이 생기지 않도록 해야 한다. 인터넷중독 집단상담에서 치료자가 고려해야 할 사항은 다음과 같다.

- 집단상담에 참여하게 된 동기를 확인해야 한다. 집단상담에 자발적으로 참여한 것인지, 가족이나 주변 사람에 의해 강제적으로 참여한 것인지에 따라 집단에 대한 태도는 매우 다를 수 있으므로 처음부터 치료자가 이러한 점을 고려해야 한다. 비자발적으로 모인 집단이라면 집단상담에 대해 매우 부정적인 생각을 가지고 있어 언제든지 그만둘 태세를 갖추고 있음을 이해해야 한다.
- 인터넷으로 인한 문제의 정도, 사용 정도, 인식에 대한 평가가 미리 이루어져야 한다. 인터넷 사용과 관련된 대인관계, 정서 문제, 가족에 대한 태도를 평가하는 검사지를 실시하고, 가능한 한 집단 구성원에게 미리 일대일 면접을 실시한다. 인터넷 사용으로 인한 개개인의 문제는 다양하게 나타날 수 있다. 심각하게 가족과 갈등하고 가출한 상태이거나 학교를 자퇴하는 등 현재 생활의 문제가 심각하게 발생하고 있는 경우도 있다. 혹은 참여자가 특별한 문제가 없는데 가족이 과도하게 인터넷 사용을 금지하여 문제 있는 내담자로 만든 경우도 있다. 따라서 치료자는 구성원 개개인의 문제 행동 심각도를 파악하여 극단적인 상황에 있는 개개인에게 되도록 개인상담을 권유하는 것이 바람직하다.
- 인터넷 사용 이전에 심리적인 문제나 가족 문제 등은 없는지 미리 파악해야 한다. 인터넷 사용 문제 이전에 과도하게 우울하거나 가족 문제가 심각하여 집단상담에서 다룰 수 있는 영역 밖이라면 개인의 심리적인 문제를 다루는 치료를 선행하는 것이 효과적이다.
- 집단상담 참여자의 가족에게 미리 집단상담에 대한 동의를 구하고 상담 진행에 협조를 부탁한다. 집단에 불참하지 않도록 사전에 집단상담의 진행 기간, 내용, 효과 및 가정에서의 협조사항을 전달한다.
- 인터넷중독 집단상담의 목표가 가족이나 의뢰인이 원하는 모습으로 참여자를 바꾸는 것이 아님을 분명하게 전달해야 한다. 이런 과정을 통하여 집단 및 치료자에 대한 신뢰감을 가질 수 있고 적극적인 참여를 유도할 수 있다.

- 인터넷중독 집단상담은 참여자들이 즐겁고 활기차게 생활하는 데 도움을 주기 위함이며, 인터넷을 중단하는 것이 목표가 아니라 스스로 조절해 나갈 수 있는 통제력을 학습하는 것이 최종 목표임을 인식시킨다.

- 필요에 따라서는 참여자의 가족을 면담하고 가정에서 적절한 대처 방안을 설명하는 것이 치료의 효과를 장기화하는 데 효과적이다. 참여자가 집단 내에서는 자신의 문제를 인식하고 새롭게 수정하려는 의지가 생겨도, 가정으로 돌아가 인터넷 사용과 관련된 부적절한 피드백과 환경에 노출되면 상담의 효과를 기대하기 어렵다.

- 집단 초기에 적극적이고 의욕적인 참여자를 확인하여 그로 하여금 또래 참여자들을 동기화시키고 활성화시킬 수 있는 방안을 계획한다.

- 인터넷중독 집단상담에 참여하는 대부분의 참여자는 일상생활에 흥미가 적고 자신에 대한 인식이 부족하며 자신감이 저하된 특성을 보인다. 따라서 인터넷 관련 문제 행동을 감소시키는 것과 병행하여 집단 내에서 서로 칭찬하고 인정하고 또 인정받는 경험은 생활의 의욕과 자신감을 되찾을 수 있는 에너지를 제공하게 된다.

- 참여자는 인터넷중독이 자기 혼자만의 문제가 아니며 자기와 유사한 사람들이 있다는 사실만으로도 위안이 된다. 따라서 공통의 문제를 가진 사람들이 함께 해결책을 찾고 서로를 평가하며 격려하는 과정이 그들을 중독에서 벗어나게 하는 데 효과적이라는 희망을 고취시켜야 한다.

- 참여자 개개인의 기대와 집단에서의 목표는 차이가 있다. 따라서 치료자는 개개인에 관한 정보와 변화사항을 면밀하게 관찰하고 기록하여 참여자로 하여금 치료자가 관심 있게 지켜보고 있다는 느낌을 전달하는 것이 중요하다.

- 집단상담의 규칙을 정하고 위배했을 때의 벌칙도 미리 정하여 진행 중에 극단적인 행동을 하는 참여자에게서 집단을 보호하고, 위반한 개인에게는 객관적이고 일관성 있는 태도를 취하도록 한다.

2) 인터넷중독 인지행동치료 프로그램(이형초, 2001c)

(1) 게임중독 인지행동치료 프로그램

도박중독과 알코올중독 인지행동 프로그램을 기초로 하고 기존의 인터넷중독에 대한 예방법(이형초, 2001b)을 토대로 하여 청소년이 호소하는 게임으로 인한 문제들을 해소하는 데 도움이 되는 인지행동 프로그램을 개발하였다. 이 치료 프로그램은 여섯 가지 영역을 중심으로 구성되었는데, 게임 행동에 대한 인식 증진, 왜곡된 인지 수정하기, 대안 활동 찾기, 자기관리 능력 증진, 게임과 관련된 대인갈등 해소하기 그리고 재발 및 고위험 상황에 대처하기다. 더불어 보호자교육을 포함시켰다. 치료 내용을 요약하면 다음과 같다.

① 게임 행동에 대한 인식 증진

대부분의 청소년에게 공통적으로 나타나는 문제는 자신이 얼마나 게임을 하는지 정확하게 알지 못한다는 점이다. 행동을 조절하기 위해서는 목표 행동을 분명하게 규정하고 문제점을 분명하게 파악하는 것이 치료의 시작이라고 할 수 있다. 실제 사용 시간과 게임에 관련된 전반적인 패턴을 확인하도록 한다.

- 게임 사용 패턴 확인하기
- 게임 사용 시간 확인하기
- 게임으로 인한 장단점 파악하기
- 게임을 주로 하게 되는 상황 파악하기

② 왜곡된 인지 수정하기

게임 사용 행동을 조절하기 어렵도록 유혹하는 여러 가지 생각을 파악하고 긍정적인 사고로 대치시키는 연습을 한다. 참여자가 자신의 통제력을 약하게 하는 부정적 사고를 인식하고 그러한 사고의 근원이 무엇인지 파악하고 대안적 사고를 찾도록 훈련한다.

• 나를 약하게 만드는 생각 파악하기
• 나에 대한 부정적인 생각 찾기
• 긍정적인 사고로 전환하기
• 나를 칭찬하기

③ 대안 활동 찾기

게임 과다 사용 청소년은 게임 이외의 다른 대안적인 활동을 현저하게 적게 하고 다른 여가 활동을 하지 못한다. 따라서 게임을 자주 하게 되는 상황은 심심하고 스트레스가 쌓일 때가 대부분이다. 이 경우 다른 즐거운 활동을 찾아보고 실현 가능한지를 파악하여 여가 시간 관리를 하므로 직접적으로 게임 조절 효과를 가져올 수 있다.

• 즐거운 경험 회상하기
• 시간이 생긴다면 하고 싶은 활동 찾기
• 현실 가능성 타진하기

④ 자기관리 능력 증진

게임 과다 사용 청소년은 또한 전반적인 자기통제력이 약화되어 있다는 특징이 있다. 자기관리 능력을 증진하기 위하여 단계적인 목표를 설정하고 그에 따른 강화와 처벌 규칙을 정하고 그것을 실행하는 습관을 갖도록 한다. 이러한 과정에서 스스로 성취감을 경험할 수 있도록 하는 것이 그 목적이다. 또한 스트레스 상황 대처방법도 긍정적인 방식으로 하도록 훈련하여 스스로 자신의 행동을 통제하는 데 자신감과 계획성을 갖도록 한다.

• 목표 설정 및 강화와 처벌 정하기
• 행동관리 목록 및 세부적인 규칙 정하기
• 스트레스를 인식하고 대처방법 학습하기

⑤ 게임과 관련된 대인갈등 해소하기

게임 이용으로 인한 가족 및 친구와의 갈등에 대해 파악하고 적절하게 해소할 수 있는 방법을 탐색한다. 또한 가족 및 친구에 대해 긍정적인 인식을 하도록 하여 대인관계 능력을 증진하고 외로움을 감소시키도록 돕는다.

- 가족과의 갈등 상황을 이해하고 대화기술 학습하기
- 친구와의 갈등 상황을 이해하고 대화기술 학습하기
- 가족 및 친구의 소중함 파악하기

⑥ 재발 및 고위험 상황에 대처하기

이는 대부분의 중독 프로그램에서 필수적인 부분이다. 게임을 하고 싶게 만드는 상황을 미리 파악하고 그러한 상황에서 사전에 대처훈련을 실시하여 프로그램의 효과가 지속될 수 있도록 돕는다.

- 나를 유혹하는 상황에 대처하기
- 게임 권유를 거절하기
- 나와의 약속

⑦ 부모교육

청소년의 게임 조절 행동은 청소년들에게만 실시하고 그친다면 치료 효과에 한계가 있다. 청소년이 자기통제력을 증진하고 행동을 조절하는 것은 가족의 도움 없이는 매우 어렵다고 할 수 있다. 따라서 보호자에게 청소년의 게임중독에 대한 이해를 증진시키고 가정에서 도움을 줄 수 있는 방법을 교육하는 내용으로 구성되었다.

표 5-3 | 인터넷 게임중독 인지행동치료 프로그램

회기	주제	주안점	주요 내용
1회기	게임중독 인지행동 프로그램의 소개 및 동기 확인하기	집단상담 참가자들의 동기를 확인하고 전반적인 교육을 실시하여 치료 프로그램에 대해 긍정적인 마음을 갖도록 돕는다. 또한 게임의 사용 패턴과 게임에 몰두하게 되는 심리적인 기제를 확인한다.	게임 사용 패턴 토론, 인지행동치료 프로그램 설명, 집단에 대한 긍정적인 기대감 고양, 집단상담 프로그램 규칙 설명, 인터넷 사용 관찰 과제 실시 요령 설명, 게임 사용에 관련된 설문지 실시
2회기	게임으로 인한 생활의 변화 탐색하기	게임 사용에 대해 실제적인 인식을 갖도록 게임 사용의 장단점을 평가하고, 앞으로 생겨날 결과를 미리 예상하도록 하여 문제 인식을 증진시킨다. 실제 사례를 통하여 게임중독의 중요성을 인식하도록 돕는다. 또한 게임 조절 동기를 증진할 수 있도록 가족과 친구에게 협조를 구하도록 한다.	게임으로 인하여 변화된 자신의 생활 탐색, 장단점 평가하기, 문제 행동으로 인한 결과 예상, 게임중독 서약서 작성
3회기	시간 사용 관찰 및 목표 설정하기	전반적인 생활 패턴을 점검하기 위하여 실제 시간 사용에 대해 영역별로 나누어 관찰하고 스스로 평가하여 시간 관리에 대한 자기 인식을 높이는 것이 목적이다. 시간 관리 계획표를 작성하고, 그에 따르는 강화와 처벌을 정하여 스스로 시간 사용에 대한 이해를 높이고 통제감을 가질 수 있도록 돕는다.	시간관리 방법 설명, 시간 사용 분석, 변경 가능한 시간과 목표 설정, 자기 강화 및 처벌 설정
4회기	부정적인 사고 및 의지력을 약하게 만드는 생각 파악하고 수정하기	게임을 통제하기 위해 자신감을 증진시킨다. 게임 사용을 줄이기 위해 부정적인 사고를 긍정적으로 전환하고, 미래 꿈을 확인하고 달성하도록 돕는 구체적인 계획을 수립한다. 이러한 과정을 통하여 게임 사용 시간을 조절하고자 하는 동기를 증진하여 게임 조절 행동에 대한 자신감을 갖도록 한다.	게임 조절 시 의지를 약하게 만드는 생각 확인, 대안적 사고 생각, 게임 조절 시 생기는 장점 확인, 나의 꿈을 설정하고 세부적인 목표 작성
5회기	대안 행동 찾기 및 자기자랑하기	자신의 장점을 인식하고 지금까지 즐겁게 경험했던 활동을 찾아본다. 이러한 과정을 통하여 게임 이외의 대안 행동을 찾아 게임 대신 시간을 보낼 수 있는 활동을 증가시켜서 게임 사용을 간접적으로 감소시키는 효과를 갖도록 한다.	자신의 장점, 즐거웠던 경험 생각, 대안 행동 찾기, 대안 행동의 실현 가능성 평가, 2단계 계획 수정, 중간 평가

6회기	스트레스 관리하기	게임 행동은 스트레스와 관련이 높기 때문에 자신의 주요 스트레스원을 인식하고 스트레스 대처에 대한 평가를 한다. 효과적인 대처방법을 학습하여 스트레스와 게임 간의 연결 고리를 약화시킬 수 있도록 훈련한다. 주요 스트레스원, 대처방법, 이후의 정서적인 변화 등을 인식하고, 긴장이완법을 훈련하고 즐거움을 줄 수 있는 목록표를 작성하여 생활에 활기와 즐거움을 줄 수 있는 직접적인 방법을 탐색하도록 한다.	스트레스 이해, 나의 스트레스 평가, 새로운 대처방법 학습, 긴장이완훈련, 즐거움을 주는 행동 목록 작성
7회기	가족 및 친구와 갈등 해결하기	게임과 관련된 전반적인 대인관계 갈등 문제를 다룬다. 특히 가족과 게임으로 인해 생기는 갈등에 대한 이해 및 문제해결 방법을 학습한다. 가정에서 게임 조절에 방해되는 요소를 확인하고 문제해결 방법을 토론하여 실제적인 도움을 주도록 한다. 게임 조절 시 어려움을 초래하는 친구들과의 관계에 대처하는 방법을 학습한다. 이러한 과정을 통해 게임 조절로 발생한 대인관계 문제를 감소시키고 가족갈등과 친구들의 유혹에 대처할 수 있는 통제력을 증진시킨다.	나의 가족에 대한 이해, 게임과 관련된 가족갈등의 확인 및 대처방법 학습, 친구관계 탐색, 게임과 관련된 친구 요구에 대처하는 방법 학습
8회기	성공 요인과 방해 요인 확인하기	게임 조절의 성공 및 방해 요소인을 확인한다. 또한 시간 계획표를 다시 작성하여 게임 사용 시간을 줄이고 게임 조절에 따른 심리적인 문제에 대처할 수 있는 힘을 증폭시킨다.	서약서 확인 및 과제 평가, 게임 조절의 성공 요인 확인, 게임 조절의 방해 요인 확인 및 대처, 시간 관리 계획표 수정
9회기	정리하고 남아 있는 문제들 확인하기	치료 프로그램을 정리하고 소감을 나눈다. 현재 게임에 대한 행동을 평가하고 새로운 계획표를 작성한다. 앞으로 생겨날 문제들을 확인하고 그에 대처할 수 있는 방법을 모색한다.	치료 프로그램 정리 및 평가, 소감문 작성, 게임 조절 행동의 평가 및 남아 있는 문제 확인, 계획표 작성

4. 건강한 인터넷 사용법*

인터넷 사용자 스스로 다음 질문에 대답하면서 자신의 인터넷 사용방식이 과연 생활에 지장을 초래하고 있는지, 아니면 인터넷을 유익하고 건강하게 사용하고 있는지 평가해 보자.

1) 인터넷 사용 전반에 대한 질문

- 인터넷에서 주로 무엇을 하는가?
- 인터넷은 당신에게 어떤 의미인가?
- 인터넷 사용이 적절하다고 생각하는가?
- 주변 사람들이 당신의 인터넷 사용에 대해 지적하지는 않는가?
- 인터넷 사용에 대한 통제력이 있는가?
- 인터넷 사용으로 일상생활의 변화는 없는가?
- 당신의 인터넷 사용을 타인에게 공개할 수 있는가?

2) 생활 전반에 대한 질문

- 당신이 주로 받는 스트레스 문제는 무엇인가?
- 스트레스를 해소하는 방안이 다양하고 유익한가?
- 당신 자신을 즐겁게 할 수 있는 방안을 가지고 있는가?
- 가족과 보내는 시간이 충분하고 즐거운가?
- 어려움을 나눌 수 있는 사람이 있는가?
- 당신이 원하는 일에 원하는 만큼의 시간을 쓰고 있는가?

* 이 내용은 이형초(2006d)에서 발췌 요약한 것이다.

• 삶의 목표가 있는가?

3) 효과적인 대처방법

• 인터넷보다 더 즐거운 여가 활동을 찾아보자.
• 한 달에 적어도 한 번은 가족과 시간을 보낼 즐거운 일을 만들어 보자.
• 가정에서 인터넷 사용 일지를 모든 가족이 기록하고 토론하자.
• 가족들과 긍정적인 대화를 나누도록 노력하자.
• 일주일에 한 번은 TV나 인터넷을 꺼 보자.
• 가족 홈페이지나 커뮤니티를 구성하여 가족의 역사를 만들어 가자.
• 자신의 강점을 찾고 개발하자.
• 꿈과 현재 모습의 거리를 확인하자.
• 가족 중에 인터넷을 과다하게 사용하는 구성원이 있다면 가족 모두의 문제로 인
  식하자.

4) 인터넷 사용 환경 설정방법

• 인터넷을 사용할 수 있는 컴퓨터는 가족이 함께 활용할 수 있는 공간에 둔다.
• 컴퓨터 옆에는 알람시계와 컴퓨터 사용 일지를 함께 둔다.
• 컴퓨터를 사용하기 전에 사용 시간표를 확인하고 미리 계획을 세운다.
• 컴퓨터는 정해진 시간에만 사용하도록 교육한다.
• 일주일에 한 번 TV와 컴퓨터가 쉬는 날을 정한다.
• 컴퓨터 사용에 대해 정기적으로 이야기할 수 있는 기회를 갖는다.
• 가족들의 컴퓨터 사용 계획표를 작성한다.

요약

• 인터넷 사용 장애란 인터넷 사용으로 인하여 생활에서 부정적인 결과가 분명하게 나타나고 있음에 도 불구하고 인터넷을 사용하고자 하는 충동을 억제하지 못하고 심리적, 사회적, 신체적으로 분명한 지장을 초래하게 되는 경우다.

• 인터넷 사용 장애의 원인으로는 첫째, 사회환경적 요인으로 경제적인 상황의 악화로 인한 전반적인 스트레스 증가, 인터넷 사용에 대한 무분별한 긍정적인 기대, 가족 단위의 여가문화 부재 등을 들 수 있다. 둘째, 인터넷 자체의 속성이다. 셋째, 인터넷 사용자의 심리적 요인을 들 수 있는데, 자기통제 력, 우울, 낮은 자기존중감, 대인관계 기술의 빈약, 충동성, 문제해결 능력, 개인이 지각하는 스트레 스 정도 및 가족 의사소통 등과 같은 요소가 관련되어 있다.

• 인터넷 사용 장애의 평가를 위해서는 심리적 요소, 환경적 요소, 사회환경적 요소, 가족관계를 고려 해야 한다.

• 인터넷 사용 장애의 평가에는 여섯 가지 내용을 포함해야 한다. 즉, 일상생활 적응 및 만족도, 인터 넷 사용, 인터넷 사용 관련 태도, 심리적인 변인, 가족 및 대인관계, 공존질환 등에 대한 평가다.

• 인터넷 사용 장애 개인상담은 내담자의 변화 인식 수준에 맞는 동기 증진에서부터 시작하여 전반적 인 자기통제력을 증가시키는 것이 궁극적인 목표다.

• 인터넷 사용 장애 집단상담 내용은 게임 행동에 대한 인식 증진, 왜곡된 인지 수정하기, 대안 활동 찾기, 자기관리 능력 증진, 게임과 관련된 대인갈등 해소하기, 재발 및 고위험 상황에 대처하기, 부 모교육으로 구성되어 있다.

• 건강한 인터넷 사용법으로 인터넷 사용 전반 및 생활 전반에 대한 자기 인식을 증가시키는 질문, 효 과적인 대처방법, 환경 설정방법을 제시하고 있다.

참고문헌

권재환(2005). 심리적 · 환경적 변인과 인터넷 게임중독 간의 관계: 대인관계기술 매개효과 검 증. 전남대학교 대학원 박사학위논문.

김교헌(2002). 심리학적 관점에서 본 중독. 한국심리학회지: 건강, 7(2), 159-179.

김현수, 이형초, STEP 개발 연구팀(2015). 조절력 향상을 위한 단계별 맞춤형 개입프로그램 내재화 유형 매뉴얼. 서울: 시그마프레스.

김청택, 김동일, 박중규, 이수진(2002). 인터넷중독 예방상담 및 예방프로그램 개발 연구. 서울: 정보문화진흥원.

라도삼(2000a). 현대적 게임과 게임문화. 인터넷 몰입과 중독을 어떻게 볼 것인가? 지식문화재단 심포지엄 자료집.

박성길(2003). 청소년 인터넷 과다사용의 위험 요소 분석. 서울대학교 대학원 석사학위논문.

박승민(2005). 온라인 게임 과다사용 청소년의 게임행동 조절과정 분석. 서울대학교 대학원 박사학위논문.

성미나(2002). 인지행동적 집단 상담이 청소년의 인터넷중독행동에 미치는 효과. 영남대학교 대학원 석사학위논문.

송원영(1999). 자기효능감과 자기통제력이 인터넷의 중독적 사용에 미치는 영향. 연세대학교 대학원 석사학위논문.

안석(2000). 인터넷의 중독적 사용에 관한 연구. 연세대학교 대학원 석사학위논문.

윤재희(1998). 인터넷중독과 우울, 충동성, 감각추구성향 및 대인관계 연관성. 고려대학교 대학원 석사학위논문.

이계원(2001). 청소년의 인터넷중독에 관한 연구. 이화여자대학교 대학원 박사학위논문.

이순묵, 반재천, 이형초, 최윤경, 이순영(2005). 성인 인터넷중독 진단척도 개발연구. 서울: 한국정보문화진흥원(연구보고 05-21).

이시형, 이세용, 김은정, 오승근(2000). 청소년의 인터넷중독과 자녀교육. 서울: 삼성생명공익재단 사회정신건강연구소.

이재현(2001). 인터넷과 온라인 게임. 서울: 커뮤니케이션북스.

이재현(2005). 인터넷과 사이버 사회. 서울: 커뮤니케이션북스.

이형초(2001a). 인터넷중독. 호연상담센터 저. 문제유형별 심리치료가이드, 130-136. 서울: 학지사.

이형초(2001b). 시범상담 프로그램 I: 청소년의 게임조절프로그램. 정보문화센터주최 인터넷중독 대처방안 모색을 위한 전문가 포럼 자료집, 64-72.

이형초(2001c). 인터넷게임중독의 진단척도 개발과 인지행동치료 효과. 고려대학교 대학원 박사학위논문.

이형초(2002). 사이버 상에서의 병리적인 여가행동. 여가와 인간행동. 2002년도 한국심리학회 춘계심포지엄 자료집, 87-114.

이형초(2005a). 인터넷중독 예방 프로그램. 성신여자대학교 가족건강복지센터 심리상담실.

이형초(2005b). 건강한 인터넷 사용을 위한 제언. 인재경영, 10, 68-75. 서울: 인크루트.

이형초(2006a). 인터넷중독과 인지행동 접근. 인터넷중독 전문상담사 양성과정 교재, 15-31. 서울: 한국정보문화진흥원.

이형초(2006b). 청소년 인터넷중독의 개인상담. 청소년 인터넷중독 전문상담, 241-282. 서울: 국가청소년위원회.

이형초(2006c). 인터넷중독 예방 집단상담의 이해. 대한청소년정신의학회 2006년 연수교육 및 춘계학술대회, 37-50.

이형초(2006d). 인터넷중독 개인상담. 2006년 한국건강심리학회 제4차 학술발표대회 및 워크숍 자료집, 31-42.

이형초, 심경섭(2003). 청소년을 위한 인터넷중독 예방교육프로그램. 인터넷중독 자가진단검사(K-척도)와 예방교육프로그램, 19-187. 서울: 한국정보문화진흥원.

이형초, 심경섭(2006). 인터넷중독 완전정복. 서울: 시그마프레스.

이형초, 안창일(2002a). 인터넷게임중독의 진단척도 개발. 한국심리학회지: 건강, 7(2), 211-239.

이형초, 안창일(2002b). 인터넷 게임중독의 인지행동 치료 프로그램의 개발 및 효과 검증. 한국심리학회지: 건강, 7(3), 463-486.

정보통신부, 한국인터넷진흥원(2007). 2006년 하반기 정보화실태조사결과. http://isis.nic.or.kr/Sum_Report 200612.pdf

조영란(2003). 청소년의 인터넷중독 예측 모형. 부산대학교 대학원 박사학위논문.

최민정(2000). 인터넷중독적 사용과 우울감, 자기효능감 및 감각추구 성향의 관계. 중앙대학교 대학원 석사학위논문.

한국정보문화진흥원(2002). 인터넷중독 상담전략. 서울: 한국정보문화진흥원.

한국정보화진흥원(2016). 2015년 스마트폰·인터넷 과의존 실태조사 결과.

한국정보문화진흥원 인터넷중독예방상담실(2002). 인터넷 조절 집단상담 프로그램. 서울: 한국정보문화진흥원.

황상민(1999). 사이버공간 속의 인간관계와 심리적 특성. 황상민, 한규석 편. 사이버 공간의 심리, 8-28. 서울: 박영사.

황상민(2000). 사이버 공간에 또 다른 내가 있다. 서울: 김영사.

American Psychiatric Association (1994). *Diagnortic and statistical manual of mental disorders*(4th ed.). Washington, DC: APA.

American Psychiatric Association (2013). *Diagnostic and statistical manual of mental disorder* (5th ed.). Washington, DC: Author.

Csikszentmihalyi, M. (1999). Finging flow. 몰입의 즐거움(이희재 역) (원전은 1998년에 출간). 서울: 해냄.

Davis, R. A. (2001a). A cognitive-behavior model of pathological internet use (PIU). *Computer in Human Behavior, 17*(2), 187-195.

Davis, R. A. (2001b). *Internet addicts think differently: An inventory of online cognitions.* www.internetaddiction.ca/scale.htm

Goldberg, I. K. (1996). *Internet addiction disorder.* http://www.rider.edu/users/suler/psycyber/supportgp.html

Griffiths, M. (1996). Behavioral addictions: An issue for everybody? *The Journal of Workplace Learning, 8*(3), 19-25.

Griffiths, M. (1997). *Does internet and computer addiction exist? some case evidence.* Paper presented at the 105th APA annual convention, Chicago.

Griffiths, M. (1998). *Psychology and the Internet.* Academic Press.

Griffiths, M. (1999). Internet Addiction. *The Psychologist, 12*(5), 248-250.

Griffiths, M. D. (1995). Technological addictions. *Clinical Psychology Forum, 76,* 14-19.

Griffiths, M. D., & Hunt, N. (1998). Dependence on computer games by adolescents. *Psychological Report, 82*(2), 475-480.

McLuhan, M. (2002). Understanding Media: The Extensions Of Man. 미디어의 이해(김성기, 이한우 역) (원전은 2003년에 출간). 서울: 민음사.

Orzack, M. H. (1999). *The Computer Addiction Service at McLean Hospital.* World Wide Web. http: //www. mclean.harvard.edu/brochures/br-compu_outpt.htm

Suler, J. (2000). *Psychotherapy of Cyberspace: Adolescents in Cyberspace: The Good, the Bad, and the Ugly.* World Wide Web. http: //www.rider.edu/users/ suler/psycyber/

Wallace, P. M. (2001). *The psychology of the internet.* 인터넷 심리학(황상민 역) (원전은 년 1999에 출간). 서울: 에코리브르.

Watters, S. O. (2003). *Real Solutions for Overcoming Internet Addictions.* 인터넷중독의 이

해(이소희 외 공역) (원전은 2001년에 출간). 서울: 학지사.

Young, K. S. (1996a). Internet Addiction: The Emergence of A New Clinical Disorder. *Cyberpsychology and Behavior, 1*(3), 237-244.

Young, K. S. (1996b). Psychology of computer use XL. Addictive use of the internet: A case that breaks the stereotype. *Psychological Report, 79,* 899-902.

Young, K. S. (1997). *What Makes the Internet Addictive: Potential Explanations for Pathological Internet Use.* Paper presented at 105th annual conference of the APA, Chicago, Illinois.

Young, K. S. (1998). *What is Cybersexual Addiction?* http://netaddiction.com/cyber-sexual addiction.htm

Young, K. S. (1999). *Internet Addiction: Symptoms, Evaluation, and Treatment.* http://netaddiction.com/articles/symptoms.htm

Young, K. S. (2000). *Caught in the net.* 인터넷중독증(김현수 역) (원전은 1998년에 출간). 서울: 나눔의 집.

Young, K. S., & Rodgers, R. C. (1998a). The Relationship Between Depression and Internet Addiction. *CyberPsychology & Behavior, 1*(1).

Young, K. S., & Rodgers, R. C. (1998b). Internet Addiction: Personality Traits Associated with Its Development. Paper presented at the 69th annual meeting of the Eastern Psychological Association.

Young, K. S., Pistner, M., O'Mara, J., & Buchanan, J. (1999). Cyber-Disorder: The Mental Health Concern for the New Millennium. Paper presented at 107th APA convention, August 20. http://www.netaddiction.com/articles/cyberdisorders.htm

제6장

도박중독의 이해 및 치유

강성군(강원랜드 중독관리센터 전문위원, 중독심리전문가)

도박중독은 다양하고 복잡한 미지의 세계이면서 심각한 질병의 세계다. 모든 중독 행동이 그러하듯이 도박중독도 발생의 원인, 발달 및 붕괴 과정, 그 결과가 사람에 따라 다르며, 그에 대한 치료와 재발 방지의 과정 역시 신경망처럼 매우 복잡하다.

도박중독의 원인이 사람에 따라 다르므로 도깨비 방망이 같은 하나의 치료방법이란 있을 수 없다. 그래서 치료자의 넓은 혜안과 핵심을 찾아내는 능력이 필요하며, 전혀 생각지도 못한 곳에서 환자 스스로 답을 찾아내는 행운을 기대하기도 하고 또 경험하기도 한다. 어떤 환자는 자신의 도박 문제를 절실히 느끼고 알면서도, 그리고 치료가 절대적으로 필요하다는 것을 알면서도 완전히 무장 해제를 당한 것처럼 도박을 제외하고는 아무것도 할 수 없는 무기력한 존재가 되기도 한다.

도박중독은 세상을 살아가면서 가장 먼저 지키고 보호해야 할 자신과 가족, 그리고 친구를 가장 먼저 공격한다는 것이 안타깝다. 경제적 고통은 말할 것도 없고, 심리적 고통으로 주변의 많은 사람이 우울증이나 불면증에 걸리기도 한다. 가족과 주변 사람은 도박자의 반복적인 거짓말과 부채 등의 문제 야기에 항상 불안해하며 무기력해지고, 이러지도 저러지도 못하는 상황에서 모든 인연을 끊고 싶은 마음마저 생기게 된다.

많은 문제성 도박자를 만나면서 느끼는 것은 그들이 자기도 모르게 도박할 장소를 찾는다는 것이다. "돈만 있으면……" 혹은 "시간만 있으면……" 하고 말하지만, 돈과 시간이 없어도 그들은 돈을 만들고 시간을 내서 도박을 하러 간다. 물론 대부분 거짓말로 돈을 빌리고 시간을 만든다. 도박하는 사람치고 거짓말을 하지 않은 사람은 없다고 본다.

지금 세상에는 도박과 도박성 게임이 너무나도 많다. 법으로 단속을 하지만 그들은 여전히 이리저리 돌아다니면서 판을 벌이고, 어리석은 사람들에게 접근해서 그들의 모든 것을 빼앗아 간다. 도박으로 부자 된 사람이 없고, 도박하는 사람치고 빚 없는 사람이 없으며, 도박은 반 본전에 망한다고 하였음에도 꼬임에 넘어가는 사람들이 있는 것을 보면 도박의 중독성 자체가 무섭거나 혹은 다소의 편집증도 의심해 볼 수 있다.

이러한 무서운 도박중독이 처음에는 호기심과 재미로 시작될 수 있으니 사소한 것에도 조심해야 한다. 그 예로 가족과 여름휴가 동안에 재미로 도박장에 들러 게임을 한 것이 화근이 되어서 이혼과 결손 가정, 그리고 자신의 능력으로 해결할 수 없는 부채를 낳게 되는 경우도 있다.

사람에게는 각종의 중독 행동에 대한 취약성이 있다. 어떤 사람은 술에서 조절이 안 되고, 어떤 사람은 쇼핑에 조절이 안 된다. 그래서 알코올중독이니 쇼핑중독이니 하는 말이 나오게 되서 도박도 마찬가지다. 도박에 취약성이 있다는 것을 모르고 덤벼들었다가 최소한의 방어벽마저 무너진다면 걷잡을 수 없게 된다. 약한 방어벽이지만 '모르고 살았더라면' 하고 후회해 봐야 이미 늦은 것이다.

도박하는 사람들을 만나면서 자주 느끼는 것이 낚시다. 떡밥을 뿌려 물고기를 유혹한다. 좀 더 전문적인 표현으로는 유인을 하고 유인가를 제공하는 것이다. 떡밥만 먹고 가면 될 터인데, 인생살이가 어디 그렇게 쉬운 것이 있던가? 공짜는 없다는 말, 독은 달다는 말이 있지 않은가? 물고기의 삶 역시 쉽겠는가? 물고기가 떡밥이라는 포동포동한 메인 요리 속에 숨겨진 엄청난 악마의 바늘을 물어 버린다면 이제는 돌이킬 수 없는 운명의 소용돌이에 묻혀 버릴 것이며, 헤어나려고 퍼덕일수록 그 운명은 더욱더 꼬이게 될 것이다.

도박은 극단적인 양면성을 가지고 있는 것 같다. 초절정의 환희와 그 반대 말이다. 50대 후반의 내담자가 생각난다. 그는 도박으로 가족과 형제, 재산을 모두 잃고는 죽음을 생각하고 있었다. 그는 불안정하였지만 진정한 삶의 희망을 찾아 떠나면서 상담자인 필자에게 "이 세상의 어떠한 것보다 도박이 가장 쾌락적이었다."라고 말했다. 또 처음 해 본 도박 게임에서 돈을 딴 후 자신에게 도박 잠재력이 있다고 생각하고는 의대 졸업장을 포기한 채 도박 정복기를 읽으며 프로 도박사를 꿈꾸던 한 곱상한 젊은 청년도 생각이 난다. 그는 지금 어디에서 무얼 하고 있을까?

앞으로 소개하는 도박 관련 자료와 내용 중에는 필자가 아직 능력이 미천하여 인용한 곳이 많이 있으며, 인용에 대한 표기를 한다고는 하였지만 누락된 곳도 일부 있다. 특히 캐나다 AADAC(Alberta Alcohol and Drug Abuse Commission)에서 발간한 문제성 도박 집중치료 프로그램(Intensive Treatment Program for Problem Gamblers)은 이 장의 전체 흐름에 많은 영향을 주었다. 6년여 동안 게임장 근처에서 만난 사례를 포함하고 싶었지만 지면 부족과 체계적인 정리를 하는 데 다소 시간이 걸려 개인의 느낌만을 중간 중간에 삽입하였다. 위의 내용에서 이해가 되지 않는 부분이 있으면 필자에게 연락 주기를 바라며, 내용의 더욱 정확한 이해를 위해서는 AADAC의 집중치료 프로그램을 참고하기 바란다.

1. 도박의 이해

오늘날 합법적 도박성 게임을 할 수 있는 곳은 세계적으로 헤아릴 수 없을 정도로 많이 분포되어 있다. 불법 도박 역시 헤아리거나 파악할 수도 없이 많이 있고, 수많은 사무실, 지하실, 주택 및 외딴집 등에서 끊임없이 계속되고 있다. 최근에는 오락실과 집에서도 언제든지 도박을 할 수 있는 사이버 도박 환경이 마련되어 있다. 우리가 잘 아는 바다 이야기 역시 도박성 게임이었다.

도박의 도시 라스베이거스와 마카오는 카지노 도박에 대한 초보적인 정보를 가지고 있는 사람이라면 누구나 알고 있는 도박 장소다. 그 외의 도박 장소와 종류는 말을 이용한 경마, 자전거를 이용한 경륜, 보트를 이용한 경정, 소를 이용한 소싸움, 개를 이용한 경견, 닭을 이용한 투견 등 헤아릴 수 없을 정도로 많다.

1) 게임과 도박

(1) 게임의 정의

브리태니커 사전에서는 게임을 오락의 보편적인 형태로서 일반적으로 기분 전환이나 유흥을 위한 제반 활동이 포함되며 흔히 경쟁이나 시합을 수반한다고 정의하고 있다. 카드 게임이나 화투는 성인이 가장 일반적으로 즐기는 게임이다. 또한 두산 동아사전에서는 게임을 놀이(sport), 유희, 오락, 재미있는 일 등으로서 규칙을 정해 놓고 승부를 겨루는 놀이라고 정의하고 있다.

(2) 도박의 정의

도박의 정의는 학자마다 차이가 있겠지만, 일반적으로는 '돈이나 가치 있는 어떤 것을 예기치 못한 결과가 초래될 위험이 있어도 승산에 기대를 걸고 그 결과가 우연으로 결정되는 불확실한 사건에 내기를 거는 행위'라고 할 수 있다. 간단히 말하면, '돈이나 가치 있는 물건을 불확실한 사건에 내기 거는 행위이며 위험을 초래할 수도 있다.'는 것이다.

도박은 내기, 노름, 박희라고도 한다. 도박에는 우연성이 큰 비중을 차지하는데, 여기에 약간의 기량을 발휘하기 때문에 스릴이 있고 인간 고유의 사행심을 자극해서 예로부터 세계 각처에서 행해지고 있다.

(3) 게임과 도박의 차이

게임과 도박을 동시에 언급할 때, 게임은 일상생활에서 다소 활력을 주는 건전성이 가미된 긍정적인 활동을 말하며, 반면에 도박은 돈이나 가치 있는 것을 걸고 돈이나 흥분 등의 목적을 얻기 위해 불확실한 사건에 내기를 거는 부정적인 것을 말한다.

사전적 의미에서 게임은 놀이, 유희, 오락이다. 놀이는 노는 일 또는 유희라고 하며, 유희는 즐겁게 놂 또는 노는 일 또는 놀이라고 한다. 오락은 피로나 긴장을 풀기 위하여 게임, 노래, 춤 따위로 즐겁게 노는 일이나 사람의 마음을 즐겁게 하고 위안을 베푸는 것을 말한다. 이에 반해 도박은 돈이나 재물을 걸고 따먹기를 다투는 것 또는 거의 불가능하거나 위험한 일에 요행수를 바라고 손을 대는 일로 정의되고 있다.

게임과 도박에 대한 또 다른 간단한 구분으로, 게임은 일반적으로 경쟁이 존재하고 규칙에 따라 진행되며 기술, 힘 혹은 운에 따라 결과가 결정되는 놀이 혹은 스포츠 형태에 참가하는 것이지만, 도박은 결과가 확실하지 않은 활동에 대해 금전, 재산 혹은 가치 있는 어떤 것을 거는 행위를 말한다.

(4) 게임과 도박의 기준

게임과 도박의 기준은 사람과 상황에 따라 다를 수 있다. 1점당 1,000원의 고스톱이 어떤 사람에게는 도박일 수 있고 어떤 사람에게는 게임일 수 있다. 물론 필자에게는 분명히 도박이지만, 수 십 억의 재산을 가지고 있는 사람에게는 게임일 수 있다. 또한 명절에 할머니와 2시간 동안 20만 원의 제한된 범위 내에서 치는 상납형(?) 고스톱은 분명히 게임이며 놀이겠지만, 부동산 사무실에서의 판돈 20만 원은 불법 도박이 될 수 있다.

(5) 선용과 악용의 두 얼굴

게임과 도박의 도구는 같다. 단지 이용자가 어떻게 사용하느냐에 따라 중독의 부정적 결과를 발생시키는 도박이 될 수도 있고 오락과 여가를 위한 건전한 게임이 될 수도 있다. 이러한 양면성, 즉 선용과 악용에 대한 실례는 충분히 많다. 산업혁명의 부산물이고 현재 삶에서 없어서는 안 될 자동차도 선용일 경우에는 편리성과 시간 절약이라는 긍정적인 측면이 있지만, 악용일 경우에는 돌이킬 수 없는 죽음의 길로 이끄는 흉기로 변할 수 있다. 또한 인류의 발견 중 가장 혁신적인 것 중 하나인 불도 선용하면 건강한 삶의 유지와 추위로부터의 보호에 필수적이고 중요하게 이용될 수 있지만, 잘못 사용하면 돌이킬 수 없는 엄청난 재난을 불러일으킬 수 있다. 세상을 살아가는 지혜의 덕목 가운데 과하면 부족함만 못하다는 과유불급(過猶不及)과 너무 가까이도 멀리도 아닌 적절한 거리 유지의 불가근 불가원(不可近 不可遠), 그리고 항상 적절함과 치우침이 없는 중용(中庸)의 도를 우리는 마음속에 새겨 두어야 할 것이다.

2. 도박중독의 이해

1) 도박중독의 의미

도박에 대한 기록이 인류문명의 초기 기록에도 발견될 정도로 도박은 가장 오래된 유희다. 그러나 단순한 유희로 끝나는 것이 아니라 도박을 즐기는 사람 중 일부는 병적 도박 혹은 도박중독이라는 정신병으로 진행하게 된다(American Psychiatric Association (APA), 1994).

중독이란 용어는 어떤 행동에 대해 자기의 의지로 그만둘 수 없을 때 사용하는 것이다. 예를 들어, 술을 끊기 위해 노력해 본 사람이라면 술을 끊기가 얼마나 어려운지 알 것이다. 중독성 행동은 웬만한 인내심으로는 끊기가 힘들다. 도박중독은 다른 중독성 행동보다 강하다는 것이 일반적인 입장이다. 그러므로 도박중독은 인간의 보통 의지로는 끊을 수 없다. 그 이유는 여러 가지겠지만, 모든 중독에 공통되는 금단증상 때문이다. 금단증상이 한번 생기면 인간의 모든 의지와 감정 그리고 사고가 그것을 해소하기 전까지는 오직 그 중독성 행동에만 집중되고 아무 생각도 할 수 없게 마비가 된다. 그렇다고 해서 단도박을 할 수 없다는 것은 결코 아니다. 수많은 사람이 한순간 도박에 빠져 어려움을 겪었지만, 도박을 끊고 열심히 행복하게 살고 있는 사람도 많이 있다.

도박중독이란 도박자 자신의 신체적 건강과 정신적 건강은 물론 가정과 직업, 대인관계, 사회의 도덕성 등을 모두 파괴시킬 정도로 도박에 몰입하고 자신의 의지로는 조절할 수 없는 상태를 말한다.

도박중독은 알코올중독이나 약물중독과 같은 중독의 일환으로 치료가 필요한 질병이다. 도박중독은 미국정신의학회(APA, 1994)에서는 충동조절장애의 하나로 분류하고 있으며, 세계보건기구(WHO)에서는 습관 및 충동 장애에 포함시키고 있다. 충동조절장애란 그러한 충동을 적절하게 조절하지 못하여 일상생활에서 문제가 되는 행동을 되풀이하는 것을 말한다. 충동조절장애의 필수 증상은 개인이나 다른 사람에게 해가 될 수 있는 행위를 하려는 충동 혹은 유혹에 저항하지 못하는 것이다. 이런 장애의 공통점은 분명한 행위의 동기가 없으며, 자신과 타인에게 해를 끼칠 수 있는 행동을 반복하며, 스스로 조절할 수 없는 충동을 느낀다는 것이다. 행동 전에는 각성이나 긴장이 고조되며, 행동을 하는 동안에는 기쁨, 만족감 및 안도감을 느낀다. 그리고 행동 후에는 자기비난, 후회, 죄책감 등을 느낄 수도 있고 그렇지 않을 수도 있다(APA, 1994).

도박중독은 지속적으로 반복되어 나타나는 부적응적인 도박 행위로서, 도박으로 인해 법적·사회적 문제, 대인관계 문제 등에서 치명적인 결과를 일으킴에도 불구하고 자신의 힘으로 통제할 수 없는 정신적 질환이다. 그 특징은 도박에 대한 횟수나 베팅 액수가 증가되는 내성, 도박을 하지 않았을 때 보이는 불안감, 불면, 손 떨림과 같은 금단증상을 보이는 것이다.

도박중독의 경과와 예후에서 남성은 청소년기에, 여성은 다소 늦은 시기에 발생하며 만성적 경과를 밟는다. 3단계로 나누어 보면, 1단계는 유혹기로 돈을 따면서 점차 도박에 빠져드는 시기다. 2단계는 점진적 상실기로 생활이 온통 도박과 관련되어 있으며, 도박으로 돈을 잃고 또 도박할 자금 마련을 위해 거짓말을 하며, 결국은 직장에서 쫓겨난다. 3단계는 낙담기로 큰돈을 잃고 돈을 갚을 여력이 없어지며, 심지어 공금을 횡령하는 단계까지 진행되기도 한다. 또 많은 경우 2~3년 이내에 파산 상태에 이른다.

도박자는 법적 문제나 가족의 압력이 없으면 스스로 치료를 받으러 오지 않으며 많은 경우 재발한다. 주변의 압력과 제한된 물리적 환경 등이 도박 충동을 억제하는 데 도움이 되기도 한다. 자살 가능성이 있거나 도박이 심하면 반드시 입원시켜야 한다. 약물이나 혐오요법 같은 행동치료가 효과적일 수 있지만 더 많은 연구가 필요하며, 단도박 모임에의 참여는 많은 도움이 된다고 한다.

2) 도박중독의 용어

많은 사람이 때때로 오락의 한 형태로 도박을 한다. 그러나 어떤 사람은 정도의 차이가 있기는 하나 문제가 되기도 한다. 혹은 그 정도가 더 심각할 수 있는데, 이는 자신에게 허용된 것보다 더 많은 돈과 시간을 도박을 위해 소모하는 경우다. 그 정도가 심각하면 지나친 부채, 대인관계 문제, 심지어는 불법 행위와 같은 생활의 여러 영역에서 부정적 효과가 두드러지게 나타날 수 있다(Alberta Alcohol and Drug Abuse Commission: AADAC, 2000).

도박 행위는 다양한 형태로 행해진다. 사교적 목적의 심심풀이 도박, 사교 목적이지만 정도가 심한 도박, 해악을 야기하는 도박, 병적 도박 등이다.

도박 행위로 인해 심각한 문제가 초래되기도 하는데, 이러한 도박 행위를 논의할 때 우리는 문제성(problem), 강박성(compulsive), 병적(pathological) 도박과 같은 용어를 사용한다(AADAC, 2000). 문제성 도박은 도박과 관련된 다양한 형태의 부정적 결과를 설명할 때 일반인과 전문가가 많이 사용하는 용어로 강박성 도박과 병적 도박을 모두 포함하는 개념이다. 강박성 도박은 일반인과 익명의 도박중독자모임(gambler anonymous:

GA)에서 일반적으로 사용하는 용어다. 강박성은 통제력의 상실을 함축하고 있고 즐겁지 않은 활동을 사람들이 행한다는 것을 의미한다. 참고로 충동적으로 도박을 하는 사람에게도 도박이 즐거운 활동이라는 것을 생각한다면 병적 도박이 더욱 정확하다 하겠다. 그리고 의료계와 신경과에서 사용하기 시작한 병적 도박의 용어는 도박을 하고 싶다는 충동을 거부하는 것에 대해 만성적으로 또는 지속적으로 실패한 상태를 일컫는다. 이것은 개인적으로나 가정 혹은 직장에서 추구하는 것들에 대해 파탄에 이르게 하거나 손상시키는 결과를 초래하는 도박 행위를 묘사하는 것이다(APA, 1994).

3) Custer와 Milt(1985)의 도박자 분류

도박이 일종의 여가 혹은 레저 활동이며, 단지 재미와 오락을 위해 즐기며, 적절한 수준 이상의 시간이나 돈을 낭비하지 않는 게임자는 사교적 게임자라고 할 수 있다. 그러나 그 정도를 넘어선 문제성 있는 도박자는 다음과 같이 몇 가지로 분류할 수 있다.

- 심각한 사교적 도박자(serious social gamblers): 거의 정기적으로 도박을 하며 때때로 광적으로 도박을 한다. 그러나 재정적 능력 밖의 행동은 절대 하지 않으며, 일상생활과 도박에 대해서 균형을 유지하며, 단도박으로 인해 금단증상을 보이지 않는다.
- 전문 도박자(professional gambler): 삶 자체가 도박이다. 이들이 중독되지 않는 비결은 반드시 직업과 삶 간의 균형을 유지하며, 신용을 절대로 잃지 않으며, 자신의 규칙을 절대적으로 지키는 것이다.
- 도피성 도박자(escape gambler): 휴가나 여유 시간을 이용해서 도박을 한다. 도박의 동기가 스트레스를 풀기 위한 것이나, 대부분 균형의 유지에 애를 쓰며, 도박으로 인한 가정의 불화나 재정적 문제를 야기하지 않도록 노력한다. 그러나 가끔씩 도박으로 인한 문제를 경험한다.
- 반사회적 도박자(antisocial gambler): 도박을 위해서라면 불법적인 행동도 한다. 범법 행위를 하는 도박자들은 치료가 가능하지만, 반사회적 도박자, 즉 도박을 즐

기는 범법자나 성격이상자는 치료가 매우 어렵다.

- 초보 도박자(bungling gambler): 경마를 할 때도 말의 색깔이나 이름을 보고 베팅하는 다소 순진한 도박자다. 이들은 현실적 균형을 유지하지 못한 채 비합리적 연관과 예감에 따라 베팅을 한다. 도박중독과 금단증상으로 이어지지 않으며, 규칙적이거나 반복되는 도박 패턴을 보이지도 않는다. 그러나 도박 관련 문제가 일시적으로 야기될 수도 있다.

4) 도박중독의 원인

도박중독의 원인은 사람마다 다르므로 하나의 접근법으로는 설명될 수 없다. 따라서 도박중독의 원인을 이해하기 위해서는 다차원적 접근이 필요하다.

일반적인 도박중독의 원인으로, 도박은 자기파괴적이고 강박적인 인격 성향, 흥분의 추구, 권위에의 도전, 우울을 없애려는 노력 등과 관련이 있다. 또한 초기 도박에서 큰돈을 따게 되면 그 승리감과 각성이 계속 도박에 빠져들게 하는 요인으로 작용한다. 병적 도박자는 일정 수준의 각성에 만족하지 못하고 끊임없이 각성의 증가를 추구한다. 때문에 도박을 중단하면 금단증상으로 각성의 저하를 심하게 느낀다. 부적절한 가정교육, 도박환경에 노출된 청소년기, 물질만능의 가정환경 등에서 도박중독이 발생하기 쉽다.

(1) 성격적 측면

도박을 하는 사람 중에는 내향적인 성격을 가지고 있는 사람이 있다. 그들은 다른 곳에서 혹은 다른 방법으로 스트레스를 풀지 못하고 도박으로 스트레스를 풀려고 한다. 그러나 그들은 자신의 스트레스와 관련된 문제가 도박을 하는 동안 잠시 잊혔을 뿐이며 해결되지 않고 남아 있다는 것을 모른다. 그래서 도박자 중에는 회피적 성격의 소유자가 다소 있다는 주장이 있다. 또한 그들은 대인관계에서 다소 한계가 있어 도박의 위험성에 대한 일반적인 기준을 가지고 있지 못하며, 자신의 스트레스를 풀기 위한 지지집단의 부재로 혼자만의 생각으로 합리화하며 도박을 한다. 그들은 자기가 만들어 놓은 함정에 스스로 빠지고 마는 사고의 오류를 범한다.

(2) 취약성 이론

세상에는 강한 것이 있으면 약한 것이 있다. 이것은 양(+)과 음(−)이 함께 존재하는 원리와 같은 것이다. 어느 여름날 엄청난 비바람을 포함한 폭풍우가 몰려와 제법 큰 강의 둑이 터지려고 한다. 이때는 제일 약한 부분의 강둑이 가장 먼저 터지게 마련이다. 사람의 신체도 그렇다. 과로와 스트레스를 받으면 신체 부위 중 가장 취약한 부위가 먼저 무너진다. 어떤 사람은 소화기 계통에 문제를 일으키고, 어떤 사람은 심혈관계에 문제를 일으키고, 어떤 사람은 내분비계에 문제를 일으킨다. 이러한 이론을 중독성 행동에 적용해 보자. 어떤 사람은 술에서 조절이 안 되며, 어떤 사람은 쇼핑에서 조절이 안 된다. 마찬가지로 어떤 사람은 도박에서 조절이 안 된다. 다른 모든 것에는 조절이 되지만 오로지 음주에 대해서만 조절이 되지 않는 사람을 우리는 알코올 중독자라고 부른다. 그들은 알코올에 대해서 취약성을 가지고 있다. 도박 중독자 역시 다른 행동에 대해서는 잘 조절하지만 도박에 대해서만은 조절이 안 된다. 그들은 바로 도박에 취약성을 가지고 있는 것이다. 우리는 스스로가 어떤 행동에 취약한지를 정확히 알지 못하므로 매사에 주의가 필요하다.

(3) 비합리적 신념

도박 중독자가 가지고 있는 비합리적 신념을 보면 정말 어리석다는 것을 알 수 있다. 그러한 신념이 도박자 자신과 가족, 그리고 자신의 모든 것을 파멸시킬 수 있는 힘이 있다는 것에 우리는 인간의 나약함을 다시 한 번 확인하게 된다. 도박 중독자가 자주 언급하는 대표적인 비합리적 신념은 '도박은 쉽게 돈을 벌 수 있는 방법이다.' '도박은 건전한 레크리에이션의 일종이다.' '나는 돈을 딸 수 있는 나만의 비법을 가지고 있다.' '도박은 내가 가진 문제를 해결할 수 있는 유일한 방법이다.' '잘못될 경우 누군가가 해결해 줄 것이다.' '언젠가 엄청난 대박을 터뜨리고 명예롭게 도박을 그만둘 것이다.' '나는 도박 중독자가 아니며, 마음만 먹으면 언제든지 도박을 그만둘 수 있다.' 등이다. 이러한 비합리적 신념이 그들의 도박 행동을 지속시키는 또 하나의 요인이 된다.

(4) 직접 강화 및 간접 강화

학습이론에 직접 강화와 간접 강화가 있다. 도박을 하는 동안에 모든 사람은 최소한 한 번은 돈을 따게 된다. 자기 행동에 대해, 그것도 누구나 좋아하는 돈이 보상으로 왔으니 기분이 상당히 좋을 수밖에 없다. 거기에 기대 이상의 보상이라면 더 말할 필요도 없을 것이다. 이러한 경험을 하였다면 그 행동에 대해 계속적인 추구가 있을 것은 분명하다. 당신은 게임장에서 누군가가 포커 게임에서 돈을 따는 것을 보았다면 그 행동을 따라 하겠는가 하지 않겠는가? 거액의 로또에 당첨된 소식을 접할 때, 사람들은 가게 앞에 줄을 서고 소위 명당 점포에 주문을 한다. 견물생심이라고 했던가? 몰랐으면 모를까 도박장에 출입하고 돈을 따 보기도 하고 또 다른 사람이 돈을 따는 것을 보고도 지갑을 열지 않기란 쉽지 않을 것이다. 사용 가능한 금액 내에서 한다면 다행이지만, 생각한 이상의 돈을 잃고 난 후 흥분을 하고 이성적 판단을 상실하고 매달리거나 본전에 대한 집착을 버리지 못하면 낚싯바늘을 무는 고기가 되는 것과 비슷한 상황이 될 것이다.

(5) 도박자의 오류

얼마 전 500원짜리 동전을 던지면 앞면과 뒷면이 나올 확률이 무게중심 때문에 다르다는 프로그램을 본 적이 있다. 도박자를 매일 만나는 입장에서는 매우 흥미로운 주제였다. 도박자는 게임을 하러 가면서 딸 확률과 잃을 확률이 반반이라고 흔히 생각한다. 이러한 생각이 전제되어 있으니, 그들이 게임을 하러 갔다가 돈을 잃으면 앞으로 딸 가능성이 높아질 것이라는 기대감을 갖는 것은 당연하다. 그러한 기대감으로 인해 그들은 그 게임을 놓지 않고 계속할 것이며 자꾸 돈을 잃으면서도 점점 더 딸 확률은 높아진다고 생각할 것이다. 그러나 실제로는 매 게임이 독립적인 사건이며 모든 게임이 하우스 쪽에 유리하게 되어 있다. 그들은 돈을 잃었을 때는 수업료라고 생각하면서 자신을 방어하지만, 곧 자신이 무기력한 존재라는 것을 깨닫게 된다. 그때는 이미 많은 것을 탕진한 후며 결과는 돌이킬 수 없다.

도박장에는 하우스 몫(house charging)이라는 것이 있다. 매 게임 일정한 비율을 도박장 업주의 몫으로 두는 것을 말한다. 친구 6명이 모여 각자 만 원을 내놓고 점당 100원짜리 심심풀이 고스톱을 친다고 가정하자. 한 명이 몸이 좋지 않아 누워 쉬면서 한 판에 100분의 5씩 뜯어 자장면을 사 먹을 돈을 관리하고 있다. 이 판이 계속 돌면 돈은 어디에 가 있을까? 누워 쉬는 친구 앞에 대부분 와 있을 것이다. 이것이 하우스 몫이다. 대부분의 합법적 도박성 게임장은 이러한 하우스 몫이 있다. 도박자는 하우스와 내기를 한다고 하지만 실체는 도박에 참여하는 친구들과의 게임이라는 사실을 알았으면 한다. 즉, 매달리면 매달릴수록 게임에 참여하는 친구와 다른 도박자를 힘들게 하는 것이다.

(6) 최적 각성 수준

사람들은 각자 좋아하는 음악이 있다. 어떤 사람은 조용하고 부드러운 선율의 클래식 음악을 좋아하고, 어떤 사람은 헤비메탈 음악의 강렬함을 좋아한다. 클래식 음악을 좋아하는 사람은 헤비메탈의 시끄러움을 싫어한다. 즉, 사람마다 최적 각성 수준이 있다는 것이다. 불면증 환자는 수면을 위하여 수면제를 복용한다. 처음에는 한 알만 먹어도 충분히 기대한 만큼의 수면을 취할 수 있지만 시간이 지남에 따라 약의 효과는 감소하고 처음과 똑같은 효과, 즉 기대하는 수면 시간을 자기 위해서는 더 많은 양의 약을 복용해야 할 것이다. 이것은 약에 대한 우리 신체의 내성 때문이다. 계속적으로 약에 의존한다면 내성에 의하여 점점 더 많은 양의 약을 복용해야 할 것이다. 중독성 행동 역시 같은 기제를 따른다. 도박의 동기 중에 흥분 추구라는 것이 있다. 즉, 도박을 하는 사람은 도박을 하는 동안에 느끼는 스릴, 긴장감, 쾌감, 짜릿함을 추구하며 그런 느낌을 얻기 위하여 도박을 한다는 것이다. 그러나 이러한 스릴과 짜릿함 역시 같은 정도의 베팅에서는 처음에 느꼈던 그러한 느낌이 없으며, 기대하는 정도의 느낌을 얻기 위해서는 더 많은 돈을 베팅해야 한다. 한 예로 다음과 같은 상황을 가정하자. 초저녁부터 점 10원짜리 고스톱을 쳤던 친구들이 밤 10시가 되면 승부를 내기 위하여 혹은 다른 이유로 점 100원으로 올릴 것이다. 어쩌다가 그 게임이 계속되어 새벽 5시가 되면 모두 피곤하기도 하니 더 빠른 승부를 위해 더 많은 돈을 한 번에 베팅할 것이다. 따라서 심심풀이 10원짜리 고스톱은 점 100원짜리의 고스톱이 될 것이며, 나중에는 점 천 원, 점 만 원의 고스톱이 된다는 것이다. 그렇게 되면 더 많은 돈을 잃을 가능성이 커지고, 본전에 대한 추적이 생길 것이다. 점 10원짜리 고스톱에서 4,000~5,000원 정도 잃고 자장면을 먹고 끝내던 놀이가 이제는 400~500만 원의 도박이 되는 것이다.

(7) 위험 감수 성향

사람들에게는 위험 감수 성향이라는 것이 있으며, 특히 그런 성향이 높은 사람이 있다. 예를 들면, 고속도로를 시속 170~180km으로 운전하는 사람, 암벽이나 빙벽을 오르는 사람, 그리고 산소가 부족하고 깊이를 알 수 없는 낭떠러지가 있는 해발 8,000m 이상의 산을 오르는 사람들이 그렇다. 천천히 운전을 해도 되고 산책길을 걸어도 될 텐데 굳이 그렇게 위험한 운전을 하고 위험한 곳을 오르는 이유는 무엇일까? 무언가를 이루었다는 성취감 때문일까, 아니면 열등감을 방어하기 위한 특정 분야에 대한 지나친 도전일까? 혹은 선구자적 기질 때문일까? 그것도 아니라면 인간이 가지고 있다고 주장하는 자극 추구적 성향 때문일까? 여기에는 일반인이 이해할 수 없는 무엇이 있는 것은 분명하다. 누군가가 산에 왜 가느냐고 했더니 산이 거기에 있어서라고 한다. 생각해 볼 일이다.

도박을 하는 사람도 위험 감수 성향이 높다고 본다. 자기 돈으로 즐기고 쓰면 될 것을 굳이 잃어버릴지도 모르는 게임에 돈을 걸고 그러는지 이해가 쉽지 않다. 좋게 해석해서 인간이 본래적으로 소유하고 있는 자극 추구 성향이라고는 하지만, 그러한 위험 감수 성향이 높은 사람은 그 에너지를 긍정적으로 사용하는 방법을 알아야 할 것이다.

(8) 선택적 주의

사람들은 자기가 보고자 하는 것과 듣고자 하는 것만을 기억하고, 자기의 도식에 위배되면 자기가 의도하는 방향으로 이야기를 재구성하여 기억하기도 한다. 그리고 자신의 존재감을 느낄 긍정적 이야기만을 잘 기억하는, 즉 회상하는 경향이 있다. 도박하는 사람들 역시 자신의 게임에서 돈을 잃은 횟수와 금액의 불쾌한 상황보다 돈을 딴 횟수와 금액의 짜릿한 상황을 더 잘 기억하는 경향이 있다. 그래서 그들은 그러한 쾌락적인 상황을 못 잊어 또다시 그런 상황을 맛보기 위해서 그렇게 매달리는지도 모른다. 그러나 그들은 대부분 얼마를 잃었느냐에 대한 질문에는 항상 상상 이상의 금액을 말한다. 월급쟁이는 상상도 못할 액수다. 어디서 그렇게 많은 돈이 있었는지 모를 일이다. 추측컨대, 자신의 돈보다는 주변의 많은 사람에게 거짓말을 하여 빌린 돈일 가능성이 높다. 심지어 아버지의 친구와 같은 사람들에게까지도 현란한 거짓말로 돈을 빌려 도박을 했을 가능성도 있다.

(9) 본전 추구

이 세상에 돈을 싫어하는 사람은 없을 것이다. 내가 열심히 일해서 벌어 놓은 돈을 한순간의 착각으로 모두 잃어버리게 된다면 누구나 허탈할 수밖에 없을 것이다. 실제로 허탈의 수준을 넘어 자포자기 상태가 되며, 심한 분노감도 가지게 될 것이다. 가족도 생각날 것이고 일도 손에 잡히지 않을 것이다. 짧은 기간에 잃은 돈을 복구하기는 불가능하므로 그들은 도박을 통해서 그것을 되찾을 수 있다고 생각하고, 다시 도박에 빠져 허우적거릴 것이다. 이렇게 되면 모든 것이 끝난 것이다. 아직도 도박에서 본전을 찾았거나 본전의 반을 찾은 사람을 보지 못했으며, 본전의 반을 찾더라도 그들 중에 도박을 끊은 사람은 찾기 힘들다. 즉, 계속 또 다른 기회를 기대하면서 열심히 도박을 계속할 것이기에 본전의 반을 찾았다고 할 수 없기 때문이다. 결국 그들은 가지고 있는 모든 것을 도박으로 잃게 될 것이다.

(10) 그 외의 것들

비현실적 사고방식 역시 도박에 빠지게 하는 요인이 될 수 있다. 그들은 돈만 있으면 행복해질 수 있다는 사고방식을 가지고 있다. 행복해지기 위해서는 돈이 필요하다는 데는 동의한다. 그러나 돈이라는 것이 행복해지는 데에 필요조건이지 충분조건은 아니지 않은가?

또 다른 요인으로는 열등감이 있다. 이것은 도박이 가지고 있는 매력 중 빠른 결과, 즉 보상 혹은 승리와 관계 있는 것 같다. 누구나 통제감 혹은 효능감을 느끼면서 살고 싶어 한다. 열등감을 가지고 있는 사람들은 장기간의 노력이 없어도 그리고 특별한 기술을 가지고 있지 않아도 자기의 행동에 대한 결과, 즉 도박으로 인한 보상을 맛봄으로써 그러한 느낌을 가질 수 있을 것이다. 축구에서는 골을 잘 넣는 사람이 최고이고, 도박장에서는 돈을 따는 사람이 최고이지 않은가? 그들이 돈을 딴다면 열등감은 사라질 것이고 우월감과 존재감, 성취감과 자신감이 수직 상승할 것이다.

그 밖에 도박의 매력 중 하나는 놀면서 짧은 시간에 많은 돈을 벌 수 있다는 것이다.

하지만 실제에서는 도박으로 부자가 될 수 없음을 명심해야 한다. 가족과 주변 사람에게서도 소외받게 될 것이다.

이상의 이론 이외에도 도박중독과 관련해 많은 연구가 필요하다. 예를 들어, 뇌 영역과 도박, 신경전달물질과 도박, 호르몬과 도박, 그리고 유전적 · 사회문화적 · 사회심리적 측면 등에서 많은 연구가 계속해서 이루어져야 할 것이다.

5) 도박의 동기

사람들은 동기에 의해 움직이며, 그 동기는 유인가에 의해 유발된다. 유인가가 자신의 욕구에 부합되면 움직이려는 동기가 생기고, 그 동기는 사람을 움직이게 한다. 도박의 동기는 사람마다 다를 것이며 같은 사람이라도 상황에 따라 다를 수 있다. 또한 여러 가지 동기가 합쳐지거나 상호작용하여 도박 행동에 영향을 줄 수도 있을 것이다. 어떤 동기가 어떻게 상호작용하여 도박 행동을 일으키는지를 밝히는 것은 사실 복잡하다.

여기서는 이홍표(2002, 2003)가 제안한 대표적인 도박의 다섯 가지 동기, 즉 돈 추구, 흥분 추구, 회피 혹은 도피 추구, 대인관계 추구, 그리고 오락 추구에 대해서 설명할 것이다.

도박자는 여러 동기 중 돈을 따는 목적으로 오는 사람이 대부분일 것이다. 이와 같이 돈을 따는 목적으로 도박을 하는 것을 금전 혹은 돈 추구라고 한다. 흥분 추구는 게임을 하는 동안이나 베팅을 하는 동안 느끼는 스릴, 긴장감, 쾌감, 짜릿함 혹은 흥분을 추구하는 것을 말한다. 회피 혹은 도피 추구는 현실의 복잡함이나 스트레스를 피해서 혹은 스트레스를 풀기 위해서 오는 동기를 일컫는다. 대인관계 추구는 친구 및 가족 등과 함께 오는 것을 말한다. 마지막으로 오락 추구는 순수한 오락 자체이며, 여가의 한 부분이며, 본전을 추구하지도 않고, 게임 비용에 대해 전혀 문제가 없는 순수 오락을 위한 상태를 말한다.

이러한 동기는 도박자에게 단지 하나의 동기로 작용하기도 하지만, 대부분은 동기 사이의 상호작용에 의해 영향을 주게 된다. 그리고 초기의 동기는 순수 오락 혹은 호기심 수준이지만, 갈수록 문제성 도박자의 흥분 혹은 회피 추구자가 되어 가고, 혹은 점차 본전에 대한 추구로 인해 도박에 몰입하고 도박중독이 되어 간다.

6) 도박중독의 과정

도박중독으로의 진행과정은 알코올중독이나 약물 남용으로의 진행과정과 유사하다. 유사점 중의 하나는 행동이 점차 극단적으로 되어 가고 그 결과가 점차 심각해진다는 것이다. 그러나 그 진행 속도는 개인의 특성과 개인이 행하는 도박 형태에 따라 다르다(AADAC, 2000).

Custer(1984)는 문제성 도박으로 이어지는 3단계, 즉 돈을 따는 단계, 돈을 잃는 단계, 절망 단계에 대해 소개하였다. 물론 이것은 이론상 존재하는 단계이지 실제적인 단계는 아니다. 도박의 성패는 항상 무작위 혹은 확률에 의거하여 결정되므로, 돈을 잃는 단계 이전에 돈을 따는 단계가 반드시 있다고 주장할 근거는 전혀 없다. 변화 혹은 회복은 어느 단계에서도 가능하다. 문제성 도박자는 도박 행동에서의 변화를 위해서 반드시 3단계를 모두 거칠 필요는 없다. 따라서 문제성 도박은 일정하게 정해진 궤적을 따라 진행되는 것은 아니라고 주장한다. Lesieur와 Rosenthal(1991)은 Custer의 3단계에 포기 단계를 추가할 것을 제안하였다.

- 돈을 따는 단계: 이 단계에서는 도박을 통해 금전적인 이득을 보거나 도피 등과 같은 심리적인 이득을 얻기도 하는데, 이와 같은 이득은 도박 행위를 계속하는 데 충분한 동기를 부여한다.
- 돈을 잃는 단계: 이 단계에서는 지속적으로 돈을 잃기 시작한다. 잃은 돈을 추적하기 시작하면서 사람들은 도박 행위에 대한 통제를 할 수 없게 된다. 이 단계는 때로는 몇 년이 지속되기도 한다.
- 절망 단계: 이 단계에서 문제성 도박자는 여러 문제로 인해 압도당하게 된다. 심각한 가정 문제와 금전 문제뿐만 아니라 극한적인 정서적 문제, 심지어는 육체적인 고통에 시달리게 된다. 범죄 행위를 저지르기도 하고 종종 법적인 문제를 야기

하기도 한다.

• 포기 단계: 이 단계는 생활과 연관된 각종 책임에 대해 통제력을 발휘하거나 관리하려는 노력을 포기한 상태다.

7) 도박중독의 진단

도박중독의 정의는 학자마다 다르므로 그에 맞는 진단 도구 역시 다양하다. 여기에서는 다소 개선되어야 할 문제는 있지만 가장 흔히 사용되고 있는 몇 가지를 제시한다.

(1) GA 20문항

과거 12개월 동안 도박이 생활의 제반 영역에 미친 영향에 대해 생각해 보신 후 각각의 질문에 대해 해당 칸에 표시해 주시기 바랍니다.

문항	그렇다	아니다
1. 당신은 일이나 공부를 하지 않고 도박으로 시간을 보낸 적이 있습니까?		
2. 도박을 함으로써 가정생활을 불행하게 만든 적이 있습니까?		
3. 도박이 당신의 평판에 나쁜 영향을 끼쳤습니까?		
4. 도박을 하고 나서 후회하거나 양심의 가책을 느낀 적이 있습니까?		
5. 당신은 빚을 갚기 위해서나 돈 문제를 해결하기 위해서 도박했던 적이 있습니까?		
6. 도박이 당신의 야망을 좌절시키거나 능력을 감소시키는 원인이 되었습니까?		
7. 당신은 도박으로 잃은 돈을 가능한 한 빨리 도박으로 다시 되찾아야겠다고 생각했습니까?		
8. 돈을 많이 따고서도 또다시 도박판에 가서 돈을 더욱 많이 따야겠다는 강한 충동을 느껴 본 적이 있습니까?		
9. 당신은 대체적으로 가지고 있던 돈이 완전히 떨어질 때까지 도박을 했습니까?		
10. 도박을 하기 위해 돈을 빌린 적이 있습니까?		
11. 돈이 될 만한 것을 팔아서 도박을 한 적이 있습니까?		
12. 당신은 '도박 밑천'으로 쓰기 위해 생활비를 쓰는 것조차 아깝게 생각한 적이 있습니까?		

13. 도박이 당신과 가족의 생활조차 소홀하게 했습니까?		
14. 당신이 계획했던 시간보다 더 많은 시간 동안 도박을 해 본 적이 있습니까?		
15. 당신은 불안함이나 걱정거리를 피하기 위해 도박을 했던 적이 있습니까?		
16. 당신은 도박 밑천을 마련하기 위해 나쁜 일을 하려고 마음먹었거나 해 본 적이 있습니까?		
17. 도박이 당신의 수면을 어렵게 했던 적이 있습니까?		
18. 당신은 부부싸움, 의견 대립, 실망, 좌절 때문에 도박하고 싶은 충동을 느낀 적이 있습니까?		
19. 당신은 짧은 시간 동안 도박으로 한 밑천 잡아 보겠다는 강한 충동을 느낀 적이 있습니까?		
20. 당신은 도박 문제 때문에 자살이나 자해 행위를 하려고 생각해 본 적이 있습니까?		

＊20개 문항 중 7개 문항 이상이 '예'라면 도박중독자로 간주되며 전문적 치료가 요구된다.

(2) DSM-V(APA, 2013)

DSM-V(Diagnostic and Statistical Manual of Mental Disorders-Fifth Edition, APA, 2013)에서는 도박중독을 충동조절장애 중의 하나로 보고 진단명을 병적도박(Pathological Gambling)으로 명명하였던 이전과는 달리 충동조절장애의 범주에 넣지 않고 비물질 관련 장애의 범주에 넣었으며, 공식적인 진단명은 도박장애(Gambling Disorder)로 명명하였다.

DSM-V에 의한 도박장애(Gambling Disorder)의 진단기준(Diagnostic Criteria)은 다음과 같다.

A. 지난 12개월 동안 지속적이고 반복적인 문제성 도박행동이 나타나고 임상적으로 심각한 손상이나 고통이 다음 항목 중 4개 혹은 그 이상이 나타난다.
   1. 원하는 흥분을 얻기 위해 액수를 늘리면서 도박을 함
   2. 도박을 조절하거나 줄이거나 중지하려고 할 때 안절부절 하거나 과민해 짐
   3. 도박을 조절하거나 줄이거나 중지하려는 노력이 반복적으로 실패

4. 종종 도박에 집착(예: 과거의 도박경험을 생각하고, 다음 도박의 승리를 예상하거나 계획하고, 도박으로 돈을 벌 수 있는 방법을 끊임없이 생각)

5. 스트레스를 경험할 때(예: 무기력감, 죄책감, 불안, 우울) 자주 도박을 함

6. 도박으로 잃은 돈을 만회하기 위해 다시 도박판에 감

7. 도박으로 잃은 돈을 숨기기 위해 거짓말을 함

8. 도박으로 인해 친밀한 관계, 직업, 교육 기회를 상실하거나 위험해 짐

9. 도박으로 야기된 절망적인 경제 상태에서 벗어나기 위해 남에게 의존

※ 현재의 심각도 기준

경도(mild): 4~5개 준거 충족

중도(moderate): 6~7개 준거 충족

심도(severe): 8~9개 준거 충족

(3) K-SOGS(Korean Form of South Oaks Gambling Screen)

SOGS는 DSM-Ⅲ-R에 근거를 두고 만들어진 병적 도박 선별척도이지만, 유병률 연구에서 실제보다 과잉 측정하는 경향이 있다고 한다. 그러나 전 세계적으로 가장 많이 사용되고 있다.

1. 당신이 이제까지 살아오면서 다음의 도박 경험을 한 적이 있다면 해당 칸에 ∨ 표시를 해 주십시오. 해 본 적이 없다, 1주에 1회 이하, 1주에 2회 이상의 3개 척도 중 한 곳에 ∨ 표시를 해 주십시오.

문항	해 본 적 없다	1주 1회 이하	1주 2회 이상
① 화투나 트럼프 등을 이용한 돈내기			
② 경마나 투견 등 동물 등의 시합에 돈 걸기			
③ 스포츠에 돈 걸기			
④ 주사위로 하는 도박			
⑤ 성인오락실이나 카지노에 가기			

⑥ 복권 사기			
⑦ 빙고하기			
⑧ 주식이나 채권 시장에 참여하기			
⑨ 동전 자동도박기, 포커 도박기나 기타 기계를 이용한 도박			
⑩ 볼링, 당구, 골프, 장기, 바둑, 윷놀이 등 기술을 이용한 돈내기			

2. 당신이 도박을 처음 시작하게 된 시기는?

　① ＿＿ 15세 이전　② ＿＿ 16~20세　③ ＿＿ 21~25세　④ ＿＿ 26~29세

　⑤ ＿＿ 30대　⑥ ＿＿ 40대　⑦ ＿＿ 50대　⑧ ＿＿ 60대 이후

3. 당신의 도박 경험 중 하루 최대의 판돈은 얼마였습니까?

　① ＿＿ 도박을 한 적이 없다.　　② ＿＿ 천 원이나 그 이하

　③ ＿＿ 천 원에서 만 원 사이　　④ ＿＿ 만 원에서 십만 원 사이

　⑤ ＿＿ 십만 원에서 백만 원 사이　　⑥ ＿＿ 백만 원에서 천만 원 사이

　⑦ ＿＿ 천만 원 이상

4. 당신의 부모님에게 도박 문제가 있(었)습니까?

　① ＿＿ 아버지나 어머니 두 분 다 도박을 너무 많이 하신(셨)다.

　② ＿＿ 아버지가 도박을 너무 많이 하신(셨)다.

　③ ＿＿ 어머니가 도박을 너무 많이 하신(셨)다.

　④ ＿＿ 두 분 다 도박 문제가 없다.

5. 당신은 도박을 하는 경우 얼마나 자주 잃은 돈을 만회하기 위해 다시 가십니까?

　① ＿＿ 그런 적이 없다.　　② ＿＿ 가끔(잃은 경우의 절반 정도에서)

　③ ＿＿ 잃은 경우 상당 부분　　④ ＿＿ 잃었을 때마다 매번

6. 도박에서 실제는 그렇지 않은데 돈을 땄다고 주장한 적이 있습니까?

　① ＿＿ 그런 적이 없다(또는 도박을 한 적이 없다).

　② ＿＿ 그렇기는 한데 잃은 경우가 더 많다.

③ ____ 거의 대부분 땄다.

7. 당신에게 도박 문제가 있다고 생각하십니까?

    ① ____ 아니다.

    ② ____ 과거에는 그랬지만 지금은 그렇지 않다.

    ③ ____ 그렇다.

문항	예	아니요
8. 당신은 의도했던 것보다 도박을 많이 하였습니까?		
9. 사람들이 당신이 도박하는 것에 대해 비난한 경우가 있습니까?		
10. 당신은 도박 시에 일어난 문제나 도박을 하는 것 자체에 대해서 죄책감을 느 껸 적이 있습니까?		
11. 당신은 도박을 중단해 보려 했지만 잘 안 된 적이 있습니까?		
12. 당신은 배우자나 자녀 또는 다른 중요한 사람들에게 경마권, 복권, 도박 및 기타 도박 관련 징후를 숨기려고 한 적이 있습니까?		
13. 당신이 돈 쓰는 문제에 대하여 함께 사는 사람들과 다툰 적이 있습니까?		
14. (13번 문항에 해당되는 경우) 돈 문제로 인한 다툼에서 당신의 도박이 중심 문제였습니까?		
15. 당신이 누군가로부터 돈을 빌린 후 도박에서 잃었기 때문에 갚지 못한 적이 있습니까?		
16. 당신은 도박으로 인해 직장이나 학교에서의 시간을 빼앗긴 적이 있습니까?		

17. 도박 때문에 돈을 빌려 보거나 갚아 본 적이 있는 경우 어디의 누구로부터 빌렸습니까?

    (각각의 질문에 대해 해당 칸에 ∨ 표시를 해 주십시오.)

문항	예	아니요
① 집으로부터		
② 배우자로부터		
③ 친척으로부터		
④ 은행, 금융회사, 조합원 신용조합으로부터		
⑤ 카드회사로부터		
⑥ 고리대금업자로부터		

	그렇다	아니다
⑦ 주식, 채권, 기타 유가증권 등을 현금화해서		
⑧ 개인 및 가족의 소유물을 팔아서		
⑨ 가계수표(유효 기간이 지난)로 돈을 빌려서		
⑩ 마권업자에게 신용대출 한도액을 가지고 있었거나 있어서		
⑪ 카지노에 신용대출 한도액을 가지고 있었거나 있어서		

(4) 문제성 도박 행동 식별지침

문제성 도박 행동 식별지침(강성군, 김교헌, 성한기, 2006)은 게임 참가자들의 행동을 보고 문제성 도박자 여부를 식별하기 위한 도구다.

각각의 질문에 대해 해당되시면 '그렇다', 아니면 '아니다' 칸에 ∨ 표시를 해 주십시오.

문항	그렇다	아니다
1. 아는 사람에게서 돈을 빌린다.		
2. 딜러나 종업원에게 신경질을 부린다.		
3. 고함을 지른다.		
4. 사채업자에게서 돈을 빌린다.		
5. 도박 기계에 욕을 한다.		
6. 장시간(5시간 이상) 쉬지 않고 게임을 계속한다.		
7. 종업원에게 도움을 요청한다.		
8. 식사나 휴식 없이 계속 게임에 매달린다.		
9. 게임장의 출입 정지를 요청한다.		
10. 기계를 마치 사람인 듯 여기며 말을 한다.		
11. 주머니의 마지막 돈이 떨어질 때까지 게임을 한다.		
12. 자신에게 특별한 의미가 있는 기계나 장소만을 이용한다.		
13. 베팅 액수를 계속해서 올린다.		
14. 표정이나 행동으로 화난 표시를 한다.		
15. 기계에 문제가 있다고 불평을 한다.		
16. 귀금속을 팔아서 돈을 마련하려 한다.		
17. 머리를 감거나 빗지 않고 며칠을 보낸다.		
18. 돈을 빌리기 위해 아는 사람에게 전화를 한다.		

19. 기계에서 잠을 잔다.		
20. 주위 사람과 시비를 벌인다.		

＊문제성 도박 행동 식별지침은 20문항으로 구성되어 있으며, 이 중 5문항 이상을 표시하면 도박 중독자로 판명된다.

8) 문제성 도박자의 특징

AADAC(2000)에서는 문제성 도박자의 특징을 다음과 같이 정리해 놓았다.

(1) 문제성 도박자의 유형

문제성 도박자는 두 가지 유형으로 분류되는 경우가 있는데, 그것은 긴장완화 및 도피 추구 도박자와 강박성 도박자다. 긴장완화 및 도피 추구 도박자들은 자신들이 겪는 부정적 감정에 대처하기 위해 도박을 한다. 강박성 도박자들은 돈을 잃는 것에 대해 참을성을 거의 발휘하지 않고 도박에 모든 정신이 빼앗겨 있으며 부정적인 결과를 무시한다. 그리고 도박 행위에 점차 빠져들 뿐만 아니라 도박과 관련된 부정적인 효과 측면도 점차 심각해져 간다.

문제성 도박자는 다른 방식으로 분류되기도 하는데, 반복성 우울증 도박자(recurring depressed gambler)와 만성적으로 과소평가된 도박자(chronically underestimated gambler)가 그것이다. 각 유형의 특성은 다음과 같다.

반복성 우울증 도박자는 만성 우울증이 도박의 선행 요인으로 작용하고, 생명의 위험을 느끼기에 충분한 외상 경험, 지나치다 싶을 정도의 자기비난, 도박을 할 때 기분이 좋아짐, 강한 자극을 내재한 도박환경이 불쾌한 감정이나 현실 도피 수단, 도박으로 인해 돈을 잃은 것의 결과가 현실로 나타났을 경우 우울한 감정을 억제하기 위해 도박을 다시 하고 싶어 하는 욕구가 강렬해지는 등의 특징을 가지고 있다.

만성적으로 과소평가된 도박자는 지속적인 홍분에 대한 강렬한 욕구, 잘 정립되지 않은 가치체계, 강력하고 전적인 자기도취, 다른 도박자와 비교했을 때에도 뚜렷이 나타나는 충동 통제력의 미약함, 생활의 많은 영역에서 통제력 발휘의 미진함, 과잉활동성, 곤혹스러운 상황을 참는 인내력의 미약함, 각성에 대한 지속적인 탐색 노력, 도박이 가진 고도의 흥분 유발성과 다양한 선택 가능성 때문에 다른 활동을 무미건조한 것으로 여김 등의 특징이 있다.

(2) 문제성 도박자의 행동적 특징

문제성 도박자마다 서로 다른 행동을 보이겠지만 일반적인 행동 특징을 정리하면 다음과 같다.

- 도박하는 데 많은 시간을 보낸다. 이것은 가족과 친구와 함께 보내는 시간 혹은 취미생활에 필요한 시간의 부족으로 이어진다.
- 점차 더 많은 액수의 돈을 걸고 점차 더 빈번하게 베팅을 한다. 동일한 수준의 흥분을 위해서 더 많은 액수의 베팅이 필요하다.
- 잃은 돈을 추적한다. 돈을 잃은 후 잃은 돈을 충당하기 위해 곧바로 도박에 참가한다.
- 부채가 증가한다. 문제성 도박에 빠진 사람들은 금전에 관한 한 비밀스럽거나 방어적이고 가족이나 친구에게서 돈을 빌린다.
- 대박을 꿈꾼다. 문제성 도박자는 대박만이 문제 해결의 유일한 수단이라고 믿는다.
- 도박 행위를 절제하겠다고 약속은 하지만 지키지 않는다. 문제성 도박자는 도박 행위를 줄이거나 그만둘 수 없다.
- 행동에 대한 설명을 거부하거나 그에 대해 거짓말을 한다. 문제성 도박에 빠져 있는 사람들은 오랜 기간 동안 가정이나 직장에서 분리되어 있거나 사적인 전화를 지나치게 많이 한다.
- 감정의 기복을 심하게 경험한다. 도박을 할 수 없을 경우 문제성 도박자들은 도박에서 느낄 수 있는 스릴을 그리워하는 한편, 성질을 부리거나 내향적이 되거나 우울증에 빠지거나 혹은 안절부절못하는 성향이 있다. 반면 돈을 딸 때는 감정이 고조되는 경향이 있다.
- 돈을 딴 것에 대해 자랑한다. 문제성 도박자는 돈을 딴 것에 대해 자랑하기를 좋아하지만 다른 사람이 관심을 표명하면 돈을 잃은 것에 대해서도 떠벌린다. 돈을 따

고 잃는 것 또한 비밀인 경우가 있다.

• 중요한 가정사보다 도박을 좋아한다. 문제성 도박자는 가족의 생일이나 자녀의 학교 활동 등의 가족모임에 늦게 도착하거나 그것을 잊어버린다.

• 집 근처 혹은 멀리 떨어진 곳에서 새로운 도박 장소를 물색한다. 문제성 도박자들은 저녁 시간에 행하는 외출 혹은 가족과의 휴가 장소로 도박이 가능한 곳을 택하자고 주장한다.

• 도박 중 소재 파악이 불가능하다. 도박 동안에 있는 곳을 알 수 없게 하는 것이 문제성 도박자의 특성이다.

(3) 문제성 도박자의 심리적 특징

문제성 도박자의 심리는 상황에 따라 급격하게 변화하는 것이 일반적이지만, 심리적 특징은 다음과 같다.

• 극단적 감정: 문제성 도박자에게는 그들의 감정이 가라앉거나 고조되는 기간이 있는데, 이 사이에는 정상적인 감정을 몇 달 동안 느끼곤 한다. 그들은 비주기적으로 자신들이 돈을 따는 것에 대해 의구심을 갖거나 걱정하거나 우울에 빠지곤 한다. 특히 우울증은 도박 중독자에게서 흔히 나타난다.

• 뒤로 미루지 못함: 문제성 도박자들은 지속적인 노력과 느긋하게 보상을 기다리는 일을 재정적인 안정을 추구하는 데 있어 방해 요인으로 간주하는 경향이 있다.

• 대인관계의 어려움: 문제성 도박자는 가까운 가족 및 친구와 친밀하게 지내는 능력과 자신들의 감정을 솔직하게 토로하는 능력이 부족하다. 배우자와 의미 있는 대화를 잘 나누지 않을 뿐더러 성적 관계도 소원하게 된다.

• 성격이상: 일부 문제성 도박자는 성격장애의 특성을 보인다. 예를 들어, 계획을 과장하고, 다른 사람의 의견에 지나치게 반응하고, 자존심에 특히 예민한 모습을 보이고, 가까운 가족 혹은 친구의 감정에 쉽게 동정심을 보이지 않는 것 등을 통해서 종종 자기도취에 빠져 있음을 보인다.

• 외부 통제감: 문제성 도박자는 삶의 과정에서 발생하는 일을 숙명적으로 받아들

이는 경향이 있다. 그들은 자신들의 삶이 자신들의 자발적인 선택의 결과라고 생각하기보다는 외부 요인에 의해 조종된다고 생각하고 있다.

(4) 문제성 도박자의 비합리적 신념

문제성 도박자가 가지고 있는 비합리적 신념의 종류는 사람에 따라 다양하다. 이러한 비합리적 생각과 신념은 도박을 하는 데 영향을 주고 도박에 몰입하고 중독되는 과정에 직접적 혹은 간접적으로 영향을 준다. 다음은 이러한 비합리적 신념의 종류를 평가하는 비합리적 사고 평가지다.

다음 문장을 읽고 귀하의 생각과 일치되는 칸에 ∨ 표시를 하시기 바랍니다.

문항	예	아니요
1. 도박은 중요한 활동이다.		
2. 도박은 쉽게 돈을 벌 수 있는 방법이다.		
3. 도박을 할 줄 모르는 사람은 어리석거나 느림보거나 혹은 겁쟁이다.		
4. 도박에 열중하는 사람들은 대개 명석하거나 창의적이다.		
5. 도박은 건전한 레크리에이션의 일종이다.		
6. 나는 나의 도박 행위를 조절할 수 있다.		
7. 나는 도박을 그만둘 필요가 없는데, 내가 참여 횟수를 줄일 수 있거나 정한 액수만큼만 도박을 할 수 있기 때문이다.		
8. 잃은 돈을 다시 딸 수 있다.		
9. 나는 현명하여 알려진 승률보다 더 돈을 딸 수 있는 비법을 가지고 있다.		
10. 사람들은 많은 돈을 거는 사람을 존경한다.		
11. 언젠가 나는 엄청난 대박을 터뜨리고 명예롭게 도박을 그만둘 것이다.		
12. 도박이 내가 가진 문제를 해결할 것이다.		
13. 값비싼 선물로 지난날의 실망을 보상할 것이다.		
14. 나는 도박으로 인해 기분이 좋아진다.		
15. 내가 가진 문제는 돈이다.		
16. 도박 자금을 빌리는 것은 무방하다.		
17. 도박을 하기 위해 훔치는 것은 진짜로 훔치는 것이 아니다.		
18. 나는 나중에 갚을 것이다.		

19. 돈을 많이 가지고 있으면 있을수록 돈을 딸 가능성은 높아진다.		
20. 돈을 많이 가지고 있지 못해도 나는 많은 돈을 딴다.		
21. 만일 일이 잘못될 경우 대신 나의 문제를 해결해 줄 누군가가 있을 것이다.		
22. 만일 도박하는 이유를 알기만 한다면 나는 도박을 그만둘 수 있다.		
23. 의지력이 문제의 핵심이다.		
24. 나는 항상 돈을 딴다.		
25. 나는 운이 좋은 사람이다.		
26. 나는 도박을 그만둘 수 없다.		
27. 때때로 나는 정말로 나 자신이 이중인격자라고 생각한다.		
28. 자살이 나의 문제를 해결할 것이다.		
29. 나는 치료 비용을 마련할 수 없거나 혹은 도움을 얻기 위해 직장에서 짬을 낼 수가 없다.		
30. 나는 가능한 한 빠른 시간 내에 가능한 한 많은 돈을 벌어야 한다.		

출처: Julian(Unpublished).

9) 문제성 도박과 중독 행동

문제성 도박과 알코올중독(논의를 위해 알코올의 경우를 언급하였지만 다른 약물중독의 경우에도 적용된다.) 사이에는 몇 가지 유사성이 존재한다.

- 양자 모두 연속선상에 존재한다. 알코올중독과 마찬가지로 문제성 도박은 일종의 연속선으로 고려할 수 있다. 도박중독 혹은 병적 도박이다.
- 양자 모두 복합적인 조건 속에서 발생한다. 육체적, 사회적, 심리적 요소가 알코올중독과 문제성 도박에 관계되어 있다. 비록 음주가 알코올중독의 가장 분명한 요인이나, 단순하게 술을 눈에 띄지 않게 하는 것이 문제해결 방안이 될 수 없다. 마찬가지로 문제성 도박과 연관된 문제를 해결하기 위해서는 도박을 하지 않는 것 이상이 고려되어야 한다.
- 양자 모두 내성이 증가된다. 알코올중독이 심해짐에 따라 똑같은 효과를 얻기 위해 술을 더 많이 마셔야 하는 것처럼, 문제성 도박 역시 심해짐에 따라 더 많은 액

수의 돈을 베팅해야 한다.

- 양자 모두 정신이 술 혹은 도박에 팔려 있다. 알코올 중독자들이 술 생각을 하느라 상당한 시간을 보내는 것처럼, 문제성 도박자도 도박 생각으로 많은 시간을 보낸다.
- 양자 모두 통제력을 잃는다. 의도한 양만큼만 술을 마실 수 없음이 알코올중독의 주요 특징인 것처럼, 문제성 도박의 주요한 특징 역시 사전에 결정한 한도 내에서만 도박을 하는 것이 매우 어렵다는 것이다.
- 양자 모두 금단증상을 보인다. 술에 대한 의존성이 강할 경우 술을 마시지 않으면 혈중 알코올 농도가 떨어져 불안, 수면 부족, 구역질, 허약함, 혼란, 동요와 같은 증상이 나타난다. 그 정도로 극단적이지는 아닐지라도 문제성 도박자는 도박을 하지 못하게 되었을 때 불안해하고 쉽게 화를 내기도 한다. 문제성 도박자와 알코올 중독자는 금단증상을 피하거나 완화시키기 위해 도박 혹은 음주 행동을 하기도 한다.
- 양자 모두 많은 문제를 가지고 있다. 문제성 도박자와 알코올 중독자는 종종 사회 혹은 직장에서 자신들이 가지고 있는 책임을 망각하고 있다. 그들은 가족 구성원 간의 갈등, 직장에서의 문제, 법적인 문제 등과 같은 문제를 가지고 있다.
- 양자 모두 병으로 인식되어 왔다. 문제성 도박과 알코올중독이 정말로 질병인가에 대해 끊임없는 논란이 이어져 왔지만, 양자 모두 치료를 요한다는 점에서는 의견의 일치를 보이고 있다. 의료계와 정신학계에서는 알코올중독은 1950년대에, 그리고 병적 도박은 1980년대에 질병의 한 형태로 분류하였다.

10) 문제성 도박의 부정적 결과

도박자는 도박을 하는 동안 가족과 주변 사람에게 심리적 및 경제적 피해를 준다. 대부분 거짓말을 통해서 이루어지기 때문에 처음에는 모르나 시간이 지날수록 도박자에 대한 믿음과 신용은 점차 떨어지게 마련이다. 그들은 처음에는 온갖 거짓말로 돈을 빌리는데, 그들의 중독성은 줄어드는 것이 아니라 증가되기에 그들의 거짓말도 오래가지 않아 모든 것이 밝혀지게 된다. 어떤 때는 전화를 받지 않아 연락이 안 될 수도 있다. 잦은 출장과 늦은 귀가, 그리고 반복적인 전화 불통 및 꺼진 상태는 사람들을 의심하게 만든다. 이러한 과정이 계속되면 사람들은 그들에 대한 믿음에 금이 가게 되고, 결국 그들은 양치기 소년이 되어 혼자만의 삶을 사는 쓸쓸한 존재가 된다. 그들은 철저하게 고립되어 인간관계를 회복하기 어려우며, 도박에서 헤어나지 못하면 스스로도 점점 사회적 관계에서 철수하고 점점 우울을 느끼게 된다.

먼저 도박 중독자 자신의 문제부터 살펴보자. 중독자는 신체적·정신적 건강에 문제를 가질 수 있다. 계속적인 도박으로 인한 심리적, 직업적, 경제적 문제 등의 부담으로 그들 대부분은 신체 혹은 정신 건강상의 문제를 호소한다. 어떤 사람은 위궤양 혹은 고혈압을 호소하며, 어떤 사람은 죄의식과 불면증을 호소한다. 또 어떤 사람은 허무와 무기력 그리고 우울을, 어떤 사람은 분노감 등을 호소하고 느낀다. 오랫동안 도박을 한 사람들은 삶에 대한 의욕마저 잃어버린다.

30대 중반의 한 친구가 상담실을 찾아온 적이 있다. 그는 어릴 때 부모를 여의고 고학으로 대학까지 졸업한 후 취직시험에도 합격하였다. 연수에 들어가기 전 잠시 동안 휴식하기 위해 여행을 갔다가 우연히 게임장을 방문한 것이 계기가 되어 3년 동안 게임장을 떠나지 못하였다. 그는 3년 동안 하나밖에 없는 남동생에게 거짓말을 하면서 돈을 빌려 게임장을 다녔으며, 심지어는 여자 친구에게까지 거짓말로 돈을 빌려 게임을 하였다고 했다. 더 나아가 주변의 아는 사람들에게까지 돈을 빌려 게임을 했다. 3년 동안에 걸친 도박의 결과는 3억여 원의 빚, 위궤양과 기타 신체건강상의 문제, 죄책감과 우울증과 같은 정신건강상의 문제를 남겼다. 물론 취업의 기회는 포기한 상태였다. 그는 계속 제산제를 먹고 있었다. 하루 일당 6만여 원의 노동을 하겠다고 하기에 소개시켜 주었지만, 3년 동안 게임을 한 그는 근력이 약해져 육체적 노동을 할 수 없었으며, 더 심각한 문제는 6만여 원의 일당이 그의 눈에는 차지 않는다는 것이었다. 그는 게임장에서 한번 잘만 하면 이 정도의 돈을 만드는 것은 2~3분이면 된다는 생각에 사로잡혀 게임장을 떠날 수 없다고 했다. 그리고 지금까지 쌓인 도박 빚 3억여 원을 가장 빨리 해결할 수 있는 것은 이것뿐이며 잘만 조절하면 전부는 아니더라도 일부는 찾을 수 있다고 생각하고 있었다. 그해 크리스마스 이브 저녁에 그는 어느 공원 화장실에서 자면서 3일째 물만 먹고 있다고 전화를 하였다. 그것이 도박 중독자의 말로인 것을 그는 왜 몰랐을까?

가정의 문제를 살펴보자. 일차적인 피해자는 배우자일 것이다. 그들은 사랑하여 결혼을 하였을 것이고, 영원히 행복하게 함께 살자고 약속했을 것이다. 그러나 도박 중독자의 배우자는 어떠한 기분일까? 계속적인 거짓말과 몰래 진 도박 빚, 출장 간다는 핑계로 도박장을 찾는 남편에게 아무것도 모르는 부인은 자신과 가족을 위해 고생한다고 생각하였을 것이다. 그러나 도박의 기간이 길어지면서 서서히 의심의 마음이 들기 시작한다. 모르는 사람들에게서 걸려오는 이상한 전화, 낯선 곳에서의 교통위반 딱지, 전화를 받지 않거나 민감한 반응, 혹은 말이 없어지거나 사소한 일에도 짜증을 내거나 쉬는 날에도 잠시도 집에 있지 않다면 의심해 보라. 그들은 분명 우리가 이해할 수 없는 행동을 할 가능성이 크다. 만약 부인이 남편의 도박 사실을 알게 된다면 어떠한 마음이 들까? 배우자는 배신감, 절망감 등의 심리적 문제와 약물 남용, 이혼 또는 자살 생각까지 하게 된다.

남편들은 자신의 도박 행동에 대한 면피용으로, 조절에 실패하여 도와달라는 명목으로, 혹은 다른 수많은 이유를 만들어 가면서 부인을 게임장에 데리고 오는 경우도 있다. 처음에는 남편이 게임을 하는 동안 남편 옆에서 게임을 구경하고 있겠지만, 시간이 지나고 몇 번 게임장 출입을 하다 보면 이러한 행동이 점점 더 지루하고 심심해질 것이다. 이때 부인에게 얼마의 돈을 주면서 심심하면 게임을 해 보라고 하는 남편도 있는데, 이는 매우 위험한 행동이다. 실제로 이런 경우가 있었는데 남편을 따라왔던 그 부인은 게임에 빠져 남편이 일하는 동안 친정 동생과 함께 몰래 게임을 하러 다니다 결국 둘은 이혼하고 말았다.

이러한 도박 중독자가 있는 가정의 자녀들은 어떨까? 주말 혹은 저녁마다 볼 수 없는 아빠에 대해서 열심히 자신들을 위해 일한다고 생각하였을 것이다. 그러나 가끔 보는 아빠의 얼굴에서는 옛날의 부드러운 얼굴 표정을 찾을 수 없었을 것이다. 이제는 웃음지을 여유도 없으며 말도 하지 않고 항상 안절부절못하는 아빠만 보게 될 것이다. 이제 가족 간의 사랑과 행복은 깨어져 버린 것이다. 아빠는 자신이 저질러 놓은 일을 수습하기에도 바쁘기 때문이다. 도박 중독자 가정의 자녀들은 아빠의 도박으로 인해 소외감, 혼돈, 걱정, 수치감 등을 가질 수 있으며, 그 나이에 맞는 재미와 사랑을 받지 못하고 성장하여 흡연 또는 약물 등을 경험하며 문제아로 성장할 가능성이 많다. 일단 가정에 도박 중독자가 있으면 가족 구성원은 거짓말, 불신, 다툼, 재정 손실 등으로 모두 마음에 깊은 상처를 받게 된다.

친구관계의 문제를 보자. 아주 가깝게 지내던 친구가 도박에 빠졌다고 상상해 보자. 그가 전화를 해서 돈을 빌려 달라면 당신은 두말없이 돈을 빌려 주겠는가? 아마도 그가 전화하는 것을 받지 않든지, 이런저런 이유로 대면하는 것을 피하려고 할 것이다. 이제 그 착했던 친구는 친구들에게서 소외되고 멀어질 것이다. 그는 외로워질 것이고 명절이나 각종 모임에도 참석하지 못할 것이다. 결국 그는 외로운 신세가 되어 게임장만이 자신의 안식처가 될 것이며, 같은 처지의 다른 도박자만이 자신의 친구이며, 믿지 못할 그들의 허황된 약속에 의지해 사는 나약하고 초라한 인생을 살 수밖에 없을 것이다.

직업과 관련된 문제를 살펴보자. 만약 회사원이라면 이유 없는 결근과 잦은 지각 및 조퇴 그리고 빈번한 휴가신청을 할 것이다. 이러한 것에 대한 결과로 불명예스러운 퇴출만이 그들을 기다리고 있을 것이다. 자영업인 경우는 갑작스러운 외근의 증가, 장시간 연락 두절, 명목 없는 송금 요청, 현금 서비스의 증가 등이 나타날 것이다. 이러한 사항이 발생된다면 의심해 볼 만하다. 이러한 문제를 야기하면서 자신의 직업에서 문제가 없을 수는 없다.

경제적 문제를 이야기해 보자. 사람이라면 누구나 기본적인 희망사항이 있다. 그것은 자신과 가족이 건강하고 행복하게 사는 것, 멋진 집을 가지는 것, 노후를 위해서 땅도 사고 건물도 사는 것, 그리고 가족이 다닐 때 폼 나는 차를 가지는 것 등일 것이다. 그러나 도박장에서 이러한 것을 이룬 사람이 있는가? 상담을 하면서 인간이 원하는 가장 기본적인 희망사항을 도박장에서 이룬 사람은 단 한 명도 보지 못했다.

도박장을 떠나지 못하는 사람들은 대부분 후회하고 있었으며, 다른 사람의 허황된 욕망을 이용해 살아가는 불나방 같은 존재로 전락한 채 처참한 삶을 살아가고 있었다. 그럼에도 불구하고 오늘도 수많은 사람이 도박장으로 모여들고 있다.

3. 문제성 도박자의 관리 및 회복

1) 문제성 도박자의 자기 관리

문제성 도박자 스스로 자신을 잘 관리한다는 것은 매우 어렵다. 따라서 도박 문제의 관리를 위해서는 처음부터 전문가와 가족이 함께 시작하는 것이 바람직하다. 다음의 사항은 가장 기본적인 지침이라고 할 수 있다.

- 자신의 병에 대해 알아보라. 문제성 도박자는 도박도 질환이라는 것을 알아야 한다. 도박중독에 대한 정확한 지식을 갖고 있어야 적절한 대응을 할 수 있다. 따라서 도박중독으로 생긴 문제점을 객관적으로 보려는 노력이 필요하다.
- 치료방법에 대해 알아보라. 환자는 자신이 도박을 끊을 수 있다고 생각하기 쉬우나 불가능할 수 있다는 것을 알아야 한다. 따라서 전문가의 도움을 받거나 단도박 모임 등에 가입하여 적극적인 노력을 하여야 한다.
- 다른 취미와 도박을 하지 않는 좋은 친구를 사귀라. 도박 이외의 다른 취미를 갖도록 하고 친구들과 함께 하여 자신의 긴장이나 불안을 해소할 수 있는 방법을 찾아야 한다.
- 정확한 자기발전 계획을 세우라. 지금 당장만 생각하지 말고 1년 후 또는 10년 후의 자신의 위치와 가족이 처할 상황을 생각하여야 한다. 도박에 지친 자신의 생활이 어떤가를 생각하고 상상해 보아야 한다. 자신의 목표를 세워야 자신이 실천하여야 할 일을 결정하고 한 발씩 미래를 향해 나아갈 수 있다.

2) 가족이 알아 두어야 할 사항

가족 중 한 명이 문제성 도박자임을 확인하는 순간, 대부분의 가족은 도박 빚 등의 문제 해결을 하는 데에만 초점을 맞춘다. 사례에 따라 다소 다를 수는 있지만, 다음은 문제성 도박자의 가족이 반드시 알아 두어야 할 사항이다.

- 초기부터 단호하게 대처해야 한다. 가족은 처음에는 도박자의 행동을 이해해 주고 자 하고 소문이 나지 않게 하려고 노력하면서, 앞으로 도박을 그만두기를 바라며 도박 빚을 갚아 준다. 또는 자신들이 혹시 잘못해서 이러한 문제가 생긴 것은 아닌 가 하는 죄책감으로 환자를 감싸 주려 한다. 그러나 이렇게 해서는 치료 예후가 좋 기 어렵다. 모든 것을 도박자 자신의 책임으로 돌리고 철저하게 대응하도록 한다.
- 치료에 적극 협조해야 한다. 많은 중독 행동을 조절하고 끊기 위해서는 물리적 환 경 역시 중요하다. 도박중독 역시 정신적 질환이므로 가족의 적극적인 개입이 필 요하며, 가족이 함께 문제를 개선하는 데 동참하여야 한다.
- 도박 중독자는 절대로 자기가 환자임을 인정하지 않는다. 그러므로 가족이나 친 척은 조기에 강제로 치료를 시작하여야 한다. 무엇보다 중요한 것은 도박이 정신 적 질환임을 아는 것이다. 특히 환자가 이를 인정하여야 치유의 가능성이 있다.
- 정신과 치료를 반드시 받아야 하며, 단도박을 위한 전문가와 관련 모임 등을 통해 도박 욕구를 억제하도록 하여야 한다. 가족이 명심할 것은 도박은 완치가 불가능 할 수 있다는 것이다. 다만 도박 욕구를 억제하는 것이 가능할 뿐임을 명심하고 일 생을 통해 감시를 계속해야 한다. 환자 또한 이를 명심하고 항상 조심하여야 한다.
- 도박은 곧 다른 범죄로 이어짐을 명심해야 한다. 도박을 계속하면 결국은 가정을 파괴하고 사회적 범죄나 자살 등으로 이어진다.
- 아직 어떠한 약도 완치는 불가능하다. 항우울제가 효과가 있다고 하나 아직 완전 히 입증된 것은 아니다.

3) 문제성 도박의 회복 징후

문제성 도박자의 치료과정에서 나타나는 대표적인 것에는 다음과 같은 것이 있다. 물론 이러한 것이 치료 목표이기도 하다.

- 자신의 도박 관련 문제를 인정한다.
- 도박 행위가 다른 사람에게 어떤 부정적 영향을 주었는지를 인식한다.
- (병원 입원 혹은 직장을 잃었다면) 직장으로 돌아오거나 새로운 직장을 구한다.
- 예산을 편성하고 예산에 맞추어 생활을 한다.
- 가정에서 돈 관리를 누가 할 것인지 결정한다.
- 가족에 대한 우려를 적절히 표명하며 감정이입과 감수성을 보인다.
- 아직 미약하기는 하나 문제를 해결하는 기술을 개발한다.
- 경제적 혹은 심리적 위기 상황에 부딪치지 않도록 각별히 주의한다.
- 저축 계획을 세우고 실행한다.
- 화를 적절히 관리하는 방법을 습득한다.
- 가족과 함께 보내는 시간이 많아지고 심리적 공감대 및 유대관계가 향상된다.
- 도박과 관계된 문제는 덜 나타나고 도박이 아닌 현실의 실제 문제가 중심이 된다.
- 자기존중감과 자기 수용(self-acceptance)에 대해 긍정적이 된다.
- 긴장을 인정하고 스트레스 관리 및 감소 기법을 개발한다.
- 도박보다는 적절한 여가 활동을 개발하고 실행한다.

4) 문제성 도박자와 함께 살아가기란

문제성 도박자의 배우자는 치료 초기부터 관여될 수 있다. 사실 도박 관련 전화상담을 가장 먼저 하는 사람은 배우자가 대부분이다. 배우자는 도박을 하는 자신의 배우자가 치료에 참여하지 않으려 한다는 정보를 제공할 수도 있다. 이러한 경우 배우자 혼자라도 상담을 받을 것을 권유한다. 도박을 하는 사람과 배우자가 함께 상담을 받는 경우일지라도 그들은 서로 간에 공유하기를 원하지 않는 문제를 다루기 위해 개별상담을 요구할 수도 있다. 두 명 모두 심리적 및 경제적 고통, 죄의식, 그리고 서로에게 많은 분노를 겪었을지도 모른다. 도박을 하지 않는 배우자는 종종 재정적인 측면에 대해 걱정을 많이 한다. 생활비, 전세금, 공공요금 등과 같이 필수적으로 지출되어야 하는 부분들이 도박으로 인해 영향을 받아 왔을 것이다.

종종 도박자는 배우자가 알아채기 훨씬 전부터 도박에 빠져 있는 경우가 많은데, 이로 인해 배우자는 배신감과 분노를 느낀다. 도박자가 더 이상 도움을 기대할 수 없게 될 정도로 방치되어서는 안 되는 것과 마찬가지로, 그들의 배우자도 방치되어서는 안 된다.

문제성 도박자의 배우자 혹은 커플을 치료하는 데 고려해야 할 사항은 다음과 같다.

- 배우자로 하여금 자신의 이야기를 하게 한다. 대체적으로 도박 중독자의 배우자는 자신들의 감정을 감추어 오고 있으며, 자신에 대해 비판적이거나 판단을 하지 않는 사람에게 자신들의 감정을 털어놓고 싶어 한다. 친구들이나 가족은 이미 "그 사람과 헤어져라." 혹은 "그것을 참고 있다니 넌 미쳤어."라고 말했을 것이다. 이 시점에서 경청은 가장 중요한 치료수단이다.
- 배우자에게 문제성 도박에 대해 공부하도록 한다. 강박성 도박은 중독 행위이고 반드시 치료가 필요하며, 치료는 가능하지만 많은 경우 재발할 수도 있다. 증상에는 잃은 돈에 대한 강한 집착, 조절 게임에 대한 자신감, 도박에 대한 끊임없는 욕구 등이 있다.
- 배우자는 도박자의 행위에 대해 책임을 지지 않아야 한다. 배우자는 별도의 은행 계좌를 가져야 하고, 도박자를 위해 더 이상 돈을 대신 갚아 주지 말아야 하며, 도박자로 하여금 자신들의 행동에 대한 결과를 직접 경험하고 책임지도록 해야 한다.
- 재정적인 문제는 전문가의 도움을 구한다. 이것은 재정문제 전문가의 조언을 구하는 것을 의미하지만, 우리나라에는 도박 관련 전문가가 없는 실정이다. 그러나 금융원의 다양한 저축 관련 프로그램에 대한 상담을 통해 부족하지만 해결할 수 있을 것이다.
- 도박자의 치료는 어디에서 이루어지는지, 치료를 통해 무엇을 기대할 수 있는지, 어떻게 자신들이 연관될 수 있는지 등에 대해 배우자는 알고 있어야 한다. 단도박 가족모임, 단도박자 친목모임, 도박 관련 치료기관 등에 대한 정보와 도박 관련 전문서적 등에 대한 정보 및 지식 역시 가지고 있어야 한다. 현재 우리나라에서 일차적으로 접근하여 정보를 얻고 도움을 받을 수 있는 곳은 한국도박중독예방치유

센터, 유캔센터, 경륜·경정클리닉 등이 있다.

- 배우자상담의 일부는 대인관계의 상실에 대처하도록 돕는 것과 관련된다. 배우자의 도박으로 인해 그들은 가족과 친구에게서 멀어졌을 것이며, 가족과 친구에게도 솔직한 이야기를 하지 못하였을 것이다. 따라서 그들은 심리적으로 위축되어 있을 것이며, 사회관계에서 많은 철수를 시도하였을 것이며, 혼자만의 고립된 생활을 하였을 것이다. 그러므로 가족과 친구, 단도박 가족모임 등을 통한 정보 교환 및 심리적 지지체계 구축 등이 필요할 것이다.

5) 나는 지금 문제성 도박자와 함께 살고 있는가

이것은 문제성 도박자와 함께 생활하는 것으로 인해 발생하는 여러 면면을 논의하는 데 활용되는 20개 항목으로 구성된 단도박 가족모임의 질문지입니다. 귀하에게 적용되는 문장에 ∨ 표시를 하시기 바랍니다.

문항	예	아니요
귀하는 채권자로부터 지속적인 괴롭힘을 당하고 있습니까?		
문제의 인물이 오랫동안 이유도 없이 집을 나가 소식이 없습니까?		
문제의 인물이 도박 때문에 직장에서 시간 낭비 및 문제를 일으키고 있습니까?		
문제의 인물에 대해 돈에 관한 한 신뢰할 수 없으십니까?		
문제의 인물이 도박을 그만둘 것이라고 약속하였지만 반복적으로 도박을 하거나 다른 도박 기회를 위해 간청, 협박 혹은 설득을 하고 있습니까?		
문제의 인물은 자신이 의도했던 것보다 더 오랫동안 혹은 남은 돈이 없어질 때까지 도박을 합니까?		
문제의 인물은 잃은 돈을 만회하기 위해 혹은 더 많은 돈을 따기 위해 도박장으로 가고 있습니까?		
문제의 인물은 재정적인 어려움을 해결하기 위해 도박을 하거나 도박이 가족에게 물질적인 편안함과 부를 가져다줄 것이라는 비현실적인 기대를 가지고 있습니까?		
문제의 인물은 도박을 하거나 도박 빚을 갚기 위해 돈을 빌리고 있습니까?		

귀하는 문제의 인물이 도박에 몰두하게 됨에 따라 나타나는 성격의 변화를 알아차렸습니까?		
문제의 인물은 자신이 도박을 하고 있다는 사실을 숨기고 부정하기 위해 계속해서 거짓말을 하고 있습니까?		
문제의 인물은 자신의 도박에 대한 책임을 당신에게 떠넘기기 위한 수단으로 귀하로 하여금 죄책감을 느끼도록 유도하고 있습니까?		
귀하는 문제 인물의 심기를 예상하려고 하거나 혹은 그 사람을 통제하려고 하는 시도를 하고 있습니까?		
문제의 인물은 자신을 파멸할 정도까지 도박 때문에 극심한 후회 혹은 우울증을 겪고 있습니까?		
도박이 귀하의 가정을 깨뜨리는 위협적인 지경까지 이르렀습니까?		
귀하는 문제의 인물과 함께하는 삶이 악몽이라고 생각하십니까?		

* 상기한 질문에 대해 6개 이상 '예'로 응답하였다면 문제성 도박자와 함께 살고 있다고 볼 수 있다.
출처: AADAC(2000).

6) 단도박 성공을 위한 전략

다음의 내용은 단도박을 성공하는 데 도움이 되는 전략이다.

- 현금 및 현금화시킬 수 있는 기회를 가지지 않는다.
  - 현금카드 및 신용카드 사용을 중단하고 모두 폐기한다.
  - 현금을 절대적으로 만지지 말고, 모든 금전 거래는 은행 계좌로 바로 이체한다.
  - 신뢰할 수 있는 가족이나 사람에게 금전 문제를 대신 관리하게 한다.
  - 도박장 근처에 갈 일이 있을 시에는 현금과 현금화시킬 수 있는 모든 것을 두고 간다.
- 도박을 할 경우 잃은 금액과 딴 금액의 내역을 기록한다. 친구의 경우를 기록하거나 혹은 도박 관련 법적 사실과 도박장이 올린 매출액에 대한 통계치도 조사하여 기록한다.
- 절대적으로 절약하고 생활 수준을 낮춘다.

- −가장 기본적인 생활 수준으로 돌아간다.
- −진정한 행복이 의미하는 것을 생각한다. 건강, 이해심, 긍정적 사고, 우애 등.
• 다른 사람과 어울리는 공동의 활동에 참가한다.
- −취미/특기 개발을 위한 단체 가입, 자원봉사, 가족/친구와의 활동 참가
• 도박을 하지 않는 사람과 도박이 불가능한 장소에서 만난다.
• 지지망을 구축한다.
- −자조모임(예: 단도박자 친목모임)에 가입한다.
- −상담원, 심리학자, 정신과 의사, 건강전문가와 상담한다.
- −가족, 친구, 친지의 도움을 구한다.
• 필요할 경우 재정문제 전문가의 도움을 구한다.
- −예산 편성, 부채 상환 등
• 심리적 · 신체적 건강상의 문제에 대해 치료를 한다.
- −우울, 불안, 자살, 약물중독, 편집증, 대인관계 등
• 도박에 쓸 돈을 모아 자신과 가족을 위한 즐거운 일에 사용한다.
- −여행, 외식, 영화 관람, 스포츠 장비 구입, 등산 장비 구입, 카메라 구입 등
- −일생 동안 하고 싶은 일과 재미있는 일만 하더라도 다 못하고 죽는다는 것을 명
  심한다.
• 도박을 대체할 수 있는 즐거운 일을 찾아 남는 에너지를 사용한다.
- −지루함, 고독감을 느끼는 상황을 피한다.
- −취미, 운동, 기타 즐거운 활동에 참가한다.
- −성취감과 자신감을 느낄 수 있는 일을 찾아 배우고 연마한다.
• 도박을 하는 데 영향을 준 습관과 행동을 변화시킨다.
- −도박장 근처 가지 않기, 도박 관련 정보 읽지 않기, 도박하는 친구 만나지 않기 등
- −자신의 도박에 대한 고위험 상황을 파악하여 사전에 노출되지 않도록 하기
- −스트레스 대처, 분노 조절, 효과적인 대인관계 및 의사소통 기법 등을 익혀 자기
  관리하기
• 매일 할 일에 대해 계획을 세우고 시간표를 작성한다.

- 도박중독의 위험성, 부정적 결과 등에 대해 공부하면서 항상 경각심을 고취한다.
- 변화와 개선에 대해서는 점진적으로 하고 현실적으로 가능한 기대감을 갖는다.
  - 신속한 변화 혹은 개선을 기대하는 것은 비현실적이다.
  - 재발은 언제라도 일어날 수 있고, 재발이 실패의 징조가 아니라는 것을 기억한다.
  - 돈을 따는 경우는 단지 운에 의한 것이지 실력에 의한 것이 아님을 인지한다.
  - 도박이 재정적 어려움을 해결하는 가장 좋은 혹은 유일한 방법이 아님을 명심한다.

4. 재발 및 대처

1) 재발의 징후

사람들은 자신의 삶의 모든 부분에 완벽하게 통제력을 발휘할 수 없으며 자신들이 계획했던 모든 것을 이룰 수도 없다. 도박에 다시 빠질 가능성은 누구에게나 존재한다. 재발로 인해 도박자는 가족이나 주변 사람에게 죄책감 혹은 수치심, 자신에 대한 분노 및 무기력, 조절 실패로 인한 두려움 등과 같은 다양한 감정을 야기할 수 있다. 도박자가 회복에 대한 열의를 포기하지 않고 변화된 행동을 정착시키기 전까지는 종종 여러 번의 위기가 있으며, 그러한 위기에 대한 강건한 의지와 단도박을 하겠다는 강한 시도가 필요하다. 재발을 실패라 생각하지 않고 하나의 실수로 여긴다면 재발에서 무엇인가를 배울 수 있고, 다시는 재발하지 않도록 하는 예방조치를 취할 수 있다.

다른 형태의 중독과 마찬가지로, 재발은 실제적인 행위가 일어나기 훨씬 전부터 시작된다. 따라서 그 위험성을 나타내는 징후는 오래전부터 발견할 수 있다. 만약 치료를 받기 이전의 태도와 행동을 보인다면 재발은 실질적으로 시작되었다고 볼 수 있다. 재발은 다음과 같은 것들에 대해 효과적으로 대처하지 못하였을 때 시작된다.

- 도박 관련 비합리적인 사고가 남아 있을 때
- 주변인과의 관계에서 계속적으로 소외되거나 신뢰받지 못하는 등의 문제가 있을 때

- 직장에서의 업무 관련 스트레스가 있을 때
- 심리적 불안, 무기력, 열등감, 대인관계 문제, 억압된 분노 등이 있을 때
- 해결되지 못한 재정적 문제가 있거나 해결될 희망이 보이지 않을 때
- 도박 혹은 다른 일상과 관련된 지루하고 복잡한 법적인 문제가 있을 때
- 건강상의 문제가 있거나 혹은 그로 인한 불안과 염려가 있을 때
- 각종 상황에 대한 대처 능력의 부족으로 심각한 억압과 스트레스를 받을 때
- 부적절한 행동, 사고, 감정으로 인해 비현실적이거나 부적응적일 때

결론적으로 사람들이 스트레스를 받고 그것을 적절하게 관리하지 못하면, 그들은 스트레스를 회피하기 위한 수단으로 도박에 다시 빠질 수 있다. 도박을 하게 되는 이러한 위험한 스트레스 상황을 고위험 상황(high-risk situation)이라고 한다.

고위험 상황에 대한 체크리스트는 다음과 같다.

다음은 재발에 대한 고위험 상황의 예들입니다. 각 도박 재발의 위험 상황 문항에서 귀하에게 해당되는 칸에 ∨ 표시를 하시기 바랍니다.

문항	예	아니요
나에게 아무도 관심을 기울이지 않는다고 느낄 때		
우울함을 느낄 때		
직장에서 문제가 발생했을 때		
부당하게 처벌받고 있다고 느낄 때		
두려움을 느낄 때		
휴가 중일 때		
모든 것에 만족한다고 느낄 때		
사용할 수 있는 돈이 있을 때		
다툼과 논쟁을 할 때		
분개할 때		
짜증나고 피곤함을 느낄 때		
도박을 통제할 수 있다는 생각이 시작될 때		
자신에게 매우 화가 났을 때		

삶에 넌더리가 나고 실망할 때		
다른 사람들이 나를 실망시킬 때		
지루하거나 외로울 때		
압박감이 몰려올 때		
빈털터리임을 느꼈을 때		
돈이 있거나 봉급날이 되었을 때		
빚에 대해 걱정할 때		
도박하는 사람들과 함께 있을 때		
술집에 있을 때		
복권을 보았을 때		
도박장을 보았을 때		
스포츠 경기를 보고 있을 때		
배우자/동료와 다투었을 때		

2) 재발방지 모델의 소개

다음의 자료들은 『생명의 전화 자료집(AADAC Lifelines Resource Package)』에 실린 '성공을 위한 계획: 재발 방지(Planning for Success: Preventing Relapse)'에서 발췌한 것이다.

Marlatt와 Gordon(1985)에 따르면 보고된 재발 사례 중 거의 3/4에서 발견되는 고위험 상황은 부정적인 정서 상태, 사람들과의 관계에서의 갈등 그리고 사회적인 압력임이 확인되었다. 이러한 상황이 문제성 도박자에게도 적용될 것이라 가정하는 데에는 무리가 없다. 만약 개인이 이러한 부분에 대해 효과적으로 대처할 수 있다면 재발 가능성은 현저하게 감소할 것이며, 도박을 하지 않는 기간과 절제하고 있다는 인식이 높아짐에 따라 재발 가능성도 그만큼 감소할 것이다. 만약 어떤 사람이 효과적으로 대처하지 못하고 있다면 그 사람은 자신의 자기효능감이 감소되고 있음을 경험하게 될 것이다. 자기효능감의 감소는 스트레스 상황에서 무력감과 소극적으로 대처하는 경향으로 이어진다. 만약 그 상황이 도박, 음주, 마약 복용에 대한 유혹을 내재하고 있고 또 유혹에 빠진 개인이 행동과 약물의 효과에 대해 긍정적인 기대감을 가지고 있다면 거의 대부분 재발하게 된다.

비용－이익(cost-benefit)의 관점에서 재발은 많은 개인에게 매우 합리적인 선택이거나 결정인 것으로 보인다. 여기서 이익이란 즉각적인 만족을 얻는다는 것이다. 많은 사람에게 즉각적으로 얻는 만족은 부정적이지만 잠재적인 효과인 비용보다 훨씬 크게 느껴진다.

또한 부인(denial)과 합리화(rationalization)는 쉽게 도박에 다시 빠지게 만드는 기제들이다. 사람들은 재발 의도와 장기적으로 발생하는 부정적인 결과의 위험성을 모두 부인하거나 혹은 그 결과에 대한 합리화를 통해 중독 행동을 미화시키거나 정당화시켜 중독 행동을 한다.

다양한 형태의 중독 행위와 관련된 문제를 다룬 연구 결과와 임상 경험에 따르면, 개인이 일상적인 생활방식에서 추구하는 균형의 정도는 그들에게 내재한 도박에 대한 욕구와 관련되어 있다. '균형'은 개인의 일상생활 가운데 바깥에서 요구되는, 즉 반드시 해야 되는 것으로 인식되는 활동들과 즐거움이나 자기 달성을 위해 사람들이 스스로 원해서 행하는 활동 간에 존재하는 공평함의 정도라고 정의된다. 생활방식이 '해야 한다' 쪽으로 무게중심이 옮겨져 있는 사람들은 일과 후에 방탕한 일(귀가 중 도박 혹은 음주)을 하는 것에 대해 그렇지 않은 사람보다 더 합리화하는 경향이 있다고 한다.

3) 평가와 개입 전략

특정 문제에 대한 치료든 일반적인 문제에 대한 치료든, 재발방지 전략은 기술훈련, 인지적 재구성, 생활방식 개입의 세 가지 범주로 나누어진다.

기술훈련 전략은 고위험 상황에 대처하는 데 필요한 행동적 · 인지적 반응 모두를 포함한다. 인지적 재구성 과정은 내담자에게 습관－변화 과정(habit-change process)의 본질에 대한 다양한 측면(예: 습관－변화를 학습과정으로 간주하기, 욕망과 초기의 징후에 대처하는 전략 소개, 최초 발생한 재발에 대한 반응을 재구성하기 등)을 이해시키기 위해 고안되었다. 그리고 생활방식(예: 여가, 휴식, 운동 등) 개입 전략은 내담자로 하여금 총체적인 대처 능력을 강화하게 하고 불균형적인 생활방식의 부산물인 욕망의 빈도와 강렬함을 감소시키도록 하기 위해 고안되었다.

이러한 개입 전략 중 어느 것을 내담자에게 적용할 것인가의 문제에 대해서는 개개인의 특성에 근거하여 기법을 선택할 것을 권한다. 치료사는 내담자의 문제 및 일반적인 생활방식 유형에 대해 자신들이 최초로 내린 평가와 진단에 따라 개입기법을 정한다. 특정 목적의 개입과정에서 볼 수 있는 전반적인 목적은 내담자에게 재발의 가능성을 예상하여 그에 대처하도록 하고, 도박에 또다시 빠지게 만드는 고위험 상황을 식별하여 그에 대처하도록 하며, 한 번의 실수가 영원히 고착되지 않도록 반응을 수정하도록 하는 데 있다.

재발을 막는 데 있어서 취해야 하는 첫 단계는 재발을 촉진시킬 수도 있는 고위험 상황을 구별하는 방법을 가르치는 것이다. 다시금 도박에 빠지게 하는 사건의 고리를 일찍 인식하면 할수록 위험을 알리는 징후를 더 빨리 식별하게 되며, 그러한 상황에 대처하는 적당한 기술을 이용하게 됨으로써 더 빨리 개입할 수 있게 된다.

평가과정은 개인으로 하여금 고위험 상황을 많이 식별하도록 한다. 자기감시(self-monitoring) 과정은 고위험 상황의 평가를 위해 활용되는 효과적인 방법이다. 이미 활용되고 있는 대처방법의 적절성을 검토하는 것은 평가에서 중요한 목표다.

기술훈련은 재발방지 프로그램의 초석이다. 이는 내담자 개개인의 욕구에 근거하여 실행되어야 한다. 자신 및 대인 관계에 효과적으로 대응하는 기술 모두는 재발 가능성을 줄이고 도박을 하지 않도록 하는 데 효과적이다. 기술 개발에는 스트레스 관리, 분노 관리, 의사소통 기술과 일반적인 사회생활에 필요한 기술과 같은 영역이 포함된다. 기술훈련은 행동의 연습, 교육, 지도, 평가의 피드백, 행동양식 구축, 역할연습 및 재발연습 등과 같은 방법을 통해 이루어질 수 있다. 재발연습은 실제 생활 가운데 새롭게 습득한 대처기술을 연습하는 것이 현실적이지 못할 때 활용할 수 있는 유용한 과정이다. 내담자는 자신들이 고위험 상황에 처해 있다고 가정하고 이러한 상황에 대처하는 데 이용될 수 있는 전략을 평가한다. 내담자들로 하여금 새롭게 습득한 기술을 직접 실험하도록 과제를 부여하는 것은 필수적이다. 이를 통해 새로운 기술이 가지고 있는 문제점을 해결할 수 있고 장점을 고루 취할 수 있게 된다.

내담자는 이러한 전략을 항상 효과적으로 사용할 수 없을 것이고 가끔씩 도박에 빠질 수 있다. 자신들이 가끔씩 도박에 다시 관여하는 것에 대해 어떤 반응을 보이는가 하는 점은 가끔씩 도박을 하다가 완전히 다시 빠지게 되는 과정에서 상승 정도를 좌우하기 때문에 재발방지 모형에서 중요한 부분이다.

재발방지 자기개발(self-development) 프로그램의 마지막 부분은 전반적인 생활방식의 변화를 도모하기 위해 개입하는 과정이다. 내담자에게 고위험 상황에 대처할 수 있는 기술만을 숙지하게 하는 것은 충분하지 못하다. 종합적인 자기관리(self-management) 프로그램은 일상적으로 발생할 뿐 아니라 고위험 상황으로 이끄는 선행 요인이기도 한 스트레스에 대처하는 능력을 키우게 하여 내담자의 전반적인 생활방식을 향상시켜야 한다.

이러한 모든 기법에도 불구하고 욕구와 갈망은 불특정 상황에서 불규칙적으로 나타난다. 그렇기에 욕구의 통제를 가능하게 하는 다양한 기법을 익히는 과정이 요구된다.

때때로 욕구와 갈망은 도박성 게임기가 눈에 띄는 것과 같은 외부적인 요인에 의해 일어나지만, 이러한 가능성은 자극통제 기법(stimulus control techniques) 혹은 회피 전략(avoidance strategies)을 활용함으로써 상당히 감소시킬 수 있다. 이와 같은 과정은 예기치 않은 고위험 상황에 유용하고 개인이 더 나은 대처 능력을 개발시키는 동안에 임시로 활용할 수 있는 대처 방안으로서도 유용하다. 내담자에게 욕구와 갈망이라는 경험에 대처하는 방법을 숙지시킬 때, 이와 같은 내적인 사건으로 인해 발생하는 불쾌함이란 당연하며 그것은 억누를 수 있다는 점을 강조하는 것은 중요하다.

욕구와 갈망은 항상 의식할 수 있는 것은 아니며, 사람들로 하여금 부적합한 결정을 하게 하는 경로를 통해 재발에 빠지게 하는 데 있어 강력한 영향력을 발휘하기도 한다. 그 발생을 방지하기 위해서 내담자는 자신들이 가진 진정한 의미를 깨달아야 하며 이런 깨달음을 통해 자기기만을 통찰하는 훈련을 받아야 한다. 자신들이 내리는 결정 중 어떤 것은 욕구와 갈망의 실질적인 표현이라는 점을 스스로 깨닫는 것을 통해, 내담자들은 그런 상황을 초기 경고 징후로 활용할 수 있다.

충동통제 기법(urges control techniques)의 중요한 목표 중 하나는 개인으로 하여금 충동을 외부화하여 객관적으로 조망할 수 있는 능력을 키우는 것이다. 갈망은 치료가 실패하고 앞으로 재발할 가능성이 높은 징후라고 인식되기보다는 환경과 생활방식의 힘에 대응해 일어나는 자연적인 현상이라고 인식되어야 한다.

4) 재발을 암시하는 징후 알아보기

치료 프로그램을 시작한 이후 혹은 지난 몇 주 동안 어떤 감정 상태에 있었는지, 어떤 행동을 하였는지 생각해 보고 다음 문장 중 해당되는 문장에 ∨ 표시를 하십시오.

_____ 나의 감정 상태에 대해 표현하지 않기

_____ 이성 잃음(감정 조절의 어려움 혹은 소리 지르기, 작은 문제에 당혹해하거나 민감하게 반응)

_____ 부정적 태도(비평적이고 비난적임)

_____ 지루함(할 일이 아무것도 없다는 생각)이나 멍하니 있거나 눈 초점 흐림

_____ 자기연민(자신의 어려운 상황을 외부에 귀인시킴)

_____ 도박으로 인한 문제가 있음을 부인(조절 및 단도박을 할 수 있다는 신념으로)

_____ 호전적인 사고(자살 혹은 타인에 대한 공격적 언어나 행동)

_____ 빈번하게 그리고 돌발적으로 도박을 생각함

_____ 고립(가족/친구와 대화하거나 만나는 것을 회피함)

_____ 비난(책임 전가를 위한 비난)

_____ 정직하지 않음(눈맞춤을 하지 않거나 거짓말을 함)

_____ 학교나 직장 내에서의 문제(학교 혹은 직장을 빼먹음)

_____ 법적인 문제(대출, 저당, 사채 등으로 인한 문제)

_____ 가족들과의 갈등 혹은 무단 외출 및 외박

_____ 충고의 거절

_____ 모임에의 저조한 참석률(GA, 상담원과의 약속 어김)

_____ 도박을 했던 장소 주변을 어슬렁거림

_____ 도박 혹은 술친구와 함께 시간을 보냄

_____ '대박' 시의 짜릿함을 기억함

_____ 침착하지 못함(일에 집중하지 못하거나 불안정한 상태)

_____ 돈을 구하는 방법과 장소를 생각함

_____ 스트레스 요인을 내버려 둠(분노, 적개심, 부적응 등 관리 및 대처를 하지 않음)

_____ 다른 형태의 도박은 위험하지 않다고 생각함

_____ 특정 형태의 도박에 잠깐 손을 댐

_____ 부채 혹은 돈의 부족으로 인하여 압박감을 느낌

_____ 음주 혹은 마약에 다시 관여함

5) 도박중독 예방을 위한 건전 게임 규칙

도박이 아닌 건전한 여가로서의 게임을 즐기기 위해서는 많은 사항을 염두에 두고 실천하여야만 한다. 모든 것이 그러하듯이, 안다는 것이 중요한 것이 아니라 실천이 중요한 것은 도박 행동에서도 마찬가지다.

- 돈을 목적으로 하지 말라. 도박중독에 빠질 가장 위험한 요인이다. 몇 번은 따지만 전체적으로는 잃는다는 도박판의 진리를 잊지 말라. 도박에서 돈을 따는 사람을 지금까지 보지 못했다. 처음에는 딸 수도 있고 가끔 기대 이상의 돈을 딸 수도 있다. 그러나 전체적으로 보아 플러스냐 마이너스냐의 질문에는 무조건 마이너스다.
- 회피 수단으로 도박하지 말라. 현실이 복잡하거나 스트레스를 받는다거나 골치 아프다고 해서 도박판으로 가지 말라. 더 복잡하고 골치 아픈 일이 생긴다. 도박판에 있는 많은 사람들에게 도박판에서 복잡한 현실의 문제가 해결되었던 적이 있었는지 물어보라. 쾌락은 짧고 고통은 영원하다.
- 게임을 건전한 여가 활동과 휴식으로 생각하고 다른 여가 활동과 균형을 맞추어라. 여가 활동과 휴식이란 개인적으로 그리고 가족과 함께 즐기면서 좀 더 건강한 삶을 살기 위한 에너지 충전을 하는 활동이다. 그러나 도박은 역기능적인 측면을 가지고 있다. 에너지 고갈 및 피로, 경제적 손실, 심리적 허탈감 등으로 당초의 의도와는 반대로 갈 수 있다. 꼭 해야만 한다면 가족이나 친구와 함께할 수 있는 건전한 오락의 수준으로 즐기며, 오락 시설을 이용하고 이용료를 낸다는 기분으로 하라.

- 생활에 필요한 돈이 아니라 여분의 돈을 가지고 즐겨라. 도박성 게임을 무조건 하지 않는 것이 좋다고 주장하고 싶지만 사람들의 생각은 모두 다르기 마련이다. 다소의 스릴과 내기성 게임 그리고 돈을 걸고 하는 소위 도박성 게임을 즐기는 사람들이 의외로 많다. 그들은 도박으로 인해 자신의 많은 돈을 잃을 수 있다는 것을 알고 있으면서도 자신의 사고방식을 바꾸려고 하지 않는다. 돈을 따려면 어떤 기회에다 돈을 걸어야 하며 걸지 않으면 딸 수 없다는 것이다. 그러나 반드시 지켜야 할 사항은 책임질 수 있는 돈과 본전 추구의 마음이 생기지 않는 여윳돈으로 짧은 시간에 즐기는 차원으로 해야 한다는 것이다. 현금 서비스를 받아서, 돈을 빌려서, 반지를 팔아서, 차를 잡혀서, 그리고 고액의 이자를 주고서 돈을 빌려 게임을 하는 것은 분명코 심각한 문제성 도박이다.

- 예산, 시간 그리고 게임 횟수를 정하고 반드시 지켜라. 위에서도 말하였듯이, 여윳돈으로, 여가와 오락으로 적당한 시간을 정해 놓고, 게임의 횟수를 정하고 반드시 지켜야 한다. 건전한 여가생활은 그러한 것이 가능하다. 그러나 도박은 기대 이상의 많은 돈을 걸고, 쉬지도 않고 아주 오랜 시간 동안 계속적으로 게임을 하며 장시간 많은 횟수의 게임을 한다. 도박을 하면 시간이 정말 잘 간다고 한다. 반드시 금액과 시간, 게임의 횟수를 정하고 지켜야 한다.

- 도박을 하기 위해 돈을 빌리지 말라. 후에 엄청난 빚이 발생하고 자살과 지속적인 도박의 가장 큰 핵심적인 원인이 된다. 돈을 빌려 도박을 하는 사람치고 돈에 시달리지 않는 사람이 없다. 그리고 도박을 하는 사람 중에 도박 빚 없는 사람이 없다. 그들은 도박으로 돈을 딸 수 없다는 사실을 알더라도, 도박 빚을 갚을 수 있는 방법은 도박밖에 없다는 생각으로 도박을 그만두지 못한다.

- 잃었을 때 만회하려는 생각으로 계속 베팅하지 말라. 모든 도박자는 돈을 잃게 되면 이성적 판단에 문제가 생기게 되고 더 많은 돈을 베팅하게 된다. 그러면 더 큰 문제가 발생하고, 더 많은 심리적 및 경제적 문제가 발생한다. 먼저 즐기는 수준으로만 게임을 해야 되며, 잃었다 하더라도 사전에 정한 금액만을 하고는 하지 않아야 조절이 가능하다. 그러나 아주 작은 부분의 지나침은 큰 문제의 원인이 되니 철저한 자기 관리가 필요하다. 오늘 모든 것을 결정 내리려고 덤비지 말라. 도박을 하

지 않는 것이 좋겠지만, 만약 해야 할 상황이라면 즐기는 비용 한도에서만 조금씩 하라.

• 도박 관련 행동에 대해서 가족 및 주변 사람에게 반드시 알리고 어떠한 거짓말도 하지 말라. 도박이라는 것이 매우 위험한 상황을 발생시킬 수 있으며 많은 위험한 상황과 중독이라는 특징 때문에 비밀을 만들 수 있으니 처음부터 한 치의 거짓과 비밀을 만들지 말아야 한다. 조금씩 비밀을 만들면 어느새 그 비밀은 해결할 수 없고 돌이킬 수 없는 상황으로 치닫게 되므로 항상 철저한 솔직함만이 자신과 가족을 보호할 수 있다.

• 도박에는 실력이라는 것이 없다. 타짜가 하는 속임수는 실력이 아니라 범죄임을 명심해야 한다. 게임마다 독립적이고 확률적인 것에서, 그리고 기본적으로 하우스가 유리하도록 설정된 게임에서 몇 번 승리한 것으로 자신의 능력을 과신하지 말라. 그것은 단지 운이 좋았을 뿐이다. 도박중독의 첫 단계인 승리기에서 우연히 큰돈을 따고, 도박에 잠재 능력이 있다고 믿고 프로 도박사가 되겠다고 한 젊은 친구가 있었다. 그는 의대를 졸업한 친구였는데 시험에 대한 스트레스와 내향적인 성격으로 친구가 없었다. 그는 그렇게 현실과 멀어져 가고 있었다.

• 게임과 관련된 모든 것을 기록하라. 게임장에 가는 데 필요한 경비, 게임장에의 접근 및 돌아오는 시간, 게임 종류, 게임 시간, 획득 혹은 탕진 금액, 잃었을 때의 기분 등을 반드시 적어라. 이러한 기록은 추후에 도박자가 자신의 과거 도박 행동으로 일으킨 결과를 보여 주고 미래 자신의 행동 방향을 결정하는 데 좋은 기초 자료를 제공할 것이다.

5. 도박중독의 치유 프로그램

도박중독은 완치될 수 있는가? 지금까지의 치료 및 재발방지 프로그램은 완벽한가? 이에 대한 대답은 한마디로 말하기 어렵다. 그 이유는 언제든지 재발 가능하며 완치라고 말하기 힘든 경우가 많기 때문이다.

병적 도박은 심리적, 사회적, 생물학적 원인으로 인해서 나타나는 것으로 보고되고 있다. 따라서 발생의 원인 및 개인의 특성을 고려하여 그 치료방법을 선택해야 한다.

- 심리상담 치료: 도박과 관련하여 개인의 성격적 측면, 대인관계의 어려움, 스트레스, 우울증, 적응장애, 경제적 어려움 등으로 인해 고통받는 이들이 문제를 해결하고 더 나은 삶을 살아가도록 도움을 받을 수 있다.
- 가족치료 및 가족상담: 도박으로 인해 가족 또한 의심병과 노이로제, 우울증, 경제적 어려움 등의 고통을 겪고 있다. 이에 대한 대처 방안과 새롭게 가족이 재결합하도록 도움을 받을 수 있다.
- 병원치료: 중독에 대한 충동이 강하거나 심한 금단증상으로 고통을 받는 경우 입원 및 약물 치료를 통해 금단증상으로 인한 고통을 감소시키고 심신의 건강을 되찾는 데 도움을 받을 수 있다.
- 자조모임 참여: 도박중독에 빠졌던 사람들이 모여 서로의 경험과 지식을 나누고 사례 발표 등을 통해 의지력을 키우는 자조모임(단도박 모임 등)에 참여함으로써 지속적인 단도박 생활 유지에 도움이 될 수 있다.

1) 도박중독의 치유 원칙

모든 도박 중독자에게 동일하게 적용되고 모두에게 도박을 끊게 하는 유일한 치유 프로그램은 없다. 여기서 제시하는 것은 AADAC의 집중치료 프로그램에서 일부 인용된 것이며, 가장 기본적이며 일반적인 원칙이다.

- 도박중독은 가족병이다. 따라서 사랑하는 가족이 중독자가 되면 가족 또한 병들게 된다. 중독자는 도박으로 스트레스를 해소하지만, 가족은 경제적인 어려움뿐만 아니라 돈이나 도박 도구를 감추고 도박을 끊도록 애원하고 항상 불안과 초조 속에 노심초사하는 생활을 하게 됨으로써 정서적인 고통으로 일상적인 생활을 하는 데 어려움을 겪게 된다. 따라서 도박중독은 중독자뿐 아니라 가족 모두를 병들

게 하는 가족병이란 인식을 가져야 한다.

- 도박중독에 대해서 알아야 한다. 적과 싸워 이기려면 적을 알아야만 한다. 도박중독의 실체를 모르면 도박으로 인해 야기된 문제에서 벗어날 수가 없다. 혹은 중독자를 도와주기 위한 행동이 도박중독을 더욱 악화시키는 역할을 하는 경우도 많다. 따라서 중독자와 가족은 먼저 도박중독의 원인, 진행과정, 치료 및 회복 과정 등에 대해 알아야만 그것을 이겨 낼 수 있다.

- 가족부터 회복되어야 한다. 대부분의 가족은 중독자로 인하여 경제적, 정서적, 신체적으로 매우 피폐해 있다. 많은 가족이 이 때문에 우울증이나 심인성 질환 등에 시달리고 있다. 중독자를 치료하려면 가족은 자신부터 심신의 건강을 되찾아 중독자를 치료의 길로 안내할 수 있어야 한다. 따라서 가족은 자신에게 맞는 치료 및 상담 기관에서 치료를 받아야 하며, 단도박 친목 가족모임을 통해 도움을 구해야 한다.

- 사랑에도 통제가 필요하다. 가족은 중독자에게 애원하고 설득하거나 윽박지르거나 이혼 통첩 등의 방법을 통해 도박을 끊게끔 노력해 왔다. 또한 채무 발생 등을 반복해서 해결해 주는 해결사의 역할을 하는 경우가 많다. 그러나 이러한 노력이 도박을 끊는 데 도움이 되지 않을 뿐더러 중독자가 더욱 가족에게 무책임해지고 심리적으로 의존토록 만드는 요인이 된다. 따라서 가족은 더 이상 도박 자금을 마련해 주거나 도박 빚을 갚아 주는 일이 없도록 냉철한 태도를 유지해야 한다.

- 숨기지 말아야 한다. 가족은 중독자의 명예, 체면, 직장 문제 등을 생각하여 어떻게든 도박 사실을 감추려 한다. 그러나 이것이 오히려 도박을 부추기고 도박 빚을 증가시키는 요인이 됨을 인식해야 한다. 따라서 가족, 친지 등 도박 자금이 나올 수 있는 곳에 알리고 도박 문제의 해결을 위해 다른 가족과 친지 등의 협력을 구해야 한다.

- 협력체계를 구축해야 한다. 먼저 회복을 한 가족은 중독자의 친구가 되어야 한다. 어느 중독자도 자신의 문제를 인정하려 들지 않는다. 가장 먼저 중독자가 자신의 이야기를 솔직히 털어놓을 수 있는 편하고 수용적이며 차분한 태도를 보이도록 한다. 지속적인 대화와 상담기관, 치료기관, 단도박 모임, 종교기관과의 협력하에

중독자를 설득해야 한다는 사실을 잊지 않도록 한다. 치료의 중심에 가족이 서야 한다.

- 마라토너가 되어야 한다. 도박 중독자는 자신의 의지와는 상관없이 수차례 단도박과 재발을 반복할 수 있다. 이를 실패로 생각하지 말아야 하며 도박중독에서 회복되어 가는 과정으로 인식해야 한다. 가족의 도움으로 단도박 상태를 지속하는 기간이 늘어간다는 사실과 도박중독에서의 회복의 길은 멀고 먼 마라톤 코스와 같음을 잊지 않도록 한다(한인 중독증회복 선교센터 홈페이지에서 발췌 수정).

2) 내담자 치료 계획

(1) 치료 계획 시 고려사항

치료 계획은 개별적으로 마련하는 것이 중요하다. 내담자에게 체계적으로 만들어지고 명확한 목표를 제시한 치료 계획은 성공 가능성을 높인다. 치료 계획이 효과적이기 위해서는 융통성을 갖추어야 하며 내담자의 변화 능력과 가능성을 수용해야 한다.

융통성은 치료 프로그램을 내담자에게 개별적으로 적용하는 것이다. 내담자에 따라서 단기 목표는 1개월 혹은 3개월이 걸리며, 장기 목표는 3개월, 1년 혹은 5년이 걸릴 수 있다. 내담자에게 어떤 것이 현실적인지 분명하게 물어보는 것이 필요하다.

치료의 초기 단계에서는 장기 목표가 논의되고 설정될 수 있으나, 단기 목표가 중심이 되므로 현실적이고 도달 가능성이 있는 단기 목표 설정의 중요성을 망각해서는 안 된다. 문제성 도박자의 대다수는 실패와 같은 감정을 가진 경력이 있기 때문에 변화의 여세를 지속하기 위해서는 성공을 느낄 필요가 있다.

다음 질문은 치료계획 과정에서 지침으로 이용될 수 있다.

- 도박자가 도박을 통해 해결하고자 하는 문제는 무엇인가?
- 내담자의 도박중독 수준은 어느 정도인가?
- 해결되지 않은 심리적 문제가 있다면 그것은 무엇과 관련이 있는가?
- 좀 더 정확한 평가를 위해 평가방법 및 절차는 무엇인가?

- 내담자가 당면하고 있는 가장 큰 스트레스는 무엇인가?
- 치료 프로그램은 법적, 재정적, 직업적, 가족의, 의료적, 심리적 이슈를 충분히 고려하고 있는가?

(2) 치료 목표

치료 형태나 강도를 내담자의 상황과 일치시키는 것 또한 중요하다. 최소한의 간섭을 통한 치료 원칙(the principle of least intrusive therapy)은 기타의 중독 문제와 마찬가지로 도박중독 치료에도 적용된다.

보통 수준의 도박 문제에는 행동계약과 같은 단독적인 접근법이 적합한 반면, 심한 경우에는 외래환자 치료 프로그램, 지지집단 그리고 GA 참가와 같은 방법들을 결합한 다차원적 접근법이 적합할 것이다.

단기 목표를 달성하기 위해 내담자와 계약을 하는 것도 유용한데, 이러한 전략은 분명하게 식별되고 수행되어야 하는 업무, 어떻게 수행할 것인가에 대한 설명, 효과적인 수행에 필요한 기준, 수행 완료 일시, 완료 시 보상 혹은 미완료 시 처벌 등이다.

다음은 내담자를 위해 설정되어야 하는 장단기 목표의 예다. 단도박, 문제 해결에 대한 새로운 스타일 개발, 달성 가능한 단기 목표의 수립과 그 완수를 통한 자존감 향상, 충동을 완화할 수 있는 이완기술 개발, 재정적 회복 계획을 실현 가능하도록 수립함, 즐거움과 환희를 얻을 수 있는 대안 발견, 친구와의 우정을 발견하고 즐기는 방법의 습득으로 친숙함과 소속감 향상, 해결되지 않은 슬픔 지적, 직면하는 모든 것에 대해 거부감을 느끼지 않고 수용함, 감정 혹은 느낌을 회피해야 할 대상이 아닌 지침으로 수용, 도박자의 부정직과 망각에서 야기된 파괴를 치료하기 위한 가족치료에의 참가, 추수치료(follow-up treatment)와 GA와 같은 지지집단에의 참여, 일과 관련된 만족스러운 정체성 확립, 자기개념을 증진시키고 에너지를 활성화할 수 있는 여가 및 레크리에이션 활동 유형 개발, 비합리적인 믿음과 부정적 사고 패턴의 직시 등이다.

(3) 선별검사와 평가

선별검사와 평가는 그 과정이 지니고 있는 기능만으로도 치료의 중요한 부분이라고 할 수 있다. 내담자는 때로 선별검사와 평가의 근거만을 가지고도 자신들의 행동에 변화를 일으키거나 혹은 최소한 자신들의 도박에 관한 중요한 병식을 얻기도 한다.

평가는 도박과 기타 중요한 삶의 영역에 관련된 부분에 걸쳐 이루어진다. 평가는 치료의 첫 단계인데, 이 과정은 문제가 존재하고 있음을 확신하고 또 그 속성을 정확하게 선별 검사하는 것을 포함한다. 평가는 쌍방 협조과정(mutual cooperative process)이고, 잘 이루어진다면 내담자의 동기 유발을 촉진하는 촉매가 될 것이다. 상담원의 일부는 첫 번째 회기를 선별 세션으로, 두 번째 회기를 평가 세션으로 분류하기도 한다.

- 도박중독 선별검사
  - AADAC 도박 선별검사(The AADAC Gambling Screening)
  - 사우스오크스 도박 선별검사(The South Oaks Gambling Screen)
  - 익명 도박 선별검사(Gamblers Anonymous Screen)
  - 진단과 통계 매뉴얼 선별검사(Diagnostic & Statistical Manual Screen)
- 자살 선별검사
  - 자살위험 선별검사(The Suicide Risk Screen)
- 약물 남용 선별검사
  - 알코올의존 척도(Alcohol Dependence Scale: ADS)
  - 약물남용 선별검사(Drug Abuse Screening Test: DAST)
- 재정적 위기 선별검사
  - 재정적 위기 선별검사 도구(Financial Screening Tool: CAPE)

3) 문제성 도박 집중치료 프로그램

이 프로그램은 AADAC(2000)에서 발간한 '문제성 도박 집중치료 프로그램(Intensive Treatment Program for Problem Gamblers)'과 개인의 다년간 경험에 의해 첨삭·구성된 프로그램의 극히 일부분이다. AADAC 프로그램의 치료 절차는 간략하게 소개하는 차원에서 인용한 것이므로, 치료 프로그램을 적용할 시에는 전문을 참고하기 바란다. 그

리고 AADAC 프로그램 지침서의 내용을 전재하거나 인용 시에는 저작권자인 AADAC
와 협의하기 바란다.

(1) 프로그램 소개

이 프로그램은 입원치료 프로그램에 참여할 수 없는 내담자에게 치료를 제공할 목
적으로 마련되었다. 따라서 아직 치료를 받을 것인가에 대해 고민도 하지 않는 단계에
있는 도박자에게는 적합하지 않다.

문제성 도박 집중치료 프로그램은 두 세트의 모듈로 구성되어 있다. 하나는 문제성
도박자에게 제공하는 일련의 문제성 도박 전용 치료법(모듈 1~8)이며, 다른 하나는 문
제가 되고 있는 어려움을 해결하는 기술을 개발하는 데 중점을 두고 있는 일반적 치료
법(A~H로 표시되어 있음)이다.

① 모듈 1: 프로그램 소개

이 모듈에서 내담자들은 자신이 도박과 관련하여 겪고 있는 문제들을 정상화하기
시작한다. 참가자들은 그들이 혼자가 아니며, 그들이 가진 문제가 그들에게만 국한된
것이 아니며, 도움을 받을 수 있다는 것을 깨닫는다.

첫 번째 회기에서는 치료 프로그램에 대한 개략적인 소개, 프로그램 담당자 및 참가
자의 소개가 이루어진다. 프레젠테이션과 토론을 통해 참가자들은 문제성 도박에 대해

표 6-1 ┃ 문제성 도박 집중치료 프로그램의 구성

도박중독 치료 전용 모듈	일반 치료 모듈
• 모듈 1: 프로그램 소개	• 모듈 A: 스트레스 관리와 이완요법
• 모듈 2: 문제성 도박은 무엇인가	• 모듈 B: 여가 계획
• 모듈 3: 생활방식으로서의 도박	• 모듈 C: 자존감
• 모듈 4: 지지체계 확립	• 모듈 D: 상실 대응
• 모듈 5: 부채 평가와 관리 계획	• 모듈 E: 관계
• 모듈 6: 부정적이고 비합리적인 사고	• 모듈 F: 의사소통 기술
• 모듈 7: 물질남용과 정신건강 이슈	• 모듈 G: 분노 관리
• 모듈 8: 재발 방지	• 모듈 H: 자기주장

더 잘 알게 되고 자신들이 도박과 관련하여 가지고 있을지 모르는 양가감정을 겪기도 한다. 회기의 마지막에는 프로그램에 지속적으로 참가하도록 유도하는 기회가 제공되어야 한다.

② 모듈 2: 문제성 도박은 무엇인가

치료에서 중요한 부분 중 하나는 내담자로 하여금 도박 행위로 인해 야기된 자신들의 궁극적인 모습은 어떠하며 그 모습이 자신들의 삶에 어떻게 영향을 미칠 것인가에 대해 알 수 있도록 미리 그와 같은 상황을 경험하도록 하는 것이다. 참가자가 이러한 경험을 갖도록 하기 위해서는 시간이 필요한데, 모듈 2에서 참가자는 문제성 도박의 본질에 대해 탐색하고 이러한 정보를 자신들의 경험과 결부시키기 시작하기 때문에 그러한 경험은 모듈 2에서 시작된다고 할 수 있다.

③ 모듈 3: 생활방식으로서의 도박

이 모듈에서 내담자는 자신이 현재 처한 상황에 기여했을지 모르는 요인에 대해 생각하기 때문에 자신들의 문제성 도박에 대해 좀 더 이해하게 된다. 모듈 3에서는 참가자로 하여금 자신들과 자신들의 도박 행위에 대해 되돌아보도록 유도한다.

이 모듈에서는 강박성 의사결정(compulsive decision-making)과 관계된 인지적 과정뿐만 아니라 생활방식의 면면과 가족력, 어린 시절 경험, 성격과 같은 관련 요인도 논의된다.

④ 모듈 4: 지지체계 확립

도움을 주는 환경을 마련하는 것은 문제성 도박치료에 있어서 근본적인 것 중의 하나다. 사회적인 도움은 문제성 도박자가 자신들의 행동을 변화시키고 새로운 생활방식에 적응하는 것을 돕는 데 중추적인 역할을 담당한다.

문제성 도박 집중치료 프로그램의 한 측면은 여건이 허락된다면 지지집단에 참여하거나 GA에 참석하는 것을 포함한다. 이러한 도움은 문제성 도박에서 벗어나는 데 있어 중요한 역할을 담당한다. 지지집단은 내담자가 개인적인 행복을 향상시키고, 사회적 기능을 향상시키고, 문제성 도박의 결과에 잘 대처하게 하는 기능을 발휘할 수 있다.

⑤ 모듈 5: 부채 평가와 관리 계획

재정적인 고통은 문제성 도박자들이 가지고 있는 흔한 특성이다. 사실 많은 문제성 도박자의 경우 심각한 재정적 위기에 처하게 되었을 때 비로소 자신들의 도박 행위에 대해 도움을 청한다. 재정적 위기 문제를 해결하는 것이 종종 치료에서 최우선이 되어야 할 경우가 있다. 하지만 최초의 재정적 위기가 해결되었다 하더라도 재정적인 문제가 아주 없어지는 것은 아니다. 문제성 도박자에게 고부채는 예외가 아닌 일종의 법칙이다.

⑥ 모듈 6: 부정적이고 비합리적인 사고

문제성 도박 치료에서는 최근 인지적 치료의 이용을 지지하고 있다. 이 기법은 문제성 도박 행동에 깊이 빠지도록 이끄는 부정적인 사고방식이나 비합리적 혹은 잘못된 믿음에 중점을 두고 있다.

인지적 치료는 내담자로 하여금 부정적인 사고방식을 식별하고, 그것이 도박에 빠지게 하는 원인으로 알려진 낮은 자존감, 근심, 우울증으로 어떻게 연결되는지 인식하도록 도와준다. 우울증이 문제성 도박자에게서 볼 수 있는 공통적인 증상이라는 것을 고려할 때, 이 기법은 효과적이라 하겠다. 부정적 사고방식을 바로잡아 줌으로써 자존감은 강화되고 기분은 좋아지며 도박을 통한 나쁜 감정 해소의 필요성을 줄여 줄 수 있다.

더욱이 문제성 도박자는 도박에 대해 그리고 돈을 따는 것에 대해 잘못되거나 비합리적인 믿음을 많이 가지고 있다. 회복 프로그램의 중요한 측면 중 하나는 내담자로 하여금 이러한 믿음의 비합리성을 깨달아 현실적이고 정확한 관점을 가지도록 유도하는 것이다.

⑦ 모듈 7: 물질남용과 정신건강 이슈

문제성 도박자는 약물 남용 혹은 정신건강 문제 또한 가지고 있을 수 있다. 비록 대다수 내담자가 치료 프로그램에 참가하기 이전에 그러한 문제에 대해 진단을 받았지만, 일부는 그렇지 않았을 수도 있다. 문제성 도박 문제가 해결되었을 때 다른 문제가 도출되는 것은 흔하다. 내담자는 이러한 상태의 징후에 대해 인식해야만 하고 어디를 방문해야 하는지를 알아야 한다.

⑧ 모듈 8: 재발 방지

치료 동안 혹은 이후에 내담자가 그 형태나 정도는 다를지라도 다시 도박 행위를 하는 것은 흔한 일이다. 따라서 재발 문제를 언급하는 것은 빈틈없는 준비며 가치 있는 일이다. 치료의 최우선 초점은 내담자가 도박에 빠지지 않도록 하는 데 필요한 기술과 지식을 제공하는 것이다. 하지만 내담자로 하여금 재발과정에 대해 이해하고 초기 단계에서 그 과정을 식별하여 단절하도록 도와주는 것 역시 중요하다.

⑨ 모듈 A: 스트레스 관리와 이완요법

충분한 휴식의 부족은 때로 문제성 도박으로 이끄는 요인이다. 종종 문제성 도박으로 이끄는 요인인 과잉각성 상태 혹은 과소각성 상태는 사람들로 하여금 만성적인 스트레스 상태에 있게 한다. 도박은 이와 같은 스트레스를 완화하는 방안으로 작용하기도 한다. 또한 문제성 도박의 결과는 감당하기 어려운 스트레스로 이어진다. 결과적으로 스트레스를 풀기 위해 도박을 하고 또 도박으로 인해 더 큰 스트레스를 얻는 악순환이 되풀이된다.

내담자가 불편한 느낌을 관리하는 방법을 배우는 데 있어 스트레스 관리 전략과 이완요법은 유용하다. 부정적인 감정 상태는 도박을 그만두었을 때 더욱 심화된다. 따라서 이러한 감정에 대응하는 대안적 방법이 치료의 초기 단계에서 마련되고 제공되어야 한다.

⑩ 모듈 B: 여가 계획

문제성 도박자의 경우 도박을 그만두었을 때 활발하게 참가하는 여가 활동이 있는 경우가 흔치 않다. 따라서 여가 기회를 증대시키고 여가 활동에의 참여 폭을 넓혀 주기 위한 여가상담이 필요할 수 있다. 특히 현재에도 도박에 참가하고 있는 도박자를 위한 치료는 도박에서 느끼는 흥분을 다른 쪽에서 느끼게 하는 방법을 모색해야 한다. 새로운 여가 활동은 또한 긍정적인 지지체계를 조성하고 도박에서 자유로운 생활방식을 유지하도록 하는 데 기여한다.

⑪ 모듈 C: 자존감

문제성 도박자는 자존감의 결핍을 경험할 수 있다. 어떤 경우에 낮은 자존감은 문제성 도박의 선행 여건이 되지만, 다른 경우에는 문제성 도박이 낮은 자존감을 갖도록 하는 데 기여한다. 문제성 도박자의 치료는 대체적으로 그들이 세상만사에 대처하는 습관적 방법, 자신에 대한 믿음, 그리고 과거의 경험과 같은 이슈를 내담자로 하여금 언급하도록 요구한다. 이 모듈에서 내담자는 현재 자신들이 가진 자존감 수준과 이 부분에서 변화가 필요한지를 검토하기 시작한다.

⑫ 모듈 D: 상실 대응

많은 문제성 도박자의 경우 도박을 그만두었을 때 상실감과 비탄감을 경험하는데, 이러한 감정은 치료를 통해 해소되어야 한다. 상실(그리고 이와 관련된 비탄)은 문제성 도박으로 이끄는 요인 중 하나가 될 수 있다. 상실의 예로는 은퇴, 자녀들의 가출, 사랑하는 사람의 죽음 등이다.

마찬가지로 과거에 일어났지만 기억 속에서 지워지지 않은 타인의 무시 혹은 학대, 그리고 이러한 요인과 관련된 낮은 자존감은 문제성 도박으로 이끄는 요인들이다. 비탄감 문제는 왜 우울증이 문제성 도박자에게서 흔히 볼 수 있는 특성인지를 설명하는 데 유용하다.

⑬ 모듈 E: 관계

가족 간의 갈등과 신뢰 상실은 많은 문제성 도박자가 공통적으로 경험하는 문제다. 문제성 도박자가 이러한 난관을 깨닫고 조력하여 건강한 관계를 맺어 나가는 방법을 배우도록 하는 것이 치료에서 관심을 기울여야 할 중요한 부분 중 하나다.

⑭ 모듈 F: 의사소통 기술

문제성 도박자의 대부분은 자신들이 가진 욕구와 감정을 표현하고 그에 대해 다른 사람과 솔직하고 명확하게 대화를 나누는 데 곤란을 겪고 있다. 따라서 효과적인 의사소통 기술을 구축하는 것은 회복치료에서 중요한 부분이다.

⑮ 모듈 G: 분노 관리

분노에 대응하고 표현하는 방법을 습득하도록 하는 것은 회복치료에서 종종 중요한 부분이다. 분노는 도박 기회의 상실에서 야기되는 비탄을 느끼는 과정에서 유발된다. 도박자의 경우 자신들이 느끼는 분노에 적절히 그리고 효과적으로 대응하는 방법을 습득하는 것이 중요하다. 참가자가 이전 모듈에서 습득한 기술이 분노 관리에도 적용될 수 있다.

⑯ 모듈 F: 자기주장

문제성 도박자의 상당수, 특히 수동적인 도박자는 자기주장을 잘하지 못한다. 치료는 내담자가 이러한 부분에 있어 기술을 개발하는 데 어느 정도 중점을 두어야 한다.

(2) 프로그램의 기초 구성요소

문제성 도박자에 대한 치료법은 다양하다. 대개의 경우 다중양식 접근법(multi-modal aproach) 혹은 여러 전략의 종합적 접근법이 이용된다. 문제성 도박 집중치료 프로그램은 주로 행동 및 인지적 접근법을 통합하여 만들어 놓은 인지행동치료 기법이다.

문제성 도박자와 약물 중독자 모두의 변화를 위한 상담에는 Prochaska와 DeClemente(1992) 등의 초이론 단계 모형, Miller와 Rollnick(2006)의 동기강화 상담에서 제시된 원리가 효과적이다.

① 초이론 단계 모형

Prochaska와 DeClemente는 변화에 6단계가 있다고 주장한다. 각 단계의 구체적인 설명은 2장의 내용을 참고하도록 한다.

② 동기강화 상담

다음의 자료는 Miller와 Rollnick의 『동기강화 상담: 변화준비시키기(Motivational Interviewing: Preparing People to Change Addictive Behavior)』에서 발췌한 것이다.

Prochaska 등은 변화 단계에 대해 설명하였지만, Miller 등은 내담자의 치료를 한 단계에서 다음 단계로 이행시키는 데 필요한 전략을 제공한다. 이러한 전략들을 총체적으로 동기강화 상담이라고 칭한다.

동기강화 상담의 전략은 강요적(coercive) 혹은 토론적(argumentative)이라기보다는 지지적(supportive) 특성을 가진다. 상담원은 변화를 유발하도록 분위기를 긍정적으로 조성하도록 노력해야 한다. 동기강화 상담은 외부 환경을 변화시켜 이를 내담자에게 부과하는 것이 아니라 내적 변화를 조장하는 (내담자중심 상담에서 도출한) 다양한 전략을 이용해야 한다. 이것은 내담자가 깊은 관심을 가지고 변화하겠다는 결심을 스스로 하는 것을 돕기 위해 고안되었다.

동기강화 상담은 변화를 주저하거나 확신이 없는 사람들(즉, 숙고 전 단계와 숙고 단계에 처한 사람들)을 대상으로 할 때 효과적이다. 상담원이 실질적 행동 변화에 초점을 맞춘 기타의 전략을 가지고 그들에게 충고를 하거나 적용할 경우에는 대부분 그 유용성이 제한적이거나, 그들의 저항을 낳거나, 혹은 그들이 충고를 무시하는 성향이 있기 때문이다. 동기강화 상담에서 활용할 수 있는 독특한 전략으로는 내담자에게 즉각적인 피드백 제공, 변화에 대한 책임 강조, 변화 달성을 가능케 하는 여러 접근법 제시, 변화에 대한 내담자의 자기효능감 조장 등을 들 수 있다. 이러한 전략 모두는 변화가 가져오는 흥미를 추구하고자 하는 공감적인 이해 분위기를 상담원이 만드는 가운데 수행되어야 한다.

동기강화 상담은 여러 가지 원리와 전략을 통해 사람들로 하여금 자신이 가진 행동 변화에 대한 모호한 입장을 정리하게 하고 변화를 위한 다음 단계로 이행하게 하는 데 기여한다.

③ 행동치료 상담

실제적인 활동은 행동치료의 핵심 개념인데, 이는 도박이 일종의 학습된 행동이라는 가정에 기초하고 있기 때문이다. 도박 행위에 대한 관찰과 변화 계획을 수립함으로써 문제가 되는 행동을 더 적절한 행동으로 대체할 수 있다. 일반적으로 행동치료는 개인별로 이루어지며, 다음과 같은 접근법 중의 하나 혹은 그 이상을 병행하여 활용할 수 있다.

- 행동계약: 이 방법은 도박자로 하여금 도박을 하지 않거나 혹은 절대적으로 사전에 설정된 한도 내에서 도박을 하겠다는 동의 혹은 계약을 이용하는 것이다. 계약의 구성 요소는 수행해야 할 과제, 과제수행 방법 설명, 효과적 수행방법 기준, 완료일, 과제 완수에 따른 보상 혹은 과업 미완수에 따른 벌칙 등이다.
- 이완요법: 도박 충동에 효과적으로 대처하는 데 도움이 되는 다양한 이완방법을 숙지시켜 도박 행동으로 이끄는 스트레스를 줄이도록 하는 데 있다.

④ 인지적 재구성

문제성 도박 집중치료 프로그램의 중요한 핵심 중 또 하나는 인지적 재구성인데, 이는 도박중독 치료에서 특히 효과적인 것으로 알려져 있다. 이 접근법은 인지치료에 기반을 두고 있다.

인지치료는 사람들이 자신들, 세상, 그리고 세상에서 점하는 자신들의 위치에 대해 어떻게 생각하고 있는지에 관심을 가진다. 이 방법은 부정적인 사고를 탐색하고 그것이 그들의 낮은 자존감, 근심, 의기소침 등의 문제와 어떤 관련성이 있는지 살펴보는 것을 통해 사람들로 하여금 더욱 현실적이고 긍정적인 관점을 가지도록 도와준다.

문제성 도박 치료에서 인지치료는 두 가지 방법으로 이루어진다. 하나는 사고 중지법(thought stopping)이고, 다른 하나는 인지적 재구성법(cognitive restructuring)이다. 사고 중지법을 통해 내담자는 도박 행동에 또다시 참가하지 않도록 그들이 가진 사고 패턴을 수정하는 방법을 습득한다. 인지적 재구성법을 통해 내담자들은 도박 동기를 줄이거나 제거하기 위해서 자신들이 가지고 있는 도박과 관련된 비합리적이거나 잘못된 신념을 탐색한다. 문제성 도박자는 도박과 딸 수 있는 확률에 대해 잘못된 비합리적 믿음을 종종 가지고 있는데, 회복치료를 통해 치료자는 내담자로 하여금 이러한 불합리한 신념을 깨닫는 한편 현실적이고 정확한 관점을 가지도록 도와주아야 한다.

(3) 프로그램 계획

① 프로그램 형식 및 순서의 예

- 4주 집중 프로그램: 주 5일씩 4주에 걸쳐 문제성 도박자는 정보를 얻고, 여러 활동에 참가하며, 지지집단에 참석하도록 권유받는다. 대체적으로 매일 한 모듈을 소화한다. 일반적 모듈에 기초한 회기(즉, 모듈 A~H)는 약물중독 프로그램과 병행될 수 있다. 이 회기에서는 양쪽 프로그램으로부터 참가자들이 참석하고 공동으로 활동을 수행한다. 이 형식에는 참가자로 하여금 그들이 얻은 정보를 교환하고 그들이 경험한 변화에 대해 서로 이야기를 나눌 수 있도록 매일 그룹 내 대화 회기(talk group session)를 마련할 수 있다.

- 장기(3~6개월) 파트타임 프로그램: 이 형식에서 도박 중독자가 받는 치료의 집중도는 훨씬 떨어진다. 이 프로그램은 주당 1~2회의 저녁 회기와 과제를 통해 진행된다. 대체적으로 주당 1개의 모듈이 소화된다. 일반적 모듈은 다른 치료 프로그램과 통합될 수 있다.

- 선별 모듈 프로그램: 이 형식에서는 전체적인 프로그램이 마련되기는 하지만 내담자가 자신들의 필요에 맞도록 선택된 모듈에만 참석한다. 이 형식에서 일을 하는 상담원은 내담자가 주 7일, 하루 24시간 실행할 수 있는 프로그램을 마련하도록 도와주어야 한다. 여기에서는 개별적으로 과제의 검토가 이루어지지만, 집단토론을 통해 관계된 모두에게 귀중한 정보를 제공해야 한다. 이는 이 프로그램 중에서 가장 융통성이 있고 적용 가능한 접근법이라 하겠다.

- 주말 형식: 이 형식은 금요일 저녁에 시작해서 일요일 정오 혹은 오후 늦게까지 계속되므로 시간에 맞도록 모듈을 선택하여 조정한다.

- 특별 이용: 이 형식은 개인별 평가 혹은 표출된 욕구에 따라 필요할 때 모듈을 이용하도록 하는 것이다. 이것은 개별상담 회기 동안에 교육 혹은 정보 제공을 위해 사용될 수 있다. 내담자는 다음 회기에서 검토되는 과제 작업표(worksheet)를 배부받기도 한다.

표 6-2	4주 집중치료 프로그램 순서의 예

단위: 주 5일	내용
1주	• 모듈 1: 프로그램 소개 • 모듈 2: 문제성 도박은 무엇인가 • 모듈 3: 생활방식으로서의 도박(스트레스 관리와 휴식) • 모듈 4: 지지체계 확립
2주	• 모듈 5: 부채 평가와 관리 계획 • 모듈 6: 부정적이고 비합리적인 사고 • 모듈 7: 물질남용과 정신건강 이슈 • 모듈 8: 재발 방지
3주	• 모듈 A: 스트레스 관리와 이완요법 • 모듈 B: 여가 계획 • 모듈 C: 자존감 • 모듈 D: 상실 대응
4주	• 모듈 E: 관계 • 모듈 F: 의사소통 기술 • 모듈 G: 분노 관리 • 모듈 H: 자기주장

주: 상황에 따라 다소 융통성 있게 조정하여 운영할 수 있다.
출처: AADAC(2000).

② 프로그램 매뉴얼 개요 예

도박중독의 예방과 치료에는 하나의 정해진 방법이 없다. 개개인의 도박 경험과 정도에 따라 탄력적이며 융통성 있는 적용이 필요하며, 창의적인 다양한 방법을 개발하면서 현실적인 대안을 찾는 것이 우선적인 과제이자 필수적인 요인이다.

이어지는 내용은 필자가 처음으로 도박자들을 만나면서 계획한 예방과 치유 프로그램의 개요다. 이 프로그램은 정답이 아니며, 새로운 아이디어 개발을 위한 단서로서 참고하도록 한다. 이를 바탕으로 효과적인 프로그램 개발을 위한 많은 노력과 토론을 이끌 수 있기를 바란다.

표 6-3 | **프로그램의 종류 및 개요**

구분	예방 P/G	치유 P/G	재발방지 P/G	예방교육 P/G
종류	도박중독 위험성에 대한 경각심 제고 및 건전 게임 유도	인지행동치료 가족상담 자기조절 훈련 미래 비전 만들기 대인관계 훈련(선택) 분노조절 훈련(선택) 자기주장 훈련(선택) 스트레스 관리(선택)	가족과 함께 행복하게 살고 싶다. 대인관계 훈련(선택) 분노조절 훈련(선택) 자기주장 훈련(선택) 스트레스 관리(선택)	도박중독 위험성에 대한 경각심 제고 및 건전 게임 유도
대상	사교성 혹은 초기 게임자	문제성 도박자 도박 중독자	단도박자	일반인, 직원
회기	1회기	3~12회기	6회기 이상 및 추수	1회기/보수교육
소요 시간	개별: 회기별 90분 집단: 회기별 120분	개별: 회기별 90분 집단: 회기별 120분	개별: 회기별 90분 집단: 회기별 120분	회기별 90분
방법	개별 혹은 집단	개별 혹은 집단	개별 혹은 집단	강의

주: 프로그램 회기는 전문 치료를 의뢰한다거나 내담자의 습관성 정도와 태도 변화 등에 따라 조정할 수 있다.

표 6-4 | **예방 프로그램(1회기)**

목표	내용	도구	
소개 등 안내	• 소개, 절차, 예약제, 목표, 역할 등	• 관련 자료집	10분
기본 정보	• 가족력, 도박력 등 개인 정보 파악	• 상담 일지 • 부가질문지	10분
평가	• 도박중독 상태 평가	• K-SOGS(기본), GA, • NODS, 행동 식별지침 등 • 피드백: 관련 자료집	25분
도박중독 이해	• 도박중독 과정 • 도박과 비합리적 신념 • 동기별 부정적 결과 • 개인, 가족 등 부정적 결과 등	• 파워포인트 • 관련 자료집	30분
건전 게임 유도	• 오락으로의 건전 게임 유도 • 시간, 베팅 액수 등	• 건전게임 자료집	10분

| 마무리 | • 계속적 상담 가능
• 편안하게 연락하기
• 사회적 지지 | • 사후 관리를 위한 안내 등 | 5분 |

표 6-5 예방/치유 단기 프로그램(3회기)

회기	목표	내용	도구	비고
1	접수상담 및 평가	• 상담 소개(상담 목적, 비밀보장 등) • 개인 정보(도박 기간 및 종류 등) 파악 • 심리상태 평가 • 도박중독 상태 평가 • 재정위기 평가: 재정 및 법적 관련 문제 등 • 도박 원인(가족 역기능, 성격검사, 대인관계 검사 등) 파악 • 과제: 평가 중 일부분, 수기집, 소책자 등 기타 자료집 읽기, 별도의 주제 등	• 상담 일지 • 우울증 척도 • 분노 척도 • K-SOGS 등 • 재정평가지 • 수기집 • 센터 소책자	90~ 120분
2	평가 결과 피드백 및 도박중독 이해	• 과제 점검 • 도박중독의 개념 이해 • 중독 단계(승리-패배-절망-포기) • 동기별 중독에 미치는 영향 • 부정적 결과: 개인, 가족, 직업, 사회, 인간관계 등 • 과제: 건전 게임 방안, 비전 개발	• 파워포인트 • 관련 자료집	90~ 120분
3	건전 게임 및 재발 방지	• 과제 점검 • 시간, 베팅 액수, 출입 횟수 등 • 재발의 고위험 상황/내적 요인 조절 및 대처 • 조절 게임에 대한 서약서 작성 • 사후 관리 등 안내	• 건전게임 자료집 • 조절게임 자료집 • 종결서약서 • 상담확인증	90~ 120분

주: 회기 간 간격은 치유 효과를 높이기 위해 일주일을 기본으로 하되, 상담원과 내담자의 형편에 따라 조정할 수 있다.

표 6-6 치유 프로그램(12회기)

회기	목표	내용	도구 및 비고
초기 3회기	접수 및 평가	• 상담 소개: 상담 목적, 비밀보장, 예약제, 소요 시간 등 • 개인 정보 파악: 도박 기간, 종류, 탕진액 등 • 심리상태 평가 • 도박중독 상태 평가 • 재정위기 평가 • 도박 원인, 가족 역기능, 스트레스 원인, 성격 등 • 과제: 평가 중 일부분, 수기집, 소책자, 기타 자료집 혹은 별도의 주제	• K-PAI, MMPI, • 우울/분노 척도, • 생활 스트레스, • 자살위험 척도 등 • GA, K-SOGS • DSM-IV • 행동 식별지침 등 • 재정위기 평가지
	평가 및 도박중독 이해	• 도박중독의 개념 이해 • 중독 단계(승리−패배−절망−포기) • 동기별 중독에 미치는 영향 • 개인, 가족, 직업, 사회, 인간관계, 법적 문제 등 • 도박 동기, 중독과정, 도박 중독자 • 심리적/행동적 특성, 부정적 결과 등	• 파워포인트 • 관련 자료집
치유 7회기	가족상담	• 도박으로 인해 파생된 가족문제 평가 • 도박과 가족 문제 관련성 파악 및 대처 방안 논의 • 부부 및 가족 치료를 통한 가족 기능 향상	• 파워포인트 • 인지행동치료 P/G • 가족관계 평가지 • 스트레스 요인 검사지 • 자기조절 훈련 P/G • 대인관계 훈련 P/G • 자기주장 훈련 P/G • 미래 비전 만들기 • P/G
	인지행동 치료	• 도박/승률 등에 대한 비합리적 신념 • 습관성 도박자에 대한 행동 수정	
	스트레스 관리	• 도박의 동기가 되는 스트레스 요인 파악 • 내담자 중심 최적 스트레스 관리방법 찾기 • 스트레스 관리 훈련	
	자기조절 훈련	• 도박 관련 자기조절 방해 요인 파악 • 효과적인 자기조절 훈련	
	대인관계 훈련	• 대인관계 방해 요인 파악 및 대처 • 효과적인 대인관계 훈련	
	자기주장 훈련	• 주장적 태도 방해 요인 파악 • 효과적인 자기주장 훈련	
	미래 비전 만들기	• 자아정체감 찾기 • 목표 수립 방해 요인 찾기 및 훈련 • 성공한 사람들의 성공 요인 찾기/나누기	

종결 2회기	건전 게임	• 시간, 베팅 액수, 출입 횟수, 동반 출입 등 • 과제: 건전 게임 방안	• 파워포인트 • 건전게임 자료집 • 재발방지 자료집 • 종결서약서 • 상담확인증
	재발 방지	• 재발 고위험 상황/내적 요인 파악 및 대처 • 가족의 공동 참여	
	마무리	• 고위험군에 대한 특별관리 • (전화/이메일 등, 월 1회 이상 접촉) 안내	

표 6-7 예방교육 프로그램(90분)

목 표	내 용	도 구	비고
도박의 역사	• 세계 • 동양 • 우리나라	• 파워포인트 • 관련 자료집	10분
도박의 분류	• 종류별: 카드, 경마 등 • 수준별: 사교성, 문제성, 병적 • 도박 등		5분
도박중독 이해	• 도박중독 개념의 이해 • 도박의 동기 • 도박의 중독과정 • 도박 중독자의 심리적 특성 • 도박 중독자의 행동적 특성 등		20분
도박중독에 미치는 요인	• 개인: 유전, 성격, 학력 등 • 환경: 간접적 영향 • 개인과 환경의 상호작용		15분
도박중독의 증상	• 생리적 증상 • 심리적 증상 • 행동적 증상		10분
도박중독의 부정적 결과	• 개인, 가족, 대인관계, 신용, 경제적 문제, 법 적문제 등	• 파워포인트 • 관련 자료집	10분
건전 게임 방법	• 여가로서의 게임 • 시간, 베팅 액수, 출입 횟수 등 • 사회적 지지		10분
가족 구성원의 역할(지침)	• 도박 빚을 갚아 주지 말라, 전문가에게 데리 고 가라 등		10분

··· **요약** ···

- 게임은 오락의 보편적인 형태로, 일반적으로 "기분전환이나 유흥을 위한 제반 활동이 포함되며 흔히 경쟁이나 시합을 수반하는 것"으로 정의된다.

- 도박은 일반적으로 "돈이나 가치 있는 어떤 것의 예기치 못한 결과가 초래될 위험이 있어도 승산에 기대를 걸고 그 결과가 우연으로 결정되는 불확실한 사건에 내기를 거는 행위"로 정의된다.

- 중독이란 용어는 어떤 행동에 대해 자기의 의지로 그만둘 수 없을 때 사용하는 것이며, 도박중독이란 도박자 자신의 신체적 건강과 정신적 건강은 물론 가정과 직업, 대인관계, 사회의 도덕성 등을 모두 파괴시킬 정도로 도박에 몰입하고, 자신의 의지로 조절할 수 없는 상태를 말한다. 도박중독의 진단은 1년간 도박에 심취한 적이 2회 이상이고, 이 기간 동안 개인적 이득 없이 일상생활의 불편에도 불구하고 도박을 계속하며 도박에의 강한 욕구를 자신의 의지로는 억제할 수 없다고 표현하며 도박 행위와 관련된 생각과 환경에 집착하는 경우에 내려진다.

- 문제성 도박은 도박과 관련된 다양한 형태의 부정적 결과를 설명할 때 일반인과 전문가가 많이 사용하는 용어로 강박성 도박과 병적 도박 모두를 포함하는 개념이다. 강박성 도박은 일반인과 익명의 단도박자모임에서 일반적으로 사용하는 용어이고 의료계와 신경과에서 사용하기 시작한 병적 도박이라는 용어는 도박을 하고 싶다는 충동을 거부하는 것에 대해 만성적으로 또는 지속적으로 실패한 상태를 설명하는 용어다.

- 대표적인 도박의 동기는 돈 추구, 흥분 추구, 회피 혹은 도피 추구, 대인관계 추구, 오락 추구다.

- 중독 간의 유사성은 다음과 같다. (1) 연속선상에 존재한다. (2) 복합적인 조건 속에서 발생한다. (3) 내성이 증가된다. (4) 정신이 각 중독 행위에 팔려 있다. (5) 중독 행위에 많은 시간을 보낸다. (6) 통제력을 잃는다. (7) 금단 현상을 보인다. (8) 사회나 직장에서의 문제, 가족구성원 간의 갈등, 법적인 문제 등이 있다. (9) 병으로 인식되어 치료를 요한다.

- 도박 중독의 과정은 돈을 따는 단계, 돈을 잃는 단계, 절망 단계, 포기단계가 있다.

- 도박중독의 부정적 결과로는 각 개인의 신체와 정신 건강 문제, 가족구성원 간의 갈등 및 해체, 자녀 문제, 대인관계 문제, 직업적 문제, 경제적 문제, 법적 문제 등이 있다.

- 문제성 도박자의 자기 관리 방법은 다음과 같다. (1) 자신의 병에 대해 알아본다. (2) 치료방법에 대해 알아본다. (3) 다른 취미를 갖고 도박을 하지 않는 좋은 친구를 사귄다. (4) 정확한 자기 발전 계획을 세운다.

- 가족이 알아 두어야 할 사항은 다음과 같다. (1) 초기부터 단호하게 대처한다. (2) 치료에 적극 협조한다. (3) 도박 중독자는 절대로 자기가 환자임을 인정하지 않는다. (4) 정신과 치료를 반드시 받아야

하며, 단도박을 위한 전문가와 관련 모임 등을 통해 도박욕구를 억제하도록 한다. (5) 도박은 곧 다른 범죄로 이어짐을 명심한다.

- 문제성 도박자의 배우자 혹은 커플을 치료하는 데 고려해야 할 사항은 다음과 같다. (1) 배우자로 하여금 자신의 이야기를 하게 한다. (2) 배우자에게 문제성 도박에 대해 공부하도록 한다. (3) 배우자는 도박자의 행위에 대해 책임을 지지 않아야 한다. (4) 재정적인 문제는 전문가의 도움을 구하라. (5) 도박자의 치료는 어디에서 이루어지는지, 치료를 통해 무엇을 기대할 수 있는지, 어떻게 자신들이 연관될 수 있는지 등에 대해 배우자는 알고 있어야 한다. 배우자 상담의 일부는 대인관계의 상실에 대처하도록 돕는 것과 관련된다.

- 단도박을 위한 성공 전략은 다음과 같다. (1) 현금 및 현금화시킬 수 있는 기회를 가지지 않는다. (2) 도박을 할 경우 잃은 금액과 딴 금액의 내역을 기록한다. (3) 절대적으로 절약하고 생활수준을 낮춘다. (4) 다른 사람과 어울리는 건전한 공동의 활동에 참가한다. (5) 도박을 하지 않는 사람과 도박이 불가능한 장소에서 만난다. (6) 지지 네트워크를 구축한다. (7) 필요할 경우 재정문제 전문가의 도움을 구한다. (8) 심리적?신체적 건강상의 문제를 치료한다. (9) 도박에 쓸 돈을 모아 자신과 가족을 위한 즐거운 일에 사용한다. (10) 도박을 대체할 수 있는 즐거운 일을 찾아 남는 에너지를 사용한다. (11) 도박을 하는 데 영향을 준 습관과 행동을 변화시킨다. (12) 매일매일 할 일에 대해 계획을 세우고 시간표를 작성한다. (13) 도박중독의 위험성, 부정적 결과 등에 대해 공부하면서 항상 경각심을 고취한다. (14) 변화와 개선에 대해서는 점진적으로 그리고 현실적으로 가능한 기대감을 갖는다.

- 재발의 시작은 (1) 도박 관련 비합리적인 사고가 남아 있을 때, (2) 주변인과의 관계에서 계속적으로 소외되거나 신뢰받지 못하는 등의 문제가 있을 때, (3) 직장에서의 업무 관련 스트레스가 있을 때, (4) 심리적 불안, 무기력, 열등감, 대인관계 문제, 억압된 분노 등이 있을 때, (5) 해결되지 못한 재정적 문제가 있거나 해결될 희망이 보이지 않을 때, (6) 도박 혹은 다른 일상과 관련된 지루하고 복잡한 법적인 문제가 있을 때, (7) 건강상의 문제가 있거나 혹은 그로 인한 불안과 염려가 있을 때, (8) 각종 상황에 대한 대처능력의 부족으로 심각한 억압과 스트레스를 받을 때, (9) 부적절한 행동·사고·감정으로 인해 비현실적이거나 부적응 될 때 등이 있다.

- 재발방지 전략은 기술 훈련, 인지적 재구성, 생활방식 개입의 세 가지 범주로 나뉜다.

- 도박중독 예방을 위한 건전한 게임 방안은 다음과 같다. (1) 돈을 목적으로 하지 않는다. (2) 회피수단으로 도박하지 않는다. (3) 게임을 건전한 여가 활동과 휴식으로 생각하고 다른 여가 활동과 균형을 맞춘다. (4) 생활에 필요한 돈이 아닌 여분의 돈을 가지고 즐긴다. (5) 예산, 시간, 게임 횟수를 정하고 반드시 지킨다. (6) 도박을 하기 위해 돈을 빌리지 않는다. (7) 잃었을 때 만회하려는 생각으로 계속 베팅하지 않는다. (8) 도박 관련 행동에 대해서 가족 및 주변인에게 반드시 알리고 어떠한 거짓

말도 하지 않는다. (9) 도박에는 실력이라는 것이 없음을 명심한다. (10) 게임과 관련한 모든 것을 기록한다.

• 도박중독의 치유 프로그램에는 심리상담 치료, 가족치료 및 가족상담, 병원치료, 자조모임 참여 등이 있다.

• 도박중독의 치유 원칙은 다음과 같다. (1) 도박중독은 가족 병이다. (2) 도박중독에 대해서 알아야 한다. (3) 가족부터 회복되어야 한다. (4) 사랑에도 통제가 필요하다. (5) 숨기지 말아야 한다. (6) 협력 체계를 구축한다. (7) 마라토너가 되어야 한다.

• 문제성 도박자에 대한 치료법은 다양하다. 대개의 경우 다중양식 접근법 혹은 여러 전략의 종합적 접근법이 이용된다. AADAC의 ??문제성 도박 집중 치료 프로그램??은 주로 행동적?인지적 접근법을 통합하여 만들어 놓은 인지행동치료기법이다.

• 동기유발 인터뷰 전략은 강요적이거나 토론적이기보다는 지지적이며, 내적 변화를 조장하는 다양한 전략을 이용하고 변화하겠다는 결심을 스스로 하는 것을 돕기 위해 고안되었다.

• 행동치료는 도박자로 하여금 도박을 하지 않거나 혹은 사전에 설정된 한도 내에서 도박을 하겠다는 동의나 서약을 이용하는 것이다. 계약의 구성요소는 수행해야 할 과제, 과제수행 방법 설명, 효과적 수행방법 기준, 완료 날짜, 과제 완수에 따른 보상 혹은 과업 미 완수에 따른 벌칙 등이다.

• 이완 요법은 도박 충동에 효과적으로 대처하는 데 도움이 되는 다양한 이완방법을 숙지시켜 도박행동으로 이끄는 스트레스를 줄여 준다.

• 인지치료는 사고 정지법과 인지 재구성법으로 이루어진다.

• 치료 프로그램 형식의 예로는 4주 집중 프로그램, 장기(3~6개월) 파트타임 프로그램, 선별 모듈 프로그램, 주말 형식, 특별 이용, 개인별 등이 있다.

참고문헌

강성군, 김교헌, 성한기(2006). 문제성 도박 식별을 위한 행동지표, 한국심리학회지: 건강, 11(2), 225-241.

김교헌(2002). 심리학적 관점에서 본 중독. 한국심리학회지: 건강, 7(2), 159-179.

김교헌, 권선중(2003). 병적 도박자의 심리적 특성 및 예측요인. 한국심리학회지: 건강, 8(2), 261-277.

김교헌, 성한기(2003). 한국형 문제성 도박 식별지침의 개발과 적용. 한국도박중독센터 개설 2주년 기념 심포지엄 자료집, 41-99. (주)강원랜드 부설 한국도박중독센터.

김교헌, 성한기, 이민규(2002). 도박성 게임 이용자의 심리사회적 특성과 문제성 및 병적 도박자의 예측요인 분석. 도박중독 예방 및 치유프로그램 수립을 위한 기초연구, 5-72. (주)강원랜드.

김현택, 박동건, 성한기, 유태용, 이순묵, 이영호, 진영선, 한광희, 황상민(1996). 심리학: 인간의 이해. 서울: 학지사.

민성길 외(1999). 최신정신의학. 서울: 일조각.

사행산업통합감독위원회(2008). 사행산업 관련 통계자료.

권준수 외(2015). 정신질환의 진단 및 통계 편람(DSM-V). 서울: 학지사.

이홍표(2002). 도박의 심리. 서울: 학지사.

이홍표(2003). 도박동기와 병적 도박의 관계. 한국심리학회지: 건강, 8(1), 169-189.

장현갑 외(1996). 심리학입문. 서울: 교육과학사.

Alberta Alcohol and Drug Abuse Commission (AADAC). (2000). Intensive Treatment Program for Problem Gamblers. ISBN 0-7785-0107-8.

American Psychiatric Association. (1994). *Diagnostic and Statistical Mannual of Mental Disorders* (4th ed.). Washington, DC: APA.

Custer, R. L. (1984). Profile of the pathological gambler. *Journal of Clinical Psychiatry, 45,* 35-38.

Custer, R. L., & Milt, H. (1985). *When Luck Runs Out.* New York: Fact on File Publication.

Julian, I. T. (Unpublished). Taber, Chief, Adictive Disorders Treatment Program. Ioannis A. Lougaris V. A. Medical Center, Reno, Nevada.

Lesieur, H. R., & Rosenthal, R. J. (1991) Pathological Gambling: A review of the literature. *Journal of Gambling Studies, 7,* 5-39.

Marlatt, G. A., & Gordon, J. (Eds.) (1985). *Relapse Prevention: Maintenance Strategies in the Treatment of Addictive Behaviors.* New York: Guilford.

Miller, W. R., & Rollnick, S. (2006). *Motivational interviewing: Preparing people to change addictive behavior.* 동기강화상담: 변화준비시키기. (신성만, 권정옥, 손명자 공역). 서울: 시그마프레스. (원전은 2002년 출판).

Prochaska, J., & Diclemente, C. (1992). Stages of change in the modification of problem behaviors. *Progress in Behavior Modification, 28*, 183-218.

■ 참고 사이트

경마정보서비스 (http://www.kra.co.kr/)

경정운영본부 홈페이지 (http://www.motorboat-race.or.kr)

한인 중독증회복 선교센터 홈페이지 (http://www.irecovery.org/new/main/main.asp.)

제7장

성중독과 쇼핑중독 상담

신성만(한동대학교 상담심리학과 교수)

대부분의 사람들은 자신들에게 즐거움을 주는 다양한 활동들을 자연스럽게 즐기면서 살아간다. 이러한 즐거움을 주는 활동들에는 성행동, 소비행동, 맛있는 음식을 먹거나 운동을 통해 즐거움을 경험하는 행동들이 포함되며 일생을 통해 일정 부분 지속되면서 삶의 활력소가 되는 것이 사실이다. 그러나 어떤 사람들의 경우에는 자연스럽게 시작된 이런 행동들이 문제를 만들어 내고 그 행동을 적절히 조절할 수 없어 고통스러워지기 시작하는 상황에 처하게 된다. 이러한 경우를 보통 중독이라고 우리는 부른다. Charles O'Brien 박사에 따르면 이러한 행동중독, 즉 성중독, 운동중독, 쇼핑중독을 DSM-5의 물질 관련 및 중독 장애의 하위 범주들로 포함될 것인가에 대한 논의가 많이 이루어졌지만 진단기준을 마련하기 위해 필요한 동료 평가 검증 연구들이 아직 부족했기에 DSM-5에는 포함시키지 않기로 결정했다고 한다(American Psychiatric Association, 2013).

1. 성중독

성중독(sex addiction)을 중독 행동의 하나로 간주하여 다루기 시작한 것은 최근의 일이다. 전통적으로 성행동과 관련된 심리장애는 성불편감과 관련된 문제, 성욕 감퇴나 성기능의 장애에 기인한 문제, 그리고 이상 성행동으로 분류하고 진단과 치료를 제공해 왔다. 최근에는 성중독이나 쇼핑중독, 문제성 도박 등과 관련된 중독을 과정중독(process addiction) 또는 행동중독(behavioral addiction)이라고 명명하고 중독의 영역에 포함시키고 있다(Capuzzi & Stauffer, 2008). 미국의 한 연구에 따르면 이러한 과정중독 또는 행동중독은 일반인 사이에 대단히 만연해 있어서 전체 인구의 5~10%가 인터넷중독, 1~3%가 도박중독, 5% 이상이 성중독, 2~8%가 쇼핑중독에 빠져 있다고 한다(Zamora, 2003).

최근 우리나라에서 증가하고 있는 성폭행 사건 중 특히 미성년자 대상 성폭행 사건은 다양한 측면에서 중독행동 특성이 나타나고 있으며, 이러한 행동을 반복하는 사람들은 단순한 처벌 수준을 넘어 중독치료 관점에서 재활적 접근을 적용해야 한다.

1) 전통적 진단으로서의 성행동과 관련된 장애

　중독 행동으로서의 성중독을 살펴보기 전에 DSM-5를 통해 전통적으로 분류되는 성과 관련된 문제 행동을 살펴보는 것은 도움이 될 것이다.

　DSM-5에서는 성 장애 및 성정체감 장애를 크게 성기능부전(sexual dysfunctions), 성도착증(paraphilias), 그리고 성정체감 장애(gender identity disorders)로 나누고 있다. 성기능부전은 원활한 성행위를 방해하는 기능적 문제를 의미하며, 성도착증은 성적 욕구를 충족시키는 대상이나 방식에서 나타나는 이상 행동을 뜻한다. 그리고 성정체감 장애는 선천적으로 주어진 생물학적 성과 성역할에 대해서 불편감을 느끼는 상태를 말한다. 여기서는 성중독과 좀 더 관련이 깊은 성기능부전과 성도착증을 중심으로 살펴보고자 한다.

(1) 성기능부전

① 남성성욕감퇴장애

　남성성욕감퇴장애(male hypoactive sexual desire disorder)는 성행위에 대한 욕구 부족, 성적 판타지나 생각의 부재로 특징지어지면서 의료적 질환이나 다른 심리적 장애, 약물 효과에 기인한 것이 아닐 때 진단 내려질 수 있다. 남성성욕감퇴장애의 다양한 원인 중 심리적 요소에는 우울과 불안이 있고, 이 요소들은 성에 대한 흥미를 감소시킨다. 뿐만 아니라 다양한 신체적 요소들이 성욕에 영향을 미칠 수 있는데, 그 예로 남성 갱년기를 들 수 있다. 에스트로겐과 테스토스테론은 모두 성욕에 핵심 기능을 수행하기 때문에 노화가 진행됨으로써 감소되는 호르몬이 성욕감퇴장애에 영향을 줄 수 있다. 또한 전립선 제거, 골반 방사선 검사, 척추와 관련된 의료 진행 절차들이 성욕 감소를 일으킬 수 있다. 뿐만 아니라 혈관계 질환, 신경계 질환, 테스토스테론 또는 에스트로겐의 감소, 성관계 이전의 과잉음주, 우울, 만성 알코올중독, 과흡연, 항고혈압제나 SSRIs

와 같은 약물이 성욕감퇴에 영향을 준다. 심리사회적 요소들에는 강간, 아동기 성학대, 관계 문제(분노, 적대감, 의사소통 능력 부족, 안정적인 관계에 대한 불안), 심리 장애(주요 우울장애, 불안장애, 공황장애), 낮은 수준의 생리적 각성, 스트레스와 소진 등이 있다.

② 여성 성적 관심/흥분장애

여성 성적 관심/흥분장애(functional consequences of female sexual interest/arousal disorder)는 성적 관심이나 흥분이 상당히 부족하거나 완전히 결핍된 경우를 의미한다. 성행위에 대한 관심의 부재, 성적 혹은 성애적 사고 또는 환상의 부재, 파트너와 성행위를 시작하는 것을 좋아하지 않음, 성행위 동안에 쾌감의 부재 등의 특징을 지닌다. 이는 생물학적으로, 신체적으로, 물질 유도적으로 기인한 것이 아니어야 한다. 여성 성적 관심/흥분장애의 원인은 성에 대한 부정적 인지 및 태도, 관계 형성의 어려움, 파트너의 성 기능, 양육자와의 초기 관계, 아동기 스트레스, 당뇨병이나 갑상선 기능부전 등이 있다.

③ 발기장애

성 욕구가 있음에도 불구하고 음경이 발기되지 않아 성교에 어려움을 겪는 상태를 말하며, 흔히 임포(impotence)라고 부르기도 한다. 발기장애(erectile disorder)의 증상은 성행위가 끝날 때까지 성적 흥분에 따른 적절한 발기 상태가 지속되지 않거나 유지되지 않는 것이다. 발기장애에는 다양한 양상이 있다. 일부 사람들은 성 경험이 시작될 때부터 전혀 발기되지 못하였음을 보고하고, 다른 사람들은 처음에는 적절한 발기를 경험하였으나 그 후 삽입을 시도할 때 팽창이 상실되었음을 보고한다. 발기장애는 특정한 대상과 상황에서만 나타나는 경우도 있지만 모든 대상이나 상황에서 항상 발기가 되지 않는 경우도 있다.

발기장애의 원인은 다양한데, 나이, 고혈압, 높은 수치의 콜레스테롤, 당뇨, 흡연, 심장질환 등이 모두 발기장애를 일으킬 수 있는 원인이다. 물질남용이나 다양한 약물도 원인이 될 수 있다. 심리적인 원인으로는 수행불안, 스트레스, 우울, 성도착적 심리, 친밀감의 회피 등이 있으며, 성적 경험의 부족이나 성적 파트너에 다한 분노 등도 영향을 미칠 수 있다.

④ 여성극치감장애

여성극치감장애(female orgasmic disorder)의 증상은 정상적인 성적 흥분기에 뒤따르는 절정감이 지속적으로 또는 반복적으로 지연되거나 결여되는 것이다. 이 장애를 지닌 여성은 적절한 성 욕구를 지니고 있고 성관계를 추구하며 성행위 시에는 어느 정도의 성적 흥분을 느끼기도 하지만 극치감을 경험하는 절정 단계에 도달하지 못하는 현상이 지속적으로 일어나게 된다. 여성극치감장애의 진단은 극치감을 경험하는 능력이 연령, 성 경험, 자극받은 성적 자극의 적절성에 비해 기대되는 정도에 미치지 못한다는 임상전문가의 판단에 근거하여 내려질 수 있다.

그 원인으로는 다른 성적 문제에서 기인하거나 부적절한 성적 자극, 성적 수행에 대한 불안, 죄의식, 소극적 태도, 대화의 결여 및 파트너와의 관계 문제를 들 수 있다. 또한 항우울제의 사용, 특히 프로작(Prozac), 졸로프트(Zoloft), 팍실(Paxil)과 같은 SSRIs의 사용 결과로 생긴 부작용도 원인이 될 수 있다. 고혈압, 높은 수치의 콜레스테롤, 당뇨병, 심장질환, 흡연 등이 여성의 성적 장애와 관련이 있다는 보고도 있다.

⑤ 사정지연

남성은 성적 흥분이 고조되어 극치감을 느끼면 사정을 하게 된다. 사정지연(delayed ejaculation)은 사정에 어려움을 겪으며 성적 절정감을 느끼지 못하는 상태를 말한다. 남성 절정감장애의 가장 흔한 유형으로 상대방의 손이나 구강적 자극에 의해서는 사정이 가능하지만, 성행위를 통해서는 극치감에 도달하지 못하는 경우를 들 수 있다. 사정지연이 있는 사람들은 성행위를 시작할 때 흥분을 느끼지만, 점점 진행되어 가는 과정에서 쾌감보다는 고역스러운 느낌을 갖게 된다고 보고한다. 이러한 느낌을 해결해 보고자 변태성욕적인 성적 흥분의 양상으로 발전시켜 나가기도 한다.

이 장애의 원인은 주로 심리적인 것이라고 알려져 있다. 부부간의 갈등, 상대방에 대한 매력 상실, 임신시키는 것에 대한 두려움, 상대방에 대한 적대감과 증오심 등이 사정지연을 나타나게 할 수 있다. 또한 성을 엄격하게 통제하는 주변 환경에서 성장한 남성의 경우는 성행위에 대한 죄의식이나 혐오감이 절정감의 경험을 억제할 수도 있다. 때로는 상대방이 과도한 성적 행위를 주문하거나 상대방 여성이 극치감장애를 지니고 있는 경우에도 이러한 문제가 시작될 수 있다. 사정의 곤란은 이와 더불어 약물의 복용에 의해서도 유발(알코올, 항우울제, 항정신병 약물, 항고혈압제 등)될 수 있다.

⑥ 조기사정

조기사정(premature ejaculation)은 약간의 성적 자극에 의해 질 내 삽입 전, 삽입 당시, 삽입 직후나 개인이 원하기 전에 절정감과 사정이 지속적으로 또는 반복적으로 일어나는 것이다. 이 장애가 있는 대부분의 남성은 성교할 때보다 자위행위 동안 행위의 시간을 더 연장시킬 수 있다. 성행위의 시작부터 사정까지의 시간에 대한 판단은 개인(성 파트너)마다 차이가 크다.

대부분의 남성은 여성 상대가 절정감을 느끼기 전에 사정하는 일을 종종 경험한다. 예컨대, 신체적 과로, 과음 상태, 스트레스가 심한 상태에서는 빨리 사정을 하는 경향이 있다. 이런 경우를 모두 조기사정이라 하지는 않는다. 조기사정의 가장 중요한 진단 기준은 사정을 자신의 뜻대로 전혀 조절할 수 없다는 점이다.

조기사정은 심리적 원인에 의해서 유발되는 경우가 많다. 성교 시 상대방을 만족시켜 주어야 한다는 강박관념과 불안, 불만스러운 결혼생활과 가정 문제, 심리적 스트레스, 과도한 음주와 흡연 등이 조기사정을 일으키는 주요한 심리적 요인으로 알려져 있다. 이 밖에도 생물학 원인, 부적절한 상황(예: 상대방의 재촉, 당황스러운 상황, 낯선 상태나 매춘부 등)에서의 반복적 성 경험이 조기사정을 초래할 수 있다.

⑦ 성기-골반통증/삽입장애

성기-골반통증/삽입장애(genito-pelvic pain/penetration disorder)는 질 내 삽입을 불가능하게 할 만큼의 질 근육의 수축, 삽입이 시도될 때의 긴장감, 통증, 타는 듯한 감각, 삽입에 대한 감소된 욕구, 성행위에 대한 회피, 통증에 대한 강렬한 공포를 특징으로 한다. 원인으로는 질 근육 염증, 외음부 상처, 과거 외상 경험, 출산 당시 강한 고통, 아동 학대 피해, 성피해 경험, 과예민성 신경, 아동기 경험 중 '성욕은 나쁜 것, 성관계는 고통스러운 것'이라는 학습으로 인해 발생한 두려움 등이 있다.

(2) 변태성욕장애

변태성욕장애(paraphilias)는 성행위 대상이나 성행위 방식에서 비정상성을 나타내는 장애로서 그리스어 '벗어난' 또는 '밖의'를 의미하는 'para'와 '사랑'을 의미하는 philia를 합한 말이다. 변태성욕장애의 진단기준은 '부적절한 대상이나 목표'에 대해서 강렬한 성적 욕망을 느끼고 성적 상상이나 행위를 반복적으로 나타내는 경우다. 여기서 부적절한 대상이나 목표란 구체적으로 인간이 아닌 존재를 성적 대상으로 삼는 경우, 소아를 위시하여 동의하지 않은 사람을 대상으로 성행위를 하는 경우, 그리고 자신이나 상대방이 고통이나 굴욕감을 느끼게 하는 성행위 방식을 선호하는 경우다. 이러한 부적절한 대상이나 목표에 대한 성적 상상이나 행위가 지속되고 그 문제로 인해 스스로 심각한 고통을 경험하거나 현저한 사회적 · 직업적 부적응을 나타내게 될 때 변태성욕장애라고 진단한다. 이러한 변태성욕장애는 그 행동의 본질상 충동성과 강박성을 동반하여 나타날 수 있고 중독적으로 발전할 수 있다.

① 노출장애

노출장애(exhibitionistic disorder)의 변태성욕적 측면은 낯선 사람에게 성기를 노출시키는 행위다. 이들은 때때로 성기를 노출시키면서 또는 노출시켰다는 상상을 하면서 자위행위를 하기도 한다. 노출장애 행동을 나타내는 이들이 낯선 사람과 성행위를 시도하려고 하는 경우는 드물다. 그들은 보는 사람을 놀라게 하거나 충격을 주고자 하거나 혹은 바라보고 있는 사람이 성적으로 흥분할 것이라는 상상을 더 원한다. 보통 18세 이전에 발생하며 그 이후에 시작될 수도 있다. 40세 이후에는 증상이 완화되는 것으로 보인다. 피해자가 충격을 받거나 놀라기보다는 무관심하거나 못 본 체하는 경우 노출장애 환자는 성적인 만족을 느끼지 못한다.

몇몇 연구자는 노출장애를 과거에 여성에게서 부당한 대우를 받았거나 심하게 거절당하고 주목 받지 못했을 때 여성에 대한 적대감의 간접적 표현으로 시작되는 것으로 보기도 한다. 이 장애를 가진 남성은 수줍음이 많고 의존적이며, 대인관계 기술이 부족하고 사회적으로 억압되어 있는 경향이 많다.

② 관음장애

관음장애(voyeuristic disorder)의 변태성욕적 측면은 옷을 벗는 중인 대상 혹은 성행위 중에 있는 옷을 벗은 대상을 관찰하는 행위다(이때 관찰 대상이 되는 상대방은 보통 낯선 사람이며 관찰 당하고 있다는 것을 전혀 눈치채지 못한다). 바라보는 행위(엿보기)는 성적 흥분을 얻기 위한 것이며, 일반적으로 피관찰자와의 성행위는 시도되지 않는다. 관음장애가 있는 사람은 보통 관찰하면서 또는 그것을 다시 떠올리면서 자위행위를 하기도 하는데, 이러한 훔쳐보기는 관음장애를 가진 사람들의 유일한 성적 배출구가 된다. 관음장애 행동의 발병은 대개 15세 이전이고 만성적으로 전 생애에 걸쳐 지속될 수 있다. 대개 스트레스가 있는 시기에 관음증적 환상과 충동이 일시적으로 나타나는 경우가 있는가 하면, 관음증이 유일한 성적 활동인 경우도 있다. 모르는 사람들을 훔쳐보는 것과 관련된 위험은 관음장애 환자의 즐거움을 더욱 강하게 만든다. 대부분의 관음장애 환자는 노출장애 환자처럼 상대방에게 해를 가하지 않지만 반드시 그렇지는 않다. 그들 중 10~20%는 자신들이 훔쳐보는 여성을 강간하게 된다는 보고도 있다.

③ 성적피학장애

성적피학장애(sexual masochism disorder)의 변태성욕적 측면은 굴욕당하거나, 매질을 당하거나, 묶여 있거나 이와 유사한 방식으로 성적 흥분을 느끼거나 성적 행위를 반복하는 것이다. 고통을 당하는 행위는 실제적인 것일 수도 있고 가상적인 상상일 수도 있다. 이러한 경우 피학적 상상은 다른 사람에 의해 붙들려 있거나 묶여 있어서 도망갈 수 없다는 내용에 관한 것이다. 자신의 몸을 묶게 하거나, 뾰족한 물건으로 찌르고 채찍으로 때리게 하거나, 매우 굴욕적인 행동을 하는 등의 다양한 피학적 행동을 원한다. 성적피학장애의 극히 위험스러운 형태는 '저산소 기호증'으로서 가슴을 압박하거나 올가미, 노끈, 비닐봉지, 마스크 등을 사용하여 산소 부족 상태에서 성적 쾌감을 느끼려는 것이다. 이로 인해 때로는 죽음에 이르기도 한다. 성적피학장애가 있는 일부 남성은 물품음란장애, 복장도착장애 또는 성적가학장애를 동반하기도 한다. 성적피학적 상상은 소아기 때부터 존재하는 경향이 있다. 상대방과 더불어 피학적 행위를 하는 연령은 다양하지만 대개는 성인 초기에 시작된다. 성적피학장애는 보통 만성적이다.

④ 물품음란장애

물품음란장애(fetishistic disorder)에서의 변태성욕적 측면은 '무생물'의 사용 또는 특정 신체부위에 대한 강렬하고 반복적인 성적 흥분이다. 흔한 물건은 여성의 내의, 브래지어, 스타킹, 신발, 부츠 또는 기타 착용물이다. 물품음란장애가 있는 사람은 물건을 만지거나 문지르거나 냄새를 맡으면서 자위행위를 하거나, 성교 시 상대방에게 그런 물건을 착용하도록 요구한다. 보통 그런 물건은 성적 흥분을 위해서 필요하며, 그것이 없을 경우에는 발기부전이 일어나기도 한다. 만약 복장도착장애에서와 같이 옷 바꿔 입기에 사용되는 여성 의류에 국한되거나 성기 자극을 위해 고안된 물건(예: 진동기)이 사용될 때는 물품음란장애라고 진단되지 않는다. 4~10세의 특정 시기에 기호물에 대한 특별한 의미를 부여하기는 하지만, 발병은 보통 청소년기에 시작된다. 일단 발병하면 물품음란장애는 만성적이다.

⑤ 마찰도착장애

마찰도착장애(frotteuristic disorder)의 변태성욕적 측면은 동의하지 않는 사람에게 접촉하거나 문지르는 행위를 하는 것이다. 이러한 행위는 체포될 염려가 없는 밀집된 지역(예: 붐비는 보도 또는 대중교통 수단)에서 행해진다. 상대방의 허벅지나 엉덩이에 성기를 문지르거나 손으로 상대방의 성기 또는 유방을 건드린다. 보통 가해자는 행위 중 피해자와 비밀스런 애정관계를 맺게 된다는 상상을 한다. 그러나 마찰도착장애를 지닌 이들은 가능한 한, 기소를 피하기 위해 상대와 접촉을 한 후 발견되지 말아야 한다는 점을 알고 있다. 발병은 보통 청소년기에 시작된다. 대부분의 행위는 15~20세 사이에 발생하며 그 후 발생 빈도는 점차 줄어든다.

⑥ 성적가학장애

성적가학장애(sexual sadism disorder)는 성적피학장애(sexual masochism disorder)와 반대되는 경우로, 변태성욕적 측면은 희생자의 심리적·신체적 고통(굴욕을 포함)을 통하여 성적 흥분을 얻는 것이다. 가학적 상상이나 행위는 상대방에 대한 가해자의 우월성을 상징하는 행동으로서 상대방을 묶거나 기어 다니게 하거나 구타, 채찍질하기,

불로 태우기, 담뱃불로 지지기, 목 조르기 등의 다양한 행동을 나타낸다. 어떤 이들은 고통이나 수치심을 자진해서 겪기를 동의하는 상대(성적 피학증을 가지고 있는)에게 가학적 성적 충동을 행한다. 그러나 어떤 이들은 그들의 가학적 성적 충동에 동의하지 않는 상대에게 행한다. 이 모든 경우에서 상대의 고통이 성적인 흥분을 일으킨다. 가학적 성적 공상은 소아기 때부터 존재하는 경향이 있다. 가학적 행위가 시작되는 연령은 다양하지만 대개 초기 성인기이고 보통 만성적이다. 성적 가학적 행위가 동의하지 않는 상대에게 행해질 때는 보통 체포될 때까지 반복된다. 성적가학장애를 가진 어떤 사람은 심각한 신체적 손상을 일으키지 않고 고정된 수준에서 수년 동안 가학적 행위를 하기도 하지만, 대개 가학적 행위는 시간이 경과함에 따라 강도가 높아져 상대에게 심한 손상을 입히거나 죽음에 이르게 하는 경우도 있다.

⑦ 복장도착장애

복장도착장애(transvestic disorder)의 변태성욕적 측면은 옷을 바꿔 입는 것으로서, 이성의 옷으로 바꿔 입는 행위를 통해 성적 흥분을 하는 상태를 말한다. 옷을 바꿔 입는 동안 자신을 성적 공상 속의 남자 주인공과 상대방 여성이라고 상상하면서 대개 자위행위를 하는 경향이 있다. 이 장애는 이성애적인 남자에게서만 보고된다. 성별 불쾌감으로 인하여 이성의 옷을 입는 경우는 복장도착장애라고 진단되지 않는다. 그 증상은 때때로 혼자서 여성의 옷을 입는 경우부터 복장 도착증적 소집단에 참여하는 경우까지 그 정도가 다양하다. 어떤 남성은 남성 복장에 여성 의복의 한 종류만 착용하고(예: 내의 또는 양말), 어떤 남성은 전체적으로 여장을 하고 화장을 한다. 이 장애는 전형적으로 소아기나 초기 성인기에 옷 바꿔 입기를 하면서 시작된다. 극히 일부는 자신의 성에 대한 불쾌감이 임상 증상으로 고정되어 여장을 하고 싶어 하거나 영원히 여자로 살고 싶어 하고, 호르몬이나 외과적 치료를 받으려는 욕망을 느끼게 된다. 이 장애를 갖고 있는 대부분의 남성은 결혼을 하고 배우자와 성생활을 하기도 한다.

⑧ 소아성애장애

소아성애장애(pedophilic disorder)의 변태성욕적 측면은 사춘기 이전의 소아(일반적으로 13세나 그 이하)를 대상으로 하는 성행위다. 소아성애장애가 있는 개인은 16세 이상이거나 적어도 대상 소아보다 5년 이상 연상이어야 한다. 일반적으로 소아성애장애가 있는 사람은 특정한 연령 범위에 있는 소아에게 끌린다고 보고한다. 남아를 선호하기도 하고, 여아를 선호하기도 하며, 혹은 남아와 여아 모두에게서 매력을 느끼기도 한다. 여아를 선호하는 사람은 대개 8~10세 소아를 선호하고, 남아를 선호하는 사람은 대개 약간 나이 든 소아를 선호한다. 전형적인 예로는 소아의 옷을 벗기고 바라보거나 성기를 만지거나, 소아가 있는 자리에서 자위행위를 하거나 자신의 성기를 만지게 하거나, 소아의 성기에 손가락을 넣거나 자신의 성기를 접촉시키는 경우로서 위협이나 폭력이 사용되기도 한다. 이런 행동을 하는 사람들은 보통 소아에게 교육적 가치가 있다거나, 소아도 그런 행동에서 '성적 쾌락'을 얻을 것이라고 말하거나, 상대방 소아가 흔히 볼 수 있는 성적 호기심을 자극하는 소아였다고 변명 또는 합리화한다.

소아성애장애가 있는 사람은 성행위가 자신들의 친자식, 의붓자식, 친지에 국한되기도 하고 타인의 자녀를 괴롭히기도 한다. 소아성애장애가 있는 일부 사람은 소아에게 폭로하지 못하도록 위협하거나, 소아 모친의 신뢰를 얻거나, 매혹적인 소아를 데리고 있는 여자와 결혼하거나, 소아성애장애가 있는 사람에게 소아를 팔기도 한다. 그리고 드물게 후진국에서는 소아를 기르거나 타인의 자녀를 유괴하는 등 소아에게 접근하는 지능적인 방법을 개발하기도 한다. 발병은 보통 청소년기에 시작되지만, 어떤 경우는 중년이 될 때까지 소아를 보고 흥분해 본 적이 없다고 보고한다.

2) 중독 행동으로서의 성행동

문제성 과잉 성행동은 성장애, 중독장애, 충동조절장애, 강박장애의 표현으로 간주되어 왔다. 강박적 성행동은 과잉성욕장애, 문제성 성행동, 성중독 등의 다양한 용어로 지칭되어 왔으며 이러한 용어들은 서로 혼용하여 사용되고 있다. Carnes 등(2012)은 동료 자조집단의 치료 대상인 강박적 성행동을 물질중독과 유사한 행동중독으로 보는 관점을 제시하였다. DSM-III-R(1987)에서는 성중독이라는 개념이 '달리 분류되지 않은 성적 장애'라는 범주에 포함되었지만, DSM-IV-TR(1997)에서는 성중독이라는 용어가 행동중독의 타당성을 입증할 실증 연구와 실제 행동중독으로써 성적 행동을 입증할만한 합의가 부족하다는 이유로 삭제되었다. 최근에는 Kafka가 DSM-5에 '과잉 성욕장애'로 포함할 것을 제안했다(Kafka, 2010). 강박적 성행동을 행동중독으로 분류하는 관점은 물질 사용 장애를 행동중독으로 분류하는 일반적인 기준을 중독적 성행동에도 적용시킨 것이다. 다음은 다양한 학자들이 성중독을 정의하고 설명하기 위한 노력들을 제시하고 있다.

먼저 Stein은 2008년에 성중독에 대해 A-B-C 모델을 제안했다. 이 관점은 이론적 가정에 근거한 단일학적인 분류를 사용하기보다는 현상학적이고 심리생물학적인 요소들에 대한 탐색에 더 주력하고 있다. 이 모델에서의 핵심 요소는 다음을 포함하고 있다.

A: 정서조절의 어려움(Affective dysregulation)
B: 행동중독(Behavioral addiction)
C: 인지적 통제의 어려움(Cognitive dyscontrol)

한편, Goodman(1993)은 다른 물질 관련 장애를 행동중독으로 분류하는 것처럼 강박적 성행동에 대해서도 행동중독으로 분류할 것을 주장하면서 성중독 진단에 대한 기준을 제안했으며, Carnes(2001)가 유사한 기준을 제안하였다.

성중독의 기준:

A. 특정 성행동을 하려는 충동에 저항하는 노력이 계속해서 실패함.
B. 성행동을 시작하기 전에 긴장감이 증가함.
C. 성행동에 몰입할 때 안정감을 느낌.
D. 다음 조건 중 5개 이상 충족해야 함.
   1. 빈번하게 성행동에 사로잡히거나, 성행동을 하기 전 어떤 행동에 사로잡힘.
   2. 의도했던 것보다 더 강한 강도를 가지고 더 오랜 기간 성행동을 빈번히 함.

   3. 성행동을 줄이고 조절하고 멈추려는 반복되는 노력이 있음.

   4. 성행동을 하기 위해 필요한 활동에 많은 시간을 쏟거나, 성행동으로 인한 영향으로부
      터 회복되기 위해 많은 시간을 쏟음.

   5. 직업적 · 학업적 · 가정적 · 사회적 책임이 기대될 때에도 빈번하게 성행동을 함.

   6. 성행동으로 인해 중요한 사회 · 직업 · 여가 활동을 포기하거나 감소함.

   7. 성행동으로 인해 발생되고 악화되는 지속적이고 반복적인 사회적 · 재정적 · 심리
      적 · 신체적 문제를 인식함에도 불구하고 성행동을 지속함.

   8. 이전에 얻을 수 있었던 것과 같은 쾌감을 바로 느끼기 위해 강도나 빈도를 높이거나,
      같은 성행동으로 얻을 수 있는 쾌감의 수준이 감소함.

   9. 성행동을 하지 못하면 안절부절못하게 되고 성가심을 느낌.

E. 증상은 1개월 이상 지속되거나, 또는 오랜 시간 반복적으로 나타나야 함.

Kafka는 과잉성욕장애에 대한 다음의 기준들을 DSM-5에 수록하자고 제안했다.

A. 증상은 적어도 6개월 이상 지속되어야 함. 그리고 반복적이고 강도 높은 성적 판타지, 성
   적 충동, 아니면 성행동이 다음 다섯 가지 기준 중 적어도 세 가지와 연관이 있어야 함.

   1. 성적 판타지, 충동, 또는 행동은 다른 중요한 목표, 활동, 의무를 반복적으로 방해함.

   2. 불쾌감에 반응하여 반복적으로 성적 판타지, 충동, 또는 행동에 몰입함.

   3. 스트레스 상황에 반응하여 반복적으로 성적 판타지, 충동, 또는 행동에 몰입함.

   4. 반복적으로 성적 판타지나 충동, 행동을 줄이고자 노력하지만 성공하지 못함.

   5. 자신 또는 타인에게 신체적 · 정서적 위험을 줄 수 있음을 고려하지 못한 채, 성적 행
      동에 몰입함.

B. 임상적으로 유의미한 개인적 고통과 사회적 · 직업적 · 성적 판타지, 충동, 행동과 관련
   된 기능의 영역에서 손상이 있음.

C. 이러한 성적 판타지, 충동, 행동은 외부 물질로 인한 직접적인 생리적 효과와 관련이 없음.

다음의 경우 구체적으로 명시함: 자위, 음란물, 법적으로 성관계를 동의할 수 있는 성인과 성행동, 사이버섹스, 폰섹스, 스트립 클럽 등

최근의 연구들은 물질과 관련된 중독뿐만 아니라 행위 또는 행동과 관련해서도 특정 행동이 다음과 같은 특징을 만족시킨다면 그 행동을 중독으로 볼 수 있다는 데 의견을 같이한다. 이러한 특성은 3C로 요약될 수 있다.

- 통제력을 상실함(loss of control)
- 충동적, 강박적이거나 집착함(compulsive, obsession, or preoccupation)
- 부정적인 결과에도 불구하고 계속되는 행동(negative or adverse consequences)

이러한 준거에 따르면 정상적이었던 행동도 통제력을 상실하고 강박적인 욕망을 보이며 부정적인 결과를 나타내게 될 경우 중독 행동이라고 볼 수 있다. 정상의 범주에 속하는 성행동(성교나 자위)도 과도하거나 3C의 특성을 포함한 행동으로 변질된다면 중독 행동이 될 수 있다. 여기서의 핵심 주제는 빈도, 즉 얼마나 자주 하는지에 있는 것이 아니라 그러한 성행동으로 인한 결과, 즉 성행동이 개인의 건강, 인간관계, 직업 그리고 법적 지위에 미치는 영향이 어떠한가와 관련이 있는 것이다.

(1) 중독모형이 유용한 사람들의 유형

이러한 중독모형은 성행동과 관련된 행동을 설명하는 데 도움이 될 수 있는데, 특히 다음과 같은 사람에게 도움을 줄 수 있다.

- 통찰 지향적인 내담자로서 다른 치료적 노력을 함에도 그들의 행동을 중단할 수 없는 사람
- 그 (중독) 행동이 너무나 위험해서 (중독) 행동을 멈추는 것이 현재 가장 시급한 우선순위가 되어야 하는 사람. 예를 들면, HIV에 감염되거나 HIV를 옮길 위험이 있는 환경에서 지속적으로 성적 접촉이 있는 사람

- (중독) 행동에 대한 경고로 현재 실직의 위험에 처해 있는 사람
- 구속될 가능성이 있는 불법적 성행동에 몰두해 있는 사람
- 성적 행동의 지속으로 인해서 근본적인 (가장 중요한) 인간관계가 깨질 위험이 있는 사람
- 약물 사용 재발로 약물 의존과 함께 충동적 성행동장애를 가진 사람

이러한 이들을 도울 때 중독 행동으로서 성 관련 행동을 바라본다면 유용한 대안적 접근도 사용할 수 있을 것이다.

(2) 유병률

성중독 인구에 대한 공식적인 조사는 없었지만, 미국 사회에서는 약 6%에 달하는 것으로 추정해 볼 수 있다(Carnes, 1991). 다른 문화권에서의 성중독 인구에 대해 통합된 자료는 아직 많지 않다. 그 이유 중 하나는 성중독의 정의가 '결과'에 있기 때문에 특정한 일련의 중독 행동은 문화마다 다를 수 있다는 데에서 기인한다. 예를 들어, 일부다처제의 문화권에서는 결혼한 남성이 여러 명의 여성과 동시에 성적 관계를 맺는 것은 사회적으로 수용되는 행동이 될 수 있다. 이런 문화권의 경우 그렇지 않은 문화권에서의 결과와는 달리 그런 행동에 의해 초래되는 '부정적인 결과'가 적을 것이다. 이처럼 성중독은 문화마다 다른 측면이 존재하여 각기 다른 식의 행동으로 표현되거나 정의될 수 있는데, 그럼에도 성중독은 세계 도처에서 공통적으로 발견된다.

유병률을 정확히 알기 어려운 또 다른 이유는 성중독 행동이 독립적으로 일어나지 않고 여타의 중독 행동과 함께 나타나는 경향이 높기 때문이다. 최근의 한 조사에서는 294명의 HIV 남자인구와 여자인구 중에서 16.6%가 높은 수준의 성적 충동성을 가지고 있다고 보고하고 있다(Benotsch, Kalichman, & Pinkerton, 2001). 이 수치는 일반인과 비교해 본다면 3배 정도 높은 수치다. 또한 이 집단의 33%가 지난 3개월 동안 코카인을 복용한 것으로 나타났는데, 이는 일반인(10%)에 비해 3배 이상 높은 수치다. 이러한 연구 보고는 성중독 행동이 여타의 중독 문제와 함께 발생할 수 있음을 시사해 준다.

중독 행동이 복합적으로 일어난다는 증거는 쉽게 발견할 수 있다. 예를 들어, 알코

| 표 7-1 | 성중독 입원환자에게서 흔히 함께 보고되는 다른 중독 문제 |

중독	약물 의존	섭식장애	일중독	충동적 소비	충동적 도박
비율(%)	42	38	28	26	5

*환자에 따라 복수의 중독 행동을 보고하기도 함.

올 중독자들 중에는 그렇지 않은 일반인과 비교할 때 흡연자가 더 많다. 많은 연구에서 여타 약물중독과 같은 중독 문제를 가지고 있는 사람들에게서 나타나는 성중독 빈도도 일반 인구층에 비해서 더 많음을 보여 준다. 성중독으로 인해 치료를 받고 있는 환자 289명을 대상으로 한 조사에서는 17% 이하의 사람만이 다른 중독으로 인한 문제가 없다고 보고하였다. 이렇게 약물중독과 성중독이 함께 존재할 경우, 둘 중에 한쪽 치료가 실패하거나 한쪽이 재발하게 되는 것은 다른 쪽 또한 재발할 수 있음을 의미한다.

(3) 건강한 성적 활동 대 중독적인 성적 활동

성적 활동에 대한 건강성을 평가하기는 쉽지 않다. 앞에서도 말한 바와 같이 문화와 맥락에 따른 차이를 적절히 고려해야 하기 때문이다. 일반적으로 다음의 성과 관련된 행동에 대한 질문에 '그렇다'고 답할 수 있다면, 당신은 건강한 성적 활동을 한다고 말할 수 있다.

- 그 행동은 행동 당사자의 가치관에 부합하는가?
- 안전한가?
- 자신과 타인에 대한 존중이 있는가?
- 정직한가?
- 자연스럽고 즐거운가?
- 친밀감을 증진시키는가?
- 서로가 자유로운 선택권을 가지고 있는가?

이러한 질문에 '그렇다'고 대답할 수 없고, 성 관련 행동의 결과로 수치심을 느끼거나, 불법적인 행동을 하게 되거나, 가치관이 왜곡되거나, 두려움의 감정이 흥분을 일으키는 원동력이 되거나, 현실의 왜곡 또는 과거 학대 경험의 재경험을 초래하거나 하는 것은 건강하지 못한 성 관련 행동이며 중독적 성행동으로 변질될 가능성이 높다.

(4) 성중독의 특징

성중독에 대하여 Carnes(1983)는 크게 세 가지 단계를 상정하고, 이러한 중독 단계를 거쳐 가면서 비교적 정상 행동으로 간주될 수 있던 것들이 심각한 중독 행동으로 변질되어 간다고 설명하였다.

- 1단계: 행동이 정상이라고 여겨지며 수용 가능하고 용인 가능하다.
- 2단계: 타인에게 피해를 주거나 불법적 행동으로 인한 범죄 행위가 나타난다.
- 3단계: 희생자가 심각한 부정적 결과를 경험하게 되며, 가해자는 이와 관련하여 법적으로 심각한 책임을 지게 된다.

중독의 1단계에서는 자위행위, 음란물을 보거나 매춘 또는 부적절한 성관계 등이 나타나는 단계다. 2단계에서는 노출증, 관음증 등 더욱 심각한 성도착적 행동이 나타난다. 마지막 3단계에서는 강간, 근친상간, 아동 성학대/성폭행 등과 같은 심각한 범죄 행동도 나타난다.

중독 행동은 생리적·심리적·사회적 이유로 같은 효과를 느끼기 위해 더 많은 시간과 노력을 투자해야만 하는 특성이 있어서 시간이 지날수록 더욱 심해진다. 예를 들어 관음증 증상을 가진 사람은 포르노나 자위에 지나치게 집착하는 경우가 있다. 따라서 특정 행동으로 인해 고통받는 사람에 대해 진단과 평가를 할 때에는 그 사람의 성적 중독의 전개 방향과 과정에 대해서 철저히 파악하는 것이 중요하며, 현재 그 사람이 어떤 강박적 행동에 중독되어 있는지를 아는 것이 중요하다.

한편, Kafka(2010)는 임상적 표본에 근거하여 성장애가 있는 남성들이 보고하는 과잉성욕 행동들을 유병률이 높은 순으로 분류해 보았다.

① 충동적 자위

가장 흔하다고 보고된 과잉성욕장애 행동이다. 충동적 자위행위의 정의와는 다르지만 고등학생과 학부생을 대상으로 조사한 자료에 따르면 평균 일주일에 세 번 정도 자위를 하는 것으로 나타났다.

② 포르노그래피 의존

충동적 포르노 사용은 꽤 흔하게 보고되고, 충동적 자위 및 폰섹스와도 연관성 있는 것으로 나타났다. 포르노그래피는 인터넷 이미지와 동영상을 포함하고, 성적인 것을 대상으로 쓰여진 텍스트도 포함한다. 인터넷과 관련된 포르노는 접근성이 높으며, 대부분의 성인 남자에게 있어서 평범한 것으로 여겨진다.

③ 폰섹스 의존

성적으로 노골적인 대화를 하는 것으로, 종종 자위와 함께 나타나고 핸드폰 요금과 신용 카드 요금과 관련이 있다. 청소년의 경우 경제적 접근성이나 인터넷 자원의 이용 가능성이 낮기 때문에 청소년에게 덜 중요한 활동일 것으로 보인다.

④ 사이버섹스 의존

인터넷 포르노물과 채팅에 참여하는 것을 의미한다. 이것은 비교적 새로운 형태의 성행동으로, 접근성이 높고 음란물 사용이 제한되지 않기 때문에 특히 청소년과 젊은 성인들과의 관련성이 높아 보인다. 인터넷의 익명성은 성적 행동에의 몰입을 가능하게 하고 개인이 오프라인에서 성적 행동을 추구하지 않게 한다. 인터넷 교환은 실제 삶에서 성적 교환자를 만나게 해 주고, 자위가 동반될 수 있으며, 사이버 스토킹과 같은 불법적 행동을 가능하게 한다. 집에 혼자 있을 때 인터넷을 통한 성적 세계로의 몰입은 안전에 대한 인식을 바꾸고, 행동의 금지된 한계 수준을 감소시킨다. 인터넷 성적 사용은 수동적 행동과 능동적 행동으로 구성된다. 수동적인 활동은 사이버섹스 소비로 말할 수 있고, 성적으로 노골적인 사진, 동영상, 텍스트 기반 이야기들을 다운로드 하는 것을 포함한다. 능동적인 활동은 사이버섹스 상호작용으로서 채팅, 실시간 동영상 채팅, 성적으로 노골적인 사진과 문자, 멀티미디어 메세지 교환 등이 있다. 사이버섹스 활동에 충동적으로 몰입한다고 이야기한 성인 남녀는 하루에 최소 1~2시간 이상 사이버섹스 활동에 몰입하는 것으로 보고하였다. 남자는 인터넷 포르노물 > 채팅 > 실시간 동영상 채팅 순으로 많이 사용하며, 여자는 채팅 > 실시간 동영상 채팅 > 아주 적은 비율의 포르노물 순으로 사용하는 것으로 나타났다. 또한 성적 상호작용을 위한 사이버섹스 사용 비율은 남자가 여자에 비해 더 높게 나타났다.

⑤ 난잡한 성행위와 빈번한 스트립 클럽 사용

난잡한 성행위에 관한 독립적인 기준은 없다. 그러나 대부분의 성인들은 3명 이하의 파트너와 성관계를 맺는다고 보고하였다. 난잡한 성행위는 이성애, 양성애, 동성애 활동을 모두 포함한다.

(5) 중독적 성행동의 패턴

① 환상적 성(fantasy sex)

성적 가능성에 의해서 각성이 된다. 환상적 성중독자가 환상에 몰두하거나 다음의 성적 에피소드를 준비하는 것에 대한 책임을 경시하는 것은 아주 흔하다. 환상적 성의 예는 연애 소설을 읽는 것, 이메일이나 컴퓨터 채팅방에서 많은 시간을 보내는 것, 혹은 로맨틱하고 성적인 주제에 대한 편지를 교환하는 것을 들 수 있다. 보통은 자위와 관련이 있다.

② 유혹적 역할의 성(seductive role sex)

정복에 의해 성적 각성이 되고, 첫 번째 접촉 이후 각성은 급격하게 감소한다. 각성은 위험 요소나 파트너의 수가 증가함에 따라 높아질 수 있다. 또 다른 파트너를 정복하는 데 많은 시간을 투자한다.

③ 관음증적 성(voyeuristic sex)

강박적인 황홀감(체면 상태)으로 도피하기 위해서 시각적 자극을 사용한다. 각성은 자위나 몰래 훔쳐보는 것(예: 포르노, 창문으로 훔쳐보기, 카메라나 망원경을 가지고 몰래 관찰하기 등)과 같은 행동에 의해서 높아질 수 있다. 이것은 과도한 자위행위와 관련이 있다.

④ 노출증적 성(exhibitionistic sex)

보는 이의 충격이나 관심을 통해 성적 각성이 일어난다(예: 대중 앞에서나 집 혹은 차에서 몸을 노출시키는 것, 노출이 심한 디자인의 옷을 입는 것).

⑤ 익명의 성(anonymous sex)

성적 각성은 유혹이나 비용을 필요로 하지 않고 즉각적이다. 각성은 어떠한 식으로든 얽히는 것이나 의무를 가지지 않고, 종종 안전하지 않거나 고위험 환경(예: 하룻밤의 정사, 화장실이나 해변, 술집 혹은 공원에서의 낯선 사람과의 섹스)에서 높아질 수 있다.

⑥ 매매하는 성(paying for sex)

성적 각성은 성관계를 위한 금액 지불과 연결되나, 머지않아 돈 그 자체와 연결된다(예: 매춘, 전화 섹스, 인터넷 사이트).

⑦ 교환하는 성(trading sex)

다른 이에 대한 통제권을 가짐으로써 성적 각성이 된다.

⑧ 강제적인 성(intrusive sex)

상대방의 허락 없이 신체를 만짐으로써 성적 각성이 된다.

⑨ 고통의 교환(pain exchange)

성적 즐거움을 위해서 고통이나 굴욕을 주거나 받는 것을 말한다. 굴욕이나 치욕(수치)에 대한 특정한 시나리오나 이야기에 의해서 성적으로 각성된다

⑩ 착취적 성(exploitative sex)

연약하고 힘없는 상대에 대한 착취를 말한다. 성적 접근을 하기 위해서 상대방의 약점이나 힘을 사용한다. 의사, 상담가, 목회자, 선생님 등이 아이를 강간하거나 근친상간, 성폭행 혹은 성관계를 위해서 자신의 전문적 지위와 권력을 사용하는 것이 그 예라고 할 수 있다.

(6) 성별 차이

성적 중독 행동은 성별(gender)에 따라 상당한 차이를 보인다(Carnes, Nonemaker, & Skilling, 1991). 남성의 경우는 상대를 대상화하는 것을 선호하며 감정적 개입을 최소화하고자 한다. 여성의 경우는 힘을 왜곡하는 성적 행동을 선호하는데, 다른 사람을 통제하려 하거나 상대적으로 희생자가 되려고 한다. 선행 연구에 따르면 여성 성중독자는 성관계를 힘, 통제, 관심을 위해서 사용하는 것으로 관찰되었다(Kasl, 1989).

(7) 성중독의 결과

성중독이 진행되고 심각해짐에 따라 여러 가지 결과가 나타나게 되는데 크게 신체적 영향, 심리적 · 감정적 영향, 그리고 재정적 · 법적 · 직업적 영향으로 나눌 수 있다.

① 신체적 영향
- 에이즈나 다른 종류의 성병에 감염됨
- 계획하지 않은 임신이나 낙태의 합병증
- 강간 혹은 신체적 학대
- 성기, 가슴 등에 상처를 입음
- 성적인 생각이나 활동들에 정신이 팔려 교통사고가 날 수 있음
- 성적 활동을 원활하게 해 주거나 성적 능력을 증진시켜 줄 수 있는 약물에 중독됨

② 심리적 · 감정적 영향
- 수치심, 죄책감(특히 대중에게 폭로되었을 때)

- 우울증
- 걱정
- 발견될 것에 대한 두려움
- 이혼이나 결혼 생활의 갈등
- 물질의존과 다른 중독에 대해 절제를 유지하는 것의 어려움

③ 재정적·법적·직업적 영향

- 저조한 업무 수행이나 직장에서 알려짐으로 인해 직장을 잃음
- 불법적 성행동으로 인한 구속
- 법적 대응이나 심리치료, 실직 및 중독 행동을 유지하기 위해 재정적 비용을 지불해야 함

(8) 중독의 경과(추이, 과정, 발전)

성중독은 시작, 정위, 증폭, 감소, 악화 등 총 5단계에 걸쳐서 발전하게 되는데 각각의 내용을 살펴보면 다음과 같다.

① 시작 단계(initiation phase)

스트레스 상황을 회피하거나 대처하는 수단으로 섹스가 사용되기 시작하면 중독을 일으키는 약물과 같은 역할을 하게 된다.

② 정위 단계(establishment phase)

중독의 사이클이 반복되기 시작하는 단계로서 성에 대한 집착(preoccupation), 동일한 패턴의 준비과정(ritualization), 성적 행동화(sexual acting out), 그 이후에 따라오는 절망감, 수치심, 죄책감 등이 일어난다. 이것은 다시 성에 대한 집착을 일으키게 되는 스트레스적 원인이 된다.

③ 증폭 단계(escalation phase)

시간이 지남에 따라 중독이 차츰 심각해지고, 행동화가 좀 더 빈번하고 강렬하고 위험해지며, 더 심하게 통제력을 잃게 된다.

④ 감소 단계(de-escalator phase)

모든 성중독자가 이러한 상태를 경험하게 되는 것은 아니지만, 일시적으로 성중독 행동 이외의 다른 종류의 중독에 빠짐으로써 성중독 상태가 잠시 완화되는 단계를 말한다. 이 단계에서 성중독자는 과음을 하거나, 마약을 복용하거나 하는데 때때로 자신의 강력한 의지를 통해 중독 행동을 조절하기도 한다.

⑤ 악화 단계(acute phase)

중독의 악순환에 의해서 중독자는 끊임없이 집착하고 고립되며 가족이나 친구와 소원해진다. 이 단계에서 중독자는 건강상의 문제, 투옥, 완전한 기회의 차단 등에 의하지 않고는 중독적 성행동을 중단할 수 없다.

(9) 성중독자의 배우자

약물중독과 마찬가지로 성중독은 직접 혹은 간접적으로 가족에게 영향을 미친다. 성중독자의 남편 혹은 아내는 상대방에게 버림받을지도 모른다는 강렬한 두려움을 경험하게 되기도 하는데 그러면서 과도하게 관계에 집중하게 된다. 그들은 배우자나 파트너의 성중독 문제를 자신의 책임이라고 느끼고 자신이 더 노력하고 더 나은 배우자가 된다면 이 문제를 해결할 수 있을 것이라고 생각한다. 결과적으로 그들은 배우자의 비정상적이고 중독적인 행위에 대해서 과도하게 관용적이게 되고, 자신의 감정을 은폐함으로써 중독자인 배우자가 아무런 제재 없이 중독적 행위를 계속하도록 허용하게 되기도 한다. 그 결과, 자녀들은 일관성 없이 부적절하게 양육되기도 한다(Corley & Schneider, 2002).

동반 성중독자는 다음과 같은 핵심 믿음을 가지는 경향이 있다(Schneider, 1988).

- 나는 가치 있는 사람이 아니다.
- 어느 누구도 나를 있는 모습 그대로 사랑하지 않을 것이다.
- 내가 노력하면 다른 사람의 행동을 통제할 수 있다.

이러한 성중독자의 배우자의 특성을 바탕으로 Carnes(1991)는 이들이 보이는 관계에서의 역기능적 특성을 아홉 가지로 정리하였다.

- 성중독자를 감싸 주고 비밀을 유지함(공모)
- 성중독자에 대해서 강박적으로 몰두하고 집착함
- 현실을 거부하고 문제를 무시함
- 감정적 혼란과 불안정
- 교묘한 속임수(상대방을 통제하기 위해 섹스를 이용하는 것을 포함)
- 과도한 책임감(문제에 대해서 스스로를 비난함)
- 타협하거나 자아를 잃음(인격과 일관성을 서서히 상실해 감)
- 비난하고 처벌함(독선적이거나 처벌적이 됨)
- 성적 반동(인정하고 싶지 않아서 아예 성행위를 하지 않음)

(10) 성중독 선별검사(Sexual Addiction Screening Test: SAST)

1. 어린 시절 성학대를 받은 적이 있는가?
2. '플레이보이'나 '펜트하우스' 같은 누드 잡지를 예약 구독하거나 정기 구독한 적이 있는가?
3. 부모님에게 성적 행위로 인한 어려움이 있었는가?
4. 종종 성적인 생각에 몰입하는가?
5. 자신의 성적 행위가 정상이 아니라고 느끼는가?
6. 당신의 배우자(혹은 중요한 타인)가 당신의 성적 행위에 대해 불평한 적이 있는가?
7. 부적절하다고 느낄 때에도 자신의 성적 행위를 멈추기가 어려운가?
8. 자신의 성적 행위에 대해 좋지 않은 느낌을 가진 적이 있는가?

9. 자신의 성적 행위로 인해 자신이나 가족에게 어려움이 생긴 적이 있는가?

10. 자신의 성적 행위 때문에 도움을 구한 적이 있는가?

11. 자신의 성적 활동이 들킬까 염려한 적이 있는가?

12. 당신의 성적 행위 때문에 정서적인 상처를 받은 사람이 있는가?

13. 당신의 성적 행위가 법에 위배된 적이 있는가?

14. 특정 성적 행위를 중단하겠다고 스스로 다짐한 적이 있는가?

15. 특정 성적 행위를 중단하려고 애썼지만 실패한 적이 있는가?

16. 자신의 어떤 성적 행위를 타인에게 숨겨야 하는가?

17. 자신의 성적 행위 중 어떤 부분을 중단하려고 시도한 적이 있는가?

18. 자신의 성적 행위 때문에 자기 자신이 보잘것없다고 느낀 적이 있는가?

19. 성이 자신의 문제에서 도피하기 위한 방편이었는가?

20. 섹스를 하고 나면 우울감을 느끼는가?

21. 특정 성적 행위를 계속하면 안 된다고 느낀 적이 있는가?

22. 당신의 성이 가족생활을 방해해 왔는가?

23. 미성년자에게 성적으로 대한 적이 있는가?

24. 성적 욕구가 자신을 지배하고 있다고 느끼는가?

25. 성적 욕구가 자신보다 더 강하다고 생각한 적이 있는가?

SAST 점수 분포	정상인	중독자
0~4	89.3%	10.7%
5~8	89.6%	10.4%
9~12	77.2%	22.8%
13+	3.5%	96.5%

*13개 이상의 문제에서 '그렇다'로 응답했다면 당신이 성 중독자일 확률은 96.5%라는 뜻이다.

(11) 여성용 성중독 선별검사(Women's Sexual Addiction Screening Test: W-SAST)

1. 어린 시절 성학대를 받은 적이 있는가?

2. 당신은 정기적으로 연애 소설이나 성적으로 음란한 잡지를 구입하는가?

3. 당신은 정서적으로나 신체적으로 학대를 받은 후 로맨틱한 관계로 남은 적이 있는가?

4. 당신은 종종 자신이 성적인 생각이나 로맨틱한 공상에 사로잡혀 있음을 발견하는가?

5. 자신의 성적 행위가 정상이 아니라고 느끼는가?

6. 당신의 배우자(혹은 중요한 타인)가 당신의 성적 행위에 대해 불평한 적이 있는가?

7. 부적절하다고 느낄 때에도 성적 행위를 멈추기가 어려운가?

8. 자신의 성적 행위에 대해 좋지 않은 느낌을 가진 적이 있는가?

9. 자신의 성적 행위로 인해 자신이나 가족에게 어려움이 생긴 적이 있었는가?

10. 자신의 성적 행위 때문에 도움을 구한 적이 있는가?

11. 자신의 성적 활동이 들킬까 염려한 적이 있는가?

12. 당신의 성적 행위 때문에 정서적인 상처를 받은 사람이 있는가?

13. 당신은 돈이나 선물을 대가로 성적 활동에 참여한 적이 있는가?

14. 당신은 성생활이 없는 일정 기간 후에 성적 행동화를 하는 시간을 가지는가?

15. 특정 성적 행위를 중단하려고 애썼지만 실패한 적이 있는가?

16. 자신의 어떤 성적 행위를 타인에게 숨겨야 하는가?

17. 당신은 동시에 여러 명과 로맨틱한 관계를 맺고 있는가?

18. 자신의 성적 행위 때문에 자기 자신이 보잘것없다고 느낀 적이 있는가?

19. 당신은 자신의 문제에서 벗어나기 위해서 성적 관계를 맺거나 로맨틱한 공상을 한 적이 있는가?

20. 섹스를 하고 나면 우울감을 느끼는가?

21. 당신은 가학 또는 피학성의(변태성욕적인) 행동에 몰두한 적이 있는가?

22. 당신의 성이 가족생활을 방해해 왔는가?

23. 미성년자에게 성적으로 대한 적이 있는가?

24. 당신은 성적 열망이나 로맨스에 대한 공상에 지배당하고 있다고 느끼는가?

25. 성적 욕구가 자신보다 더 강하다고 생각한 적이 있는가?

SAST 점수 분포	정상인	중독자
0~4	89.3%	10.7%
5~8	89.6%	10.4%
9~12	77.2%	22.8%
13+	3.5%	96.5%

*13개 이상의 문제에서 '그렇다'로 응답했다면 당신이 성 중독자일 확률은 96.5%라는 뜻이다.

(12) PATHOS 문항

1. 당신은 성적 생각에 사로잡혀 있습니까?(Preoccupied)

2. 당신은 다른 사람들에게 당신의 성적 행위를 숨깁니까?(Ashamed)

3. 당신은 원치 않는 성적 행위에 대해 치료적 도움을 요청한 적이 있습니까?(Treatment)

4. 당신의 성적 행위 때문에 누군가가 감정적으로 상처를 받은 적이 있습니까?(Hurt)

5. 당신은 성적 욕구에 의해 자신이 통제되고 있다고 생각합니까?(Out of control)

6. 당신은 성관계를 가진 후에 우울하다고 느낍니까?(Sad)

3) 성중독의 치료

(1) 성중독 상담

성중독 상담을 위해 상담가가 준비해야 할 사항은 다음과 같다.

- 상담가와 내담자 간의 경계를 분명히 유지해야 하며 상담가 윤리를 분명히 인지하고 있어야 한다.
- 상담가로 하여금 성적으로 옳지 않은 행동을 하도록 하는 요소에 대해 분명히 인지하고 미연에 방지해야 한다.
- 상담가의 사무실에서 상담이 이루어질 때는 성적인 것 이외의 부분에 대해서도 경계를 적절히 유지해야 한다. 한 예로 지나친 자기 노출을 삼가고 상담서비스에 대한 비용 이외에는 어떤 것도 받지 않아야 한다.
- 상담가의 사무실에서 상담이 이루어질 때는 성적인 것에 대한 경계를 분명히 지켜야 한다.

(2) 성중독의 임상적 평가

임상전문의가 가장 먼저 해야 될 것은 지나친 성적 행동이 특정 상황에 의한 것인지,

아니면 행동의 패턴인지를 구별하는 것이다. 행동이 반복적이라면 그 이유가 충동성에 의한 것인지, 아니면 다른 정신적인 문제로 인한 것인지를 결정한다. 그리고 성중독의 진단기준에 맞는다면 시설에 입원해서 치료를 해야 될지의 여부를 결정한다. 더불어 임상적인 진단에서 가장 중요한 것은 이전 성 활동에 대한 심도 있는 정보를 얻는 것이다. 왜냐하면 수치심은 주로 표현되지만 새로운 내담자는 자신의 행동에 대한 것을 숨기거나 부인할 수도 있기 때문이다. 이렇게 정보가 모아졌다면 임상가는 내담자의 행동이 일시적인 것인지 아닌지를 구별할 필요가 있다. 그다음에는 내담자에게 필요한 치료 수준을 정한다. 내담자가 주로 입원하여 치료를 받아야 될 경우는 내담자 자신이나 타인에게 위험 요소가 포함된 성적 활동을 멈출 수 없는 경우, 심각한 우울증이 겹침으로써 안전한 상황에서 보호받아야 되는 경우, 그리고 지지체계가 전혀 없는 경우 등이다. 반대로 내담자가 입원을 하지 않아도 되는 경우에는 약물을 적절히 선택하는 것이 필요한데, 가장 많이 쓰이는 약은 SSRIs 항우울제다.

(3) 성중독 치료의 단계

성중독자를 치료하기 위해서 중독전문가는 새로운 기술이 필요한데, 그것은 공감과 통찰력, 동기강화상담, 인지행동치료법, 내담자와의 관계에서 분명한 경계 설정 등이다. 내담자에게 가장 효과적일 수 있는 중독전문가가 되기 위해서는 몇 가지 개인적인 자질이 필요하다. 첫째, 내담자가 제시하고 있는 정보에 대해서 스스로가 느끼는 불편함이나 불신을 용인할 수 있는 능력이 필요하다. 둘째, 내담자의 성적 행동에 대해서 판단을 하거나 수치를 주지 않으려는 의지가 필요하다. 셋째, 내담자의 현재 신념에 대해 스스로 직면하도록 도울 수 있는 용기가 필요하다. 넷째, 내담자와 함께 분명한 치료 계획을 설정하고 내담자가 그것에 충실하도록 도울 수 있어야 한다. 마지막으로 내담자의 거짓말이나 내담자에 대한 상담가의 감정에도 불구하고 치료 계획을 유지시킬 수 있는 지속성이 필요하다. 다른 중독 행동에 대한 효과가 검증된 치료적 접근들은 보통 성중독 치료에도 효과를 나타낸다. 12단계 접근을 포함한 자조집단 접근, 사회적 지지를 활용한 가족치료 접근, 인지행동 접근, 동기강화상담 접근 등도 내담자의 부적절한 성적 행동을 제거하거나 조절할 수 있도록 돕는 효과적인 전략이며, 건전하고 적절한 관계를 새롭게 만들 수 있도록 도움을 줄 수 있다. 이제 성중독 치료에서 사용할 수 있는 상담 접근을 더 구체적으로 살펴보도록 하겠다.

① 초기면접 단계(initial contact)

성중독의 내담자가 전문가에게 자신의 문제를 상담할 때는 수치심과 두려움을 느낄 수 있다. 따라서 문제에 대한 논의를 할 때는 편안한 분위기에서 사실 위주로 평가를 하며, 성중독의 문제를 치료하기 위해서는 단기적인 개입이 아니라 오랜 시간을 두고 치료가 이뤄져야 함을 알려 줘야 한다.

② 자가진단법(self-help test)

내담자가 자신의 문제에 대해 치료받기를 원하는 경우, 그 문제를 전문가에게 철저히 개방하는 것이 중요하다. 그리고 내담자가 전화로 도움을 요청하는 경우 스스로 진단해 볼 수 있는 도구가 유용하다. 진단 도구는 내담자의 성중독 문제의 파악과 치료 계획의 수립에 도움이 된다.

③ 첫 번째 회기와 평가

첫 번째 회기에서 가장 중요한 것은 서로의 동의하에 내담자의 상담 내용이 철저히 비밀이 보장될 것임을 알려 줌으로써 내담자가 가질 수 있는 두려움과 수치심을 줄이는 것이다. 평가를 할 때에는 내담자가 가지고 있는 성적 문제 이외에도 심리적 문제가 성적 행동에 큰 영향을 줄 수 있다. 예를 들어, 주의력결핍 과잉행동장애(ADHD)의 경우 충동적인 성적 관계로 이어질 수 있다. 더불어 생물심리학적 부분에 대한 정보도 필요한데, 이전에 내담자가 받았던 상담치료 경험이나 입원 경험에 대해서 파악하는 것이 중요하다.

④ 치료 계획

즉각적인 치료 계획은 평가에 근거해서 이루어진다. 다면적 평가와 내담자에 관한 전반적인 정보는 내담자를 위한 효과적인 치료 계획을 수립하는 데 도움이 된다. 대개의 경우 내담자가 가장 염려하는 문제에서부터 시작하여 그다음 전반적인 치료 계획으로 이어진다.

⑤ 내담자의 장기적인 이슈, '부인'에 대한 직면 및 책임감

내담자에 대한 평가가 이뤄지고 나면 내담자의 장기적인 면에 대해서도 다루어야 한다. 예를 들어, 성중독의 문제로 인해 야기된 직장에서의 문제와 내담자의 심리적인 문제에 대해서 도움이 필요 없는지, 그리고 내담자가 건강 진단을 받은 때가 언제인지에 대한 부분도 다루어야 할 것이다. 또한 성중독으로 인해서 내담자가 그동안 부인하고 있었던 성병 관련 사항을 하나하나 따져 보고, 단지 성병이 없을 것이라는 막연한 생각을 버리고 정확한 검진을 받아 볼 수 있도록 동기강화 한다. 내담자가 결혼한 경우는 내담자의 배우자에게 그동안 부인하며 숨겨 왔던 문제에 대해서도 적절하게 개방함으로써 부부가 함께 치료를 받도록 하는 것도 필요하다.

이 모든 것을 위해서는 내담자가 현재 자신의 성중독 문제에 대한 책임감을 가지는 것이 중요하다. 내담자가 자신의 성중독 문제가 자신뿐만 아니라 타인에게도 해가 되고 있다는 사실을 인정하고, 성중독에서의 회복을 위해 책임감을 가지고 자신의 과제를 성실히 수행해 나가야 할 것이다.

(4) 성중독 치료 이전에 고려되어야 할 문제

내담자의 성중독 문제를 다루기 전에 먼저 다루어야 할 몇 가지 문제가 있다. 첫 번째는 정신적 질병이다. 내담자의 현재 진행되고 있는 정신병적인 문제나 발견되지 않은 정신적 질병은 성중독 치료적 개입이 이루어지기 전에 꼭 다루어야 한다. 예를 들어, 내담자가 기분장애를 가지고 있다면 성중독 치료를 위한 인지행동치료가 이뤄질 때에 내담자의 감정적인 문제로 인해 효과적인 치료가 이루어지기 힘들 것이다. 두 번째는 내담자가 한 가지 중독 이외에 다른 것에도 중독되어 있는 복합중독의 경우다. 특별히 약물중독은 성중독, 도박중독 등의 행동중독을 치료하기 전에 꼭 치료되어야 한다. 세 번째는 성 범죄자의 경우 성중독 치료 프로그램에 참여할 수 없는 경우다. 왜냐

하면 성 범죄자는 성중독 내담자와는 달리 자신의 행동에 대해서 뉘우치는 마음이 부족한 경우가 많고 그들의 성행동이 중독적이지 않은 경우도 있기 때문이다. 따라서 성 범죄자의 경우에는 성중독 내담자와 차별화된 추가적인 치료 과제와 재활적 개입이 필요하다. 마지막은 일반적인 개입보다는 더욱 심화된 개입이 필요한 경우다. 예를 들어, 자살 위험이 높은 내담자나 현재에도 계속적으로 생명에 위협이 되는 성중독 행위를 보이는 내담자들에게는 더욱 집중적이고 직접적인 개입이 필요하다.

(5) 과업 중심의 치료 계획

내담자는 책을 읽거나, 숙제를 하거나, 지지집단에 지속적으로 참석하거나, 개인의 삶에서 꼭 해야 될 일을 한다거나, 집단치료에 참석하는 등의 과제를 완수함으로써 지나친 성 관련 활동에서 벗어나 지지집단을 형성하고, 관계의 친밀성을 높이며 여가를 즐기는 방법을 배우고 수치심을 줄이는 건강한 성생활을 하는 것 등의 과제를 달성할 수 있게 된다.

① 과업 중심 치료 계획의 내용
- 성적 절제(sexual sobriety)의 정의 이해
- 성적 절제의 성취와 유지
- 동료와 지지적 관계 확립
- 수치심 줄이기
- 가족력 탐색하기
- 친밀한 관계 증가시키기
- 건강한 성 배우기
- 타인을 격려하는 역할 배우기와 방법 고안하기

② 과업의 중요성
Carnes(2005)는 성중독의 치료에 있어서 과업 중심의 치료가 성공적인 재활로 이어질 수 있다고 강조한다. 그의 책 『그림자를 직면하기: 성과 관계의 회복(Facing the

Shadow: Starting Sexual and Relationship Recovery)』에 각각의 단계로 이루어진 성중독 치료가 잘 설명되어 있다. 대표적인 과업은 12단계의 자조모임에 참석하는 것이다. 성중독 내담자에게는 재활을 위해 다른 사람의 도움이 필요하기 때문에 자조모임에 나가서 같은 문제로 힘들어하는 이들에게서 지지를 받는 것이 중요하다고 말한다. 또 다른 주요 과업은 과도한 성행위를 어떻게 금욕할 것인지에 대한 구체적인 계획을 작성하는 것이다. 다른 중독에서와 마찬가지로, 성중독에서도 금욕은 철저하게 그 행위를 전혀 하지 않는 것을 의미한다. 성중독에서는 성행위를 완전하게 그만두기는 힘들지만, 어떤 내담자는 짧게는 30일에서 길게는 6개월까지 완전히 금욕하는 경우도 있다. 성행위의 금욕 계획은 12단계 자조집단에서 자신과 동료 간의 약속이다. 이 계획의 내용은 구성원 간의 심도 있는 토론 없이는 변경될 수 없다. 금욕을 위한 계획을 짤 때에는 어떤 상황에서 어떻게 할 것인지를 포함하여 아주 구체적인 사항까지 면밀하게 쓰도록 한다. 이러한 금욕 계획은 중독자로 하여금 견디기 힘든 상황에서 스스로에게 지속적으로 자신의 현 상태를 상기할 수 있도록 도움을 주는 도구로 사용된다. 더불어 중요한 과업 중 하나는 성중독에 관한 책과 다양한 정보를 얻는 것이다. 대부분의 성중독 내담자가 갖고 있는 섹스에 대한 잘못된 정보를 올바르고 명확하게 이해시키는 것은 그들의 문제들을 극복하는 데 큰 도움을 준다. 또 다른 과업은 내담자의 성적 활동에 대한 내용을 깊이 있게 파악하는 것이다. 이 과정을 통해서 내담자는 자신의 과거를 돌아봄으로써 유아기나 청소년기에 자신을 성중독 위험에 빠트렸던 최초의 원인이 되는 사건을 파악할 수 있다. 또 내담자는 중독에 대한 충분한 이해와 도움을 얻기 위해 다양한 성중독 교육 프로그램에 참석할 수 있을 것이다. 그러한 프로그램의 교육 내용은 크게 성중독 과정에 대해 이해하는 것, 성중독에 관련된 문제를 파악하는 것, 그리고 성중독의 재발을 방지하는 방법의 세 가지 내용으로 구성된다. 또한 부부 중 한 사람만이 성중독이라면 그 사람은 자신의 배우자에게 그동안 해 왔던 거짓말 목록을 작성하고 그것을 배우자와 함께 나누면서 용서를 구하고 진실을 말하는 과정도 필요하다. 진실을 말하는 이러한 과정 가운데 내담자는 자신의 행동이 가져온 부정적인 결과에 대해서 인지하게 된다.

(6) 그 밖에 치료에서 알아야 할 사항

① 치료적 경계와 역전이

성중독 내담자는 상당히 감정적일 뿐만 아니라 바람직하고 건강한 방법으로 제공되는 타인의 도움에 대해서 의식적 또는 무의식적으로 거부하는 경향이 있다. 그들은 인간관계에서 은밀하고 올바르지 않은 방법으로 도움을 얻는 것에 더 익숙해져 있다. 이러한 부분을 염두에 두고 상담가는 내담자와의 만남을 시작할 때 신체적인 경계를 초기에 분명하게 설정해야 한다. 더불어 상담가는 자신이 내담자를 대하는 태도와 감정, 언어 등을 객관적인 관점으로 분명하게 인지하며 평가하고 있어야 한다.

② 상담가의 역할

상담가의 역할은 내담자의 상황에 따라 여러 가지로 변화된다. 치료 초반, 상담가는 내담자가 12단계 프로그램을 잘 따라갈 수 있도록 지지자가 되어 줄 필요가 있다. 상담가는 상담이 어떻게 이루어질지에 대한 지침을 정하고, 내담자와의 경계, 부인에 대한 직면, 왜곡된 사고 등을 어떻게 다룰 것인지에 대한 범주를 분명히 정해 놓아야 한다. 상담가는 상황에 맞게 때로는 적극적으로, 때로는 분명하게 그러나 존중하는 태도로 의견을 표하기도 하고, 내담자의 문제에 대해서 솔직한 방식으로 접근하는 등의 태도를 가질 수 있다. 시간이 지나면서 내담자와 상담가의 관계가 형성되면 상담가는 보다더 동기강화적으로 내담자를 대하도록 한다.

③ 집단치료

집단치료나 상담에서는 내담자의 특성상 특정 내담자가 지나치게 자기 자신에 대해서 도취되거나, 지나치게 우울해 있다거나, 집단에서 함께 전념하지 못하고 저항을 보이는 경우가 흔히 생기게 되는데, 이런 경우에는 효과적인 집단치료가 어려울 수 있다. 이러한 상황이 발생하면 상담가는 해당 구성원에 대해 제한하는 역할을 하거나 그 구성원이 집단치료에 적합한지를 다시 결정해 볼 수 있다.

④ 사이버섹스와 성중독

인터넷 상에서 섹스와 관련된 사업이 가장 큰 산업 중 하나로 자리를 잡았다. 게다가 현재 70% 이상의 인터넷 사용자가 성적인 목적을 위해서 인터넷을 사용하고 있는 실정이다. 사이버섹스 활동은 포르노 사이트를 방문하는 것뿐만 아니라 이메일을 통해서 성적인 메시지를 교환하는 것, 인터넷 상에 광고를 올려 성적인 만남을 주선하는 것 등을 포함한다. 특히 사이버섹스는 이전에 중독 경험이 있거나 충동적인 성중독자에게 그들의 중독 행동을 가속화시킬 수 있는 창구가 됨으로써 그들이 자신의 삶을 더욱 통제할 수 없도록 만든다.

집에서 사이버섹스를 예방하는 방법   먼저 컴퓨터를 공개된 많은 사람이 함께 사용하는 공간으로 옮긴다. 주로 집에 누군가가 있을 때 온라인 접속을 하도록 하며 성인 사이트 접속을 막는 소프트웨어 등을 설치하는 것도 하나의 방법이 될 수 있다. 그리고 자신을 도와줄 수 있는 사람 또는 상담가에게 자신의 온라인 접속 시간과 접속을 끝내는 시간을 보고하도록 하는 것도 효과적인 방법이 될 수 있다.

직장에서 사이버섹스를 예방하는 방법   먼저 근무 시간에만 온라인 접속을 한다. 컴퓨터 스크린을 모두가 볼 수 있도록 자리를 재배정한다. 또한 성인 사이트 등의 접속을 차단하는 소프트웨어를 설치한다. 과거의 사이버섹스와 관련된 파일을 모두 삭제하고 회사에서도 자신이 신뢰할 수 있는 동료에게 자신이 업무 이외에 온라인 접속을 하는 경우 접속과 마침을 알리는 것도 하나의 방법이다. 그리고 휴식 시간에는 온라인을 벗어나 잠깐의 산책도 도움이 될 수 있다.

사이버섹스 중독자들의 회복 전 단계   사이버섹스 중독자는 흔히 치료와 재활을 시작하기 전에 자신의 문제를 무시하거나 부인하는 단계를 거쳐, 다른 사람이 사이버섹스 중독에 대해 알게 되는 성중독의 발견 단계로 나아가며 그 후, 문제해결을 시도하는 단계로 넘어가는 회복 전 양상을 보인다.

4) 대상별 성중독

(1) 청소년 성중독

청소년기는 정서적, 도덕적, 사회적, 인지적, 심리학적 그리고 신체적 변화를 포함하는 전반적인 발달이 각각 독립적이면서 급격히 이루어지는 시기로 특징지어진다. 청소년기에는 개별화와 또래 동일시, 그리고 위험 감수 행동이 전형적으로 동반되며, 행동의 결과를 예측하는 인지 작용보다 위험을 발생시킬 행동이 앞서 나타난다. 이러한 위험 행동은 성적 실험이나 물질 사용 또는 무모한 운전 등의 문제 행동들을 포함한다.

문제성 성행동은 청소년을 치료하는 상담가라면 누구나 중요하게 여기는 문제다. 상담가는 먼저 정상 범주에서 벗어난 강박적 성행동을 확인하는 것이 유용할 것이다. 성행동은 복잡하기 때문에 십대의 과잉성욕장애나 성중독에 대한 연구가 부족하다. 그러나 다른 고위험 행동들보다 더 취약하므로, 청소년의 성중독을 주제로 한 실증적 연구와 개입이 필요하다.

성중독을 '행동중독'으로 보는 개념에 대해 논쟁이 있다. 문제성 성행동을 중독장애로 고려하는 이론적 명분에는 장점과 단점이 있다. 청소년에게 적용할 때 청소년 발달의 전형적인 특징으로 나타날 수 있는 행동을 문제로 진단할 수 있기 때문이다. 그럼에도 불구하고, 행동중독으로서 성중독을 보는 관점은 청소년의 문제성 강박적 성행동에 대해 분류, 개입, 치료에 대한 접근을 가능하도록 하는 임상적 유용성을 갖고 있다. 청소년의 강박적 성행동을 초점으로 한 연구논문들은 거의 부재하다. 따라서 상담가들은 성인군을 대상으로 한 연구 논문들을 청소년 환자에게 적용시킬 때 청소년들의 독특한 생리와 발달적 특성을 고려해서 이해해야 한다.

청소년 성중독을 살펴보기 전에 Ryan(2000)이 제시한 청소년의 성행동을 살펴보면 다음과 같다. Ryan(2000)은 청소년 성행동을 다음의 네 가지로 범주화했다.

- 일반 청소년 성행동
- 어른의 반응을 요구하는 행동
- 훈육을 필요로 하는 행동

• 즉각적 개입을 필요로 하는 불법 행동

또한 문제를 일으키는 성행동의 원인에 대해 다음과 같이 제시하였다.

• 사회적 · 학업적 수행을 손상시키는 성적 주제에 대한 몰입
• 자기나 타인에 대한 경멸 또는 비하
• 관음증적 · 마찰애호증적 · 노출증적 행동의 발생
• 강압적인 성행동
• 동의 없는 성적 접촉
• 일상적 기능의 손상을 야기하는 강박적 자위행위
• 상당한 부끄러움과 두려움을 일으키는 성적 행동
• 높은 취약성과 동반이환으로 이끄는 성적 행동
• 포르노에 대한 비정상적인 관심 또는 몰입
• 여러 명의 파트너들과의 무분별한 혼음
• 나이, 발달 수준, 감독적 지위에 있어서의 상당한 괴리
• 상당히 이상한 성적 행동
• 성적 가해 또는 반복적인 음란 통화

① 청소년을 대상으로 성중독을 진단할 때 고려해야 할 사항

성중독과 대부분의 성장애들은 진단 시 고려해야 할 배제사항이 있다. 과잉성욕은 다양한 정신과적 문제, 의학적 장애, 중독, 사회 과정에서 기인할 수 있으므로, 진단을 내리기 이전에 이러한 사항들이 반드시 탐색되어야 한다. 성은 복잡한 현상이므로 과잉성욕적 행동은 신경생물학적 · 심리학적 · 사회학적 · 정신의학적 요소들을 포함한 다중요소적인 배경에서 가장 잘 고려될 수 있다. 과잉성욕적 행동에 영향을 미치는 다양한 요소들에는 성적 관심, 성 관련 활동, 안드로겐 수준이 있다.

먼저 청소년들은 생물학적으로 후기 성인기에 비해 '과잉성욕적'이다(Davidson et al., 1983). 사춘기 동안 강하게 나타나는 테스토스테론은 15세에서 25세 사이에 가장

높은 수준에 도달한다(Snyder, 2000). 이 연령대는 FBI 자료에 따르면 재산 관련 범죄와 폭행범죄 비율이 가장 높게 나타난다고 보고되는 바와 같이 무모성과 공격성이 가장 크게 나타나는 시기와도 일치한다(Snyder, 2000). 과잉성욕 행동들은 다양한 신경학적 장애와도 연관된다. 청소년에게서 관찰할 수 있는 이러한 장애의 예시들로는 뚜렛 증후군, 측두엽 간질, 운동장애, 뇌 손상, 두개 내압이 있다(Kreuger, 2000). 이와 유사하게 과잉성욕은 다양한 내분비학적 문제인 클라인펠트 증후군과 부신종양, 고환종양에서도 관찰 가능하다.

두 번째, 정신의학적 동반이환은 강박성 성행동이 있는 개인에게 주로 관찰된다. 과잉성욕 행동은 기분장애, 물질 사용 장애, 파괴적 행동장애, 불안장애, 충동통제장애, B군 성격 특성 및 장애와 자주 연관된다(Kuzma & Black, 2008). 과잉성욕 행동은 양극성 장애가 있는 청소년들의 조증이나 경조증의 증상으로 자주 관찰된다. 조증은 판단 능력의 손상과 함께 충동성과 감각추구를 동반한다. 따라서 과잉성욕 행동을 탐색할 때에는 양극성 장애를 철저히 평가해야 하며, 청소년들은 일반적으로 성인에게 나타나는 전형적인 양극성 증상과는 다른 비전형적인 특징을 가지고 있음을 명심해야 한다. 치료의 방향은 양극성 장애와 관련된 고위험의 충동적 행동의 맥락 안에서 성행동을 다루는 것으로 설정해야 할 것이다(Ramirez & Celis, 2012). 과잉성욕 행동은 주로 물질 사용 장애와 동반이환과 관련이 있다. 특정 물질 남용은 코카인과 메스암페타민과 같은 각성제와 관련되어 리비도 증가와 관련이 있음이 보고되었다. 다양한 물질(예: MDMA, GHB 등)들은 성적 수행과 쾌락을 강화하는 데 사용되고, 탈억제하는 데 사용되기도 한다(예: 알코올)(Schneider & Irons, 2001).

세 번째, 과잉성욕과 관련된 심리학적 요소들은 충동조절의 어려움, 감각추구, 낮은 자존감과 관련된다. 낮은 자존감의 여성 청소년들은 대처 기제로서, 또 자신을 증명하기 위한 방법으로 성활동에 더욱 참여하는 경향이 있다(Basco & Celis-de Hoyos, 2012).

네 번째, 과잉성욕 행동에 영향을 주는 사회적 요소들에는 부모의 모델링, 또래집단의 소속감, 사회문화적 동일시, 매체의 영향 등이 있다. 예를 들면, 청소년의 경우 성에 자주 노출될수록 발병 연령이 더욱 낮아지는 경향이 있었다(Basco & Celis-de Hoyos, 2012).

② 치료

청소년기는 성행동과 흥분 패턴이 고정적이지 않으며 성인기로 갈수록 유동성이 감소한다. 따라서 강박적 성행동에 대한 표준이 되는 단일한 접근법이 없으며, 물질 사용 장애에 대해서도 마찬가지다. 치료는 심리사회적 치료, 약물학적 치료, 자조적 또래지지집단에 참여하는 것을 포함한다. 강박적 성행동 치료의 궁극적인 목표는 문제 행동을 하지 않는 건강한 성을 발달시키고, 낮은 자존감, 사회적 기술 부족과 같은 심리적인 원인이 되는 요인들을 다루며 삶의 질을 향상시키는 것이다. 치료과정은 길어질 수 있고, 치료 중 문제 행동이 재발할 수도 있다. 변태성욕적 성행동에 대해서는 다른 접근법이 요구되는데, 그 이유는 강박적 성행동의 '재발'은 자신에게 해를 입히지만, 범죄적인 변태성욕적 성행동은 타인에게 막대한 피해를 입힐 수 있기 때문이다.

• 심리적 개입

비범죄성 강박 성행동을 보이는 청소년들은 다른 화학물질 의존 치료모델과 비슷한 방법으로 개입하며, 이와 함께 중독에 대한 교육, 성교육, 집단 및 개인 치료, 가족 개입이 이루어진다. 추가적으로 성중독을 다루는 12단계 프로그램에 참여할 수도 있다 (Schneider & Irons, 2001). 연구 결과에 따르면, 청소년의 문제성 성행동에는 교육, 위기 개입, 재발방지 치료, 정신과적 치료, 물질 남용 치료, 모니터링, 가족개입을 활용하는 다학제간 접근이 매우 효과적인 것으로 나타났다(Manley, 1990; Plant & Plant, 2003).

성행동을 다루는 첫번째 단계는 성행동을 멈추게 하는 즉각적인 지침을 포함한다. 예를 들면, 웹사이트나 그 밖의 성 관련 자료에 대한 접근을 제한하고, 피해자에 대한 접근을 차단하는 것이다. 이후 전략에는 인지행동 기법을 학습할 수 있도록 하여 성 충동에 대해 자기조절적이고 재발을 방지할 수 있도록 하는 것을 포함한다(Kaplan & Kreuger, 2010).

가족치료는 물질 사용 장애 및 과잉성욕 행동을 보이는 청소년에게 매우 효과적인 치료법으로 알려져 있다. 치료 내용을 살펴보면, 중독 행동을 역동적인 가족 문제로 재정의하고, 역기능적인 가족 과정을 다루며, 유관 강화물에 대한 계약을 수립하는 것으로 구성된다. 충동적 성행동을 치료할 때 교육과 직면에 대한 프로그램에 가족 구성원을 포함하면 효과적이다.

　재발방지는 물질 남용 치료에 사용되는 인지행동치료 기법이며, 변태성욕장애와 성중독을 치료하는 데 사용된다. 치료에서는 문제 성행동의 촉발 요인을 찾게 하고, 문제 행동의 재발을 방지할 잠재적인 개입을 고려하고, 인지적 왜곡을 다룬다(Veneziano & Veneziano, 2002).

　성중독을 다루기 위해 고안된 AA를 기반으로 한 다양한 12단계 프로그램들이 있다. 이러한 집단에는 National Council on Sexual Addiction and Compulsivity(현재 이름은 Society for the Advancement of Sexual Health), Sexaholics Anonymous, Sex Addicts Anonymous, Sex and Love Addicts Anonymous, Cybersex Chat Addicts Anonymous가 있다(Plant & Plant, 2003). 또한 Alanon과 유사한 성 중독자 가족을 위한 지지집단도 있다. 집단들은 절제나 기본 교리에 있어서 다소 다양한 개념을 갖고 있지만, 모두 영성 기반의 12단계에 근거하고 강박적 성행동을 중독으로 보는 관점을 공유한다. 한편, 12단계 프로그램에 유용한 자원들이 많지만 청소년에게 부적합할 수도 있다. 12단계 프로그램은 '바닥을 친' 사람에게 적합하고, 개인을 '문제의 원천'으로 보며 영성에 주된 초점을 두고 있기 때문에 청소년들에게 직접적으로 적용하기에 어려움이 따른다(Chapple & DuPont, 1999). 청소년들은 성인에 비해 자원이 적어 프로그램이 부족한 편이다. 게다가 성중독을 다루는 다양한 12단계 프로그램들은 절제에 대한 정의가 모두 다른데, 이러한 정의는 청소년을 위한 현실적인 치료 목표를 제공할 수 없도록 한다. 예를 들면, Sexaholics Anonymous에서는 'sobriety'에 대해 자신의 배우자 이외의 관계와 성행동을 삼가는 것으로 정의한다(Manley, 1990). 마지막으로 현실적인 염려사항으로, 청소년들은 충분한 관리감독이 이루어지지 않고서는 재발의 위험에 취약하며, 성인 성 중독자의 보고에 영향을 받음으로써 성중독 재발의 위험성을 높일 수 있다. 청소년의 강박적 성행동을 위한 프로그램의 유용성에 대한 연구 근거는 아직 알려져 있지 않다.

　심리치료는 성행동에 대한 수치심, 트라우마, 왜곡된 사고, 행동적 결과를 다루는 데 유용할 수 있다(Schneider & Irons, 2001). 성행동의 기능과 자존감, 대인관계 이슈들 또한 다룰 수 있을 것이다(Kaplan & Kreuger, 2010).

성장애를 위한 입원환자 및 외래환자 치료 프로그램에서는 숙련된 전문가에 의해 구조화되고 정형화된 치료가 제공된다. 이는 문제 성행동으로 인해 상당한 손상을 입은 청소년과 강요적이고 피해를 끼칠 수 있는 성행동을 보이는 청소년들에게 도움이 될 수 있는 임상적 개입이며, 특정 종류의 문제 행동에 맞추어진 다양한 모델이 있다. 성범죄자와 비범죄적 성 중독자를 구별하는 것이 관건이며, 청소년과 청소년 범죄자를 위한 프로그램이 마련되어 있다.

비범죄적 성행동을 치료하는 전형적인 중독 기반의 프로그램들은 물질 사용과 섭식장애를 위한 프로그램과 유사하게 구조화되어 있다. 이 프로그램들은 1개월 또는 5개월 사이 혹은 그 이상의 기간 동안 다양하게 진행될 수 있다. 성중독 프로그램은 '재기와 재활'에 초점을 맞추어, 삶의 문제에 대처하는 방법으로 건강한 성과 생활양식을 익히고 이를 유지하는 것을 포함한다. 성공적인 재활은 개인의 핵심 신념을 구조화하고 문제해결 기술과 정직성, 지지네트워크의 유용성을 확장시키는 것에 근거한다.

• 약물치료

성장애를 위한 약물치료는 주로 변태성욕장애에 초점을 둔다. 변태성욕장애에 대한 약물치료는 성욕을 감소시키는 생식샘 자극 호르몬 분비 작용제(Gonadotropin-releasing hormone agonists), 생식샘 자극 억제제(Gonadotropin-releasing inhibitor) 등을 포함한다.

비범죄성의 강박적 성행동에는 세로토닌 재흡수 억제제(serotonin reuptake inhibitor), 리튬(lithium), 비정형 항정신병 약물(atypical antipsychotics), 날트렉손(naltrexone: 마취성 길항제), 부프로피온(bupropion: 항우울제), 발프로산(valproic acid: 항간질) 등을 사용한다.

청소년의 물질 사용 장애에 대한 약물치료적 상황과 유사하게 강박적 성행동의 치료를 중점적으로 다룬 연구는 거의 부재한 실정이다.

③ 청소년의 사이버섹스와 Sexting

청소년의 성생활과 최신 기술의 발달 간의 결합은 최근에 떠오르고 있는 주제들 중

하나다. 인터넷은 청소년의 성생활과 관련된 영역에 중대한 영향을 미치는 사회화의 매개체로 작용하거나, 위험 성행동을 전파하는 수단으로 작용한다. 인터넷을 통한 상호작용은 즉각성과 익명성을 띄기 때문에 청소년의 성생활에 손상을 초래할 수 있다. 따라서 인터넷 중독과 오남용 그리고 최신 기술이 청소년의 성생활과 어떻게 관련되어 있는지 살펴볼 필요가 있다.

• **청소년의 사이버섹스**

사이버섹스는 자신 또는 성적 파트너에 대한 음란물을 시청 · 업로드 · 전달하는 것, 특정 음란 사이트에 고용된 종사자와 상호작용하는 것, 블로그나 대화방을 통해 익명의 파트너와 성적 상호작용을 하는 것, 오프라인 상의 만남을 위해 온라인 상에서 성적 파트너를 만나는 것, 이메일이나 소셜네트워킹 사이트, 인터넷 게시판을 통해 원치 않는 성적 만남을 시작하는 것과 관련된 일련의 온라인 상의 성행동을 의미한다. 사이버섹스는 자위를 통해 흥분하는 상황에서 성적 쾌락을 목적으로 상대와 시각적 혹은 문자적 상호교환이 이루어지는 것을 말한다(Schneider, 2000). 사이버섹스는 Sexting과 유사하지만 사이버섹스는 휴대폰보다는 컴퓨터를 통해 이루어지고, 성적인 욕구의 충족이 가장 큰 목표라는 차이점이 있다.

사이버섹스의 형태는 단독 행위, 합의된 관계, 강요된 만남 등 그 범위가 다양하다(Schneider, 2000). 사이버섹스는 성의 표현이 성적 호기심에서 강박적 참여에 이르기까지 다양하게 나타나며, 범죄적이고 일탈적인 사용이라는 병리성을 포함할 수 있어 사회적 고립이나 변태성욕장애의 문제와 연결될 수 있다. 대부분의 연구에서 사이버섹스는 성인에 초점을 두고 있고, 청소년과 관련된 온라인 성행동은 청소년들이 원치 않는 성행동에 연루되는 사이버 성범죄 피해에 초점을 두고 있다.

청소년들은 연령이 증가함에 따라 그 이전 시기에 비해 인터넷 사용을 보다 상호적인 방식으로 사용하게 됨으로써 사이버 성범죄의 위험성에 노출될 가능성이 높다(Kaplan & Kreuger, 2010). 청소년은 자신의 일상생활과 개인정보를 블로그나 웹페이지에 게시하지만 이것이 갖고 있는 잠재적인 위험성을 지각하지 못한다. 이들은 인터넷 상에서 모르는 사람과 만나거나 사생활을 공유하며 온라인 상의 관계를 더 친밀하게 형성함으로써 범죄에 노출된다(Chapple, 1993). 사이버 성범죄의 피해자가 되는 청소년의 특성으로는 학대 청소년인 경우, 부모나 교우관계에서 이질적인 고립감을 느끼는 경우, 부모와의 갈등 수준이 높은 경우, 의사소통 수준이 낮은 경우이고, 이에 따라 사이버상의 모르는 관계에서 친밀감을 더 강하게 느끼고 애정적 관계에 더 빨리 개입한다(Chapple, 1993). 또 다른 요인으로는 과거의 성적 · 신체적 학대 경험이 있다. 이러한 원치 않는 성적 강요는 오프라인 상에서의 신체적 · 성적 학대 문제, 자해 행동으로까지 이어질 수 있다. 온라인 상에서 피해를 호소하는 청소년과 오프라인 상에서 피해를 호소하는 청소년에는 차이가 있었는데, 오프라인 상에서 피해를 호소하는 경우 더 높은 수준의 우울감을 경험하고, 더 낮은 수준의 정서적 유대감을 호소하는 것으로 나타났다. 사이버 성범죄의 피해자로 이르게 하는 요소에 대한 이해와 연구가 더욱 필요하다. 특히 발달병리학적 관점에서 온라인 성 위험 문제를 살펴보는 것이 좋을 것이다. 발달병리학은 장애의 단일 차원적 원인에서 벗어나 청소년의 문제 행동을 다양한 관점에서 살펴볼 수 있게 하며, 이전의 적응이 미래 적응에 어떤 역할을 하는지 장기적인 관점에서 이해할 수 있게 하며, 재피해를 막을 수 있도록 도울 수 있다. 발달병리학적 관점은 피해 청소년을 위한 임상개입 뿐만 아니라 예방적 방안을 마련할 수 있도록 도울 것이다.

• 청소년의 Sexting

Sexting(예: 일부 십대들 사이에서 휴대폰을 통해 성적으로 노출된 이미지를 교환하는 것)은 기술과 청소년의 성행동 간에 이루어지는 접점을 언어적으로 표현한 말이다. Sexting에 대한 논문 주제들은 '충격적일 만큼 흔한', '충격적인 십대의 새로운 트렌드'라는 매우 강한 흥미를 불러일으킨다(Joffe Walt, 2009). Sexting에서 가장 문제가 되는 점은 이것이 청소년들에게 잠재적으로 심각한 법적 결과를 낳기 때문이다. Sexting 문제에 대하여 미국 당국은 처벌강화와 '성인 도덕성 기준의 강화'를 위한 제도와 교육을 마련하기 위해 노력 중이다. 이러한 노력은 부족한 연구량 때문에 실질적으로 개선되고 있지 못한 부분이 있다. 따라서 미국의 청소년 휴대전화 보유와 휴대전화 사용 등과 Sexting을 연관 지어서 상관관계와 패턴을 살펴봄으로써 연구할 필요가 있다.

　　Sexting을 최근 미국 청소년들의 휴대폰 사용 패턴과 관련해서 이해하는 것이 중요하다. 최근 보고된 자료에 따르면 청소년의 문자메시지 양의 증가에 따라 Sexting의 추세에도 변화가 나타난다고 한다. 청소년의 휴대폰 사용이 보편화되면서 Sexting의 빈도와 기능에 대해 청소년들은 어떻게 보고하는가? Sexting과 관련한 태도와 행동을 조사한 국가적 차원의 연구가 3개 있다.

　　첫 번째 연구는 National Campaign to Prevent Teen and Unplanned Pregnancy and Cosmo Girl.com[Sex and Tech survey]의 지원을 받아 수행된 연구로, 인터넷 응답을 통해 자료를 수집하였다. 연구 결과, 20%의 청소년들은 그들의 전라 또는 반라의 사진 또는 영상을 온라인에 올린 적이 있다고 응답했고, 39%의 청소년들은 성적인 의미가 내포된 내용들(문자, 이메일 등)을 주고받는다고 응답했다. 또 3분의 1가량의 청소년들은 다른 사람에게 전송됐어야 할 ‘Sext’를 잘못 받은 적이 있다고 응답(여성 25%, 남성 33%)했고, 60%의 청소년들이 장난치기 위한 목적으로 성적인 의미를 포함하고 있는 내용을 주고받는다고 응답했다. 40%의 청소년들은 성적인 자료를 보내는 것이 그저 농담이라고 응답했으며, 40%의 여성 청소년들은 성적인 자료를 보내는 이유가 섹시하게 보이기 위해서라고 응답했다. 12%의 여성 청소년은 성적인 이미지를 보내야 할 것 같은 느낌이 든다고 응답했다. 이 연구는 73%의 응답자가 백인이므로 대표성이 낮은 단점이 있다.

　　두 번째 연구로, 2009년에 12~17세의 청소년을 대상으로 국가적 차원으로 실시된 휴대폰 관련 조사[Teens and Sexting] 연구에서는 청소년 중 4%에 해당하는 청소년들이 자신의 전라 또는 반라의 사진을 다른 이들에게 보낸 경험이 있다고 응답했다. 또 핸드폰을 소유하고 있는 청소년 중 15%는 그들의 지인으로부터 성적인 내용이 담긴 이미지를 받아 본 경험이 있다고 응답했고, 17세 이상의 청소년 중 8%는 실제로 ‘Sext’를 전송한 경험이 있으며 30%의 청소년은 받아 본 경험이 있다고 응답했다. 연구 조사 결과, 핸드폰 비용을 스스로 지불하는 청소년의 경우 성적인 내용이 담긴 이미지를 더 많이 전송하는 것으로 나타났다(자신이 핸드폰 비용을 지불하는 경우 17%, 본인이 비용을 부담하지 않는 청소년의 경우 3%가 ‘Sext’를 보낸다고 응답했다).

　　세 번째 연구로, 2009년 MTV와 Associated Pree에서 US에 거주하는 십대들을 대상으로 디지털 남용을 평가하기 위해 설문조사를 실시했다. 14~17세에 해당하는 24%의 청소년들이 'Sexting'에 참여하고 있다고 응답했고, 10%의 청소년이 자신들의 사진을 서로 공유한다고 응답했다(백인 여성들은 주로 자신들의 사진들을 많이 올리는 것으로 보고되었고, 남성들은 주로 받은 이미지를 공유하는 것으로 나타났다). 또한 성적으로 활발한 청소년들은 그렇지 않은 청소년들보다 2배 정도 'Sexting'에 참여하는 것으로 나타났다.

(2) 대학생 성중독

대학생은 발달상 청소년기와 성인기 사이에 해당하여 청소년기와 성인기에서 나타나는 성행동의 특성을 공유한다. 또한 대학생은 부모의 제한에서 벗어나 성적 자율성과 독립성을 발휘·확대하며 성적 정체감을 획득하는 시기라는 특수성을 가지기에 대학생의 건강한 성행동은 중요한 함의를 지닌다. 따라서 대학생의 성중독을 진단하고 개입할 때에는 앞에서 살펴본 성인의 성중독의 진단기준을 적용하면서도 다각적이고 발달적인 관점을 적용할 필요가 있을 것으로 보인다. 앞서 살펴본 성인 성중독에 대한 내용은 국외 대학생의 연구 결과들을 포함하므로 이 파트에서는 국내 대학생을 대상으로 한 성중독에 대해 살펴보고자 한다. 국내 대학생의 성행동은 한국의 집단주의 및 가족 중심의 문화와 취업스트레스, 과도한 경쟁, 높은 자살률, 성불평등 등 국외와는 다른 특성에 따른 영향을 받는다. 따라서 대학생의 성중독을 다룰 때는 이러한 사회문화적 관점 또한 함께 고려되어야 할 것이다. 그러나 국내 대학생 대상의 성중독을 주제로 한 연구는 매우 부족한 실정이다. 따라서 성중독을 예측하는 국내 대학생의 성 관련 변인들을 국내 선행 연구들을 중심으로 살펴보고자 한다.

• 성행동 빈도 및 수준

성행동 빈도와 수준에 영향을 미치는 변인을 선행 연구를 통해 살펴보면 다음과 같다. 남학생이 여학생보다, 연령이 높은 경우가 낮은 경우보다, 이성교제 경험이 있는 경우가 없는 경우보다 더 높은 빈도와 수준을 나타냈다(김민경, 2014; 윤숙자, 변은경, 2011; 김수진, 문승태, 강희순, 2011; 김진희, 김경신, 2008; 하상희, 이주연, 정혜정, 2007). 또한 성태도가 개방적이고 허용적일수록 성행동 빈도가 높았고(김미옥, 2013; 윤숙자,

변은경, 2011; 김진희, 김경신, 2008; 이주연, 하상희, 정혜정, 2006), 용돈 공급자가 자신일 때 성행동 빈도수가 높았으며(윤숙자, 변은경, 2011), 군필자가 미필자보다 이성교제와 키스/포옹, 포르노 잡지/음란성 비디오 접촉, 자위행위, 항문성교, 구강성교, 임신 경험, 낙태 경험에서 성행동의 빈도수가 높은 것으로 나타났다(신경림, 박효정, 신미경, 2009). 1학년은 다른 학년에 비해 성행동 빈도수가 낮게 나타났고(김수진, 문승태, 강희순, 2011), 성지식 정도에 따른 성행동 빈도수는 연구마다 상이하게 나타나 추가적인 연구가 필요할 것으로 보인다. 성행동 빈도 및 수준은 성별, 이성교제 경험, 성태도의 개방성, 군복무 경험, 학년별, 성지식에 따라 다르게 나타나는 것으로 요약할 수 있다.

• 음주

선행 연구를 통해 살펴보면, 성행동 빈도 혹은 문제성 성행동 발생률을 높이는 변인으로 음주 변인을 고려할 수 있다. 음주문제행동은 문제성 성행동에 직접적인 영향을 미치는 것으로 나타났고(탁영란, 안지연, 2001), 이러한 음주 문제 행동은 음주 결과에 대한 긍정적 기대 수준이 높을 때, 친구의 음주 압력이 높을 때, 음주 거절 효능감이 낮을 때 그리고 스트레스가 높을 때 증가함으로써 문제성 성행동 빈도를 높이는 것으로 나타났다(김민경, 2014; 탁영란, 안지연, 2001). 폭음자는 비폭음자보다 성경험에 노출될 확률이 1.89배 높아지는 것으로 나타났고, 타인의 음주로 인한 강간 피해 발생 가능성은 2.34배 높은 것으로, 원치 않은 성경험은 3명당 1명 꼴로 나타났다(손애리, 박지은, 2006; 손애리, 천성수, 2005). 문제성 성행동은 음주 문제 행동, 음주 결과에 대한 긍정적 기대, 친구 음주 압력, 음주 거절 효능감, 스트레스, 폭음에 따라 다르게 나타나는 것으로 요약할 수 있다.

• 강간통념수용

문제성 성행동에 영향을 미치는 변인으로 강간통념수용 변인을 선행 연구를 통해 살펴보면 다음과 같다. 남녀 모두에게서 강간통념수용 정도가 높을수록 원치 않는 성적 접근과 성폭행이 증가하였다. 또한 가해자의 성희롱에 대한 관점을 정당화하고, 피해자의 반응에 대해 오해와 과잉반응으로 치부할 가능성이 증가하는 것으로 나타났다

(이명신, 2014). 강간통념은 남학생이 여학생보다 높은 것으로 나타났고(고혜리, 2007; 이건호, 강혜자, 2005), 음란물 추구 경향과 강간통념수용은 높은 상관이 있는 것으로 나타났다(이인숙, 2013).

국내 선행 연구를 통해 대학생 성중독을 예측하는 변인들로 성행동 빈도 및 수준, 음주, 강간통념수용을 살펴보았으나, 대학생의 성중독 관련 변인에 대한 실증적 연구가 현재 많이 부족한 상황이므로 이에 대한 연구가 절실히 필요하다.

2. 쇼핑중독

강박적 구매에 대한 이해에 있어서 사회적 상황과 문화적 배경을 이해하는 것은 중요하다. 개개인은 강박적 구매로 인해 고통받고 있기는 하지만 대량소비 사회, 물질주의, 그리고 '가진 것으로 존재가 평가되는' 잘못된 생각(an obsession with 'to have is to be')으로 특징지을 수 있는 현대 사회가 그들의 행동 배경이 된다는 점을 기억해야 한다(Fromm, 1976). 우리는 강박적 구매를 경제적, 사회적, 그리고 서구 선진국에서 소비 행위로 변한 문화적 변화 사이에서 생겨난 또 다른 종류의 중독 문제로 이해해야 한다.

소비자로서 우리의 생각과 감정 행동은 과거 20~30년 동안에 대단히 많은 변화를 거쳐 왔다. 1970년대 이후로 미국과 유럽 등의 선진 국가에서 개인의 수입이 증대되면서 여유 자금이 크게 증가해 왔고, 이러한 부의 축적은 오늘날에도 여전히 계속되고 있다. 더욱이 현재 갖고 있지 않은 돈을 쓸 수 있도록 하는 방법 또한 신용카드, 무담보 대출, 저축통장 등의 다양한 형태로 과거보다 대단히 용이해졌다. 사람들은 사용하는 과정에서의 빠름, 편리함과 더불어 현금을 사용할 때 느끼는 부담감에서 자유로울 수 있다는 점 때문에 신용카드를 더 쉽게 사용하는 경향이 있다(Lunt & Livingstone, 1992).

사회와 문화가 변화함에 따라 우리 생활에서 소비는 더 중요한 역할을 차지하게 되었다(Featherstone, 1991; McCracken, 1990). 프랑스의 사회학자인 Baudrilliard가 현시대의 삶을 '끊임없는 쇼핑'이라고 정의한 것은 조금 과장된 측면이 있겠지만, 모든 종류의 여가 활동이 쇼핑과 관련하여 증가하고 있고 쇼핑 자체가 여가와 삶의 한 형태가 되고 있으며 쇼핑몰은 사회화의 종합 시설이 되었다는 점에서 유의미한 지적이라 할 수 있겠다. 물질적인 것은 우리의 삶에서 더 강한 심리적인 의미와 역할을 수행하게 되었고, 우리는 점차 우리의 감정 조절 방법으로 혹은 사회적 지위의 획득이나 자아정체성과 이상적 자아를 표현하는 방식으로 소비를 하게 되었다(Dittmar, 1992b, 2001). 소비와 정체성의 관계는 종종 광고에서 찾아볼 수 있는데 소비가 곧 이상적 자아의 상징으로 표현되고 있음을 볼 수 있다. 소비재를 살 때 우리는 단지 생산품을 살 뿐만 아니라 그와 관련된 상징적 성질도 함께 구매하는 경향이 있다.

한편, 소비재의 상표 또한 의미가 변화되었다. 근본적으로 상표가 생산품의 높은 질과 신뢰 수준을 소비자에게 전달하는 수단으로 사용되었던 과거와는 달리, 최근에는 유사 제품이 앞다투어 등장하면서 제품의 상표가 상징적 의미로서의 가치를 창출하기 위해 사용되고 있다. 상표는 물건에 대한 정보를 제공하는 실제적인 역할과 더불어 소비자의 정체성에 영향을 미치는 자기 표현의 의미로서의 감정적인 역할 그리고 이러한 물건을 사용하는 우리가 누구인지에 대한 정보를 제공해 주는 사회적 역할을 함께 수행하게 되었다(Franzen & Bouwman, 2001). 더불어 상표는 젊은이에게서 더욱 강력하게 정체성 확립의 수단으로 사용되고 있는데, 특히 십대에게서 이러한 현상은 더욱 두드러진다(Dittmar, in press).

1) 얼마나 만연되어 있는가

여러 학자와 기관의 조사방법이나 표집 등에 따라 강박적 쇼핑의 만연된 정도에 대한 수치는 다르다. 보고된 결과 중 가장 낮은 수치인 2%를 강박적 구매로 간주한다 하더라도, 이는 실제 인구에 대비해 볼 때 미국에서는 1,000만 명, 영국에서는 50만 명, 독일에서는 100만 명에 해당하는 결과다.

우리나라의 한 조사 연구에 따르면 성인 소비자의 6.6%가 쇼핑중독이었고, 11.9%는 평소 과다한 쇼핑으로 중독 상태에 빠질 위험성이 높은 것으로 나타났다(조선일보, 1999. 11. 26). 그리고 대학생을 대상으로 한 김영신(2001)의 연구에서는 13.5%가, 특히 2003년 인터넷 쇼핑이나 TV 홈쇼핑 경험이 있는 여대생을 대상으로 한 연구(이승희, 신초영, 2004)에서는 16.5%가 강박적 구매자로 각각 나타났다.

2) 성별과 관련된 강박적 구매

성별과 관련된 연구들은 강박적 구매에서 성차가 있음을 인정한다. 90%에 가까운 연구는 강박적 구매가 74~93%의 비율로 여성에게서 더 많이 나타난다고 보고하고 있다. 하지만 표집에 있어서 여성이 주 시청자인 아침방송 시간이나 여성 잡지를 통하는 등 문제가 있는 경우가 많아서 일반화하여 결론을 도출하기는 어렵다. 강박적 쇼핑과 관련된 문제의 경우 남성보다 여성에게 사회적으로 더 수용적이라는 이유 등으로 상당수의 연구에서 남성보다 여성이 더 많이 표집되는 등의 문제가 있다.

전체적인 구매의 방향에서 성별에 따른 차이는 또 다른 면에서 이해될 수 있다. 쇼핑을 즐기는 것, 구경하는 것, 기분, 거리를 돌아다니는 것 및 쇼핑하는 동안의 사회적 상호작용은 모두 남성보다는 여성에게 더 중요하다(Dittmar & Drury, 2000). 또한 여성은 '여가의 형태'로 구매를 연상하는 등 매우 긍정적인 태도를 가지고 있는 것에 반하여 남성은 구매를 최소한의 시간과 노력을 들여서 완료해야 한다고 생각하는 부정적 태도를 갖는 경향이 있는 것으로 나타났다(Campbell, 2000). 여성은 구매의 (종종 즐거운) 과정에 집중하는 경향이 있는 반면, 남성은 결과에 집중한다.

3) 남성의 강박적 구매의 특징

강박적 구매는 보통 진단지를 통해서 진단된다. 성별의 불균형과 더불어 드러나는 남성 강박적 구매자는 모두 강박적 구매로 진단되는 점수를 넘었다. 그렇지만 그 정도에서 여성의 70% 이상이 가장 낮은 부분보다 높은 부분에 위치했던 것(가장 높은 수준에 18%, 그다음 부분에 30%)에 비해 남성은 전체 평균 점수에서 눈에 띄게 작고 그 점수가 강박 범위 척도의 가장 낮은 끝에 집중되어 있었다(69%, 가장 높은 부분에는 없었음). 이 연구에서 남성 강박적 구매자는 주목할 만하게 젊고, 더 높은 수준의 교육을 받았으며, 경제적으로 안정적인 이들(패션과 외모에 관심이 있는)이었다. 그리고 성별에 따른 그들의 역할에 대한 정체성은 나이 든 사람이나 덜 교육받은 전통적인 남성과는 달랐다. 결국 강박적 구매는 남성과 여성 간의 본성의 원인으로만, 즉 성별의 차이로만 잘못 이해되어서는 안 된다(Dittmar, 2003). 거기에는 남성은 쇼핑 외에도 과도하게 즐기는 스포츠나 친구들과 바에 드나드는 일과 같은 다른 기회를 가지고 있는 반면에 여성은 그렇지 않다는 사회 구조적 이유도 있기 때문이다.

최근의 연구로 점차 알려지고 있는 사실은 여성에게서 상대적으로 더 흔하게 나타났던 쇼핑에 대한 심리적 관련성이 젊은 성인 남성에게서도 증가하는 경향을 보이고 있다는 점이다. 다음의 몇 가지를 그 이유로 들 수 있겠다. 여성과 남성의 직업적 · 가정적 역할이 바뀜에 따라, 그리고 최근에는 남성에게도 외모, 신체 모습 및 물건을 구매하는 것이 중요하게 되었기에 앞으로 쇼핑은 남성에게 지금보다 더 일반적인 것이 될 것으로 보인다.

4) 강박적 구매란 무엇인가

다른 중독 행동과 마찬가지로, 강박적 구매는 저항할 수 없는 충동, 통제력을 상실하는 것, 그리고 부정적인 결과에도 불구하고 계속 그 행동을 지속하는 것 등의 세 가지 중독적 측면을 보여 준다.

(1) 저항할 수 없는 충동

쇼핑으로 고통받는 사람들의 경험에 근거한 연구에서는 강박적 구매자를 "구매 욕구를 억제하는 통제에서의 무능력(inability to control an overpowering impulse to buy)"(O'Guinn & Faber, 1989)으로 정의한다. 강박적 구매자는 쇼핑을 하는 동안에는 흥분과 위안을 경험하고 쇼핑을 마치고 난 후 또는 집에 돌아와서는 낙담, 후회 등의 부정적 감정을 경험하게 되는데, 이것은 전형적인 강박 행동의 형태로 보기에는 어려움이 있었다(예: Scherhorn, 1990).

강박적 구매를 충동조절장애로 보는 상담가의 관점은 강박적 구매에 강한 충동적 요소가 있다고 본다(예: Faber, Christenson, de Zwaan, & Mitchell, 1995). 프랑스의 우울증 환자에 관한 연구에서는 강박적 구매자에게서 높은 수준의 충동성이 나타나는 것으로 보고되었다(Lejoyeux, Tassian, Solomon, & Ades, 1997). 강박적 구매 경향을 예측해 주는 요인에 관한 연구에서는 강박적 구매 행동이 MMPI에서 측정되는 일반적인 강박 수치와는 어떤 상관도 보이지 않았던 반면에 충동성과는 관련이 있는 것으로 나타나 충동성이 예상 요인으로 확인되었다(DeSarbo & Edwards, 1996). 그리고 영국에서 실행된 연구에서는 강박적 구매자가 일반 소비자에 비해서 더 충동적이고 특정한 상품, 예를 들면 옷이나 신발, 화장품 등 외모와 관련된 물건에 대해 높은 충동적 구매를 한다는 사실이 보고되었다(Dittmar, 2001).

(2) 통제를 잃는 것

쇼핑으로 고통받는 사람들은 쇼핑을 할 것인지 말 것인지에 대한 갈등이 있고, 그중 많은 사람이 구매를 하도록 만드는 특정한 상황에서 자신을 벗어나게 하는 것에 대한 양가감정을 가지고 있는 것이 발견된다. 즉, 그러한 구매 상황을 원하기도 하고 벗어나고자 하기도 하는 것이다. 물론 충동적 구매라는 특성이 일반적 구매와 강박적 구매 사이에 나타날 수 있는 공통점이기는 하지만, 중요한 것은 일반적 구매자는 충동적으로 구매를 하면서도 더불어 계획적이고 신중하게 구매를 한다는 사실이다.

(3) 부정적인 결과에도 불구하고 계속해서 쇼핑하는 것

강박적 구매자는 경제적, 시간적, 심리적, 기능적으로 해로운 결과가 명백히 드러남에도 불구하고 계속해서 쇼핑을 한다.

① 경제적 측면

처음에는 휴가나 차를 사기 위해서 모으던 돈을 사용하거나, 평소의 신용카드 사용액보다 더 많은 돈을 쓰는 등 우리가 평소에 사용하던 것 이상으로 돈을 쓰는 것이 별로 심각하지 않게 느껴질 수 있다. 카드를 새로 만드는 것이나 여러 가지 방법을 통해서 그와 관련된 정보를 얻는 것은 어렵지 않다. 대부분의 회사는 고객이 신용 불량자 목록에 올라가지 않는 한, 고객의 경제적 능력을 충분히 점검하지 않고 있다. 그리고 대금 명세서는 그달에 지불해야 할 가장 최소한의 금액만을 강조하는 경향이 있기 때문에 많은 사람들이 그들의 빚이 늘어나는 것에 대해 경각심을 가지기보다 이 같은 정보에만 주의를 집중하게 된다. 또 신용카드와 함께 수많은 개인 대부업을 이용할 수도 있는데, 대부업체는 은행이나 회사처럼 다른 곳에서 빌린 돈을 갚고 있는지의 여부에 대해서 확인할 수 있는 경로를 가지고 있지 않다. 그리고 사람들은 급하게 갚아야 할 돈을 구하기 위해서 가족, 친구들, 주변의 지인에게 돈을 빌리고, 돈을 빌린 사람에게는 마치 당시의 경제적 어려움이 일시적인 것처럼 설명한다. 심지어는 현재의 경제적 압박이 단지 일시적일 뿐이라고 스스로를 설득하기도 한다.

이렇게 그들의 빚은 점점 증가하여 카드 돌려 막기, 대출 등으로 해결할 수 있는 범위를 넘어서게 된다. 급기야는 그들의 집이 다른 사람에게 넘어가거나 파산을 선고하기도 한다. 그러나 더욱 심각한 것은 금전적 문제만이 유일한 문제가 아니라는 사실이다.

② 시간적 측면

구매에 대한 관심과 욕구는 시간을 헛되이 보내게 하고, 삶의 부분을 차지하기 시작한다. 그것은 쇼핑에 대한 생각, 신상품과 관련된 공상, 또는 실제로 쇼핑에 대한 정보를 얻거나 상상하는 형태로 나타나기 시작한다. 이로 인해 일에 집중하지 못하게 하기도 하고 중요한 계획이나 모임을 잊어버리도록 해서 일상적인 일들에 집중하지 못하게 한다. 사람들은 자신의 주요 관심사가 변한다는 사실을 깨닫기도 하고, 자신이 쇼핑몰에 가거나 쇼핑 카탈로그를 보는 것, 인터넷 쇼핑 사이트에 접속하는 것으로 많은 시간을 보내고 있다는 것을 깨닫기도 한다. 이러한 현상은 쇼핑의 빈도나 다양한 형태로도 나타날 수 있는데 실제 필요한 것보다 더 자주 쇼핑을 하거나, 계획했던 것보다 그리고 실제 자신의 여유 시간보다 길게 쇼핑을 하기도 한다.

③ 심리적 측면

강박적 구매자가 시간적·경제적 손실로 고통받고 있다는 사실은 놀라운 일이 아니다. 이런 문제에 빠진 사람들은 그들이 점차적으로 그들의 일과 삶의 조절 능력을 상실해 가고 있다는 것을 알게 되고, 쇼핑을 멈춰야 한다는 생각과 돈을 갚는 일, 그리고 이러한 중독 상태를 벗어나야 한다는 생각을 하기 시작한다. 그러고는 이러한 갈등과 함께 자신의 행동에 대한 조절 능력의 상실을 경험하게 되고 수치심, 자기비난, 죄책감, 불안, 특히 우울증을 경험하게 된다. 이러한 강박적 구매자의 정서적 · 심리적 고민은 부정적 감정을 일으키고, 그런 감정은 부적 강화의 형태로 점점 더 쇼핑을 하도록 만들 가능성이 높다.

④ 기능적 측면

강박적 구매자의 기능 손상과 역할 수행의 문제점은 쉽게 확인할 수 있다. 많은 중독자는 보통 중독과 관련된 한 가지 일에만 집중하게 되고 다른 관심사는 점차적으로 무시하게 된다. 여타의 관심사에는 편안한 삶과 함께 신체적 · 예술적 · 학문적으로 만족과 성취감을 주는 여가 활동 등이 포함될 수 있는데, 그런 주요 관심사의 변화로 인해서 타인과의 약속이나 사회적 책임도 이행하지 못하게 되기도 한다. 또한 개인적 기능 손상과 역할 수행의 문제점은 직접적으로 가족에게도 영향을 미치게 된다. 이때 배우자나 자녀 및 다른 가족 구성원은 적절한 관심과 보호를 받지 못하고 있다고 느끼게 된다. 특히 배우자는 정서적 · 심리적으로 무시당하고 있다고 느낀다. 강박적 구매자는 배우자에게 구매 사실이나 영수증을 숨기려고 하는데, 이것이 발각되는 것에 대한 두려움과 과도한 소비에 대한 심한 죄책감은 그들을 괴롭히는 요인이 된다.

친구 관계와 여러 사회적 활동도 강박적 쇼핑에 집중하기 시작하면서 문제가 생기기 시작한다. 그리고 결국 오랫동안 신중하게 쌓아 오고 유지해 왔던 관계도 무너지게 된다. 게다가 강박적 구매자는 일에서도 기능 손상을 경험하기 시작한다. 일에 대한 동기와 집중력의 결핍이 일어나고, 지각을 하거나, 너무 긴 점심시간(너무 오랜 시간을 쇼핑을 하기 때문에)을 보내거나, 직장에서 인터넷 쇼핑을 하는 등 직업적 기능 손상의 징후가 나타나게 된다.

강박적 구매에 관한 진단기준 기초

A. 구매나 쇼핑에 대한 부적응적 관심, 부적절하게 적용된 구매, 쇼핑, 충동, 또는 최소한 다음의 내용 중 하나에 의해서 지적되는 행동이다.

　1. 종종 구매나 구매 충동에 대한 관심, 구매 욕구에 저항할 수 없는 것, 강제적인 그리고/또는 무감각한 것으로 경험되는 것

　2. 종종 여유가 있는 것보다 더 많은 구매, 종종 필요치 않은 물건의 구매, 또는 의도했던 것보다 더 오랜 시간 동안의 쇼핑

B. 구매 관심, 충동 또는 행동이 두드러진 고통을 야기하고, 시간을 소비하고, 두드러지게 사회적·직업적 기능에 방해가 되거나 경제적 문제를 일으킨다.

C. 과도한 소비나 쇼핑 행동이 경조증 또는 조증의 기간 동안에만 일어나지 않는다.

출처: McElroy, Keck, Pope, Smith, & Strakowski(1994), pp. 242-248.

---

5) 왜 사람들은 강박적 구매를 하는가

(1) 기분 전환, 재미 및 즐거움

쇼핑에는 분명히 흥분되는 요소가 있고 우리 중 대부분은 때때로 그런 즐거움을 경험한다. 강박적 구매자가 대부분이 그러한 흥분을 경험하고 쇼핑을 멈추게 되면 다른 중독 행동과 마찬가지로 그에 따른 신체적이고 심리적인 금단 증상을 경험한다.

쾌락적 차원에서 쇼핑은 기분과 관련되는데, 이런 경우 사람들은 부정적인 감정을 다루거나 바꾸기 위해서 쇼핑을 한다. 즐거움(enjoyment)과 함께 감정이 관여되는 것은 일반적 구매와 강박적 구매 모두에서 나타나기도 하지만, 강박적 구매자의 경우에는 이러한 흥분(excitement)이 극단적 형태를 띠게 된다. 그것은 매우 단기간에 증폭되어 경험되는 흥분이다. 또한 이러한 흥분은 쇼핑을 한 후에 후회 또는 다른 부정적 감정으로 변하는 경향이 있는데, 구매한 물건을 집에 가져오거나 배달되어 온 다음에 특히 그러하다.

(2) 유용한 이득과 성취

사람들은 어떤 물건을 구매함으로써 자신의 사회적 지위를 얻으려고 한다. 최근의 연구에서 강박적 구매자는 사회적 지위를 높이고 다른 사람에게 좋은 인상을 주기 위해서 구매를 하는 경향이 있다고 보고되었다(Lejoyeux et al., 1999). 이것은 비싼 물건이 그것을 지닌 사람들의 높은 사회적 지위와 성공을 나타내 주는 상징물이라는 생각에서 비롯된 것이다. 같은 사람이라 하더라도 더 비싼 물건을 사용할 때 교육 정도 및 지적 수준이 더 높아 보이고, 성공 및 절제 그리고 독단적이라는 이미지를 나타낸다(Dittmar, 1992a). 이 가설은 사람과 어떤 물건과의 관계가 그 사람의 사회적 지위와 성공 정도에 대한 다른 사람의 인식을 변화시킬 수 있다는 것을 의미한다. 구매자가 구매를 통해 새롭게 높아진 자아상에 대해서 상상할 때는 구매 후 그것의 사용 여부를 고려하는 것이 아니라 사회적 지위와 정체성 문제를 고려하기 때문에, 이러한 제품의 상징성도 중요한 구매 동기가 된다.

(3) 심리적 필요와 보상

상품 구매의 경험이 구매자의 심리적 필요를 채워 주고 보상해 주는 역할을 담당하기도 한다.

① 기분

기분을 좋게 하는 것, 부정적 영향을 다루는 것, 고통스러운 느낌에서 피하는 것은 강박적 구매의 심리적 충동으로 보인다. 실제로 강박적 구매자는 그들이 '우울할 때' 더욱 충동적으로 물건을 구매한다고 언급한다. 실제로 강박적 구매에 있어서 기분이 중요한 역할을 담당한다는 것과 관련된 수많은 증거가 있고, 기분장애와 강박적 구매는 높은 공병률(共病率)을 나타낸다는 점도 주목해 볼 부분이다. 강박적 구매자는 일반 구매자보다 더 강렬한 부정적 · 긍정적 감정을 느끼고, 물건을 사기 전후에 급격한 기분의 변화를 경험한다(Faber & Christenson, 1996).

② 정체성

사람들은 자신이 누구이고 또 누구이고 싶은지 알기 위해서, 그리고 다른 사람과 구별되는 자신만의 독특성을 세우고 새로운 정체성을 획득하기 위해서 소비를 한다. 여기에서 상징적 자기실현(Wicklund & Goowitzer, 1982)은 매우 중요하다. 우리는 우리자신에 대한 우리의 생각에서 결점을 발견할 때 그것을 보충하고 싶은 마음이 생기고, 실제로 다양한 상징물(장신구, 문신 등)을 통해서 종종 그러한 목적을 달성한다. 다양한 방법 중에서 쇼핑은 우리가 부족하다고 생각하는 정체성의 모습을 상징화하는 물건을 획득하고 사용하는 것과 관계될 수 있다(예: Braun & Wicklund, 1989). 정체성의 문제는 강박적 구매자의 충동조절에서의 기능장애 또는 기분을 바꾸기 위한 행동 등으로 그들을 바라보는 치료적 입장에서보다는 그들의 정체성을 찾고 있는 사람으로 바라보는 사회심리학적 관점의 조사에서 더 명확하게 드러난다. 사회심리학에서는 강박적 구매자를 정체성을 찾는 사람으로 간주하는데, 물질적인 가치와 관련된 경우 그리고 현실적 자신과 이상적 자신 간의 거리감과 관련된 경우의 두 가지 요인에 따른 모델이 있다. 이 모델에서 강박적 구매의 첫 번째 유형은 물질적인 것과 소비사회의 본질은 물질적인 가치에 있다는 믿음을 통해서 정체성을 세워 가는 유형과 관련된다. 물질주의에 반대하는 사람들은 그들 자신에 대한 생각을 개선 또는 증진시키려고 할 때 쇼핑보다는 다른 방법을 선택할 가능성이 높다. 결국 무엇에 가치를 두느냐에 따라서 정체성을 획득하는 방법이 달라진다는 것이다. 두 번째 유형은 자기가 되었으면 하는 이상적 자기 모습과 실제적 자기 모습이 얼마나 다른가에 대한 평가와 관련이 있다. 즉, 강박적 구매 행동의 원인은 실제적 자기와 이상적 자기의 차이에 의해 생겨난다고 보는 것이다. 연구에 따르면 파괴된 가정에서 자란 젊은 성인에게서 다른 보통의 성인보다 높은 물질적인 가치관과 높은 수준의 강박적 소비가 발견되었다(Rindfleisch, Burroughs, & Denton, 1997). 몇몇 연구에서는 개인에게서 보이는 물질주의가 강박적 구매 경향의 중요한 예상 요인이었다(DeSarbo & Edwards, 1996).

또한 두 번째 유형에서 보이는 현재 어떻게 그들 자신을 바라보는가(실제적 정체성, actual identity)와 어떻게 그들이 되기를 원하는가(이상적 정체성, ideal identity) 사이의 불일치는 그 차이가 증가하면 할수록 더욱더 소비에 의존하게 된다. 강박적 구매의 중요한 원인인 자아상의 불일치는 일반적으로 부정적 자기평가와 낮은 자존감과도 관련되어 있다.

(4) 강박적 구매의 자가진단 질문지

다음은 쇼핑과 소비에 대한 유용한 자가진단 질문지다. 다음 질문 중 자신에게 해당되는 것 앞에 ∨ 표시를 하라(정직하라).

1. 쇼핑이 당신의 주된 활동인가?
2. 상처나 스트레스를 받고 난 후 해소감이나 기분 전환을 위해 윈도쇼핑을 가야 한다고 느끼는가?
3. 순간의 자극에 따라 충동구매를 하는 편인가?
4. 새로운 옷, 기구, 수공예품, 장식품 등을 사고는 몇 주 혹은 몇 개월 동안 사용하지도 않고 벽장에 넣어 두는 편인가?
5. 수입의 20% 이상이 대부금과 신용카드 납부에 지출되는가?
6. 외상 거래 계정에 매월 최소한의 대금만 갚는가?
7. 구입한 물건을 숨기거나 배우자나 가족이 어디서 쇼핑을 했는지 알지 못하도록 거짓말하는가?
8. 산 물건의 가격을 속여서 다른 사람이 염가 구매를 했다고 생각하게 되는가?
9. 정말로 필요한 것이 아닌데도 할인 판매를 해서 물건을 구입하는가?
10. 필요해서가 아니라 기분을 전환하고 우울감을 떨치기 위해 일부러 쇼핑을 간 적이 있는가?
11. 충동구매를 하고는 그 후에 신경과민이 되거나 죄책감을 느끼는가?
12. 특정일까지는 지출을 해서는 안 되는데도 종종 그전에 지출을 하는가?
13. 되갚기가 힘들 것이라는 것을 알면서도 친구에게 돈을 빌리는가?
14. 현금이 충분히 없어서 저가의 물건을 구입하는 데도 종종 신용카드를 사용하는가?
15. 인터넷 쇼핑에 많은 시간을 보내는가?
16. 돈을 쓰고 난 후에 종종 절망감이나 우울감을 느끼는가?

*위 질문에 5개 이상 '그렇다'는 응답을 했다면, 당신은 쇼핑과 소비의 문제가 있으며 반드시 도움을 받아야 한다.

6) 강박적 구매의 치료

강박적 구매자에 대한 상담은 몇 가지 이유에서 약물이나 알코올 상담보다 어렵고 복잡하다. 그것은 가령 섭식장애를 가진 환자에게 음식을 끊도록 하거나 알코올 중독자에게 술을 완전히 끊기 위해 해독과정에 들어가도록 할 수 있는 것과는 달리 돈의 사용 자체를 금지할 수는 없기 때문이다. 회복에서 중요한 부분은 돈을 책임 있고 건강하게 쓰는 것을 학습하는 것과 관련된다. 강박적 구매자는 그 원인을 어디에 두느냐에 따라서 세 가지로 분류될 수 있다. 또한 각각의 원인에 따라서 치료 접근도 달라져야 하는데, 그 세 가지는 충동조절장애, 강박장애, 그리고 우울증 또는 조울증 장애다.

(1) 약물치료

충동조절장애로 분류된 3명의 강박적 구매자의 경우, 4주간 우울증에 효과가 있다고 보고된 전형적인 약물을 사용한 결과 3명 모두에게서 충동을 멈추는 것과 실제적인 쇼핑 행동을 감소시키는 결과를 발견할 수 있었다. 그 전형적인 약물은 부프로피온(bupropion), 플루옥세틴(fluoxetine), 노르트립틸린(nortriptyline)이다(McElroy, Satlin, Pope, Keck, & Hudson, 1991).

정신약물적 치료에 대해서 정리하자면, 환자가 중복되어 병적 증상을 보이거나 다른 중독 요인을 가지고 있다면 그것은 약물치료를 결정하는 중요한 요인이 된다. 만약에 강박적 구매자가 치료법이 알려진 중복장애를 함께 보이고 있다면 그 장애에 대한 초기 치료는 아마도 쇼핑 행동의 개선으로 이어질 수 있을 것이다. 그리고 강박적 구매자가 강박장애를 가지고 있다면 항우울제가 효과를 보일 것이다. 상담가는 약물 사용을 멈추는 것이 재발의 위험을 포함하기 때문에 그에 대해서 강박적 구매자가 숙고할 수 있도록 정신약리학자와 함께 독려하는 것이 필요하다.

(2) 개인치료

강박적 구매자를 위한 개인치료는 전통적인 정신역동적 심리치료부터 '지금 여기'를 강조하는 형태주의적 치료법에 이르기까지 다양하다. 전반적으로 정신역동적 치료법은 내담자의 경우에 적절한 치료적 선택일 수 있지만, 실제로 이런 경우는 매우 드물다. 대부분의 강박적 구매자는 그들의 행동 변화를 위해서 쇼핑 일지나 지출 계획을 포함하여 다른 특별한 행동치료적 도구가 필요하다. 어떤 사람은 익명의 채무자모임(Debtors Anonymous: DA)에 참여할 필요가 있기도 하고 강박적 구매자를 위한 집단치료가 필요하기도 하다. 또는 강박적 구매와 관련된 특별 상담을 따로 받는 것이 필요할 수도 있다. 특히 개인상담가가 강박적 구매 상담에 대한 경험이 없을 경우에는 더욱 그러하다.

동기강화 상담적 접근도 유용하다(Miller & Rollnick, 2012). 이는 행동 변화 단계(숙고 전, 숙고, 준비, 실행, 유지)에서 내담자가 어떤 단계에 있는지를 파악하여 변화하도록 직면하거나 설득하는 방법이 아니라 변화에 대한 양가감정을 스스로 탐색하도록 도움으로써 변화에 필요한 동기를 강화시키는 접근이다. 이 접근의 기본 원리는 우선 공감을 표현하라는 것이다. 내담자의 상황을 충분히 이해하고 내담자가 느끼는 감정과 경험을 공감하고 있음을 표현하는 것이 중요하다. 두 번째는 불일치감을 만들라는 것이다. 이것은 내담자가 자신의 가치관 및 미래의 기대하는 모습과 현실의 괴리를 스스로 느끼도록 함으로써 자신의 행동에 대해 불편함을 경험하도록 하는 것이다. 중요한 점은 그러한 괴리를 느끼도록 하기 위해 직면하거나 설득하는 것이 아니라 적절한 질문을 던져서 내담자의 내면에서부터 불일치감이 생기도록 돕는 것이다. 세 번째는 저항과 함께 구르기라는 원리다. 이것은 내담자에게서 저항적 반응이 나타날 때는 그것과 맞부딪치려고 하거나 변화시키라는 압력을 주게 되면 양가감정의 저울에서 변화하지 않겠다는 의지 쪽이 더 강해지게 되므로, 상담의 방향을 유연하게 변화시키면서 변화의 주도권과 책임은 내담자 스스로에게 있다는 점을 이해시키고 함께 가도록 해야 한다는 의미다. 마지막은 내담자의 자기효능감을 계속 복돋워 줄 필요가 있다는 것이다.

대부분의 경우 강박적 구매와 관련된 문제는 심리치료 중에 드러나게 되는데, 치료 과정에서 일부 내담자는 경제적 문제, 관계적 문제, 일에서의 어려움 또는 가정에서의 문제와 함께 직접적으로 강박적 구매에 대해서 이야기를 시작하기도 한다. 그러나 강박적 구매는 매 회기에 새 옷을 입고 온다거나, 반복해서 상담가에게 선물을 준다거나, 매주 쇼핑백을 가지고 오는 일 등을 통해서 치료 중에 간접적으로 드러날 수도 있다.

경험 있는 상담가는 임상적 관찰을 통해 이러한 강박적 구매와 관련된 문제를 찾아낼 수 있다.

　실제로 이런 증거가 보인다고 할지라도 돈에 대해서 이야기하기를 어려워하는 상담가의 경우 내담자가 그 이야기를 다루고 싶어 하지 않는다면 강박적 구매에 대한 것을 간과해 버리기 쉽다. 돈의 사용과 관련 있는 정신적 문제의 치료를 특수하게 배우지 않은 보통의 상담가는 돈과 관련된 이슈를 탐색하려 하지 않는 경향이 있고, 심지어는 자기도 모르는 사이에 내담자의 강박적 구매를 강화하는 경우도 있다. 내담자에게만큼이나 상담가에게도 돈과 관련된 문제는 종종 금기로 여겨지고 부정되기도 한다. 중독 상담가는 가능한 한 빨리 내담자의 조절에 관한 증상을 다루어 주어야 한다. 초기에 이러한 문제를 다루어야 하는 이유는 강박적 구매의 중독이 앞으로의 치료를 지속하는 데 있어서 위협이 될 수 있기 때문이다. 강박적 구매와 관련된 문제를 가지고 있는 내담자는 경제적 어려움이 닥치면 치료가 불필요하다고 생각하는 경향이 있다.

　이러한 문제가 불거져 나오면 상담가는 그에 대해서 다룰 것인지의 여부를 결정해야 한다. 그런데 상담가가 스스로 내담자에게 유익이 되기 위해서 책을 읽고 훈련을 받고 그 분야의 전문가에게 슈퍼비전을 받는 등의 노력을 하여 그러한 문제를 다룰 의도가 있는 것이 아니라면, 상담가는 그 문제에 대해서 내담자에게 자조집단 성격을 띤 익명의 채무자모임에 참여할 것을 요구하거나 혹은 그 분야에 특화된 상담가에게 내담자를 의뢰해야 한다. 이것은 내담자와의 상담 종결을 의미하기보다는 내담자에게 더 크고 실제적인 도움이 되도록 하기 위해서는 강박적 구매 및 중독 전문 상담가와 함께 작업하는 것을 통해서 더 크고 정확한 시각이 필요하다는 것을 의미한다.

　전통적인 심신상담가는 강박적 구매에서의 감정적 토대와 역동적 의미에 집중한다. Barth(2000)는 강박적 구매자를 '감정표현 불능증(alexithymic)'이라고 표현했는데, 이는 감정을 구별하고 탐구하는 언어의 사용에서 나타나는 무능력을 의미한다. Barth는 강박적 구매자인 감정표현 불능증 환자에게 구매는 스스로를 점점 더 무감각하게 만드는 원인이 되기도 하고 스스로를 흥분시키는 역할도 하며 동시에 위로 역할을 한다고 하였다. 그리고 이러한 방식으로 구매를 하는 환자는 그들 내면의 생각과정부터 치료해야 한다고 하였는데, 그들은 감정적 원인과 효과를 개념화하여 이해할 수 있는 능력을 길러야 하고 그들의 행동을 스스로 조절할 수 있는 능력 또한 발달시켜야만 한다는 것이다. 결과적으로 상담가와 내담자는 긍정적인 자아상과 다른 사람을 믿는 것, 그리고 자신을 관찰하는 능력과 다양한 정서에 대해서 억압하지 않고 자연스럽게 다루는 능력을 포함한 내적 구조를 만들어 가게 되고, 이러한 구조물을 더욱 튼튼하게 발달시킴으로써 상담가와 내담자는 함께 강박적 구매를 일으키는 감정의 유형을 구분하고 또 다룰 수 있게 된다는 것이다.

Krueger(2000)는 강박적 구매를 실행증상(action symptom)의 하나로서 돈을 사용하는 예로 간주하였다. 실행증상이란 일시적으로 감정과 긴장 상태를 다루는 것으로서 기본적인 욕구의 왜곡을 만들어 내고 상징화된 자기대상 기능을 실행하는 것을 말한다. Krueger는 실행증상으로 보이는 모든 양상을 이해하는 것이 중요하며, 강박적 구매자는 그들의 허물어지기 쉬운 자아상과 자존감을 지키기 위해 다른 사람의 반응에 의존하고 있기 때문에 다른 사람을 기쁘게 하기 위해서 열심히 애를 쓴다고 결론지었다. 이러한 측면은 구매를 통해 자신을 남에게 잘 보이도록 꾸미거나 과시하는 양상과 연결될 수 있다. Goldman(2000)은 이에 대해 "비싸 보이는 옷은 그것을 입은 사람의 외적으로 드러나는 모습을 향상시킬 뿐만 아니라 그 자신과 그가 속한 환경에 영향을 줄 수 있는 특정한 분위기를 창출할 수 있다."라고 요약하였다.

정신역동적 상담가들은 어린 시절의 경험이나 가정환경이 강박적 구매의 발달 원인이 될 수 있다고 주장한다.

- 어린 시절 부모에게서 학대받았거나 방치되었던 경우, 그리고 그러한 경험에 대한 보상으로 부모나 타인에게서 선물이 주어진 경우에 아이들은 종종 그들 자신과 삶에서 무엇인가 정말 중요한 것이 부족하다는 느낌을 갖게 되고 이런 내적 공허함을 채우기 위해서 강박적으로 구매를 한다.
- 어떤 잘한 행동이나 성취에 대해서 애정이나 인정 대신 돈이나 선물로 보상을 하는 가정에서 자란 경우 자신이 가치 없고 불필요한 존재라는 느낌을 받게 되는데 이 때 물건을 판매하는 판매원에게서 경험할 수 있는 따뜻함과 인정이나 선물 등의 감사 표시를 자신이 중요하고 가치 있다는 확실한 표시로 여기게 된다.

- 자신의 진실한 감정을 자연스럽게 느끼지 못하도록 만드는 가정환경에서 자라나는 아이들의 경우에도 강박적 구매를 하는 경향이 높다(Scherhorn, Reisch, & Raab, 1990). 이러한 가정에서 부모는 자녀에게 시간과 에너지를 쓰는 대신 자신이 가치 있다고 느끼는 것이나 돈을 버는 일 또는 그것을 유지하는 일에 시간을 사용하여 아이들에게 자신이 중요하다는 것을 알지 못하도록 한다. 이런 환경에서 성장한 사람은 인정과 가족적인 사랑을 원하게 되고, 그러한 바람을 비인격적인 물질에서 찾게 된다.

- 때때로 경제적인 문제로 어려웠던 가정에서 자란 경우, 경제적으로 부유했던 사람들을 깊이 부러워했던 경우, 그리고 그들 자신에 대한 가족 구성원의 지속적인 시선이 그들이 받게 될 재산과 관련되어 있을 경우에 강박적 구매가 무의식적인 문제해결 방법이 될 수 있다.

- 강박적 구매 성향의 부모를 둔 가정에서 자라난 경우, 정서적으로 따뜻한 느낌을 경험하기 힘들고 경제적인 어려움이 가중되면서 힘든 어린 시절을 보내게 되는

표 7-2	치료에서의 일곱 가지 필수 요건

1. 최대한 빨리 과도한 소비를 줄이거나 멈출 것을 환자 스스로 말할 수 있도록 돕는다.
2. 익명의 채무자모임(DA)에 참여할 것을 고려하도록 돕는다.
3. 정신과 의사의 약물처방에 대해서도 숙고해 보라. 우울증이 요인인 경우는 환자를 돕는 과정에서 항정신성 약물이 필요할 수 있다.
4. 쇼핑중독이 되기 쉽도록 만든 그들의 과거에 대해서 생각해 보도록 도와주라. 이것은 과거, 현재, 미래의 과도한 소비에 대한 정서적 상태의 탐색을 필요로 한다.
5. 위의 방법을 사용하여 재발 요인을 확인하라. 이것은 명확하게 진술되어야 하고, 환자의 마음에 확실하게 남기 위하여 언제든지 적절하게 사용될 수 있어야 한다.
6. 구매 행동과 관련하여 어떤 환상을 가지고 있는지 탐색하라. 강박적 구매자는 그들의 환상이 어리석다고 생각하기 때문에 그것을 이야기하는 것을 어려워할 수도 있다. 그러나 환상은 원하는 물건을 갖는 것의 비현실적인 보상을 예상하도록 만들 수도 있다. 치료에서 현실감을 성장시키는 것은 환상의 힘을 감소시키는 것이다.
7. 환자의 장점, 특히 최근에 치료에서 관찰된 것에 대해서 표현하라. 환자들은 상담가가 자신들을 비중독적 행동이 가능한 성인으로 본다는 것을 알 필요가 있다.

출처: Goldman(2000), p. 265.

경우가 많다. 이러한 사람들은 성인이 된 이후에도 이러한 과거의 고통을 다시 경험하지 않기 위해서 비슷한 어려움이 올 것이 예상되면 강박적 구매 행동을 보이게 되는 경우가 있다.

전통적인 개인 심리상담은 환자로 하여금 증상에 대해 이해하도록 하고, 자신의 문제 행동을 스스로 통제할 수 있도록 그들 자신에 대해서 더 깊이 깨닫고 그러한 깨달음을 받아들일 수 있도록, 그리고 자신에 대해서 말할 수 있도록 돕는다.

(3) 집단치료

강박적 구매에 집단치료를 이용하기 시작한 것은 1980년대 후반부터인 것으로 보인다. 집단치료가 강박적 구매의 회복에 도움이 되는 몇 가지 이유가 있다. 집단치료 과정에서 경험하는 동료의 지지, 격려, 피드백과 직면의 강력한 조합은 훈련된 상담가의 안내 아래 강박적 구매와 같은 다양한 중독 문제의 주요 형태를 이야기하기에 이상적인 환경을 제공해 주기 때문이다(Washton, 2001, p. 240). 집단치료의 장점 가운데 특히 중요한 하나는 집단환경이 혼자라는 느낌을 감소시키고, 모든 사람이 같은 문제로 모였기 때문에 직관적으로 이해받고 있다는 느낌을 증가시킨다는 것이다. 집단 구성원은 집단 모임을 통해 소속감을 느낄 수 있고, 솔직하고 개방적인 나눔이 허용되고 격려받는 공동체를 경험할 수 있다. 집단 구성원에게서 얻게 되는 피드백은 구성원이 왜곡된 자아개념과 기능장애에 대한 생각의 틀을 수정할 수 있도록 도와준다. 또한 같은 중독 문제를 가진 사람들이 함께한다는 것은 집단 구성원이 고독감, 좌절감, 죄책감, 고통, 계속되는 강박적 구매 행동에 대한 수치심 등에 압도되는 것에서 견딜 수 있도록 도와준다. Damon(1988)은 이러한 측면에 대해서 "병적 쾌감에서부터 가장 부끄러운 것까지 중독의 경험을 나눌 수 있는 사람들과 만날 수 있는"(p. 167) 기회라고 기술했다. 또한 집단원은 강박적 구매자가 어떻게 생각하고 느끼고 행동하는지 알기 때문에 공감적 태도를 가질 수 있고 그들이 문제에 대해서 스스로 방어하거나 회피하는 것을 직면하도록 복돋워 줄 수 있다. 이런 방법으로 서로를 격려하는 동안, 집단 구성원은 함께 희망과 성취감 속에서 성장할 수 있다. 또한 경험을 통해 배우는 것과 역할

표 7-3	문제성 있는 구매 행동에 대한 대안

1. 친구 또는 다른 집단원에게 전화를 건다. 누군가와 통화가 될 때까지 계속 전화할 것
2. 실제로 그것을 구매하는 것 대신에 사고자 하는 물건을 적을 것
3. 목욕 또는 샤워하기
4. 산책하기
5. 쇼핑과 관련 없이 외부에서 할 수 있는 것을 할 것. 쇼핑몰 밖으로 나가기
6. 편지 쓰기
7. 이완운동 하기 또는 약물 사용
8. 공예, 책, TV 프로그램과 같은 것으로 마음 돌리기
9. 생각과 느낌을 적어 보기
10. 극장, 박물관 가기, 또는 놀러 가기
11. 영감을 주는 무엇인가를 읽기
12. 음악감상

출처: Mitchell(2011), p. 27.

모델링은 회복에서 중요한 추가적인 도구가 된다. 즉, 개인치료와 달리 집단치료에서는 경험적인 배움을 얻는다는 장점뿐만 아니라 집단 구성원들이 회복되어 가는 다른 사람의 회복과정에 대한 증인이 될 수 있다는 장점이 있다. 그러한 경험은 자신도 노력을 통해 회복될 수 있다는 자기효능감의 상승으로 이어질 수 있다. 이런 여러 형태가 조합을 이루어서 강박적 구매의 치료와 재활 형태에서 집단치료는 강력한 이론적 근거를 제공한다.

(4) 부부치료

과잉소비가 관계에 위협을 주게 되고, 그 문제를 해결하기 위해 부부치료에서 함께 노력해야 하는 경우가 있다. 강박적 구매를 위한 부부치료는 매우 중요한 치료 형태다. 왜냐하면 부부는 경제적으로 하나로 묶여 있고 소비가 그러하듯이 수입 또한 일반적으로 함께 관리하기 때문이다. 부부치료는 강박적 소비 문제가 개인의 문제로 다뤄지기보다는 가족의 문제일 수 있다는 것을 의미하고, 또 강박적 구매자가 그 문제를 다루는 것에 대해서 극도의 양가감정을 가지고 있을 때에 배우자가 함께 있어 주거나 혹은 그 문

제에 대해서 배우자의 도움이 필요하기 때문이다. 중독 행동을 보이는 사람은 대부분 양가감정을 나타내는데, 이러한 상황에서 배우자의 공감, 긍정적 지지, 자기효능감을 높이는 말은 동기강화적 장점을 경험하게 해 주기도 한다(Miller & Rollnick, 2012).

강박적 구매 문제를 가진 부부의 경우에 보통 한 사람이 소비하는 경향이 짙다면 다른 한 사람은 돈을 저축하는 사람인 경우가 많다. 그리고 한쪽이 더 소비적인 경향이 강해지면 강해질수록 다른 한쪽은 더 돈을 모으려는 방향으로 치우치게 된다. 사실 이런 식으로 균형이 맞춰지는 것은 어떠한 경우에도 좋지 않다. 부부 상담가는 각 배우자가 자신의 재정 및 결혼생활에 있어서 이러한 관계가 어떻게 나타나는지를 살펴볼 수 있도록 도와줌으로써 서로 간에 재정적 균형을 증진시키고 결과적으로 사랑, 힘, 안전, 독립, 조절, 자유, 자기 가치에 대한 상징으로서가 아니라 함께 살아가는 것에서의 중요한 도구로서 돈을 이해하는 것이 중요하다. 부부 상담가는 부부가 성공적으로 돈에 관련된 문제에 대해서 이야기할 수 있는 데 도움이 되는 대화 소재를 제공하여야 한다. 여기에는 두 가지 기술이 필요하다. 하나는 부부가 서로의 이야기를 인내하면서 사려 깊게 들어 주는 것이고, 다른 하나는 서로 간의 관계를 가장 중요한 것으로 생각하고 표현하는 것이다. 과잉소비에 대한 부부치료는 두 사람 모두의 회복과 과도한 소비로 인해서 무너진 관계를 새롭게 하는 데 초점이 맞춰져 있다. 서로를 이해하는 것과 그에 대해서 개방적으로 이야기하는 것이 바로 회복을 가능하게 하는 도구인 것이다.

(5) 강박적 구매에 대한 상담

강박적 구매 상담은 특정 문제와 그 행동을 멈추기 위한 행동 계획을 세우는 것을 목표로 한다. 모든 다른 중독 행동에서와 마찬가지로, 강박적 구매 상담의 중요한 대전제는 통찰만으로는 문제 행동이 멈춰지지 않는다는 것이다. 강박적 구매 순환과정에 있어서 유인 자극, 느낌, 역기능적 생각, 행동, 그 행동에 대한 결과, 강박적 구매의 의미 등의 모든 단계는 명확하게 확인되어야 한다. 내담자는 각 단계가 어떻게 작용하는지에 대해서 충분히 알아야 한다. 그 결과로 그들은 그 문제에 대한 조절 능력을 얻게 된다. 이런 점에서 강박적 구매 상담은 다른 알코올이나 약물 남용 상담과 비슷하기도 하지만, 회복과정에서 더욱 복잡한 양상을 보인다. 알코올이나 약물의 경우는 그 사용을 멈추는 것이 치료의 목표인 반면, 강박적 구매의 경우는 돈의 사용이나 구매 자체를 없애는 것이 불가능하기 때문이다. 따라서 적절한 돈의 사용을 배우고 연습하고 실행하도록 도와야 하는 부분이 포함되어야 한다. 다음은 강박적 구매에 대해서 상담할 때 도움이 되는 질문이다.

- 언제 어떻게 강박적 구매를 시작하였는가?
- 어떤 형태로 이루어지는가? (인터넷, 쇼핑 책자, TV, 상점?) 그것은 보통 휴일에 이루어지는가?
- 강박적 구매에서 경험하는 기저 감정은? (권태, 외로움, 분노, 불안?)
- 강박적 구매는 자기 위로에 있어서 어떤 의미가 있는가?
- 그것은 자존감을 높이기 위해서 또는 사회적으로 매력 있는 느낌을 얻기 위해서 생겨났는가?
- 침체되었다는 내적 느낌 때문에 자신을 활기차게 하기 위해서 강박적 구매를 했는가?
- 다른 종류의 중독 행동을 변화시키기 위한 수단이 있는가?

상담과정은 강박적 구매의 악순환을 깨뜨리는 것과 실제적인 재정적 구조를 정립하는 것을 목적으로 한다. 먼저 내담자는 그들의 현재 상태에 대해서 인정하는 것이 필요한데, 이때 다른 중독에서처럼 문제를 부정하는 것이 거의 일반적이다. 그리고 내담자에게 먼저 1개월간의 모든 지출을 기록할 것을 요청한다. 이것은 몇 가지 기본적인 소비 형태에 대한 이해 자료를 제공한다. 자신들의 돈이 어떻게 쓰이는지 알게 된 사람들은 다음 단계로 지출 계획서를 작성하도록 요구받는다. 여기서 지출은 직관적으로 기술되는 것이 아니고, 지출 항목들에 대해서 가능한 한 세부적으로 범주화하도록 한다. 그리고 나서 내담자의 여러 상황을 고려하여 그들의 지출을 평가하게 된다. 이러한 지출의 몇몇은 다음 달에도 지속되지만 다른 몇몇은 바뀌기도 한다. 이때 중요한 것은 필요와 원하는 것을 구분하는 것이다.

Gallen(2002)은 시간 계획을 만들 것을 제의했다. 시간 계획은 지출 계획과 비슷한 원리에 기초하고 있지만 단순한 돈의 사용이 아닌 삶을 기준으로 시간을 유용하게 분배하는 것이다. 이러한 시간 계획의 방법은 내담자의 우선순위를 잘 반영해 주며 더욱 구체적일 수 있다. 어떤 필요에 대한 정확한 금액보다는 한정된 일주일의 시간이 전체적으로 이해하기 쉽다. 강박적 구매자는 이 과정을 통해서 그들의 필요에 대한 우선순위를 정하는 것을 배우게 된다.

회복은 궁극적으로 강박적 구매자 자신의 손에 달려 있다. 만약 그들이 온전하게 참여한다면 그들은 회복되고 더욱 확장된 자신의 인생에 대한 조절 능력을 얻을 수 있을 것이다. 강박적 구매 상담은 아마도 감정 변화에 주의를 기울이면서, 특히 행동 변화 기술과 함께 작업하는 가장 범위가 넓은 치료적 접근일 것이다. 그것은 개인치료, 부부치료 혹은 집단치료와의 조합에서 가장 뛰어난 효과를 나타낼 수 있다.

(6) 자조모임

① 익명의 채무자모임

익명의 채무자모임(DA: Debtors Anonymous)은 강박적 구매의 회복에서, 특히 빚과 관련된 문제를 가지고 있는 사람들에게 강력한 치료 재활 도구가 될 수 있다. DA는 즉시 어떤 행동을 취해야 한다는 압력 없이 그들 스스로 선택한 곳에서부터 시작할 수 있도록 허용하기 때문에 강박적 구매자에게 적합한 형태가 될 수 있다.

다른 자조모임처럼 DA의 중심에는 개개인이 회복과정 중에 선택할 수 있는 12단계가 있다. 이는 자신이 빠져 있는 중독 대상과 그 상황에 대하여 자기 스스로의 힘만으로는 벗어날 수 없다는 것을 인정하는 것(1단계)과 채무자의 삶을 살아가는 것과 관련하여 자신보다 높은 힘(신 또는 영적인 힘)을 인정하는 것으로부터 시작된다.

다음 단계에서 채무자는 그들의 성격적 단점을 제거해 달라고 '더 높은 힘'에 요청하게 된다. 일단 채무자가 자신의 잘못을 인지하게 되고 다른 사람에게 자신들이 얼마나 해를 입혔는가를 이해하고 인정하게 되면, 채무자는 그 문제들을 제거하기 위해 이전의 해로웠던 '행동 고치기'를 시작하게 된다. 그리고 도우미의 도움을 받아 자신의 실수에 대한 사과문을 발표하거나 실제로 빚을 갚는 노력을 시작하게 된다. 이 시점에서 채무자의 빚과 실수는 청산되고, 과거의 행위에서 회복된 채무자는 새롭게 삶을 시작할 수 있다. 다음은 스스로 매일 연습하는 단계인데, 종국에는 의미 있는 정신적 접촉으로서의 기도와 묵상이 통합된다. 이러한 과정의 최종 목적은 개개인의 회복이 비슷한 문제로 고통받는 다른 사람에게 도움을 주는 나눔이 되는 것처럼 이 회복이 삶의 모든 영역으로 확장되는 것이다.

② 간소화 모임

동호회 성격의 간소화 모임(Simplicity circles)이라고 불리는 자조모임이 있다. 이 모임에서는 강박적 구매자가 쇼핑을 통해서 채우고자 하는 중요한 필요를 건강한 방식으로 채울 수 있는 방법과 같은 개개인의 변화와 좀 더 간단한 삶의 만족에 대해서 이야기할 수 있는 사람들과의 모임 장소를 제공한다. 미국에 간소화 모임의 개념을 도입한 교육자 Cedile Andrew는 강박적 구매자를 단순한 물질주의자로 보아서는 안 되며 오히려 상호작용과 의미 있는 만족에 굶주린 사람들로 보았다. 그리고 그가 시작한 이러한 간소화 모임은 두 가지 방법으로 사람들을 도울 수 있다고 했는데, 하나는 모임을 통해서 긍정적인 마음을 제공하는 것이고 다른 하나는 즐거움을 얻을 수 있는 만족스러운 야외 활동을 개최하는 것이다(Andrew, 2000).

요약

- 전통적 진단으로서 성행동과 관련된 장애는 크게 성기능부전, 변태성욕장애, 성정체감 장애로 나누어지는데 이 중 성기능부전과 변태성욕장애의 경우에는 행동적 측면에서 성중독과 관련이 깊다. 성기능부전에는 남성성욕감퇴장애, 여성 성적 관심/흥분장애, 발기장애, 여성극치감장애, 사정지연, 조기사정, 성기-골반통증/삽입장애가 포함되고, 변태성욕장애에는 노출장애, 관음장애, 성적피학장애, 물품음란장애, 마찰도착장애, 성적가학장애, 복장도착장애, 소아성애장애 등이 포함된다.
- 성중독이 DSM-5에 독립된 진단명으로 명시되어 있지는 않지만 중독 행동에 보편적으로 적용되는 물질 사용 장애의 DSM-5의 기준으로 본다면 성 관련 행위도 중독적 과정의 대상이 될 수 있다. 성중독의 특성은 3C, 즉 통제력의 상실(loss of control), 강박적 욕망과 집착(Compulsion, obsession or

preoccupation), 부정적인 결과에도 불구하고 계속되는 행동(negative or adverse consequences)으로 요약될 수 있다.

- 성중독의 유병률에 대한 공식적인 조사는 없으나 미국 사회에서는 약 6% 정도에 달할 것으로 추정하고 있다. 성중독은 중독 행동을 정의하는 데 있어서 문화마다 다른 기준을 가지고 있고, 보통 성중독은 여타 중독 문제와 함께 발생할 가능성이 높기 때문에 정확한 유병률을 알기가 어렵다.

- Carnes는 성중독이 3단계를 거치면서 심각한 중독으로 변질되어 간다고 하였는데 1단계에서는 부적절한 성관계가 특징이며, 2단계에서는 성도착적 행동이 나타나고, 3단계에서는 심각한 범죄 행동도 나타난다. 또한 중독적 성행동의 패턴을 환상적 성, 유혹적 역할의 성, 관음증적 성, 노출증적 성, 익명의 성, 매매하는 성, 교환하는 성, 강제적인 성, 고통의 교환, 착취적 성으로 분류하였다.

- 성중독은 정도가 심각해짐에 따라 신체, 심리 · 감정, 재정적 · 법적 · 직업적인 부분에서 해로운 영향이 나타나고 중독의 경과는 시작 단계, 정위 단계, 증폭 단계, 감소 단계, 약화 단계의 다섯 단계에 따라서 진행된다.

- 성중독은 다른 중독과 마찬가지로 가족에게 영향을 미치게 되는데, 성중독자의 배우자는 '나는 가치 있는 사람이 아니다.' '어느 누구도 나를 있는 모습 그대로 사랑하지 않을 것이다.' '나는 다른 사람의 행동을 통제할 수 있다.' '섹스는 사랑의 가장 중요한 증거다.'라는 등의 왜곡적 신념 및 관계 역기능적인 특징을 보인다.

- 각 치료 단계별로 주의사항이 있는데 먼저 초기면접 단계에서는 내담자에게 수치심이나 두려움을 주지 않고 편안함을 주도록 하는 것이 중요하다. 초기면접이 전화로 이루어질 경우에는 자가진단법을 사용하기도 하는데 이는 성중독 문제의 파악과 치료 계획 수립에 도움이 된다. 첫 번째 회기에서는 비밀보장 및 내담자와 상담가가 동의해야 할 문제와 함께 평가가 이루어진다. 치료 계획은 평가에 근거하여 이루어지고 이때 내담자의 장기적인 이슈와 함께 내담자가 그동안 부인해 왔던 내용 및 내담자의 책임에 대해서도 다루게 된다. 이때 내담자가 정신병적 문제를 가지고 있다면 이를 먼저 다루고 성중독 치료 개입을 하는 것이 효과적이다.

- 성중독 치료에서 과업 중심 및 행동 중심의 치료 계획을 세우는 것은 효과적이다. Carnes(2001)는 과업 중심 치료가 성중독 치료에 있어서 성공적인 재활로 이어질 수 있다는 것을 강조했다.

- 강박적 구매를 이해하기 위해서는 대량소비 사회와 물질주의 등으로 특정지어지는 현대 사회에 대한 이해와 문화적 배경에 대해서 살펴볼 필요가 있다. 또한 사회와 문화의 변화에 따른 소비에 대한 인식과 그 중요성 및 역할의 변화에 대해서도 이해해야 한다.

- 강박적 구매의 유병률은 조사에 사용되는 정의와 조사방법 및 표집에 따라서 수치가 다르게 보고된다. 우리나라의 경우는 성인 소비자의 6.6%가 중독 증상을 보이고, 11.9%는 중독에 빠질 위험성이

있는 것으로 나타나 유병률이 실제로도 상당할 것으로 예상된다.

- 성별과 관련된 강박적 구매 연구에서 지속적으로 성별에 따른 차이를 보고하고 있는데 이는 연구 표집의 문제로 지적되기도 하지만 동시에 구매를 통해서 얻고자 하는 결과물에 대한 성별 차이로 이해할 수 있다. 성별과 관련된 최근의 강박적 구매 연구에서 주목해야 할 것은 여전히 여성의 유병률이 많지만 점차 남성의 강박적 구매 비율이 증가하고 있다는 사실이다. 이것은 여성과 남성의 직업적·가정적 역할 변화 및 남성의 외모에 대한 사회적 인식 변화에서 그 원인을 찾을 수 있다.

- 강박적 구매는 다른 중독과 같이 저항할 수 없는 충동, 통제력을 잃는 것, 경제적·시간적·심리적·기능적 측면에서 부정적인 결과가 나타남에도 불구하고 계속되는 구매행위로 정의될 수 있다.

- 사람들이 강박적 구매를 하는 이유를 살펴보면 첫째, 구매를 통한 기분 전환, 재미 및 즐거움, 둘째, 구매로 얻게 되는 유용한 이득과 성취, 셋째, 심리적 필요와 보상을 들 수 있다.

- 강박적 구매의 경우, 다른 중독과 달리 내담자로 하여금 돈의 사용 자체를 하지 않도록 할 수 없기 때문에 치료가 어렵고 복잡한데 이러한 이유로 강박적 구매의 치료는 돈을 책임 있고 건강하게 사용하는 법을 배우는 것과 관련된다. 강박적 구매의 원인(충동조절장애, 강박장애, 우울증 및 조울증 장애)에 따라서 치료적 접근이 달라진다.

- 충동조절장애나 우울증 등으로 분류된 강박적 구매자의 경우 각각의 증상에 효과가 입증된 약물을 사용함으로써 강박적 구매가 감소한 것으로 보고되었다.

- 개인치료의 경우 일반적으로 지출과 관련된 행동 변화를 위한 행동적 치료가 많이 활용되고 있고 동기강화 상담적 접근 또한 유용하다. 일반적으로 강박적 구매와 관련된 문제는 심리치료 중에 드러나게 되는데 상담가는 상담 중에 관찰되는 강박적 구매의 특징에 대해 알아 두어야 하고, 발견 시에는 그에 따라 적절하고 전문가로서 윤리적인 조치를 취해야 한다.

- 강박적 구매의 치료에서 집단치료는 중독치료에 있어서 동료의 지지, 격려, 피드백과 직면, 훈련된 상담가의 안내 등 여러 가지 이상적인 환경을 제공해 줄 수 있는데, 이는 강박적 구매의 치료뿐만 아니라 재활에서도 효과적일 것으로 보인다.

- 강박적 구매의 경우 과잉소비가 가족관계 등에 영향을 미치므로 부부치료도 매우 중요하다. 이는 강박적 구매가 개인의 문제로 다뤄지기보다는 가족의 문제로 다루어질 필요가 있다는 것을 의미하기도 한다. 강박적 구매에 대한 상담과 자조모임을 통한 치료적 접근 또한 고려될 수 있다.

- 중독상담의 전 과정에서 내담자의 변화동기가 강화되고 지속될 수 있도록 변화단계에 맞는 동기강화 상담을 지속할 필요가 있다.

참고문헌

고혜라(2007). 남녀 대학생의 성폭행 사건 지각 차이에 대한 분석: 성역할 고정관념과 강간통념을 중심으로. 중앙대학교 대학원 석사학위논문.

김미옥(2013). 간호대학생의 성행동에 영향을 미치는 요인. 한국산학기술학회지, 14(8), 3876-3886.

김미옥, 손정락(2013). 수용-전념치료(ACT)가 대학생의 대인 불안, 스트레스 대처 방식 및 사회적 자기 효능감에 미치는 효과. 한국심리학회지: 건강 18(2), 301-324.

김민경(2014). 환경친화적 행동의 영향요인. 성균관대학교 대학원 박사학위논문.

김수진, 문승태, 강희순(2011). 대학생의 성행동에 영향을 미치는 요인. 정신간호학회지제 20(4).

김영신(2001). 대학생 소비자의 화폐에 대한 태도에 따른 강박적 구매행동 소비문화연구. 한국소비문화학회지, 4(3), 41-66.

김진희, 김경신(2008). 대학생의 성에 대한 지식 및 태도가 성행동에 미치는 영향. 한국가족복지학, 13(1), 123-138.

변은경, 윤숙자, 최송식(2012). 취업한 정신장애인의 직업유지에 영향을 미치는 요인. 한국직업건강간호학회지, 21(1), 18-26.

신경림, 박효정, 신미경(2009). 병역필 여부에 따른 남자 대학생의 성지식, 성태도 및 성행동에 관한 연구. 성인간호학회지, 21(1), 77-85.

손애리, 박지은(2006). 전국 대학생의 비폭음자와 폭음자 간의 위험성행동 비교. 한국알코올과 학회지, 7(1), 27-38.

손애리, 천성수(2005). AUDIT 척도에 의한 한국대학생의 알코올사용장애 실태 및 원인 분석 Correlates of Problem Drinking by the Alcohol Use Disorders Identification Test on Korean College Campus. 예방의학회지, 38(3), 307-314.

윤숙자, 변은경(2011). 대학 신입생의 성행동에 영향을 미치는 요인. 한국자료분석학회지, 13(5), 2449-2458.

이건호, 강혜자(2005). 강간통념 수용도, 성역할 태도 및 음란물 접촉 간의 관계: 한국심리학회지: 문화 및 사회문제, 11(3), 23-40.

이명신(2014). 성희롱(Sexual Harassment)의 재정의. 젠더와 문화, 7(1), 43-97.

이승희, 신초영(2004). 패션제품 강박구매행동에 영향을 미치는 심리적 변인 연구. 한국의류학회지, 28(5), 658-667.

이인숙(2013). 대학생들의 인터넷 음란물 추구성과 성폭력(강간) 통념 수용태도. 한국산학기술학회논문지, 14(6), 2852-2861.

이주연, 하상희, 정혜정(2005). 대학생의 개인 심리적 특성변인과 성태도 및 성행동에 관한 연구. 한국가족관계학회지, 10(3), 149-172.

조선일보(1999. 11. 26).

탁영란, 안지연(2001). 음주 관련 요인이 대학생의 음주문제행동 및 문제성 성행동에 미치는 영향. 대한임상건강증진학회지, 11(2), 91-99.

하상희, 이주연, 정혜정(2007). 성과 관련된 부모역할이 대학생의 성태도 및 성행동에 미치는 영향. 한국가정관리학회지, 24(1), 271-286.

American Psychiatric Association. (2013). *Diagnostic and statistical manual of mental disorders (DSM-5®)*. American Psychiatric Pub.

Andrew, C. (2000). Simplicity circles and the compulsive shopper. In A. L. Benson (Ed.), *I Shop, therefore, I Am: Compulsive Buying and the Search for Self* (pp. 484-496). Northvale, NJ: Aronson.

Barth, F. D. (2000). When eating and shopping are companion disorders. In A. L. Benson (Ed.), *I Shop, therefore, I Am: Compulsive Buying and the Search for Self* (pp. 268-287). Northvale, NJ: Aronson.

Basco, M. R., & Celis?de Hoyos, C. E. (2012). Biopsychosocial model of hypersexuality in adolescent girls with bipolar disorder: strategies for intervention. *Journal of child and adolescent psychiatric nursing, 25*(1), 42-50.

Benotsch, E. G., Kalichman, S. C., & Pinkerton, S. D. (2001). Sexual compulsivity in HIV positive men and women: Prevalence, predictors, and consequences of high-risk behaviors. *Sexual Addiction & Compulsivity: Journal of Treatment and Prevention, 8*, 83-99.

Black, D. W., Monahan, P., & Gabel, J. (1997). Fluvoxamine in the treatment of compulsive buying. *Journal of Clinical Psychiatry, 58*(4), 159-163.

Braun, O. L., & Wicklund, R. A. (1989). Psychological antecedents of conspicuous consumption. *Journal of Economic Psychology, 10*, 161-187.

Campbell, C. (2000). Shopaholics, spendaholics, and the question of gender. In A. Benson (Ed.), *I Shop, therefore, I Am: Compulsive Buying and the Search for Self* (pp. 57-75). New York: Aronson.

Capuzzi. D., & Mark, D. S. (2008). *Foundations of Addictions Counseling. Merrill:* Pearson.

Carnes, P. J. (1983). *Out of the Shadows: Understanding Sexual Addiction.* Minneapolis, NM: CompCare.

Carnes, P. J. (1989). *Contrary to Love: Helping the Sexual Addict.* Minneapolis, MN: CompCare.

Carnes, P. J. (1991). *Don't call it love: Recovery from sexual addiction.* Bantam.

Carnes, P. J. (2001). *Facing the Shadow: Starting Sexual and Relationship Recovery.* Center City, MN: Hazelden.

Carnes, P. J. (2005). *Facing the Shadow: Starting Sexual and Relationship Recovery: a Gentle Path to Beginning Recovery from Sex Addiction.* Gentle Path Press.

Carnes, P. J., Nonemaker, D., & Skilling, N. (1991). Gender differences in normal and sexually addicted populations. *American Journal of Preventive Psychiatry and Neurology, 3,* 16-23.

Carnes, P. J., Green, B. A., Merlo, L. J., Polles, A., Carnes, S., & Gold, M. S. (2012). PATHOS: A brief screening application for assessing sexual addiction. *Journal of addiction medicine, 6*(1), 29.

Chappel, J. R. (1993). Long-term recovery from alcoholism. *Psychiatric Clinics of North America.*

Chappel, J. N., & DuPont, R. L. (1999). Twelve-step and mutual-help programs for addictive disorders. *Psychiatric Clinics of North America, 22*(2), 425-446.

Corley, M., & Schneider, J. (2002). Disclosing secrets: Guidelines for therapists working with sex addicts and co-addicts. *Sexual Addiction & Compulsivity, 9,* 43-67.

Corley, M. D., & Schneider, J. P. (2002). Disclosing secrets: Guidelines for therapists working with sex addicts and co-addicts. *Sexual Addiction & Compulsivity: The Journal of Treatment and Prevention, 9*(1), 43-67.

Damon, J. (1988). *Shopaholics: An 8-week Program to Control Compulsive Spending.* New York: Avon Books.

Davidson, J. M., Chen, J. J., Crapo, L., Gray, G. D., Greenleaf, W. J., & Catania, J. A. (1983). Hormonal Changes and Sexual Function in Aging Men. *The Journal of Clinical Endocrinology & Metabolism, 57*(1), 71-77.

DeSarbo, W. S., & Edwards, E. A. (1996). Typologies of compulsive buying behavior: A constrained clusterwise regression approach. *Journal of Consumer Psychology, 5,* 231-262.

Dittmar, H. (1992a). *The Social psychology of Material Possessions: To Have is to Be.* London: Harvester Wheatsheaf.

Dittmar, H. (1992b). Perceived material wealth and first impressions. *British Journal of Social Psychology, 31,* 361-379.

Dittmar, H. (2001). Impulse buying in ordinary and 'compulsive' consumers. In E. Wever, Y. Baron, & G. Loomes (Eds.), *Conflicts and Tradeoffs in Decision-making* (pp. 110-135). New York: Cambridge University Press.

Dittmar, H. (2003). *A New Look at Compulsive Buying: Self-discrepancies and Materialistic Values as Predictors of Excessive Buying Behavior.* Manuscript submitted for publication.

Dittmar, H. (in press). Are you what you have? Consumer society and our sense of identity. *Psychologist, 16.*

Dittmar, H., & Drury, J. (2000). Self-image-Is it in the bag? A qualitative comparison between 'ordinary' and 'excessive' consumers. *Journal of Economic Psychology, 21,* 109-142.

Dittmar, H., Long, K., & Meek, R. (in press). Buying on the Internet: Gender Differences in Online and Conventional Buying Motivations. *Sex Roles, 50*(5-6), 423-444.

Faber, R. J., & Christenson, G. A. (1996). In the mood to buy: Differences in the mood states experienced by compulsive buyers and other consumers. *Psychology and Marketing, 13,* 803-820.

Faber, R. J., Christenson, G. A., de Zwaan, M., & Mitchell, J. (1995). Two forms of compulsive consumption: Comorbidity of compulsive buying and binge eating. *Journal of Consumer Research, 22,* 296-304.

Featherstone, M. (1991). *Consumer Culture and Postmodernism.* London: Sage

Franzen, G., & Bouwman, M. (2001). *The Mental World of Brands: Mind, Memory and Brand Success.* Towbridge: Cromwell Press.

Fromm, E. (1976). *To Have or to Be?* Hammondsworth, England: Penguin.

Gallen, R. (2002). *The Money Trap: A Practical Program to Stop Self-defeating Financial habits to You Can Reclaim Your Grip on Life.* New York: Harper Resource.

Goodman, A. (1993). Diagnosis and treatment of sexual addiction. *Journal of Sex & Marital Therapy, 19*(3), 225-251.

Goldman, R. B. (2000). Compulsive buying as an addiction. In A. L. Benson (Ed.), *I shop, Therefore, I Am: Compulsive Buying and the Search for Self* (p. 265). Northvale, NJ: Aronson.

Joffe-Walt, C. (2009). Sexting: A disturbing new teen trend. *National, Public Radio.*

Kafka, M. P. (2010). Hypersexual disorder: A proposed diagnosis for DSM-V. *Archives of sexual behavior, 39*(2), 377-400.

Kaplan, M. S., & Krueger, R. B. (2010). Diagnosis, assessment, and treatment of hyper-sexuality. *Journal of sex research, 47*(2-3), 181-198.

Kasl, C. D. (1989). *Women, Sex, and addiction: A Search for Love and Power.* New York: Ticknor and Fields.

Kim, S. W. (1998). Opioid antagonists in the treatment of impulsive-control. *Journal of Clinical Psychiatry, 59*(4), 1159-1162.

Kim, S. W., Grant, J. E., Adson, D., & Shin, Y. C. (2001). Double-blnid Naltrexone and placebo comparison study in the treatment of pathological gambling. *Biological Psychiatry, 49,* 914-921.

Koran, L. M., Bullock, K. D., Hartston, H. J., Elliott, M. A., & D'Andrea, V. (2002). Citalopram treatment of compulsive shopping: An open-label study. *Journal of Clinical Psychiatry, 63*(8), 704-708.

Koran, L. M., Chuoung, H. W., Bullock, K. D., & Smith, S. C. (2003). Citalopram for compulsive shopping disorder: An open-label study followed by double-blind discontinuation. *Journal of Clinical Psychiatry, 64,* 793-798.

Krueger, D. W. (2000). The use of money as an actino symptom. In A. L. Benson (Ed.), *I Shop, therefore, I Am: Compulsive Buying and the Search for Self* (pp. 288-310). Northvale, NJ: Aronson.

Kuzma, J. M., & Black, D. W. (2008). Epidemiology, prevalence, and natural history of compulsive sexual behavior. *Psychiatric Clinics of North America, 31*(4), 603-611.

Laumann, E. O., Paik, A., & Rosen, R. C. (1999). Sexual dysfunction in the United States: Prevalence and predictors. *JAMA, 281(6),* 537-544.

Lejoyeux, M., Ades, J., Tassian, V., & Solomon, J. (1996). Phenomenology and psychopathology of uncontrolled buying. *American Journal of Psychiatry, 153,* 1524-1529.

Lejoyeux, M., Haberman, N., Solomon, J., & Ades, J. (1999). Comparison of buying behavior in depressed patients presenting with and without compulsive buying. *Comprehensive Psychiatry, 40*(1), 51-56.

Lejoyeux, M., Hourtane, M., & Ades, J. (1995). Compulsive buying and depression [Letter]. *Journal of Clinical Psychiatry, 56*(1), 38.

Lejoyeux, M., Tassian, V., Solomon, J., & Ades, J. (1997). Study of compulsive buying in depressed patients. *Journal of Clinical Psychiatry, 58*(4), 169-173.

Lunt, P. K., & Livingstone, S. M. (1992). *Mass consumption and personal identity.* Buckingham, England: Open University Press.

Manley, G. (1990). Treatment and recovery for sexual addicts. *The Nurse Practitioner, 15*(6), 34-43.

McCracken, G. (1990). *Culture and Consumption.* Indianapolis: Indiana University Press.

McElroy, S. L., Keck, P. E., Pope, H. G., Smith, J. M., & Strakowski, S. M. (1994). Compulsive buying: A report of 20 cases. *Journal of Clinical psychiatry, 55*(6), 242-248.

McElroy, S. L., Satlin, A., Pope, H. G., Keck, P. E., & Hudson, J. I. (1991). Treatment of compulsive shopping with antidepressants: A report of three cases. *Annals of Clinical Psychiatry, 3,* 199-204.

Miller, W. R., & Rollnick, S. (2012). *Motivational interviewing: Helping people change.* New York: Guilford Press.

Mitchell, J. E. (2011). Compulsive buying disorder group teatment manual. *Compulsive buying. Clinical foundations and treatment,* 169-278.

O'Guinn, T. C., & Faber, R. J. (1989). Compulsive buying: Phenomenological exploration. *Journal of Consumer Research, 16,* 147-157.

Plant, M., & Plant, M. (2003). Sex addiction: A comparison with dependence on psychoactive drugs. *Journal of Substance use, 8*(4), 260-266.

Raistrick, D., Dunbar, G., & Davidson, R. (1983). Development of a questionnaire to measure alcohol dependence. *British journal of addiction, 78*(1), 89-95.

Rindfleisch, A., Burroughs, J. E., & Denton, F. (1997). Family structure, materialism, and compulsive consumption. *Journal of Consumer Research, 23,* 312-325.

Rosen, R. C., & Laumann, E. O. (2003). The prevalence of sexual problems in women: How valid are comparisons across studies? Commentary or Bancroft, Loftus, and Long's "Distress about sex: A national survey of women in heterosexual relationship." *Archives of Sexual Behavior, 32*(3), 209-211.

Ryan, G. (2000). Childhood sexuality: a decade of study. Part I-research and curriculum development. *Child abuse & neglect, 24*(1), 33-48.

Scherhorn, G. (1990). The addictive trait in buying behavior. *Journal of Consumer Policy, 13,* 33-51.

Scherhorn, G., Reisch, L. A., & Raab, G. (1990). Addictive buying in West Germany: An empirical investigation. *Journal of Consumer Policy, 13,* 155-189

Schneider, T. D. (1988). Information and entropy of patterns in genetic switches. In G. J. Erickson & C. R. Smith (Eds.), *Maximum-entropy and Bayesian Methods in Science and Engineering, Vol. 2* (pp. 147-154). Dordrecht The Netherlands: Kluwer Academic Publishers.

Schneider, J. P. (2000). A qualitative study of cybersex participants: Gender differences, recovery issues, and implications for therapists. *Sexual Addiction & Compulsivity: The Journal of Treatment and Prevention, 7*(4), 249-278.

Schneider, J. P., & Irons, R. R. (2001). Assessment and treatment of addictive sexual disorders: Relevance for chemical dependency relapse. *Substance Use & Misuse, 36*(13), 1795-1820.

Stauffer, M. D., Capuzzi, D. A. V. I. D., & Tanigoshi, H. O. L. L. Y. (2008). Assessment: An overview. *Foundations of addictions counseling*, 76-100.

Veneziano, C., & Veneziano, L. (2002). Adolescent sex offenders a review of the literature. *Trauma, Violence, & Abuse, 3*(4), 247-260.

Washton, A. M. (2001). Group therapy: A clinician's guide to doing what works. In R. H. Coombs (Ed.), *Addiction Recovery Tools: A Practical Handbook* (pp. 239-256). Thousand Oaks, CA: Sage.

Wicklund, R. A., & Goowitzer, P. M. (1982). *Symbolic self-completion.* Hillsdale, NJ: Erlbaum.

Zamora, D. (2003). Internet to sex: Defining addiction. WebMD. Retrieved October 22, 2005, from http://my.webmd.com/content/article/76/90153.htm

찾아보기

내용

저자 소개

박상규(Park, Sang-gyu)

계명대학교 대학원 심리학 박사

중독심리전문가/임상심리전문가/범죄심리전문가(한국심리학회), 정신보건임상심리사 1급(보건복지부), 1급전문상담사·수련감독자(한국상담학회)

현) 꽃동네대학교 교수, 한국도박문제관리센터 이사장, 국무총리실 마약대책실무협의회 민간위원, 중독포럼 공동대표

전) 중독심리학회장, 중독상담학회장

강성군(Kang, Sung-kun)

충남대학교 대학원 응용심리학 박사

현) 강원랜드 중독관리센터 전문위원, 파트장

전) 영남대학교, 경북대학교, 대구대학교, 대구가톨릭대학교, 계명대학교 강사

김교헌(Kim, Kyo-heon)

중독심리전문가, 임상심리전문가, 건강심리전문가 성균관대학교 대학원 심리학 박사

현) 충남대학교 심리학과 교수

전) 중독심리학회장 건강심리학회장, 한국심리학회장, 아시아 건강심리학회장

서경현(Suh, Kyung-hyun)

University of Santo Tomas 심리학 박사

현) 삼육대학교 상담심리학과 교수, 한국건강심리학회 회장, 한국중독상담학회 부회장

전) University of Wisconsin 알코올연구소 연구원, 한국심리학회 자격제도위원장

신성만(Shin, Sung-man)

Boston University 재활상담학 박사

중독전문가 1급 슈퍼바이저(한국중독전문가협회)

현) 한동대학교 상담심리학과 교수, 한국심리학회 중독심리전문가위원회 위원

전) Harvard University 의과대학 정신과 연구원

이형초(Lee, Hyung-cho)

고려대학교 대학원 심리학 박사

임상/상담/건강/중독심리전문가(한국심리학회), 정신보건임상심리사 1급(보건복지부)

현) 심리상담센터 감사와 기쁨 센터장, 서울사이버대학교 가족상담학과 겸임 교수

전) (사) 인터넷 꿈 희망터 센터장

전영민(Chun, Young-min)

중앙대학교 대학원 심리학 박사

현) 한국도박문제관리센터 치유재활부장, 한국심리학회 중독심리전문가위원회 의원

전) 을지대학교 중독재활복지학과 교수

중독의 이해와 상담실제(2판)

Theories and Practices of Addiction Counseling(2nd ed.)

2009년 2월 23일 1판 1쇄 발행
2016년 3월 25일 1판 4쇄 발행
2017년 1월 30일 2판 1쇄 발행
2023년 10월 20일 2판 6쇄 발행

지은이 • 박상규 · 강성군 · 김교헌 · 서경현 · 신성만 · 이형초 · 전영민

펴낸이 • 김 진 환

펴낸곳 • (주) **학지사**

　　　　04031 서울특별시 마포구 양화로 15길 20 마인드월드빌딩 5층

대표전화 • 02) 330-5114　　　팩스 • 02) 324-2345

등록번호 • 제313-2006-000265호

홈페이지 • http://www.hakjisa.co.kr
인스타그램 • https://www.instagram.com/hakjisabook

ISBN 978-89-997-1129-9 93180

정가 20,000원

┃ 출판미디어기업 **학지사**

간호보건의학출판 **학지사메디컬** www.hakjisamd.co.kr
심리검사연구소 **인싸이트** www.inpsyt.co.kr
학술논문서비스 **뉴논문** www.newnonmun.com
원격교육연수원 **카운피아** www.counpia.com